U0896555

国家社科基金一般项目“社会科学科研数据的管理服务研究”（18BTQ070）

河南省高等学校哲学社会科学创新团队支持计划“大学图书馆服务变革与创新”（2021-CXTD-03）

社会科学科研数据的管理服务研究

王丹丹　著

中国社会科学出版社

图书在版编目（CIP）数据

社会科学科研数据的管理服务研究/王丹丹著．—北京：中国社会科学出版社，2023．4

ISBN 978-7-5227-1774-6

Ⅰ．①社… Ⅱ．①王… Ⅲ．①社会科学—科学研究—数据管理—研究 Ⅳ．①C37

中国国家版本馆 CIP 数据核字（2023）第 067198 号

出 版 人　赵剑英
责任编辑　李庆红
责任校对　夏慧萍
责任印制　王　超

出　　版　中国社会科学出版社
社　　址　北京鼓楼西大街甲 158 号
邮　　编　100720
网　　址　http：//www.csspw.cn
发 行 部　010-84083685
门 市 部　010-84029450
经　　销　新华书店及其他书店

印　　刷　北京君升印刷有限公司
装　　订　廊坊市广阳区广增装订厂
版　　次　2023 年 4 月第 1 版
印　　次　2023 年 4 月第 1 次印刷

开　　本　710×1000　1/16
印　　张　22.5
插　　页　2
字　　数　368 千字
定　　价　118.00 元

凡购买中国社会科学出版社图书，如有质量问题请与本社营销中心联系调换
电话：010-84083683

前　言

科研数据（Research Data）也称科学数据（Scientific Data），是指科研人员为了分析产生原创性研究成果而收集、观察或创建的各种信息。科学和工程领域科学数据集的规模和生成它们的技术，随着时间的推移发生了巨大变化，导致新的、大数据驱动的研究范式的产生和发展，与此同时，一系列新兴的数据密集型计算研究技术也在社会科学领域广泛应用。

全新的科研范式下，作为科学研究基础性资源的科学数据规模激增且重要性凸显，科学数据管理被正式提上日程。社会科学领域的科学数据对于国家政策的制定和社会科学研究具有重要价值，但是与自然科学领域相比，一方面，社会科学领域开放科学数据集的规模小，科学数据管理的意识和能力远未形成气候；另一方面，社会科学领域科学数据收集方法更为灵活多样，且常受背景、时间和对人类对象依赖性等复杂因素的影响，科学数据权益问题更为复杂，敏感数据的处理问题也更为突出。

依据科学数据管理框架，科学数据管理涉及科学数据政策、科研人员科学数据共享行为、科学数据管理平台和科学数据管理服务四块内容。鉴于此，本书首先对这四块内容的相关研究成果进行了评述。在此基础上，本书的第一部分内容是科学数据共享行为的研究，具体对应报告中的第四章和第五章。此部分研究的目的是了解我国科研人员的科学数据共享现状，从科研人员行为角度揭示促使科学数据共享的影响因素，分析科学数据管理服务的目标和在促使科学数据共享实践中可以发挥作用的地方。换句话说是从理论分析的角度，揭示科学数据管理的关键要素，明确科学数据管理服务在整个科学数据管理生态系统中应该和可以发挥作用的地方，以及科学数据管理服务要达到的目标。本部分首先通过问卷调查法对我国科研人员的科学数据共享现状进行了调研，对我国科研人员的科学数据共享特征和认知特征进行了分析。在此基础上，从个体、成本与回报、资源、制度四个维度提出了研究假设，构建科学数据共享行为产生机理研究模型，以已有研究的统计数据为数据来源，采用元分析方法整合数据进行二次分析，计算并检验合并效应值；采用元分析结构方程模型方法检验中介效应假设；采用亚组分析方法检验调节效应。需要说明的是，考虑到两个方面，一方面，尽管不同的学科在科学数据特征、科学数据政策要求、科学数据管理平台功能和科学数据共享文化等科学数据共享实践方面存在较大差异，但科学数据共享行为产生的机理却具有共性和普适性；另一方面，为了将社会科学与其他学科进行比较，项目报告第四章和第五章在调研和分析时，没有只针对社会科学领域，而是面向所有学科领域展开。

从科学数据共享行为角度进行理论分析之后，本书的第二部分内容是从科学数据管理开展的实践状况出发，分析科学数据管理和服务实施涉及的关键问题，科学数据管理服务与科学数据管理涉及的其他关键问题之间的关系，明确科学数据管理服务的开展过程和发展要素。具体对应项目报告中的第六章。英国的科学数据管理在世界范围内都发挥着引领和示范作用，因此本部分研究首先以英国科学数据管理的实践作为研究对象，从国家层面揭示科学数据管理的关键问题，梳理科学数据管理服务在整个科学数据管理生态系统中所发挥的作用。其次，选取了国外6所大学，从机构层面总结科学数据管理服务实施的共性关键问题，从机构层面揭示科学数据管理服务在整个机构科学数据管理生态系统中所发挥的作用。最后，选取项目负责人访学期间全程参与其科学数据管理服务规划与设计的新加坡南洋理工大学作为研究对象，对其科学数据管理服务的发展过程与服务实施的关键环节进行了系统梳理。

本书的第三部分内容是科学数据管理服务开展所依赖的科学数据管理平台研究。作为基础设施，科学数据管理平台是科学数据管理服务得以顺利开展的重要依托，不同学科领域，科学数据管理平台在功能和服务方面均存在较大差异。因此第三部分内容针对社会科学领域的科学数据管理平台展开研究，主要目的是分析社会科学领域的科学数据管理平台建设的最佳实践和发展趋势，明确我国社会科学领域的科学数据管理平台建设现状，具体对应报告中的第七章。本部分研究的思路是，首先基于 re3data 网站的统计数据，分析全球社会科学领域的科学数据管理平台的地域分布、主题分布和类型，探讨国内、国外社会科学领域的科学数据管理平台的建设现状；其次选取国外 9 个典型的社会科学领域科学数据管理平台和国内 7 个社会科学领域的科学数据管理平台作为研究对象，从建设基础、具体功能、评估认证、平台的合作交流 4 个方面进行详细比较，分析国内外社会领域的科学数据管理平台建设存在的差距，明确我国社会科学数据管理平台建设面临的问题。

本书的第四部分内容是社会科学领域学术期刊的科学数据政策研究。科学数据政策是科学数据管理服务实施的动力源泉。鉴于此，本部分首先研究了国外著名出版集团先进的科学数据政策，选取国外具有代表性的三大著名出版集团 Springer Nature、Elsevier、Wiley，对其科学数据政策相关的文本和指南进行收集和分析，对其科学数据政策标准框架进行调研。其次，调研国内外学术期刊科学数据政策制定情况，从期刊网站的作者/投稿指南出发，对这些有代表性的期刊的数据政策进行了多个维度的研究，分析这些期刊数据政策发布的情况、对数据共享程度的要求、存储数据的方式及位置、对数据引用的规定以及科学数据的可用性声明等，总结国外优秀学术期刊数据政策要素以及数据政策的实施细节。通过国内外学术期刊科学数据政策制定与实施情况对比，发现我国在科学数据政策体系构建与完善方面存在的问题。具体对应本书的第八章。

本书的第五部分内容是对策建议，对策建议分为宏观层面的建议和微观层面的建议两个部分。宏观层面的建议主要是从推进我国社会科学领域科学数据管理的角度提出对策建议，此部分不是仅仅就服务论服务，而是考虑整个社会科学数据管理生态系统构建的问题；微观层面的建议主要是从推进我国社科基金项目数据管理与面向社科基金项目数据管理开展服务的角度提出对策建议。宏观和微观层面的建议分别对应本书的第九章和第十章。第九章依据第四章和第五章科研人员科学数据共享行为产生机理分析，第六章科学数据管理与服务实施关键问题解析，第七章社会科学数据领域的科学管理平台研究和第八章社会科学领域学术期刊科学数据政策研究的结果分别给出了对策建议。第十章则是对我国社科基金项目的科学数据状况进行了分析，以此为基础提出面向我国社科基金项目开展科学数据管理平台建设与实施科学数据管理服务的对策建议。具体做法是，查找 2011 年获得资助的国家社科基金，共获得 23 个学科 2883 个项目；通过中国知网，查找属于这些项目阶段性研究成果的

CSSCI来源期刊论文，共获得7968篇论文；采用文本分析法分析这2883个项目所产生的7968篇CSSCI来源期刊论文所产生科学数据的情况，主要是分析这些文章中科学数据的来源、科学数据的类型以及科学数据的引用和使用特征；在23个学科中，抽取了科学数据最丰富的7个子学科，通过邮件邀请、导师联系以及滚雪球的方法，招募到39位访谈对象，通过半结构化访谈的方式，深入了解这些具有典型代表性的学科领域中科研人员的数据来源、类型、所有权和数据量、数据管理和利用行为、数据共享意愿以及科研数据管理的培训需求。基于我国社会科学领域科学数据状况，提出面向我国社科基金项目开展科学数据管理与服务的对策建议。

本书在一定程度上丰富了科研人员科学数据共享行为产生机理的相关理论与方法，为利益相关者制定科学数据共享政策、制度与实施方案提供了决策依据，有利于提升科研人员科学数据共享率、加快科学数据开放共享进程与科技创新发展。以社会科学领域为切入点，探讨社会科学领域的科学数据管理平台的建设，丰富了科学数据管理平台建设的理论研究，也可以作为今后我国社会科学领域科学数据管理平台建设的参考依据，有助于推动我国社会科学领域的科学数据管理与共享实践。本书对我国社科基金项目产生科学数据的情况以及社会科学领域学术期刊的科学数据政策开展的摸底调查，以及提出的推进我国社会科学领域科学数据管理和面向国家社科基金项目开展科学数据管理服务的对策建议，为我国社会科学领域科学数据管理与服务实施提供了有益借鉴与参考。

王丹丹

2022年8月15日

目　　录

第一章　绪论

第一节　研究背景

科研数据（Research Data）也称科学数据（Scientific Data），是指科研人员为了分析产生原创性研究成果而收集、观察或创建的各种信息①。科学和工程领域科学数据集的规模和生成它们的技术，随着时间的推移发生了巨大变化，导致新的、大数据驱动的研究范式的产生和发展。与此同时，一系列新兴的数据密集型计算研究技术也在社会科学领域发展繁荣。全新的科研范式下，作为科学研究基础性资源的科学数据规模激增且重要性凸显，科学数据管理（Research Data Management，RDM）被正式提上日程。

联合国教科文组织（United Nations Educational，Scientific and Cultural Organization，UNESCO）、世界经济合作与发展组织（Organization for Economic Co-operation and Development，OECD）、世界数据中心（World Data Center）、欧盟委员会（European Commission）等国际性组织，美国、英国、澳大利亚等政府机构，美国国家科学基金会（National Science Foundation，NSF）、英国研究理事会（Research Councils UK，RCUK）、澳大利亚研究理事会（Australian Research Council，ARC）等主要的科研资助机构，以及 Springer、Elsevier 等出版机构旗下的期刊都纷纷出台科学数据政策，涵盖从采集、存储、处理、分析再到出版和共享科学数据的全过程。在全球科学数据政策大环境下，尤其是资助机构科学数据政策的影响下，

---

① University of Leicester，“Glossary for research data management（RDM）”，September 6，2016，https：//staffblogs. le. ac. uk/researcharchiving/2016/09/06/glossary-for-rdm/.

各研究机构也纷纷出台相应的科学数据政策，2008 年以后，美国、英国、澳大利亚等国赢来了科学数据政策制定和管理服务开展的高潮。2015 年 8 月，中国通过了《促进大数据发展的行动纲要》，充分体现了中国政府推动数据共享开放、提升国家数据能力和数据优势的坚定决心。2018 年 3 月，强调加强和规范科学数据管理的《科学数据管理办法》颁布实施，中国的科学数据管理自此开始有据可依。

然而，相当数量的科研人员由于多方面原因并不了解科学数据管理政策、科学数据管理要求和科学数据相关管理办法，更不要谈如何更专业地做好科学数据管理。科研人员也没有足够的时间、精力和经费去应对这一工作。因此，提供专业化的科学数据管理服务，提升科研人员的科学数据管理素养，强化科学数据管理工具、流程和方法的运用，减轻科研骨干管理科学数据的负担，规范科研活动中的科学数据管理行为，让科研人员回归科研核心工作成为必然趋势。实施科学数据管理服务的目的是通过在科学研究整个过程中提供相应的支持服务，帮助科研人员降低科学数据管理的实践难度，使科研人员的科学数据最终达到 FAIR 标准。科学数据管理是一个复杂的生态系统，在科学数据管理整个过程中涉及众多的利益相关者，因此相应的科学数据管理服务也是由不同利益相关者基于不同的平台，采用不同的方式，面向不同的对象开展的提升科学数据的价值的服务。科学数据管理服务是确保各种科学数据管理政策得以有效落地实施的关键因素之一。

不同学科领域科学数据的规模、结构和形式均具有较大差异。国际实践表明不同学科领域多样化、差异化的科学数据实践是科学数据管理的最大挑战。科学数据的性质因学科而不同，科学数据的使用方式也是有学科各自的特点，学科特征会影响科学数据管理的方法，即不同学科具体解决什么研究问题，采用什么样的研究方法，实施研究的具体过程，都会对所产生的科学数据的性质、操作和存储科学数据的方式、共享和重用科学数据的可能性，以及什么能构成有效的科学数据管理实践产生深远影响①。社会科学领域的科学数据对于国家政策的制定和社会科学研究具有重要价值，但是与自然科学领域相比，一方面，社会科学领域开

---

① Lyon, Liz, Chris Rusbridge, Colin Neilson, et al., "DCC scarp: Disciplinary approaches to sharing, curation, reuse and preservation-final report", March 4, 2010, http: //www. dcc. ac. uk/sites/default/files/documents/scarp/SCARP-FinalReport-Final-SENT. pdf.

放科学数据集的规模小，科学数据管理的意识和能力远未形成气候；另一方面，社会科学领域科学数据收集方法更为灵活多样，且常受背景、时间和对人类对象依赖性等复杂因素的影响，科学数据权益问题更为复杂，敏感数据的处理问题也更为突出。因此，研究社会科学领域的科学数据管理问题，成为当下落实和推进科学数据管理实践亟待解决的问题。

第二节　研究价值和意义

本书研究具有理论和实践两个方面的价值和意义。本书理论价值与意义在于，研究科学数据共享行为影响机理，有助于深化对科学数据管理过程以及科学数据管理复杂性的理解，根据学科/分学科的根本性质应对科学数据管理的挑战，使开放科学数据更具可操作性，促进开放科学背景下社会科学研究的转型与发展。

本书的实践价值与意义在于，科学数据管理的有效性取决于对学科特征，以及学科社区内的科学数据创建和使用行为的详细了解。因此，本书研究有助于指导利益相关群体开发差异化、定制化的科学数据管理服务，也可作为国家、资助机构、出版商科学数据政策制定、科学数据管理平台建设以及科学数据管理服务开发与实施的参考依据。

第三节　研究内容、思路框架与方法

一　研究内容

依据科学数据管理框架，科学数据管理涉及科学数据政策、科研人员科学数据共享行为、科学数据管理平台和科学数据管理服务四块内容，所以本书首先对这四块内容的相关研究成果进行了评述。在此基础上，本书的第一部分内容是科学数据共享行为的研究，具体对应报告中的第四章和第五章。此部分研究的目的是了解我国科研人员的科学数据共享现状，从科研人员行为角度揭示促使科学数据共享的影响因素，分析科学数据管理服务的目标和在促使科学数据共享实践中可以发挥作用的地方。换句话说是从理论分析的角度，揭示科学数据管理的关键要素，明确科学数据管理服务在整个科学数据管理生态系统中应该和可以发挥作用的地方，以及科学数据管理服务要达到的目标。

本部分首先通过问卷调查法对我国科研人员的科学数据共享现状进行了调研，对我国科研人员的科学数据共享特征和认知特征进行了分析。在此基础上，从个体、成本与回报、资源、制度四个维度提出了研究假设，构建科学数据共享行为产生机理研究模型，以已有研究的统计数据为数据来源，采用元分析方法整合数据进行二次分析，计算并检验合并效应值；采用元分析结构方程模型方法检验中介效应假设；采用亚组分析方法检验调节效应。需要说明的是，考虑到两个方面，一方面，尽管不同的学科在科学数据特征、科学数据政策要求、科学数据管理平台功能和科学数据共享文化等科学数据共享实践方面存在较大差异，但科学数据共享行为产生的机理却具有共性和普适性；另一方面，为了将社会科学与其他学科进行比较。因此，本书第四章和第五章在调研和分析时，没有只针对社会科学领域，而是面向所有学科领域展开。

从科学数据共享行为角度进行理论分析之后，本书的第二部分内容是从科学数据管理开展的实践状况出发，分析科学数据管理和服务实施涉及的关键问题，科学数据管理服务与科学数据管理涉及的其他关键问题之间的关系，明确科学数据管理服务的开展过程和发展要素。具体对应项目报告中的第六章。英国的科学数据管理在世界范围内都发挥着引领和示范作用，因此本部分研究首先以英国科学数据管理的实践作为研究对象，从国家层面揭示科学数据管理的关键问题，梳理科学数据管理服务在整个科学数据管理生态系统中所发挥的作用。其次，选取了国外6所大学，从机构层面总结科学数据管理服务实施的共性关键问题，从机构层面揭示科学数据管理服务在整个机构科学数据管理生态系统中所发挥的作用。最后，选取项目负责人访学期间全程参与其科学数据管理服务规划与设计的新加坡南洋理工大学作为研究对象，对其科学数据管理服务的发展过程与服务实施的关键环节进行了系统梳理。

本书的第三部分内容是科学数据管理服务开展所依赖的科学数据管理平台研究。作为基础设施，科学数据管理平台是科学数据管理服务得以顺利开展的重要依托，不同学科领域，科学数据管理平台在功能和服务方面均存在较大差异。因此第三部分内容针对社会科学领域的科学数据管理平台展开研究，主要目的是分析社会科学领域的科学数据管理平台建设的最佳实践和发展趋势，明确我国社会科学领域的科学数据管理平台建设现状，具体对应报告中的第七章。本部分研究的思路是，首先基于 re3data 网站的统计数据，分析全球社会科学领域的科学数据管理平台的地域分布、主题分布和类型，探讨国内、国外社会科学领域的科学数据管理平台的建设现状；其次选取国外 9 个典型的社会科学领域科学数据管理平台和国内 7 个社会科学领域的科学数据管理平台作为研究对象，从建设基础、具体功能、评估认证、平台的合作交流 4 个方面进行详细比较，分析国内外社会领域的科学数据管理平台建设存在的差距，明确我国社会科学数据管理平台建设面临的问题。

本书的第四部分内容是社会科学领域学术期刊的科学数据政策研究。科学数据政策是科学数据管理服务实施的动力源泉。鉴于此，本部分首先研究了国外著名出版集团先进的科学数据政策，选取国外具有代表性的三大著名出版集团 Springer Nature、Elsevier、Wiley，对其科学数据政策相关的文本和指南进行收集和分析，对其科学数据政策标准框架进行调研。其次，调研国内外学术期刊科学数据政策制定情况，从期刊网站的作者/投稿指南出发，对这些有代表性的期刊的数据政策进行了多个维度的研究，分析这些期刊数据政策发布的情况、对数据共享程度的要求、存储数据的方式及位置、对数据引用的规定以及科学数据的可用性声明等，总结国外优秀学术期刊数据政策要素以及数据政策的实施细节。通过国内外学术期刊科学数据政策制定与实施情况对比，发现我国在科学数据政策体系构建与完善方面存在的问题。具体对应本书的第八章。

本书的第五部分内容是对策建议，对策建议分为宏观层面的建议和微观层面的建议两个部分。宏观层面的建议主要是从推进我国社会科学领域科学数据管理的角度提出对策建议，此部分不是仅仅就服务论服务，而是考虑整个社会科学数据管理生态系统构建的问题；微观层面的建议主要是从推进我国社科基金项目数据管理与面向社科基金项目数据管理开展服务的角度提出对策建议。宏观和微观层面的建议分别对应本书的第九章和第十章。第九章依据第四章和第五章科研人员科学数据共享行为产生机理分析，第六章科学数据管理与服务实施关键问题解析，第七章社会科学数据领域的科学管理平台研究和第八章社会科学领域学术期刊科学数据政策研究的结果分别给出了对策建议。第十章则是对我国社科基金项目的科学数据状况进行了分析，以此为基础提出面向我国社科基金项目开展科学数据管理平台建设与实施科学数据管理服务的对策建议。具体做法是，查找2011年获得资助的国家社科基金，共获得23个学科2883个项目；通过中国知网，查找属于这些项目阶段性研究成果的CSSCI来源期刊论文，共获得7968篇论文；采用文本分析法分析这2883个项目所产生的7968篇CSSCI来源期刊论文所产生科学数据的情况，主要是分析这些文章中科学数据的来源、科学数据的类型以及科学数据的引用和使用特征；在23个学科中，抽取了科学数据最丰富的7个子学科，通过邮件邀请、导师联系以及滚雪球的方法，招募到39位访谈对象，通过半结构化访谈的方式，深入了解这些具有典型代表性的学科领域中科研人员的数据来源、类型、所有权和数据量、数据管理和利用行为、数据共享意愿以及科研数据管理的培训需求。基于我国社会科学领域科学数据状况，提出面向我国社科基金项目开展科学数据管理与服务的对策建议。

二 思路框架

笔者在新加坡南洋理工大学访学期间，新加坡南洋理工大学图书馆正在规划和实施大学自己的科学数据管理服务，为了推动大学科学数据管理工作，使大学科学数据管理涉及的利益相关方能够统一认识、协同工作，也为大学科学数据管理服务的实施搭建有效对话平台，笔者对世界范围内科学数据管理服务的实践进行了系统梳理，梳理发现在科学数据管理服务实践中，图书馆发挥引领和主导作用的占多数。但是单单图书馆一个机构，很难去协调和解决科学数据管理实践过程中涉及的方方面面的复杂问题，图书馆必须与利益相关群体开展合作，协同合作下的科学数据管理才可能是有效的，才能够是可持续发展的。为此，笔者所在的新加坡南洋理工大学科学数据管理工作组，提出了科学数据管理框架，如图1-1所示。科学数据管理框架的提出，为新加坡南洋理工大学科学数据管理服务的推进确定了路线，也为大学利益相关方建立共识、多方参与、协同工作搭建了有效的对话平台。

框架以科研项目开展周期作为科研人员科学数据管理活动分析的基础，将科研人员的科学数据管理活动划分为科研项目启动之前、科研项目进行之中和科研项目完成之后三个阶段的活动。根据这三个阶段，考虑相配套的技术基础设施和服务基础设施。但是整个科学数据管理活动、平台和服务都受到顶层数据政策的影响，这里的科学数据管理政策，包含

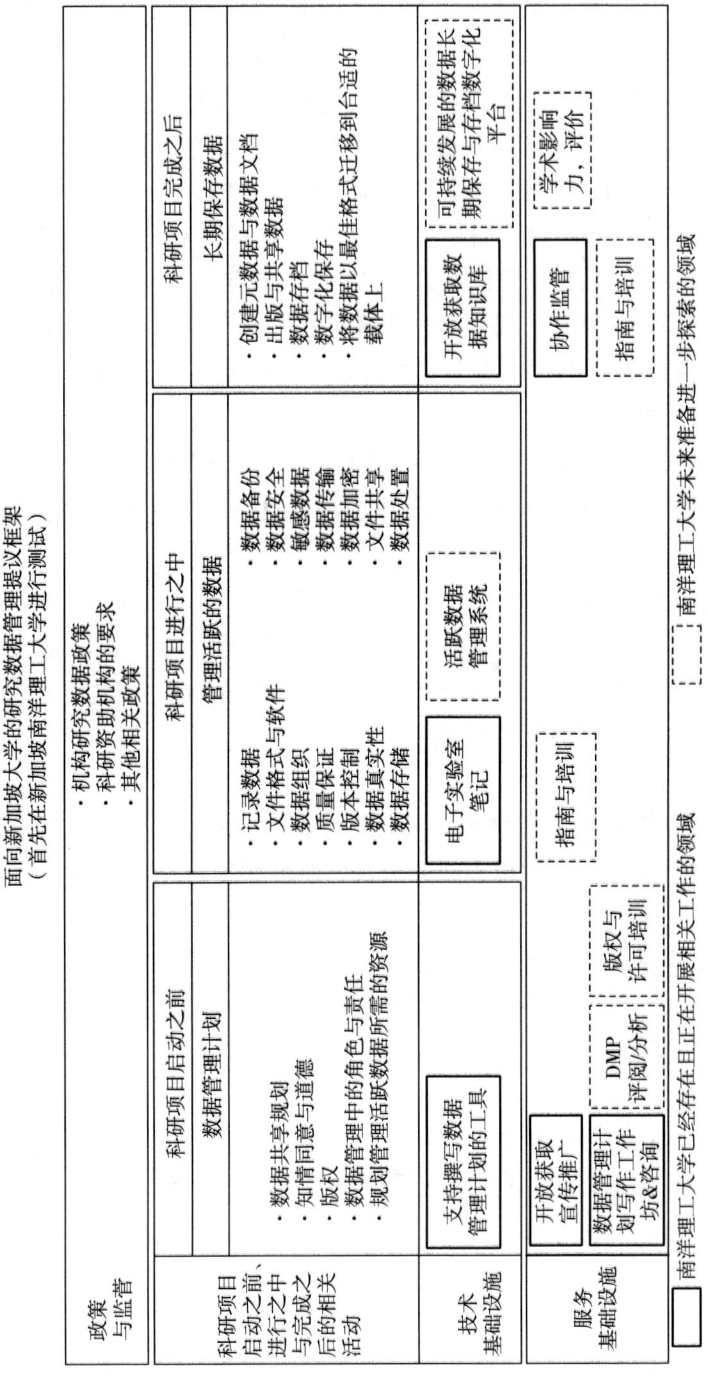

面向新加坡大学的研究数据管理提议框架
（首先在新加坡南洋理工大学进行测试）

政策与监管	· 机构研究数据政策 · 科研资助机构的要求 · 其他相关政策		
科研项目启动之前、进行之中与完成之后的相关活动	科研项目启动之前	科研项目进行之中	科研项目完成之后
	数据管理计划	管理活跃的数据	长期保存数据
	· 数据共享规划 · 知情同意与道德 · 版权 · 数据管理中的角色与责任 · 规划管理活跃数据所需的资源	· 记录数据 · 文件格式与软件 · 数据组织 · 质量保证 · 版本控制 · 数据真实性 · 数据存储 · 数据备份 · 数据安全 · 敏感数据 · 数据传输 · 数据加密 · 文件共享 · 数据处置	· 创建元数据与数据文档 · 出版与共享数据 · 数据存档 · 数字化保存 · 将数据以最佳格式迁移到合适的载体上
技术基础设施	支持撰写数据管理计划的工具	电子实验室笔记 活跃数据管理系统	开放获取数据知识库 可持续发展的数据长期保存与存档数字化平台
服务基础设施	开放获取宣传推广 数据管理计划写作工作坊&咨询 DMP评阅/分析 版权与许可培训	指南与培训	协作监管 学术影响力，评价 指南与培训

实线框：南洋理工大学已经存在且正在开展相关工作的领域　　虚线框：南洋理工大学未来准备进一步探索的领域

图 1-1　科学数据管理框架

国家层面、资助机构层面、出版商层面和研究机构层面的所有政策。基于此，我们设计的科学数据管理框架包含科研项目启动时、科研项目进行中和科研项目完成后三个阶段，涉及科学数据管理政策、科学数据管理行为、科学数据管理平台和科学数据管理服务四个层次①。本书认为，虽然这一科学数据管理框架当时是面向机构设计的，但是对于所有科研资助机构所资助科研项目的科学数据管理，同样具有适用性。鉴于此，本书依据这一科学数据管理框架，从科学数据政策、科学数据共享行为、科学数据管理基础设施（科学数据管理平台）和科学数据管理服务四个层面展开对社会科学领域科学数据的管理与服务问题进行研究。

三　研究方法

本书采用的主要研究方法有问卷调查法、元分析方法、元分析结构方程模型方法、网络调查法、深度访谈法、案例分析法和文本分析法，具体如下：

（1）问卷调查法

通过参考与改编以往研究成熟量表，设计调查问卷并检验量表的可靠性，分析问卷数据以探究科学数据共享的实践情况，同时为变量选取和后续研究提供依据和现实基础。

（2）元分析方法

采用元分析方法综合科研人员科学数据共享行为相关第一手研究，对科学数据共享行为产生机理研究假设、研究模型与调节效应进行验证和分析。

（3）元分析结构方程模型方法

遵循中介效应检验程序，采用元分析结构方程模型方法对科学数据共享行为产生机理及其中介机制进行检验。

（4）网络调查法

通过全球科学数据知识库注册目录 re3data，调查国内外社会科学数据管理平台的建设现状，根据平台的数据资源量、数据访问下载量、平台使用影响等指标选取国内外具有代表性的社会科学数据管理平台，逐一调查每个平台的网站，详细了解平台建设的具体内容。

---

① 王丹丹：《新加坡南洋理工大学科研数据管理服务的实施与思考》，《大学图书馆学报》2019 年第 2 期。

(5) 深度访谈法

通过邮件邀请、导师联系以及滚雪球的方法，招募访谈对象，通过半结构化访谈的方式，深入了解这些具有典型代表性的学科领域中科研人员的数据来源、类型、所有权和数据量、数据管理和利用行为、数据共享意愿以及科学数据管理的培训需求。

(6) 案例分析法

对英国科学数据管理的实践案例，国外 6 所大学科学数据管理服务开展的案例以及新加坡南洋理工大学开展科学数据管理服务的案例展开剖析，从国家层面、机构层面揭示科学数据管理与服务实施的关键问题，梳理科学数据管理服务在整个科学数据管理生态系统中所发挥的作用。

(7) 文本分析法

使用文本分析法对社会科学期刊的数据政策以及国家社科基金项目所发表 CSSCI 来源期刊论文中的科学数据状况进行了研究和揭示。

第四节 研究的创新之处

一 研究方法创新

本书的研究创新点一体现在研究方法上。以往对科学数据共享行为的研究通常利用扎根理论、相关与回归分析、结构方程分析等方法，使用第一手数据且单个样本较少，可能产生验证性偏差，研究样本结论推广到总体具有一定的局限性。且国内研究对于政策与制度条件、国内外研究对于中介机制的关注较少。

元分析方法可以综合第一手研究的统计数据，并使用样本量进行加权平均，一定程度上减少第一手研究的劣势，提高研究结论的推广性和有效性，得到更为广泛、客观的结论。元分析结构方程模型方法允许在元分析的基础上结合结构方程分析方法评估中介效应，增强研究结论的可信度。本书将科学数据共享政策与制度条件纳入研究范围，采用元分析方法综合科学数据共享行为第一手研究，并采用元分析结构方程模型方法验证中介效应，深入明确科研人员科学数据共享行为的产生机理。相比于以往元分析研究，本书验证科学数据共享意愿在共享态度与共享行为之间的中介作用、科学数据共享态度和共享意愿在主观规范和共享行为间的中介效应等，并且将学科因素按照五大学科门类细分进行调节效应检验，增加了国别因素的调节效应检验，具有创新性。

二　研究视角创新

本书的研究创新点二体现在研究视角上。本书依据科学数据管理框架，从科学数据政策、科学数据共享行为、科学数据管理基础设施（科学数据管理平台）和科学数据管理服务四个层面展开社会科学领域科学数据的管理与服务问题研究。有关科学数据管理平台目前已有研究多是对国内外科学数据管理平台的综合对比分析，也有比较某一学科领域科学数据管理平台的相关研究，如医学、地球科学等，鲜有见到对国内外社会科学领域的科学数据管理平台进行系统调查和比较的研究成果。本书选择社会科学领域作为切入点，研究国内外社会科学数据管理平台的实践情况，为我国推进社会科学领域的科学数据管理平台构建提供参考和借鉴。从建设基础、平台功能、评估认证和合作交流等方面对所选取的国内外社会科学领域的科学数据管理平台进行对比，分析目前我国社会科学领域数据管理平台存在的问题，总结国外社会科学数据管理平台的最佳实践，为我国社会科学领域数据管理平台构建提供对策建议。系统比较分析国内外社会科学数据管理平台，有助于发现当前我国社会科学领域的科学数据管理平台的短板，推动我国社会科学数据管理平台建设，为我国社会科学领域科学数据管理与共享创造条件。

三　研究内容创新

本书的研究创新点三体现在研究内容上。本书对国家社科基金资助项目产生科学数据的情况进行了抽样分析。具体做法是，查找 2011 年获得资助的国家社科基金，共获得 23 个学科 2883 个项目；通过中国知网，查找属于这些项目阶段性研究成果的 CSSCI 来源期刊论文，共获得 7968 篇论文；采用文本分析法分析这 2883 个项目所产生的 7968 篇 CSSCI 来源期刊论文所产生科学数据的情况，主要是分析这些论文中科学数据的来源、科学数据的类型以及科学数据的引用和使用特征；在 23 个学科中，抽取了科学数据最丰富的 7 个子学科，通过邮件邀请、导师联系以及滚雪球的方法，招募到 39 位访谈对象，通过半结构化访谈的方式，深入了解这些具有典型代表性的学科领域中科研人员的数据来源、类型、所有权和数据量、数据管理和利用行为、数据共享意愿以及科学数据管理的培训需求。从科学数据政策制定的依据、科学数据政策中数据的存储位置、开放协议对科学数据政策制定的影响、科学数据政策中数据可用性说明以及数据引用等多个维度对根据期刊影响因子和排名选出的最具影响力的国际同行评审期刊进行了调研分析。选取 2020 年最具国际影响力学术期刊作为分析样本，根据期刊官网中与数据政策相关的信息分别对期刊数据政策有无、数据政策的内容、数据政策的强制程度和数据政策的具体实施细节进行了详细调研。这些实际的调研分析是本书工作量最大的地方，也是最大的研究特色所在，这一研究内容揭示了我国社会科学领域，国家社科基金项目的数据状况、我国社会科学领域学术期刊政策的实践状况以及与国外的差距所在，为我国推进社会科学领域的科学数据管理实践，制定科学数据政策与提供科学数据管理服务奠定了坚实基础。

第二章　相关概念与理论基础

第一节　相关概念

一　科学数据

科学数据的定义随研究角度、研究背景及研究主题不同而异。关于科学数据早期定义的学科范围并不包含人文与社会科学学科①②。《科学数据管理办法》关于科学数据的概念内容较为详细，本书借鉴该定义，并将研究领域扩展为全学科门类，兼具精确性与普适性。本书认为，在医药、农业、工程与技术、自然科学以及人文与社会科学等领域中科学数据是指科研人员在从事基础科学研究、应用科学研究以及实验开发过程中，通过检验检测方式、调查考察方式或者观测监测等方式在科学研究过程中取得的、产生的或者说创造的各种数据，包括原始的数据和衍生的数据③。

实际上，给“科学数据”下一个权威的定义是极具挑战性的，不同的学科通常会有自己的首选定义，该定义适用于具体学科领域。世界各地的一些高等教育机构在制定科学数据政策时已经明确了自己的定义。新加坡卫生部（Ministry of Health，MOH）的国家医学研究委员会（National Medi-

---

① 全国科技平台标准化技术委员会：《科技计划形成的科学数据汇交技术与管理规范：GB/T 39912-2021》，2021 年 3 月 9 日，http：//c. gb688. cn/bzgk/gb/showGb？type=online&hcno=E8381A5EB55C7CA16E1E5F555F8F6D4E，2022 年 3 月 6 日。

② European Commission Directorate-General for Research & Innovation，“H2020 Programme：Guidelines to the rules on open access to scientific publications and open access to research data in Horizon 2020（Version 3.2）”，March 21，2017，https：//ec. europa. eu/research/participants/data/ref/h2020/grants_manual/hi/oa_pilot/h2020-hi-oa-pilot-guide_en. pdf.

③ 国务院办公厅：《关于印发科学数据管理办法的通知》国办发〔2018〕17 号，2018 年 4 月 2 日，http：//www. gov. cn/zhengce/content/2018-04/02/content_5279272. htm，2022 年 3 月 6 日。

cal Research Council，NMRC）在 2015 年 3 月科学数据共享路演中展示的“科学数据治理和共享”简报幻灯片中将科学数据定义为：科学界普遍接受的记录和支持研究结果的事实材料①。新加坡南洋理工大学在其科学数据政策中，将科学数据定义为在研究项目的整个过程中收集、观察、生成、创建和获得的任何格式或形式的数据。这包括科研人员记录的、由设备生成并从模型、模拟中得出的数字、描述性、听觉、视觉或物理形式②。耶鲁大学的科学数据定义是为分析目的而收集、观察或创建的信息，以产生原始研究③。英国工程和物理科学研究委员会（Engineering and Physical Sciences Research Council，EPSRC）的服务标准和政策中将科学数据定义为科学界普遍保留和接受的记录事实材料，以验证研究结果④。

墨尔本大学科学数据和记录管理政策中将科学数据定义为在研究过程中为证实研究结果而收集、记录或使用的任何信息、事实或观察结果。科学数据可能以数字、模拟或组合形式存在，此类数据可能是数字的、描述性的或可视的、原始的或经过处理的、分析的或未经分析的、实验的、观察的或机器生成的。科学数据的示例包括文档、电子表格、音频和视频记录、成绩单、数据库、图像、现场笔记本、日记、过程日志、艺术品、作文、实验室笔记本、算法、脚本、调查回复和问卷⑤。莫纳什大学对科学数据的定义是构成研究项目的观察、发现或结果的数据、记录、文件或其他证据，无论其内容或形式如何（例如印刷、数字、物理或其他形式），包括原始材料和分析数据⑥。

---

① National Medical Research Council, “Implementation of framework for research data governance and sharing”, November 1, 2015, https://www.nmrc.gov.sg/docs/default-source/news-library/nov-2015-grant-call---framework-for-research-data-governance-and-sharing.pdf.

② Nanyang Technological University, “NTU research data policy”, September 1, 2017, https://www.ntu.edu.sg/research/ntu-research-data-policy.

③ Yale University Library, “Research data management: overview”, August 10, 2022, https://guides.library.yale.edu/datamanagement.

④ Engineering and Physical Sciences Research Council, “Service standards and policies/EPSRC? Policy framework on research data/ scope and benefits”, March 31, 2022, https://www.ukri.org/about-us/epsrc/our-policies-and-standards/policy-framework-on-research-data/scope-and-benefits/.

⑤ University of Melbourne, “Management of research data and records policy”, June 9, 2022, https://policy.unimelb.edu.au/MPF1242.

⑥ Monash University, “Research data management: Staff, adjuncts and visitors procedures”, November 1, 2017, http://www.policy.monash.edu/policy-bank/academic/research/research-data-management-procedures-staff-adjuncts-and-visitors.html.

昆士兰技术大学将科学数据定义为以事实、观察、图像、计算机程序结果、记录、测量或经验形式存在的数据，论证、理论、测试、假设或其他研究成果所依据的数据。它与研究项目期间生成、收集或使用的数据有关，在某些情况下可能包括研究成果本身。数据可以是数字的、描述性的、视觉的或触觉的。它可以是原始的、清洗后的或经过加工处理的，并且可以用任何格式或介质保存。在许多学科中，除应用软件、算法或模型的原始数据之外，科学数据还包括用于得出研究结果的软件、算法、模型和/或参数①。

社会科学是研究社会现象及其发展规律的科学，广义的社会科学是人文科学和社会科学的统称②。根据科学数据和社会科学的内涵，社会科学领域的科学数据是指社会科学研究过程中生成和使用的各种原始性资料③，根据 Data-PASS 的说明，社会科学领域的科学数据包括民意调查数据、各种投票记录数据、社交网络数据、家庭增长调查数据、收入调查数据、人文地理数据和政府统计数据等④。

二　科学数据管理

科学数据管理涉及创建、存储、交付、维护、归档和保存科学数据的所有方面。它是负责任的研究行为的重要领域之一。良好的科学数据管理实践为科研人员及其学科和整个社会带来了许多好处。少量科学数据的临时管理很简单。然而，随着新的科学数据的收集和现有科学数据的处理，跟踪数据变得越来越困难，因此在开始时进行少量投资可以减少纠正或解决问题的负担。良好的科学数据管理可以带来如下益处⑤：

（1）减少挫败感

管理科学数据可以实现项目研究过程中数据记录的一致性；可以确保科研人员离开科研机构后继续使用科学数据能被继续使用；可以选择科学数据进行长期存档和处置以节省存储空间。

---

① Queensland University of Technology, "Management of research data", August 10, 2022, https: //libguides. ntu. edu. sg/rdm/definition.

② 陈宇翔：《马克思主义与社会科学方法论》，湖南大学出版社 2012 年版，第 49 页。

③ 夏义堃：《人文社会科学数据管理的现实困境与对策分析》，《情报科学》2020 年第 9 期。

④ Data-PASS, "About data-pass", December 17, 2020, http: //www. data-pass. org/.

⑤ Imperial College, "Introduction to research data management", August 10, 2022, https: //www. imperial. ac. uk/research-and-innovation/support-for-staff/scholarly-communication/research-data-management/introduction-to-research-data-management/why-manage-data/.

（2）减少风险

管理科学数据有助于防止科学数据的丢失；防止研究结果无法得到验证；防止产生重复收集科学数据而支出高昂的费用；防止意外违反科学数据隐私保护和道德法规；防止无法支持研究成果的商业化等。

（3）改善研究的质量

现在对科学数据的稳健性和完整性充满信心，也将使未来的研究建立在坚实的基础上。

（4）提高声誉

开放获取科学数据和信息是社会各个领域不断扩展的主题。公共资助研究的透明度在个人和机构层面都很重要。对于个人而言，可以放心地共享管理良好的科学数据，从而增加论文和数据集的额外引用；通过科学数据的商业使用产生明显的影响；产生来自新技术和科学数据集组合的新见解。

（5）达到资助机构、出版商和研究机构的政策要求

由于上述原因，科研资助机构和出版商以及科研机构都制定了要求妥善管理科学数据的政策。一些资助机构在项目申请资助时就开始考虑以前的科学数据管理，而另一些资助机构则在科学数据没有得到妥善管理的情况下扣留最终拨款。

牛津大学科学数据管理团队认为科学数据管理涵盖了组织、构建、存储和关注整个科研项目研究周期中使用的或者生成的各种信息。这包括：在项目申请时，通过科学数据管理计划说明如何处理项目产生的各种科学数据；在完成项目的整个周期中，如何组织和处理各种日常的相关信息；在项目结束时，考虑数据如何共享和重用，如何做最终的处理①。科学数据管理是负责任研究的关键部分。良好的管理科学数据将确保科学数据生产者、科学数据生产者的同事和广大公众受益，具体表现为资助和监管机构的要求得到满足；科学数据保持准确、真实、可靠和完整；重复工作保持在最小限度；科学数据保持其完整性，研究结果可以被重复验证。

新加坡南洋理工大学科学数据管理团队认为现在大学越来越多地鼓

---

① University of Oxford, "What is RDM?", August 10, 2022, https://researchdata.ox.ac.uk/home/introduction-to-rdm/.

励所有科研人员在他们的科研项目开始时进行科学数据管理规划。在开始新的科研项目之前，项目负责人、研究团队和研究生必须解决与科学数据管理相关的问题。在世界范围内，越来越多的大学图书馆参与到了科学数据管理中来，并在各自机构的科学数据管理服务规划中发挥着主导作用。科学数据管理受到许多问题的影响，例如原生数字数据的广泛使用、对研究诚信的日益重视以及学术交流环境的变化。作为科学研究的一个非常重要的组成内容，科学数据具有证据价值，这对于确定科学研究的完整性至关重要。科学数据的良好管理可以为科研人员及其所在机构带来诸多益处。科研项目的成功取决于在整个科研项目生命周期中管理科学数据的能力。

昆士兰大学科学数据管理团队认为管理科学数据是为了高效地处理科学数据，确保其安全可靠，并满足科研诚信期望①。科学数据管理分为三个阶段。在开始项目之前，项目负责人需要明确自己的科学数据管理职责：满足资助机构对科学数据管理的要求，使用昆士兰大学的科学数据管理工具，创建科学数据管理计划，管理科学数据以获得伦理审查委员会（Institutional Review Board）的批准。在科研项目进行中，创建一个能够收集、记录和解释科学数据的系统，同时保证科学数据的安全。实现科学数据的管理，培养科学数据技能，存储和保护科研项目所产生的科学数据。在科研项目结束时，使科学数据可查找，以便它可以继续产生影响，即使在科研项目完成之后也是如此。实现科学数据的共享，使科学数据可供重复使用，支持科学数据的保存和整理。

社会科学领域的科学数据管理是指对各类社会系统运行过程中和社会科学研究过程中产生的原始、分散的科学数据进行收集、整理、组织、存储、发布、共享等一系列活动，以使科学数据有序化、标准化、规范化、可重用。社会科学领域科学数据管理的目标是实现科学数据的共享，确保未来科研人员能够发现、解释和重用社会科学领域的科学数据，通过最大限度地提升和实现科学数据的价值，促进社会科学领域的科学研究和社会的发展。社会科学领域的科学数据管理平台是指对社会科学领域的科学数据进行管理和共享的服务媒介，它汇集、存储、监管、发布

---

① University of Queensland, "What is research data management?" August 10, 2022, https://web.library.uq.edu.au/library-services/services-researchers/manage-research-data.

和展示各类社会科学领域的科学数据集，提供浏览、检索和下载科学数据的各种服务。社会科学领域的数据管理平台包括各类数据知识库、社会科学领域的数据中心、社会科学领域的数据存档等。社会科学领域当前较为知名的平台有美国高校校际政治与社会研究联盟（Inter-University Consortium for Political and Social Research，ICPSR）、英国国家数据档案中心（UK Data Archive，UKDA）和中国的复旦大学社会科学数据平台等。

三　科学数据共享行为

共享性是科学数据的固有属性特点。共享科学数据能够使科学数据FAIR化，充分发挥科学数据的潜在价值，从而促进知识发现。Kim等将科学数据共享行为定义为通过科学数据共享平台、公共网络空间、补充材料，或根据要求通过个人通信方式发送科学数据，将已发表文章的原始数据提供给研究小组以外的其他科研人员的行为①。包秦雯等认为科学数据开放共享行为是指通过科学数据共享平台、补充材料和数据论文等形式开放共享科学数据，将支撑其研究的科学数据提供给任何人供其免费获取和使用的行为②。综合上述观点，本书认为，科学数据共享行为是指作为科学数据生产者或科学数据所有者的科研人员通过包括但不限于互联网、会议、科学数据共享平台、论文补充材料、数据论文、个人通信等途径向社会或他人公开提供支撑其研究工作的科学数据，使得其科学数据能够被他人重用的行为。

四　FAIR原则

为克服科学数据共享中的障碍，促进科学数据发现和重用，2014年在荷兰莱顿“Jointly Designing a Data Fairport”研讨会上与会学者共同提出了一套使所有利益相关者都能轻松发现、访问、适当整合、重用并充分引用海量科学信息的最低指导原则，随后，通过对这些原则进行更详细的阐述，形成了FAIR原则③，后经FORCE11社区的修改和完善，2016年3月正式发表在*Scientific Data*上。FAIR原则描述了科学数据和元数据

---

① Kim, Youngseek and Jeffrey M. Stanton, “Institutional and individual factors affecting scientists’ data-sharing behaviors: A multilevel analysis”, *Journal of the Association for Information Science and Technology*, Vol. 67, No. 4, 2016, pp. 776-799.

② 包秦雯、顾立平、张潇月：《开放科研数据的行为影响因素研究——以地球科学领域为例》，《情报理论与实践》2019年第5期。

③ Wilkinson, Mark D., Michel Dumontier, Ijsbrand Jan Aalbersberg, et al., “The fair guiding principles for scientific data management and stewardship”, *Scientific Data*, Vol. 3, No. 1, 2016, pp. 1-9.

的属性，以及实现科学数据的机器可理解和可操作性的要素，即计算系统在没有或最少人为干预下查找、获取、互操作和重用数据。FAIR 原则包括四个目标准则，每个准则又分为具体的细则（见表 2-1），四个目标准则是层层递进的。

表 2-1　FAIR 原则及具体细则

目标原则	具体细则
Findable（可发现）	F1：元数据/数据被分配一个全球唯一持久的标识符
	F2：用丰富的元数据来描述数据
	F3：元数据中清楚的包含其所描述的数据标识符
	F4：元数据/数据在可搜索的服务中注册或索引
Accessible（可访问）	A1：元数据/数据可以通过使用标准化通信协议的标识符来检索 A1.1：该协议是开放的、免费的且可普遍实施的 A1.2：该协议允许在必要时进行身份认证和授权
	A2：即使数据不再可用，元数据仍可访问
Interoperable（可互操作）	I1：使用正式、可访问、共享且广泛适用的语言来描述元数据/数据
	I2：元数据/数据使用遵循 FAIR 原则的词汇表
	I3：元数据/数据包括对其他元数据/数据的合法引用
Reusable（可重用）	R1：使用多个准确并相关的属性来描述元数据/数据 R1.1：使用清晰且可访问的数据使用许可发布元数据/数据 R1.2：元数据/数据包括其详细的来源信息 R1.3：元数据/数据遵循相关领域的社区标准

五　TRUST 原则

TRUST 原则由科学数据联盟（Research Data Alliance，RDA）于 2019 年提出，旨在开发一种简明且可测量的方法，实现数字知识库的可信赖性。TRUST 原则为利益相关者构建可信赖的数字知识库（Trusted Digital Repositories，TDR）提供了一个指导框架，为构建数字知识库的所有利益相关者提供了一种沟通手段，它描述了 TDR 的五个特征，即透明（Transparency）、责任（Responsibility）、用户关注（User Focus）、持续性（Sustainability）和技术（Technology），具体内容见表 2-2。

表 2-2　　TRUST 原则①

原则	指南
Transparency（透明）	对特定的知识库服务和可通过公共访问的证据进行验证的数据保持透明
Responsibility（责任）	确保数据的真实性和完整性、服务的可靠性和持久性
User Focus（用户关注）	确保满足目标用户群体的数据管理需求和期望
Sustainability（持续性）	持续提供服务并长期保存数据
Technology（技术）	提供数字知识库运行所需的基础设施和能力，以支持安全、持久、可靠的服务

第二节　理论基础

一　科学数据生命周期理论

科学数据生命周期模型描述并确定了在研究周期的不同阶段要采取的步骤，以确保成功地管理和保存科学数据。科学数据生命周期有几个阶段，例如科学数据创建、科学数据处理、科学数据分析等。可以使用一些类似 DCC 的生命周期模型来规划科学数据管理活动，例如英国数据监管中心（Digital Curation Center，DCC）的管理生命周期模型②。Pennock 在《数字监管：管理和保存可用数字信息的生命周期方法》一文中强调了生命周期方法是必要的，因为数字材料很脆弱，并且在其整个生命周期（即从创作开始）中容易受到技术进步的影响；生命周期中每个阶段的活动（或缺乏活动）直接影响后续阶段管理和保存数字材料的能力；只有以保留其真实性和完整性的方式管理材料，才能可靠地重复使用数字材料③。

描述科学数据从生成、收集、处理、存储、发布到重用的整个生命

① Lin, Dawei, Jonathan Crabtree, Ingrid Dillo, et al., "The trust principles for digital repositories", *Scientific Data*, No. 7, 2020, pp. 1-5.

② Higgins, Sarah, "The DCC curation lifecycle model", *International Journal of Digital Curation*, Vol. 3, No. 1, 2008, p. 453.

③ Pennock, Maureen, "Digital curation: A life-cycle approach to managing and preserving usable digital information", January 1, 2007, https://www.researchgate.net/publication/228770335_Digital_curation_A_life-cycle_approach_to_managing_and_preserving_usable_digital_information.

周期的模型，包括面向所有学科领域的通用模型和面向特定学科领域的专门模型。其中面向社会科学领域的模型有UKDA、ICPSR、DDI的模型。UKDA模型包括制订数据管理计划、数据归档、数据格式化、数据存储、数据道德伦理；ICPSR模型将科学数据生命周期划分为拟定科学数据管理计划、研究启动、科学数据收集、分析、共享、存档6个阶段[①]；DDI模型包括研究概念化、科学数据收集、处理、存档、发布、发现、分析、再利用8个阶段[②]。不同科学数据生命周期模型包含的阶段有所不同，但总的来说，其核心阶段都包括科学数据管理计划、科学数据收集、处理、保存、发布与重用[③]。收集、处理、保存、发布、共享继而再利用科研过程中产生的科学数据的一个循环过程，就构成了科学数据的一个生命周期，数据生命周期的实质是依据科学研究的过程来进行科学数据的有效管理[④]。

（一）USGS科学数据生命周期模型

USGS科学数据生命周期模型（Science Data Lifecycle Model，SDLM）说明了数据管理的各个阶段，并描述了数据如何从头到尾在研究项目中流动。美国地质调查局（U. S. Geological Survey，USGS）认为数据代表具有超出任何直接研究用途的潜在价值的公司资产，因此需要在其整个生命周期内进行妥善管理。SDLM模型作为数据的高级视图——从概念到保存和共享——以说明科学数据管理活动如何与项目工作流程相关联，并帮助理解正确数据管理的期望（见图2-1）。在将模型应用于研究活动时，USGS科研人员可以确保数据产品得到良好描述、保存、可访问和适合重复使用。该模型还可以作为一种结构，帮助USGS评估和改进管理科学数据的政策和实践[⑤]。

USGS科学数据生命周期模型包括需要专业知识和技能的科学数据管

---

① ICPSR，“Guide to social science data preparation and archiving”，December 17，2020，https：//www. icpsr. umich. edu/web/pages/deposit/guide/index. html.

② DDI，“DDI data lifecycle”，December 19，2020，https：//ddialliance. org/training/why-use-ddi.

③ 杨林、钱庆、吴思竹：《科学数据管理生命周期模型比较》，《中华医学图书情报杂志》2016年第11期。

④ 师荣华、刘细文：《基于数据生命周期的图书馆科学数据服务研究》，《图书情报工作》2011年第1期。

⑤ Faundeen，John，Thomas E. Burley，Jennifer A. Carlino，et al.，“The united states geological survey science data lifecycle model”，September 1，2013，https：//pubs. usgs. gov/of/2013/1265/pdf/of2013-1265. pdf.

理活动，以及有关方法和标准的持续教育。该模型鼓励科研人员规划识别两种不同角色的项目团队：科研人员和科学数据管理员。根据员工的专业知识，科研人员和科学数据管理员的角色可能会在一个或多个生命周期阶段由一个人承担，也可能由多个人承担。尽管多个人员可能会监督各种科学数据生命周期元素，但项目负责人负责确保在整个项目生命周期中处理每个元素。

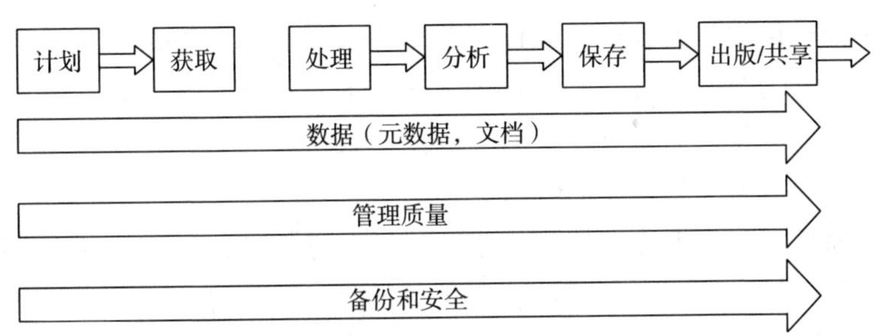

图 2-1　USGS 科学数据生命周期模型

注：方框表示主要的模型元素，下面的箭头表示涵盖所有过程的元素。

计划是该模型中的第一个构成元素，计划的目的是在让科研人员充分考虑，整个项目从启动到最终完成发表成果并存档数据的过程中，所有与数据资产相关的各种活动的安排。在计划阶段，有必要充分考虑科学数据生命周期每个阶段的方法、所需资源（包括资金和人员）和预期产出。科学数据管理计划是模型中该元素的产出。

获取是该模型的第二个构成元素，表示产生科学数据，收集科学数据，考虑和评价新的科学数据或现有的科学数据以使其重用的活动。科研人员擅长设计科学数据采集技术来解决研究问题；就获取这一要素而言，美国地质调查局强调的是要考虑相关的 USGS 政策和最佳实践的重要性，以保持作为 USGS 信息产品的科学数据的来源和完整性。该元素的产出是项目的数据收集。

处理是该模型的第三个构成元素，代表与准备新的或以前收集的科学数据相关的各种活动。处理收集的数据需要对数据元素进行定义；对不同的数据进行整合；还包括提取数据、转换数据、加载数据的各种操作以及应用校准以准备分析数据。模型中的处理元素提醒科研人员，

USGS 设定的标准和提供的工具可以满足科研人员的项目要求。该元素的产出结果是可用于集成和分析的科学数据集。

分析是该模型的第四个构成元素，表示与探索处理的科学数据和解释处理的科学数据相关的各种活动，在这些活动中科研人员验证假设，获得发现并最终得到结论。分析包括总结、绘制图表、统计分析、空间分析以及建模等各种活动，分析的目的是产生科学结果和信息。在此元素中生成新数据、跟踪版本并记录流程。在分析期间进行科学数据管理有助于提高科学数据分析活动的分析效率，保存那些有助于确保科学完整性的至关重要的文件，同时也为未来的研究奠定坚实基础。该元素的产出结果通常是以书面报告或机器可读格式（例如地图图层或数值建模结果）发布数据解释或新的数据集。

存储是模型的第五个构成元素，代表与存储科学数据以供长期使用和可访问性相关的活动。通常直到项目的最后阶段才考虑保护，因为项目预算和时间表的压力可能会被忽略。在模型中的出版/共享之前有意放置此元素提醒联邦政府资助的科研人员必须计划长期保存科学数据、元数据、辅助产品、应用程序中立的存储格式和任何其他文档，以确保数据的可用性和重复使用数据。

出版/共享是模型的第六个构成元素，这一元素提醒科研人员，科学数据以及传统的出版物都是研究产出。

模型的每个主要元素都涉及该阶段特有的活动和产出；然而，其他关键活动必须持续不断地在生命周期的所有阶段执行，以帮助支持有效的科学数据管理。

描述（元数据、文档）强调了在整个科学数据生命周期中逐步记录文档的重要性。从科学数据管理计划开始，该元素强调每个生命周期阶段的详细记录，以便其他科研人员可以通过重复验证研究的成果，评估研究结果的有效性，并确定科学数据对未来研究的有用性。在科学数据生命周期的每个阶段（而不是在项目的结束阶段）记录这些信息有助于确保创建、编译、处理和共享的科学数据的准确性和理解力。基于标准的元数据和文档，例如软件代码注释、科学数据模型和工作流程，有助于索引、获取科学数据、理解科学数据和未来使用科学数据。尽管无法防止对科学数据的误解或误用，但有据可查的科学数据有助于在此类错误发生时揭露并纠正此类错误。最后，描述元素传达了 USGS 数据和信息的出处和权威。

管理质量提醒科研人员在项目开始时考虑科学数据计划质量保证措施，然后在随后的生命周期阶段进行持续的质量监控和调整，以验证这些措施在项目进行时是否按预期执行。

备份和安全，涉及在科学数据生命周期整个过程中管理数据的物理风险，同时确保科学数据可访问。备份和安全提醒科研人员，常规备份对于防止在数据最终保存之前因硬件或软件故障、自然灾害或人为错误而导致数据物理丢失至关重要。防损措施适用于原始和处理后的科学数据、原始科学计划、科学数据管理计划、科学数据采集策略、处理程序、版本控制、分析方法、出版产品和相关元数据。这一要素还鼓励科研人员规划安全的科学数据共享服务，特别是当项目的科研人员在多个设施工作时。

（二）科学数据生命周期中的活动

大多数科学数据的寿命通常比创建它们的科研项目长得多。科研人员可能会在科研资助停止后继续处理科学数据，后面新的科研项目可能会涉及分析或添加数据，或者科学数据可能会被其他科研人员重用。如果科学数据在研究项目过程中得到妥善管理，且它们得到适当的保存、整理和长期访问，它们将能够在未来的研究中重复使用。表 2-3 概述了科学数据生命周期中经常开展的与科学数据相关的活动。

数据文件倡议（Data Documentation Initiative，DDI）是一种流行的社会科学数据文档标准，是较早构想数据生命周期概念的倡议之一。这个想法将研究过程和活动与数据管理、数据保存、数据发布和数据共享的概念相结合①。

表 2-3　　在科学数据生命周期中进行的典型活动

活动	关键特征
发现和规划	· 设计研究 · 规划科学数据管理 · 规划共享同意书 · 规划科学数据收集、处理协议和模板 · 查找和发现现有的科学数据源

① Corti, Louise, Veerle Vanden, Eynden Libby, et al. , "Managing and sharing research data: A guide to good practice", February 25, 2014, http://www.sagepub.com/sites/default/files/upm-binaries/61019_Corti__Managing_and_sharing_research_data.pdf.

续表

活动	关键特征
科学数据收集	· 收集科学数据——记录、观察、测量、实验和模拟 · 捕获和创建元数据 · 获取现有的第三方数据
科学数据处理与分析	· 输入数据、对数据进行数字化处理、转录和翻译数据、数据检查、数据验证、清理和匿名化处理科学数据、必要时导出科学数据 · 描述和记录科学数据 · 分析数据 · 解释数据 · 产生研究成果 · 创作出版物 · 引用数据源 · 管理和存储科学数据
发布和分享	· 确立科学数据的版权 · 创建发现元数据和用户文档 · 发布或共享科学数据 · 共享科学数据 · 控制对科学数据的访问 · 推广科学数据
长期管理	· 将科学数据迁移到最佳格式 · 将科学数据迁移到合适的介质 · 备份和存储科学数据 · 收集和生成元数据和文档 · 保存和整理科学数据
再使用数据	· 进行二次分析 · 进行后续研究 · 进行研究审查 · 审查结果 · 使用科学数据进行教学和学习

二 计划行为理论

1975 年，美国社会心理学家 Fishbein 和 Ajzen 基于多属性态度理论提出理性行为理论（Theory of Reasoned Action，TRA），认为行为态度和主观规范共同作用于行为意愿，进而预测个体行为[①]（见图 2-2）。TRA 理论假设个体理性地判断与明确行为意愿之后，再决定是否采取某一行为，

① Fishbein, Martin and Icek Ajzen, *Belief, Attitude, intention, and behavior: An introduction to theory and research*, Addison-Wesley Publishing Company, 1975, pp. 216-384.

是有目的的考虑。但这一假设未考虑个体在潜意识中形成的习惯性或自发性的行为，侧重个体动机而忽略了控制条件的充分性差异。这也成为TRA理论扩展应用范围的制约条件，使其只适用于由意愿控制的行为研究，而不能完全解释个体实际行为的产生过程。当个体实际行为控制能力有限时，就必须超越TRA理论而寻求新理论来解释个体行为。

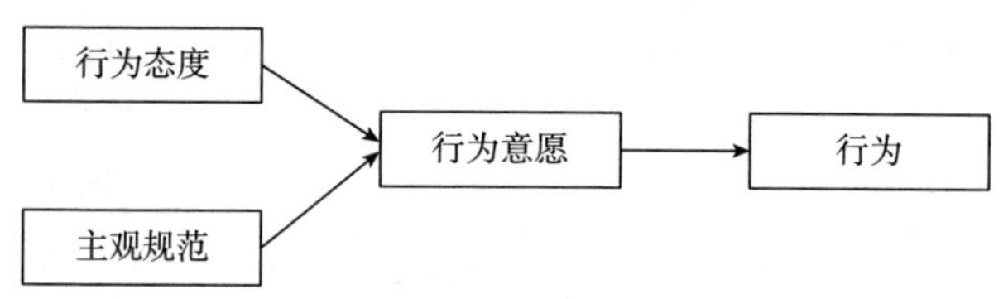

图2-2　TRA理论模型

基于上述考虑，1985年，Ajzen将感知行为控制变量加入TRA理论，提出计划行为理论（Theory of Planned Behavior，TPB）模型[①]（见图2-3）。TPB理论是对TRA理论的扩展和修正，可用于解释个体行为决策产生的过程。该理论认为行为态度、主观规范与感知行为控制共同作于行为意愿，进而预测个体行为。此外，行为还直接受到控制条件即感知行为控制的制约。TPB理论指出行为意愿应与感知行为控制结合起来共同决定个体行为，解决了控制条件不足的问题，提高与扩展了TRA理论的解释力与应用范围，为个体社会行为研究提供了概念和理论基础。

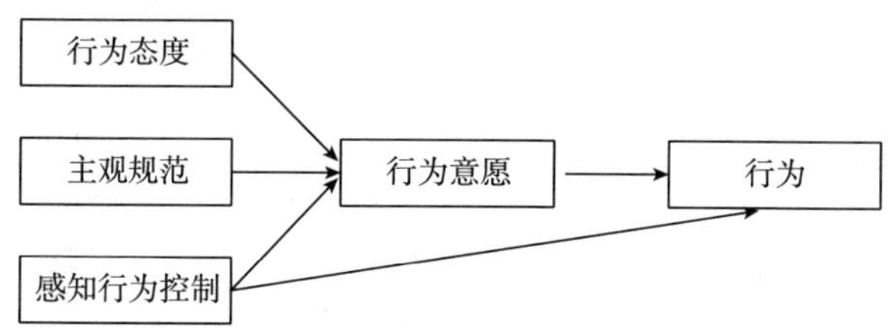

图2-3　TPB理论模型

---

① Ajzen, Icek, "From intentions to actions: A theory of planned behavior", in Julius Kuhl and Jürgen Beckmann, eds., *Action Control*, Springer-Verlag, Inc., 1985, pp. 11-39.

TPB 理论中，行为是指个体产生的实际行动。行为意愿是指个体执行某一实际行动的动机，反映执行该行为的主观可能性大小。个体对特定行为的意愿影响其行为决策，行为意愿越强，就越有可能采取该行为。

行为态度是指对某行为所持有的积极或消极、支持或否定的程度，是个体对该行为进行信念判别与价值评估后形成的正面或负面评价，直接影响行为意愿。权衡事件的成功与失败概率后，个体对某行为的信念越强、态度越积极，采取该行为的主观可能性就越大，行为意愿也越强烈，反之则越弱。

主观规范是指个体感知到的执行特定行为的社会压力，反映了个体行为动机，以及他人或群体对其是否采取这一行为的社会期望。个体置身于特定社会环境中，不免受到他人与环境等方面的社会期望压力。当个体感受到的社会压力越大，能够左右其决策时，其遵从压力与规范的动机越强烈，执行行为的概率越大，行为意愿也越强，反之则越弱。

感知行为控制是指基于所拥有的资源、行为能力、工作、人格特质、机会与环境变量等外生性因素考虑，个体对执行某一特定行为难易程度的感知。它反映的是基于自身经验与未来预期，个体所感知到的对执行该行为的有利因素和阻碍因素及其各自作用的控制程度，这些因素可以制约行为决策过程。当个体感知到的资源与机会等有利因素越多、阻碍因素越少，感知行为控制就越强。感知行为控制对行为有两种作用方式，可以通过意愿作用于个体行为，也可以直接预测实际行为。不过在后来的模型修正中，感知行为控制被认为可以调节行为意愿和行为之间的关系（见图 2-4）。

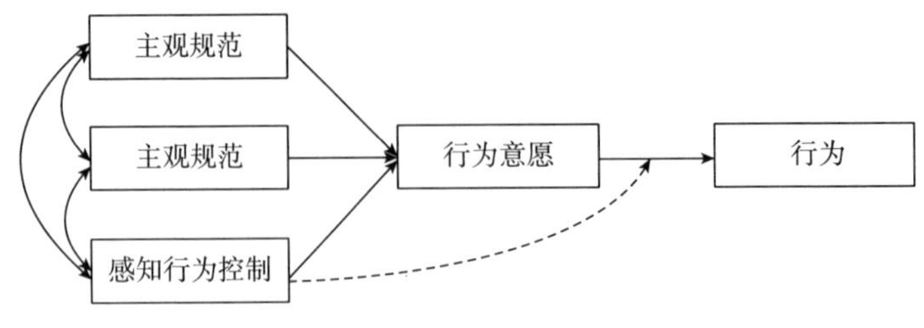

图 2-4 TPB 修正理论模型

理论上，感知行为控制被认为调节态度和主观规范对行为意愿的影响，但这种交互作用往往难以验证，后来学者才开始研究这种交互作用。在 TPB 理论的后续修正中，Ajzen 加入信念、实际行为控制、背景和动机等因素，进一步形成更加完善的 TPB 修正理论，如考虑背景因素的 TPB 修正理论模型[①]（见图 2-5），使得行为预测模型更加完善，提高了理论解释力。

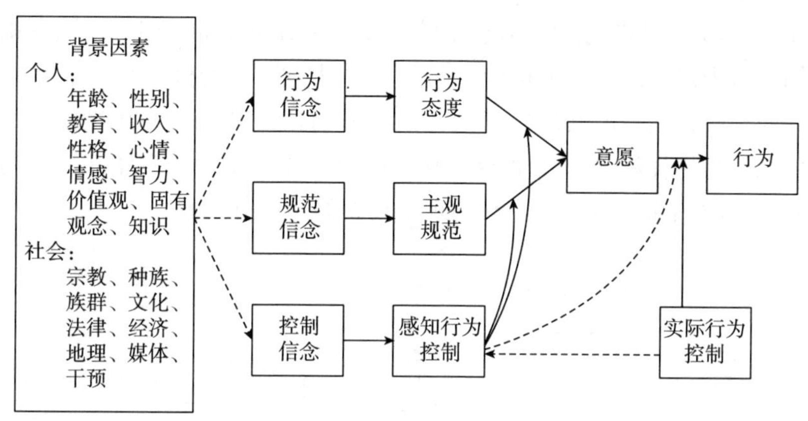

图 2-5　考虑背景因素的 TPB 修正理论模型

TPB 理论经过一系列的研究与发展，逐渐被改进与修正，应用范围也越来越广。如在 TPB 理论中加入纵向时间因素，区分过去的行为与现在的行为；将态度、主观规范与感知行为控制等影响因素细分或限定研究情境，通过这种方式提高理论模型的解释能力；也可在 TPB 理论中加入相关变量，通过横向拓展来更好地预测个体行为。由此可知，TPB 理论拥有较强的灵活性，这也是它被广泛应用于行为研究领域的原因之一。目前 TPB 理论已被应用于心理学、医学、教育学、管理学、经济学等领域的个体行为研究中，如消费行为、知识共享行为、信息共享行为、学习行为、创新行为、平台或技术使用行为等，且多数研究证实它能够提高态度、意愿等对行为的预测能力。

本书基于计划行为理论探讨科研人员科学数据共享行为产生机理。

---

① Ajzen, Icek, "Theory of planned behavior with background factors", November 5, 2021, https://people.umass.edu/aizen/tpb.background.html.

科研人员的科学数据共享行为属于个体行为，在科研人员自身固有观念、态度、意愿、能力、效能、资源、政策、文化氛围等共同作用下产生，因此 TPB 理论及考虑背景因素的修正模型对于本书具有很好的适用性，有助于解释科研人员科学数据共享行为的产生过程与机理。

三　技术接受模型

技术接受模型（Technology Accept Model，TAM）源于 1986 年 Davis 以 TRA 理论为基础的用户信息系统接受与使用行为的研究[①]。该理论认为用户行为意愿决定其实际使用行为，行为意愿受感知有用性和用户态度共同影响，而态度又取决于用户的感知有用性和感知易用性，其中用户的感知易用性和外部变量会影响用户的感知有用性，而外部变量则决定着用户的感知易用性。TAM 的理论模型如图 2-6 所示。

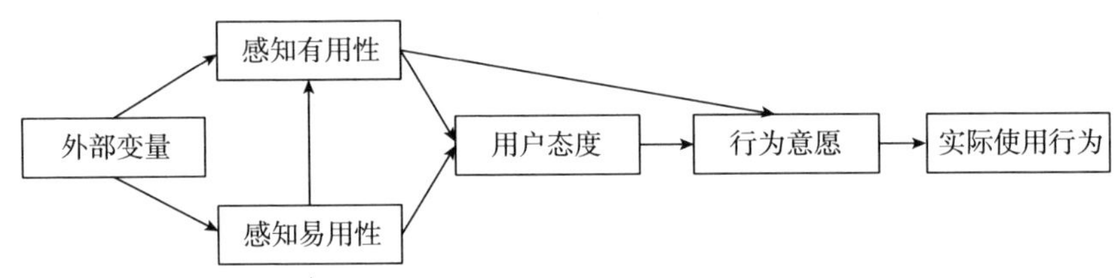

图 2-6　TAM 理论模型

TAM 理论中，实际使用行为、行为意愿变量源自 TRA 理论，其中实际使用行为是指用户对特定系统的技术接受与使用行为，行为意愿是指用户接受与使用某一特定系统技术的主观可能性。该理论认为，行为意愿直接影响用户实际技术接受与使用行为。

态度变量是指用户对技术接受与使用行为的评价与看法。感知有用性基于期望理论（Expectancy Model）、成本—收益理论（Cost-Benefit Paradigm）、信息报告评估（Evaluation of Information Report）以及通道配置理论（Channel Disposition Model），是指用户感知到的某一系统能够改善其工作表现或绩效的程度，反映了某一行为对用户的价值和有用程度。它不仅作用于用户态度，还直接作用于行为意愿。用户认为系统使用行

---

① Davis, Fred D., A technology acceptance model for empirically testing new end-user information systems: Theory and results, Ph. D. dissertation, MIT, 1985.

为带来的绩效或价值越高、对自己越有用，其对该行为的评价也越高，使用意愿也越强烈。

感知易用性由自我效能理论（Self-Efficacy Theory）、创新采纳理论（Adoption of Innovation）、信息报告评估、成本—收益理论以及通道配置理论有机整合而来，是指用户感知到的特定工具使用的容易程度，它和外部变量一同影响着感知有用性。

外部变量主要是指系统设计特征和环境条件，能够直接影响用户感知易用性。外部条件越有利，用户使用体验越容易，感知到行为带来的价值也越高，从而间接影响用户行为意愿和实际行为。

TAM 理论最初主要应用于不同组织内部用户对计算机信息系统的技术接纳度研究，目前广泛应用于信息与系统科学、管理学等领域。本书主要考察科研人员数据共享行为产生机理，需要检验共享数据带给科研人员的价值，以及科研人员对于数据收集、整理、组织、注释与共享过程难易程度的感知对共享行为的作用机理，因此 TAM 理论对于本书具有良好的适用性。

四 Scott 新制度理论

Scott 等通过梳理与分析不同学者的制度思想，提出一种综合的、包容性的制度分析框架，可称为 Scott 新制度理论（Neoinstitutional Theory, NIT），以合法性为基础，凸显了制度环境对个体行为决策的重要性。制度塑造并培养了个体的行为习惯，指导、约束个体行为，而个体嵌于特定组织与制度环境中，需要遵守规则、规范、社会价值观和信念等约束，在考虑制度因素的前提下于合法范围内进行决策，从而获得合法性和社会认可。

该框架提出了制度的三大支柱，分别为规制性支柱（Regulative Pillar）、规范性支柱（Normative Pillar）和文化—认知性支柱（Cultural-Cognitive Pillar），同相关行为活动和资源一起为社会生活提供安定与价值。这三个要素也是制度结构的核心组成部分，提供了指导行为和抵制变革的"弹性纤维"部分，从无意识到有意识、从依法执行到想当然，分别在不同层面连续起来作用于个体行为决策。

规制性支柱通过构建规则体系、实施规制与制裁，影响与约束未来行为。规制过程中会检查他人对规则的遵守情况，并在必要时进行制裁（积极的激励措施如增加回报和利润等奖励，消极的制裁如税收、罚款或监禁等惩罚)。规制能够使社会行为者和行动得到授权，赋予某些行为者以许可、特别权力和利益，即合法性得到满足。

规范性支柱强调社会生活中的规定性、评价性和义务性的规则、规范，包括价值观和规范。价值观是对偏好或理想的概念，同时也构建了比较和评估现有行为的标准；规范则规定了事情应该如何做，界定了追求价值目标的合法手段。规范性支柱定义了目标和目的及其适当的追求方式，它是对社会行为的限制，同时也赋予社会行为以权力和能力，赋予行为者权力和责任、特权和任务、许可和授权等。相对于规制性支柱压力来说，规范性支柱压力更侧重从道德层面设定规范，从而对组织或个人的行为进行约束，组织或个人也会逐渐接受这种社会道德规范。

文化—认知支柱是构成社会现实本质和创建价值框架的共同概念，指个体对世界、情境、文化的感知和理解，表现为个人对情景的感知所形成的制度环境。在外部世界的刺激和个体有机体的反应之间起调节作用的是对世界的内部化符号表征的集合，即人类存在的认知层面。在认知模式中，生物的行为在很大程度上是生物对其环境的内部表征的一个映射。组织或个人处于一定情境中，通过观察他人的活动并进行解读与模仿，即遵守共同的情境界定与参考框架，可内化成自身的行为。个人通过对外部情境压力做出适当反应，从而获得合法性①。

由此可见，NIT 理论的三大支柱以合法性贯穿其中。在制度压力下，个体行为决策往往并不是以个人利益最大化为出发点，还要考虑合法性。这种合法性使得制度具有普遍约束力，组织和个体对于合法性的追求迫使其主动遵守制度规范。

制度环境三个层面的普遍性决定了 NIT 理论适用范围的宽广性。目前，NIT 理论已广泛应用于社会学、政治学、经济学与管理学等领域。一些研究采用主观测量的方法，直接构建制度变量测量指标，也有研究用替代变量测量制度压力。科研人员处于科研环境与学术社区中，科学数据共享行为不仅受到国家法律与制度约束，以及期刊出版商、资助机构、学术机构等科学数据共享具体政策约束，还受到社会期望与文化认知方面的压力，因此 NIT 理论对于本书具有良好的适用性。

---

① Scott, W. Richard, *Institutions and organizations: Ideas, interests and identities*, 4*th* ed. SAGE Publications, Inc. 2014, pp. 55-86.

五　其他相关理论

（一）感知风险理论

感知风险（Perceived Risk，PR）最初来源于心理学，1960 年由 Bauer 引入消费者行为领域，指消费行为决策结果中的不确定性，这种不确定性使消费者无法准确预测行为是否正确及行为可能带来的后果，进而影响其行为决策[①]。PR 的主要特征是主观性强，因为这种风险是由消费者主观判断得到的。在后来的理论发展和演化中，PR 理论应用范围逐渐扩展到经济学和管理学等领域，其测量维度也变得更加多样化。科研人员在共享数据前会考虑共享行为给自己带来的影响与后果，衡量该行为存在的各方面风险，进而影响其对数据共享的判断和实际共享行为。因此，PR 理论对于本书具有良好的适用性。

（二）自我效能理论

美国著名心理学家 Bandura 于 1977 年首次提出自我效能感，指行为人对达成某一特定目标所需要能力的信心或信念[②]。1997 年，Bandura 将自我效能感这一概念完善为系统的理论，提出自我效能理论（Self-Efficacy Theory，SET）[③]。自我效能感能够影响个体行为选择，高度的效能感可促进个体胜任能力的发展，相信可以实现自己的目标，而自我效能感较弱的个体则倾向于做自己能力所及的事情，回避自己认为做不到的事情。具有较高自我效能的人通常比自我效能低的人更成功，而自我效能低的人通常将失败归咎于自己的能力不足。科学数据共享行为的执行需要共享者具备辨别能力、相关素养和技能，科研人员在进行共享决策时会对自我效能进行判断，所以自我效能理论对于本书具有良好的适用性。

---

① Bauer, Raymond A., "Consumer behavior as risk taking: Dynamic marketing for a changing world", proceedings of the 43rd National Conference of the American Marketing Association, sponsored by the American Marketing Association, Chicago, June 15-17, 1960.

② Albert, Bandura, "Self-efficacy: Toward a unifying theory of behavioral change", *Psychological Review*, Vol. 84, No. 2, 1977, pp. 191-215.

③ Albert, Bandura, Freeman W. H, Lightsey Richard, *Self-efficacy: The exercise of control*, New York: W. H. Freeman and Company, 1997, pp. 1-211.

第三章　国内外相关研究评述

第一节　科研人员的科学数据管理行为

科学数据开放共享有利于提高研究的严谨性和可重复性，提供对高价值数据集的访问，促进数据重用，加速科学研究发现与科研成果转化，进而提高科技创新水平。科学数据开放共享是科学数据管理的最终目的。科研人员作为科学数据共享的主要实践者，其实际数据共享行为影响着整体数据共享水平。

一　国外

国外对科学数据开放与共享关注较早，也较早开始调查和研究科研人员的数据共享行为。1988 年，Stanley 等在调查科研人员的数据共享态度与看法时发现，共享科学数据带给科研人员名誉上的提升会促进数据共享行为的产生①。后续学者围绕科研人员科学数据共享行为产生机理展开了相关研究，通常以科研人员的数据共享行为、态度和意愿为关注点，发现个体特征、共享成本、资源便利条件、政策与规范等主客观条件都会促进或阻碍科学数据共享行为的产生。

（一）个体特征与数据共享

1. 个人社会统计学特征

（1）年龄。年长科研人员在职业生涯中有更多的工作经验与机会共享科学数据，实际数据共享经历也较年轻科研人员多②。此外，年长的科

① Stanley, Barbara and Michael Stanley, "Data sharing: The primary researcher' s perspective", *Law and Human Behavior*, Vol. 12, No. 2, 1988, pp. 173-180.

② Linek, Stephanie B., Benedikt Fecher, Sascha Friesike, et al., "Data sharing as social dilemma: Influence of the researcher' s personality", *PLOS ONE*, Vol. 12, No. 8, 2017.

研人员因其更高的职位与工资而对共享成本和预期经济回报不敏感，年轻科研人员则需要资金来管理和存储科学数据，在一定程度上制约了其共享科学数据意愿。年长科研人员对科学数据共享表现出更大的兴趣，也更愿意将科学数据保存在没有限制的数据管理平台中，而年轻科研人员更倾向于有条件地共享科学数据①。也有学者持不同的看法：为了在学术上得到同行的认可，年轻科研人员有可能选择数据共享，但是也存在着因对数据质量不自信而不愿意共享其科学数据的可能性；由于其在学科领域内的较高学术声誉和学术地位，年长的科研人员可能会对共享数据持有积极主动的态度，但是也存在着因传统思维模式以及竞争等因素，而对数据共享持反对和拒绝态度②③④。（2）性别。相较于男性，女性科研人员共享科学数据的态度较为消极，共享意愿更低，实际共享经历也更少⑤。（3）所属学科。不同学科的学科文化、习惯、传统与数据特质不同，科学数据共享意愿、共享资源投入、科学数据可用性以及共享科学数据障碍与挑战也存在很大差异⑥⑦⑧。地球科学、天文学、生物学等学科往往具有科学数据开放访问的良好传统，但在其他许多领域中只在科

① Tenopir, Carol, Suzie Allard, Kimberly Douglass, et al., "Data sharing by scientists: Practices and perceptions", *PLOS ONE*, Vol. 6, No. 6, 2011, p. e21101.

② Amos, Howard, Maude Frances, Tom Ruthven, "Rsquared: Researching the researchers: A study into how the researchers at the University of New South Wales use and share research data", paper delivered to 31_{st} Annual IATUL Conference, sponsored by IATUL, Forney Hall (FRNY), June 21, 2010.

③ Van den Eynden, Veerle and Libby Bishop, "Incentives and motivations for sharing research data, a researcher's perspective", December 1, 2014, https://knowledge-exchange.info/projects/project/research-data/sowing-the-seed.

④ Karampela, Maria, Sofia Ouhbi, Minna Isomursu, "Connected health user willingness to share personal health data: Questionnaire study", *Journal of medical Internet research*, Vol. 21, No. 11, 2019, p. e14537.

⑤ Linek, Stephanie B., Benedikt Fecher, Sascha Friesike, et al., "Data sharing as social dilemma: Influence of the researcher's personality", *PLOS ONE*, Vol. 12, No. 8, 2017, p. e0183216.

⑥ Tedersoo, Leho, Rainer Küngas, Ester Oras, et al., "Data sharing practices and data availability upon request differ across scientific disciplines", *Scientific Data*, Vol. 8, No. 1, 2021, pp. 1-11.

⑦ Borgman, Christine L., Morgan F. Wofford, Milena S. Golshan, et al., "Collaborative qualitative research at scale: Reflections on 20 years of acquiring global data and making data global", *Journal of the Association for Information Science and Technology*, Vol. 72, No. 6, 2021, pp. 667-682.

⑧ Van den Eynden, Veerle, Gareth Knight, Anca Vlad, et al., "Survey of Wellcome researchers and their attitudes to open research", October 31, 2016, http://repository.essex.ac.uk/24866/.

研人员提出请求时才会酌情共享[①]。生物学领域的科研人员比医学领域更倾向于公开共享科学数据[②]。其中，医学临床科学数据往往包含人类受试者的隐私数据，因涉及道德伦理问题，获取与共享前需要获得知情同意，而且数据敏感性、复杂性和异质性导致匿名化困难[③]、结构化程度低，缺少标准化数据存储与引用机制，进一步增加了共享科学数据的难度。（4）学历。学历或受教育程度越高，越愿意为了研究目的而共享科学数据[④]。（5）人员类型。研究密集型（日常工作以科研为主）科研人员与教学密集型（日常工作以教学管理为主）科研人员在科学数据共享实践上存在显著差异，前者更有可能将科学数据共享给他人[⑤]。（6）科学数据共享与重用经验。科研人员拥有科学数据重用经验可能会改善其共享态度信念，间接促进共享行为产生[⑥]。（7）科学数据共享知识和能力。多数科研人员缺乏将科学数据匿名化、创建元数据以及将科学数据存入科学数据管理平台等数据管理与共享方面的知识和能力[⑦]，这会影响科学数据的质量、共享与重用，需要相关方面的服务与资源支持才能完成共享[⑧]。

---

① Perrier, Laure, Erik Blondal, Heather MacDonald, et al., "The views, perspectives, and experiences of academic researchers with data sharing and reuse: A meta-synthesis", *PLOS ONE*, Vol. 15, No. 2, 2020, p. e0229182.

② Zuiderwijk, Anneke, Rhythima Shinde, Wei Jeng, et al., "What drives and inhibits researchers to share and use open research data? A systematic literature review to analyze factors influencing open research data adoption", PLOS ONE, Vol. 15, No. 9, 2020, p. e0239283.

③ Wirth, Felix Nikolaus, Thierry Meurers, Marco Johns, et al., "Privacy-preserving data sharing infrastructures for medical research: Systematization and comparison", *BMC Medical Informatics and Decision Making*, Vol. 21, No. 1, 2021, pp. 1-13.

④ Karampela, Maria , Sofia Ouhbi, Minna Isomursu, "Connected health user willingness to share personal health data: Questionnaire study", *Journal of medical Internet research*, Vol. 21, No. 11, 2019, p. e14537.

⑤ Tenopir, Carol, Suzie Allard, Kimberly Douglass, et al., "Data sharing by scientists: Practices and perceptions", *PLOS ONE*, Vol. 6, No. 6, 2011, p. e21101.

⑥ Kim, Youngseek and Seungahn Nah, "Internet researchers' data sharing behaviors: An integration of data reuse experience, attitudinal beliefs, social norms, and resource factors", *Online Information Review*, Vol. 42, No. 1, 2018, pp. 124-142.

⑦ Unal, Yurdagul, Gobinda Chowdhury, Serap Kurbanoğlu, et al., "Research data management and data sharing behaviour of university researchers", *Information Research*, Vol. 24, No. 1, 2019, pp. 1-23.

⑧ Perrier, Laure, Erik Blondal, Heather MacDonald, "The views, perspectives, and experiences of academic researchers with data sharing and reuse: A meta-synthesis", *PLOS ONE*, Vol. 15, No. 2, 2020, p. e0229182.

2. 科研人员的性格特征

Linek 等研究发现，大五人格中的开放性人格能够改善与提高科研人员的科学数据共享态度和积极性；马氏人格水平较高的科研人员对待科学数据共享的态度更消极；社会称许性水平对科学数据共享态度没有影响，但能够提高共享科学数据的意愿①。

3. 共享动机

科研人员可能会基于不同动机选择共享科学数据，具体可分为回报型、互惠型和利他型。（1）回报型动机是指，科研人员预期共享原始数据可提高研究可信度、享有著作权、获得学术认可、声誉以及经济利益等②，从而共享科学数据。若共享能够带来更高的引用率和影响力，那么共享科学数据将是所有科研人员的最优策略③。（2）互惠型最直接的体现是数据交换，即科研人员希望在需要重用时能够获得他人的科学数据，从而选择共享自己的科学数据。互惠还可表现为科学数据重用者在发布的研究成果中公开承认科学数据提供者的贡献（比如致谢）、引用文献或数据集、与数据提供者签订协议，以及数据提供者有机会就数据再分析的研究项目进行合作④等情况。在普遍认可出版物的学术体系下，共同作者制可体现数据共享价值⑤，也是互惠共享的一种方式。不过，相对于共同作者来说，规范的数据集引用可能是认可科学数据共享者贡献更为恰当的方式⑥。（3）利他型，具有该动机的科研人员往往基于学术利他主义、帮助他人或体现学术自信等心理，无偿共享自己的科

① Linek, Stephanie B., Benedikt Fecher, Sascha Friesike, et al., "Data sharing as social dilemma: Influence of the researcher's personality", *PLOS ONE*, Vol. 12, No. 8, 2017, p. e0183216.

② Kim, Youngseek and Sujin Kim, "Institutional, motivational, and resource factors influencing health scientists' data-sharing behaviours", *Journal of Scholarly Publishing*, Vol. 46, No. 4, 2015, pp. 366-389.

③ Pronk, Tessa E., Paulien H. Wiersma1, Anne van Weerden, et al., "A game theoretic analysis of research data sharing", *PeerJ*, No. 3, 2015, p. e1242.

④ Arregoitia, Luis Darcy Verde, Natalie Cooper, Guillermo D' Elía, "Good practices for sharing analysis-ready data in mammalogy and biodiversity research", *Hystrix, the Italian Journal of Mammalogy*, Vol. 29, No. 2, 2018, pp. 155-161.

⑤ Linek, Stephanie B., Benedikt Fecher, Sascha Friesike, et al., "Data sharing as social dilemma: Influence of the researcher's personality", *PLOS ONE*, Vol. 12, No. 8, 2017, p. e0183216.

⑥ Federer, Lisa M., Ya-Ling Lu, Douglas J. Joubert, et al., "Biomedical data sharing and reuse: Attitudes and practices of clinical and scientific research staff", *PLOS ONE*, Vol. 10, No. 6, 2015, p. e0129506.

学数据以丰富数据资源，推动特定领域的科学发展进程[①]。但相对于科学数据共享的价值和社会效益，科研人员可能更侧重于共享给自身带来的利益[②]。

4. 共享态度与意愿

根据 TPB 理论，行为意愿受行为态度等因素影响，能够直接促进个体行为产生。研究表明，科研人员的科学数据共享态度对共享意愿有显著正向影响，共享意愿能够直接促进实际共享行为[③]。

个体特征中，科学数据共享态度与意愿等主观因素能够直接推动科学数据共享行为，但科研人员对科学数据共享持积极态度并不一定意味着他会共享科学数据[④]。除科研人员年龄、性别、学科背景外，职业阶段、地理位置也是造成科学数据共享实践差异的客观因素[⑤]。此外，科学数据的质量和可靠性、是否符合科研人员所在机构及个人的价值观与目标等也会影响科研人员的科学数据共享意愿[⑥]。

（二）共享风险、时间、资金等成本与数据共享

1. 风险成本

指共享科学数据给科研人员带来的不利后果，对于各种风险的感知会降低科研人员共享科学数据的意愿。（1）隐私泄露风险。数据隐私泄露问题可能会对科学数据共享态度产生负面影响[⑦]。对于涉及保密、隐私

---

① Kim, Youngseek and Jeffrey M. Stanton, "Institutional and individual factors affecting scientists' data-sharing behaviors: A multilevel analysis", *Journal of the Association for Information Science and Technology*, Vol. 67, No. 4, 2016, pp. 776-799.

② Perrier, Laure , Erik Blondal, Heather MacDonald, "The views, perspectives, and experiences of academic researchers with data sharing and reuse: A meta-synthesis", *PLOS ONE*, Vol. 15, No. 2, 2020, p. e0229182.

③ Kim, Youngseek and Seungahn Nah, "Internet researchers' data sharing behaviors: An integration of data reuse experience, attitudinal beliefs, social norms, and resource factors", *Online Information Review*, Vol. 42, No. 1, 2018, pp. 124-142.

④ Van den Eynden, Veerle, Gareth Knight, Anca Vlad, et al. , "Survey of Wellcome researchers and their attitudes to open research", October 31, 2016, http: //repository. essex. ac. uk/24866/.

⑤ Van den Eynden, Veerle, Gareth Knight, Anca Vlad, et al. , "Survey of Wellcome researchers and their attitudes to open research", October 31, 2016, http: //repository. essex. ac. uk/24866/.

⑥ Waithira, Naomi, Brian Mutinda, Phaik Yeong Cheah, "Data management and sharing policy: The first step towards promoting data sharing", *BMC Medicine*, Vol. 17, No. 1, 2019, p. 80.

⑦ Karampela, Maria, Sofia Ouhbi, Minna Isomursu, "Connected health user willingness to share personal health data: Questionnaire study", *Journal of Medical Internet Research*, Vol. 21, No. 11, 2019, p. e14537.

和敏感数据，科研人员一般不会将其共享给他人①，因为共享此类数据可能违反与被试者签订的保密协议②③。（2）数据误解与滥用风险。科研人员担心由于他人误用、滥用或曲解科学数据，或重用者缺乏专业知识导致错误的分析与结论，使其在学界和社会上受到质疑和批评④⑤⑥。不确定数据重用者及重用目的，科研人员可能会拒绝共享或仅在小范围内共享原始数据，如可信任的同事或科研合作者⑦。如果知道其他科研人员如何使用他们的数据，科研人员可能会在未来共享更多科学数据⑧。（3）丧失优先出版机会风险。共享科学数据可能导致数据被他人分析并抢先发表⑨。不同研究阶段科学数据共享意愿不同⑩，科研人员更希望在出版科研成果之后发布科学数据，并提前了解科学数据重用者的意图，以降低上述共享风险。

2. 时间与资金成本

缺少充足的时间与资金来准备共享科学数据工作是科研人员共享科

① Federer, Lisa M., Ya-Ling Lu, Douglas J. Joubert, et al., "Biomedical data sharing and reuse: Attitudes and practices of clinical and scientific research staff", *PLOS ONE*, Vol. 10, No. 6, 2015, p. e0129506.

② Tedersoo, Leho, Rainer Küngas, Ester Oras, et al., "Data sharing practices and data availability upon request differ across scientific disciplines", *Scientific Data*, Vol. 8, 2021, p. 192.

③ Kalkman, Shona, Johannes van Delden, Amitava Banerjee, et al., "Patients' and public views and attitudes towards the sharing of health data for research: A narrative review of the empirical evidence", *Journal of Medical Ethics*, Vol. 48, No. 1, 2022, pp. 3-13.

④ Perrier, Laure, Erik Blondal, Heather MacDonald, "The views, perspectives, and experiences of academic researchers with data sharing and reuse: A meta-synthesis", *PLOS ONE*, Vol. 15, No. 2, 2020, p. e0229182.

⑤ Nick, Heather P., Kelsey Kehoe, Amanda Gammon, et al., "Researcher knowledge, attitudes, and communication practices for genomic data sharing", *Journal of Empirical Research on Human Research Ethics*, Vol. 16, No. 1-2, 2020, pp. 125-137.

⑥ Tedersoo, Leho, Rainer Küngas, Ester Oras, et al., "Data sharing practices and data availability upon request differ across scientific disciplines", *Scientific Data*, Vol. 8, 2021, p. 192.

⑦ Carlson, Jake and Marianne Stowell-Bracke, "Data management and sharing from the perspective of graduate students: An examination of culture and practice at the water quality field station", *Libraries and the Academy*, Vol. 13, No. 4, 2013, pp. 343-361.

⑧ Van den Eynden, Veerle, Gareth Knight, Anca Vlad, et al., "Survey of Wellcome researchers and their attitudes to open research", October 31, 2016, http://repository.essex.ac.uk/24866/.

⑨ Tedersoo, Leho, Rainer Küngas, Ester Oras, et al., "Data sharing practices and data availability upon request differ across scientific disciplines", *Scientific Data*, Vol. 8, 2021, p. 192.

⑩ Tenopir Carol, Suzie Allard, Kimberly Douglass, et al., "Data sharing by scientists: Practices and perceptions", *PLOS ONE*, Vol. 6, No. 6, 2011, p. e21101.

学数据的重大障碍，也会影响科学数据质量①。当共享科学数据可以获得资助机构的研究经费时，科研人员可能对共享科学数据表现出更大的兴趣，如果耗费自己的时间与资金进行研究，共享可能性会降低。而且相较于政策措施，直接降低共享成本更能推进共享实践②。

共享成本不仅包括以上提到的不良结果等诸多因素，从科学数据与科研人员角度出发，还包括科学数据质量③、职业竞争④等因素。科研人员担心自己的科学数据存在质量、规范问题影响论文的发表与引用，或基于声誉、职业晋升机会的竞争而不愿共享科学数据。此外，科研人员会考虑可能的机会成本与风险，权衡收益与成本，依据感知到的价值来决定是否共享科学数据⑤。

（三）资源便利条件与数据共享

1. 科学数据共享平台等基础设施资源

开放科学数据共享平台对于科学数据的共享、长期保存和重用非常重要⑥。缺乏合适的科学数据共享平台基础设施、科学数据结构与科学数据处理标准规范会阻碍科研人员共享科学数据⑦。以往研究发现，多数科研人员从未将科学数据上传到数据管理平台，往往直接与其他科研人员

---

① Perrier, Laure, Erik Blondal, Heather MacDonald, "The views, perspectives, and experiences of academic researchers with data sharing and reuse: A meta-synthesis", *PLOS ONE*, Vol. 15, No. 2, 2020, p. e0229182.

② Pronk, Tessa E., Paulien H. Wiersma1, Anne van Weerden, et al., "A game theoretic analysis of research data sharing", *PeerJ*, Vol. 3, 2015, p. e1242.

③ Waithira, Naomi, Brian Mutinda, Phaik Yeong Cheah, "Data management and sharing policy: The first step towards promoting data sharing", *BMC Medicine*, Vol. 17, No. 1, 2019, p. 80.

④ Nicholas, David, Cherifab Boukacem-Zeghmouri, Abdullah Abrizah, et al., "Open science from the standpoint of the new wave of researchers: Views from the scholarly frontline", *Information Services and Use*, Vol. 39, No. 4, 2019, pp. 369-374.

⑤ Stieglitz, Stefan, Konstantin Wilms, Milad Mirbabaie, et al., "When are researchers willing to share their data? Impacts of values and uncertainty on open data in academia", *PLOS ONE*, Vol. 15, No. 7, 2020, p. e0234172.

⑥ Hansson, Karin and Anna Dahlgren, "Open research data repositories: Practices, norms, and metadata for sharing images", *Journal of the Association for Information Science and Technology*, Vol. 73, No. 2, 2021, pp. 303-316.

⑦ Perrier, Laure, Erik Blondal, Heather MacDonald, "The views, perspectives, and experiences of academic researchers with data sharing and reuse: A meta-synthesis", *PLOS ONE*, Vol. 15, No. 2, 2020, p. e0229182.

共享科学数据①。

2. 科学数据标准与格式规范

通用数据标准是系统互操作性的一个关键特征②，尤其是图像数据和定性数据③。在缺乏研究领域内通用数据标准的情况下，数据格式不便于共享，即使不考虑准备共享所需的时间成本，科学数据共享也难以进行④。

3. 元数据及其标准

元数据有助于他人以可被理解的方式描述科学数据，缺少元数据标准会阻碍科学数据共享⑤，但科学界对于元数据及其标准的重要性缺乏足够的认识，相当一部分科研人员未使用元数据来描述其科学数据⑥。实践中也通常缺乏足够合格的元数据来描述数据内容，一些较大的数据管理平台（例如 ResearchGate）提供的元数据通常也不足以恰当地识别数据源⑦，这在一定程度上阻碍了科研人员将数据上传到数据管理或共享平台上共享，而提供数据集示例有助于科研人员准备科学数据以便共享⑧。

（四）政策、规范与数据共享

1. 主观规范压力

主观规范压力一般表现为同一研究领域中科研人员的专业精神和共

---

① Federer, Lisa M., Ya-Ling Lu, Douglas J. Joubert, et al., "Biomedical data sharing and reuse: Attitudes and practices of clinical and scientific research staff", *PLOS ONE*, Vol. 10, No. 6, 2015, p. e0129506.

② Dron, Louis, Alison Dillman, Michael J Zoratti, et al., "Clinical trial data sharing for COVID-19-related research", *Journal of Medical Internet Research*, Vol. 23, No. 3, 2021, p. e26718.

③ Van den Eynden, Veerle, Gareth Knight, Anca Vlad, et al., "Survey of Wellcome researchers and their attitudes to open research", October 31, 2016, http://repository.essex.ac.uk/24866/.

④ Federer, Lisa M., Ya-Ling Lu, Douglas J. Joubert, et al., "Biomedical data sharing and reuse: Attitudes and practices of clinical and scientific research staff", *PLOS ONE*, Vol. 10, No. 6, 2015, p. e0129506.

⑤ Tenopir, Carol, Suzie Allard, Kimberly Douglass, et al., "Data sharing by scientists: Practices and perceptions", *PLOS ONE*, Vol. 6, No. 6, 2011, p. e21101.

⑥ Unal, Yurdagul, Gobinda Chowdhury, Serap Kurbano? lu, et al., "Research data management and data sharing behaviour of university researchers", *Information Research*, Vol. 24, No. 1, 2019, pp. 1-23.

⑦ Hansson, Karin and Anna Dahlgren, "Open research data repositories: Practices, norms, and metadata for sharing images", *Journal of the Association for Information Science and Technology*, Vol. 73, No. 2, 2021, pp. 303-316.

⑧ Jeng, Wei and Daqing He, "Surveying research data-sharing practices in US social sciences: A knowledge infrastructure-inspired conceptual framework", Online Information Review, Vol. ahead-of-print, No. ahead-of-print (2022), https://doi.org/10.1108/OIR-03-2020-0079.

有的期望。一般来说，存在于学术界或学科领域中的主观规范会对学科中科研人员共享数据的行为产生积极的促进作用①。在共享规范压力较大的学科领域中，科研人员数据共享意愿也更强。

2. 期刊与资助机构的科学数据共享政策

期刊和资助机构的政策要求是科学数据共享的常见动力，科学数据共享的推进应由资助机构和期刊出版商共同领导②。研究资金支持和科研成果出版对于科研工作的重要性不言而喻，基于获得资助、发表论文的需求，科研人员往往会遵从资助机构和期刊出版商的科学数据共享政策要求共享数据。但有研究发现在某些领域，资助机构甚至期刊出版商的科学数据共享政策也不能促进科学数据共享行为③④。

期刊共享科学数据政策并不一定导致科研人员向他人共享科学数据，其共享行为同时受到其他多种因素的复杂影响⑤。科学数据共享道路上还存在技术标准、格式规范、隐私保护等诸多问题，原始研究者和数据重用者也面临各种压力与负担。

综上所述，科研人员个人特征、共享成本、资源便利条件、政策与规范等因素可对数据共享行为产生不同程度的影响。共享实践中，许多障碍本质上是社会性因素，如缺乏支持科学数据共享和重用的学科文化氛围与共享框架、模式，科研人员担心共享科学数据会存在风险、科研人员对于如何共享科学数据的认识不足，导致科学数据共享态度较为消极，不愿共享原始数据。

二 国内

国内关于科学数据共享行为产生机理的研究晚于国外，但研究数量呈

① Kim, Youngseek and Jeffrey M. Stanton, "Institutional and individual factors affecting scientists' data-sharing behaviors: A multilevel analysis", *Journal of the Association for Information Science and Technology*, Vol. 67, No. 4, 2016, pp. 776-799.

② Tedersoo, Leho, Rainer Küngas, Ester Oras, et al., "Data sharing practices and data availability upon request differ across scientific disciplines", *Scientific Data*, Vol. 8, 2021, p. 192.

③ Kim, Youngseek and Jeffrey M. Stanton, "Institutional and individual factors affecting scientists' data-sharing behaviors: A multilevel analysis", *Journal of the Association for Information Science and Technology*, Vol. 67, No. 4, 2016, pp. 776-799.

④ Kim, Youngseek and Melissa Adler, "Social scientists' data sharing behaviors: Investigating the roles of individual motivations, institutional pressures, and data repositories", *International Journal of Information Management*, Vol. 35, No. 4, 2015, pp. 408-418.

⑤ Tenopir, Carol, Suzie Allard, Kimberly Douglass, et al., "Data sharing by scientists: Practices and perceptions", *PLOS ONE*, Vol. 6, No. 6, 2011, p. e21101.

逐步增长之势。2003年，孙九林在阐述科学数据资源时提出，实现科学数据共享需要满足一定的前提条件，如相匹配的政策法规与运行机制、共享规范与标准、优质的网络环境及科研团队、充足的数据与资金资源等①。缺乏统一的科学数据共享政策与规范指导、科学数据共享平台不健全等问题会造成数据资源的浪费，阻碍科研人员的创新。科研人员面临个人和服务等多层面的巨大挑战②，个体因素、成本与回报、资源与技术、政策规范与环境氛围等主客观条件都会影响科学数据共享行为的产生。

（一）个体因素与科学数据共享

1. 科学数据共享态度与意愿

多数学者以计划行为理论为基础，将共享意愿作为共享行为的替代变量，针对科研人员的科学数据共享态度对共享意愿的影响进行阐述和验证。张晋朝发现对共享持有积极评价或支持态度的科研人员更愿意将自己的科学数据提供给他人使用③。相比于其他因素，科研人员的共享态度对科研人员的科学数据共享意愿的影响更大④，这在一定程度上证实了TPB理论中行为态度对行为意愿的预测作用。而孙晓燕认为，科研人员的数据共享态度不通过共享意愿中介传导，能够直接促进其共享行为的产生⑤。

另外，科学数据共享态度在不同关系中发挥一定的中介或调节作用，如在主观规范与共享意愿间充当部分中介变量⑥，调节信念与意愿关系等⑦。后续学者进一步研究发现，共享科学数据相关基础设施和管理培训的实用性通过态度对开放科学数据行为产生间接影响，即态度在这一关系中充当中介变量⑧。

---

① 孙九林：《科学数据资源与共享》，《中国基础科学》2003年第1期。

② 陈媛媛、王朔桓：《科研人员数据共享的挑战》，《图书馆论坛》2020年第8期。

③ 张晋朝：《我国高校科研人员科学数据共享意愿研究》，《情报理论与实践》2013年第10期。

④ 刘嫣：《高校科学数据共享主要影响因素研究》，硕士学位论文，南京航空航天大学，2019年，第16-49页。

⑤ 孙晓燕：《科学数据共享行为的理论模型构建及测度实证研究》，《情报学报》2016年第10期。

⑥ 余玲：《科研人员科学数据共享意愿的影响因素研究》，硕士学位论文，南华大学，2016年，第17—48页。

⑦ 张晋朝：《我国高校科研人员科学数据共享意愿研究》，《情报理论与实践》2013年第10期。

⑧ 包秦雯、顾立平、张潇月：《开放科研数据的行为影响因素研究——以地球科学领域为例》，《情报理论与实践》2019年第5期。

2. 科学数据素养与效能

科学数据素养是指科研人员对科学数据进行有效的分析、利用和管理的能力[①]，科研人员对自我能力和效能的感知能够影响现实中行为的结果，拥有足够的自信心会对共享态度产生积极的影响，自我能力被低估时则会削弱此影响。当科研人员具备科学数据共享能力与自信时，其对待科学数据开放共享的态度较为积极，也更愿意开放科学数据[②]。

3. 个人观念

已有调查研究显示，科学数据共享的学术利他心理，导致科研人员愿意无偿共享数据，并希望实现科学数据的真正价值[③]。当科研人员依赖和信任其他学者时，他们更愿意共享自己的科学数据，并且相信科学数据会得到很好的利用[④][⑤]。

4. 社会统计学特征等

（1）年龄。年轻科研人员由于其在科研团队中承担的角色等原因更愿意共享其科学数据，而年长科研人员由于担心数据安全问题，共享意愿没有年轻科研人员强烈。（2）性别。不同性别科研人员的科学数据共享意愿受重要他人、团队的社会压力和数据共享平台系统特征等影响的程度存在差异，女性科研人员受到的影响更大，共享意愿也更强烈[⑥]。（3）学科。在理工农医学科领域内，由于科学数据产生成本高、核心数据重要性程度高，科研人员往往不太愿意共享数据，而人文社科领域的科研人员则显示出更积极的共享态度[⑦]。（4）学历。不同学历的科研人员对于数据共享范围的看法差异明显[⑧]。学历较高的科研人员接触到的科学

---

① 秦小燕、初景利：《科学数据素养内涵结构研究》，《图书情报工作》2019 年第 18 期。

② 刘桂锋、濮静蓉、苏文成：《高校科研人员科研数据开放的影响因素与机理研究》，《图书馆学研究》2019 年第 22 期。

③ 孙晓燕、李希彬、王文玫等：《面向科研人员的科学数据共享影响因素的调查分析——基于计划行为理论》，《图书馆学研究》2019 年第 5 期。

④ 张晋朝：《我国高校科研人员科学数据共享意愿研究》，《情报理论与实践》2013 年第 10 期。

⑤ 毕达天、曹冉、杜小民：《人文社科科学数据共享意愿影响因素研究——基于同辈压力视角》，《情报资料工作》2020 年第 4 期。

⑥ 刘嫣：《高校科学数据共享主要影响因素研究》，硕士学位论文，南京航空航天大学，2019 年，第 16—49 页。

⑦ 刘桂锋、濮静蓉、苏文成：《高校科研人员科研数据开放的影响因素与机理研究》，《图书馆学研究》2019 年第 22 期。

⑧ 吴丹、陈晶：《我国医学从业者科学数据共享行为调查研究》，《图书情报工作》2015 年第 18 期。

数据价值更高，其知识产权意识更强，担心共享科学数据后科研成果被窃取或科学数据被误用等，从而不愿意完全公开自己的科学数据。（5）岗位。高校教师的岗位会影响其科学数据共享意愿，同时从事教学与科研工作的教师要比仅从事教学或科研工作的教师表现出更高的共享意愿①。

综合上述分析发现，学者们对于个体因素的研究集中于科研人员自身共享态度、意愿、能力、观念和个体客观特征上，对科学数据共享行为的关注较少。科研人员共享数据的态度影响其数据共享的意愿，而个人科学数据管理与共享能力和效能也在一定程度上制约着其科学数据共享意愿。

（二）成本、风险、回报与数据共享

1. 共享成本

指科研人员共享科学数据所需耗费的时间、精力、资金和额外付出的劳动力等，属于科研任务之外的成本②。科研人员在投稿过程中，由于担忧科学数据处理、保存与维护等花费大量时间、精力和资金，往往不愿意共享其科学数据③。对于科学数据开放共享所付出的各种成本估计越高，科研人员共享态度越消极④。在不承担任何风险的情况下，科研人员将拒绝共享以最大限度地减少共享成本⑤。

2. 共享风险

（1）知识产权风险。作者对知识产权的担忧是其投稿过程中不愿意共享科学数据的首要因素⑥。科研人员担心共享科学数据会泄露研究核心内容或数据被剽窃，导致自己的论文被复制或抄袭，并且可能会失去科学数据所有权和优先出版机会，损害自己的切身利益等，因而不愿共享。（2）科学数据误用风险。科研人员担心由于科学数据重用者缺乏相关专业知识导致自己的数据被篡改、误用或者滥用，从而得出错误的分析结果，对自己的研究结果和学术影响力造成威胁，于是不愿共享自己的科

---

① 刘嫣：《高校科学数据共享主要影响因素研究》，硕士学位论文，南京航空航天大学，2019年，第16—49页。

② 陈晓勤：《科研数据共享困境与提升路径研究》，《科学管理研究》2019年第4期。

③ 罗晓兰、李明：《国内期刊论文科学数据共享政策与投稿意愿研究》，《中国科技期刊研究》2017年第8期。

④ 濮静蓉：《高校科研数据开放机理研究》，硕士学位论文，江苏大学，2019年，第73页。

⑤ 张旺、程慧平：《科学数据开放共享策略机制及优化路径研究》，《情报杂志》2020年第5期。

⑥ 罗晓兰、李明：《国内期刊论文科学数据共享政策与投稿意愿研究》，《中国科技期刊研究》2017年第8期。

学数据[①]。（3）科学数据安全与隐私保护问题。由于医药等学科领域涉及较多人类被试者隐私和敏感数据，科研人员往往选择不共享数据以保护患者隐私[②]。此外，科学数据共享中的“邻避”现象（出于对相关风险的感知和自身利益保护意识而拒绝有益行为的一种心理现象）会阻碍科研人员共享科学数据，但这一现象可以通过针对性培训干预得到缓解，即降低科研人员的感知风险并提高其感知有用性[③]，以此来提高科学数据共享率。

3. 共享科学数据预期回报

（1）内在性利益。科研人员对提高自己学术声望、认可度以及实现自我价值的关注会激励其共享科学数据[④]。另外，数据共享还能够加速科研成果发表，提高论文可信度、被引率以及科研人员在同行中的知名度，基于以上科学数据共享益处的考虑，科研人员共享数据的态度也会更积极[⑤]。此外，对于科学数据共享能否给科学数据重用者带来实质性帮助的看法也会影响科学数据共享意愿[⑥]，科研人员越认可共享科学数据的利己、利他价值，那么他们则越愿意开放共享数据[⑦]。（2）外在性报酬。一般包括获得资金奖励或物质报酬、职业晋升与培训机会等。科研人员感受到的回报越高，那么他们则越愿意共享数据。

综上所述，科研人员在决定是否共享自己的科学数据时会基于成本、风险与回报的考虑，衡量可能的机会成本，努力使自己收益最大化。

（三）资源、技术与科学数据共享

1. 科学数据共享平台

吴丹等调查发现缺乏合适的科学数据共享平台是医学从业者不愿共

① 毕达天、曹冉、杜小民：《人文社科科学数据共享意愿影响因素研究——基于同辈压力视角》，《情报资料工作》2020 年第 4 期。

② 吴丹、陈晶：《我国医学从业者科学数据共享行为调查研究》，《图书情报工作》2015 年第 18 期。

③ 周姗姗、翁苏湘、毕强等：《科学数据共享中的邻避现象及应对研究》，《图书情报工作》2015 年第 17 期。

④ 张晋朝：《我国高校科研人员科学数据共享意愿研究》，《情报理论与实践》2013 年第 10 期。

⑤ 包秦雯、顾立平、张潇月：《开放科研数据的行为影响因素研究——以地球科学领域为例》，《情报理论与实践》2019 年第 5 期。

⑥ 陈晓勤：《科研数据共享困境与提升路径研究》，《科学管理研究》2019 年第 4 期。

⑦ 张海、刘蕾：《高校科研人员科研数据开放意愿的影响因素研究》，《新世纪图书馆》2020 年第 11 期。

享数据的原因之一[①]。刘嫣进一步研究发现，平台服务及时性、易操作性、平台安全性与可靠性这四个方面起到关键作用，能够在一定程度上影响科研人员的科学数据共享态度和意愿[②]。

2. 数据、元数据及其标准

当学科领域内无合适的数据标准与格式规范、元数据及其标准可用时，科研人员在组织、创建、管理数据时没有统一的标准，会增加科学数据上传与共享工作所花费的时间，也会降低共享意愿。

综上可知，平台的缺乏很大程度上限制了实际共享数据的行为。当存在大量科学数据管理平台时，通用标准与统一规范的优势就充分体现了出来[③]。不同学科领域数据格式与标准不同，科学数据共享平台应采用差异化设计才能满足不同学科科研人员的需求[④]，提升科学数据共享与管理效率。

（四）政策规范、团体氛围与科学数据共享

1. 科学数据共享政策与规范

主要包括学术团体内部、资助机构、期刊出版商以及行业共享政策与规范。研究发现，当学术团体内部拥有严格、公平的共享规范并行之有效时，共享的科学数据可以得到合理的保障，科研人员也更愿意共享[⑤]。此外，来源于行业的体制压力对科学数据共享的正向影响较资助机构与期刊出版商明显[⑥]。罗晓兰进一步调查发现，期刊科学数据共享政策的强度也会对作者的投稿与共享科学数据意愿产生影响[⑦]。

2. 团体环境与氛围

科研人员与所在科研团队内其他成员共同完成科研项目，其共享行

---

① 吴丹、陈晶：《我国医学从业者科学数据共享行为调查研究》，《图书情报工作》2015 年第 18 期。

② 刘嫣：《高校科学数据共享主要影响因素研究》，硕士学位论文，南京航空航天大学，2019 年，第 16-49 页。

③ 孙晓燕、李希彬、王文玫等：《面向科研人员的科学数据共享影响因素的调查分析——基于计划行为理论》，《图书馆学研究》2019 年第 5 期。

④ 孙晓燕：《科学数据共享行为的理论模型构建及测度实证研究》，《情报学报》2016 年第 10 期。

⑤ 毕达天、曹冉、杜小民：《人文社科科学数据共享意愿影响因素研究——基于同辈压力视角》，《情报资料工作》2020 年第 4 期。

⑥ 孙晓燕：《科学数据共享行为的理论模型构建及测度实证研究》，《情报学报》2016 年第 10 期。

⑦ 罗晓兰、李明：《国内期刊论文科学数据共享政策与投稿意愿研究》，《中国科技期刊研究》2017 年第 8 期。

为也受团队环境与氛围的影响。公正、和睦、创新的团队环境与氛围能够增强科研人员的科学数据共享意愿[①]，当团体内部的共享氛围强烈时，不愿共享科学数据的科研人员可能会承受一定的同辈压力，从而转向共享科学数据[②]。科研人员在决定是否共享时还承受着其他重要他人如亲友、同事、上级、科研合作者以及领域内专家等的影响，即他人认为其是否应该选择共享科学数据的看法与期望会影响科研人员的科学数据共享行为决策[③][④]。

一般情况下，政府、研究机构、科研资助机构、学术期刊出版商、科学数据管理平台以及专业协会或学会等都是利益相关群体[⑤]，出于相同或相似的目的制定不同层面的科学数据共享政策、制度或规范，从而形成了科学数据共享政策法规体系，并且在一定程度上制约着科研人员的科学数据共享行为。缺乏完善的科学数据开放共享法律体系会阻碍科学数据共享进程，加强相关立法工作可向科学数据共享实践提供有力的法律支撑与保障[⑥]。

第二节　社会科学领域的科学数据管理平台

社会科学领域的科学数据管理平台是指对社会科学数据进行管理和共享的服务媒介，平台汇集、存储、监管、发布和展示各类社会科学数据集，通过平台可以浏览、检索和下载数据，平台包括各类社会科学数据中心、社会科学数据知识库、社会科学数据存档等。社会科学领域的

---

① 余玲：《科研人员科学数据共享意愿的影响因素研究》，硕士学位论文，南华大学，2016年，第17—48页。

② 毕达天、曹冉、杜小民：《人文社科科学数据共享意愿影响因素研究——基于同辈压力视角》，《情报资料工作》2020年第4期。

③ 张晋朝：《我国高校科研人员科学数据共享意愿研究》，《情报理论与实践》2013年第10期。

④ 余玲：《科研人员科学数据共享意愿的影响因素研究》，硕士学位论文，南华大学，2016年，第17—48页。

⑤ 盛小平、王毅：《利益相关者在科学数据开放共享中的责任与作用——基于国际组织科学数据开放共享政策的分析》，《图书情报工作》2019年第17期。

⑥ 盛小平、吴红、胡冰洁：《科学数据开放共享障碍的实证研究》，《图书情报工作》2019年第17期。

科学数据管理平台是管理和共享社会科学领域科学数据的重要载体，有助于实现社会科学领域科学数据的可持续使用。

一 国外

以“主题”=（research data sharing platform OR research data repository OR research data management platform）AND social science，在 Web of Science 核心合集中进行检索，共检索到 147 条结果。国外有关社会科学领域的科学数据管理平台的研究主要集中于以下两个方面：

（一）已建社会科学领域科学数据管理平台介绍

国外学者对已建的社会科学领域的科学数据管理平台的介绍侧重于平台的建设过程和当前的运行状况。Pierantoni G. 等介绍了爱尔兰人文社会科学数字知识库（Digital Repository of Ireland，DRI）的建设过程、服务功能、体系架构、使用情况、平台特色以及未来建设的相关工作①；Droβ PJ 等阐述了德国社会科学数据管理平台 Sowidatanet 的基本概况、建设过程和服务内容，认为数据基础设施的建设需要特别考虑学科特点、机构需求，最重要的是科研人员日常研究中的主观关注②③；Arora J. 等论述了印度社会科学数据管理平台 ICSSR 的建设背景、实施策略、平台中可用的数据集及其类型和格式、利益相关者、数据与元数据的访问和重用策略、数据版本控制、数据服务现状、数据搜索工具以及数据使用应遵循的标准④；Peer L. 等介绍了耶鲁大学社会与政策研究所数据存档的建设背景、指南原则、功能、使用反馈以及面临的挑战⑤；Warner G. C. 对社会科学数据管理基础设施 DAMES（Data Management through e-

---

① Pierantoni, G., D. Frost, K. Cassidy, et al., “The digital repository of ireland”, *International Workshop on Science Gateways*, IEEE, 2015, pp. 53-61.

② Droβ, Patrick J., Fräβdorf Mathis, Kubaty Paul, et al., “Open data in den sozial- und wirtschaftswissenschaften: Das forschungsdatenrepositorium SowiDataNet”, *EconStor Open Access Articles*, 2017, pp. 31-42.

③ Droö, Patrick J. and Monika Linne, “Sicheres und einfaches data sharing mit SowiDataNet: Dokumentieren ver? ffentlichen-nachnutzen”, *Bibliotheksdienst*, Vol. 50, No. 7, 2016, pp. 649-660.

④ Jagdish, Arora, Pallab Pradhan, Patel Yatrik eds., *Icssr data service: A national initiative for sharing of social science research data in open access*, Singapore: Data Science Landscape, 2018, pp. 107-125.

⑤ Peer, Limor and Ann Green, “Building an open data repository for a specialized research community: Process, challenges and lessons”, *International Journal of Digital Curation*, Vol. 7, No. 1, 2012, pp. 151-162.

Social Science）的建设背景和要求、核心数据融合过程进行了介绍，阐述了 DAMES 利用网格技术为数据融合等常见的社会科学数据管理任务所提供的易于使用的工具和用户前端以及解决与社会科学数据资源和元数据相关问题的方法①。

（二）社会科学数据管理平台具体建设内容研究

1. 平台构建模型

Yoon A. 等分析了美国 16 个社会科学领域的科学数据管理平台的数据存放指南和格式，探究当前科学数据管理平台的数据存放要求，将开放存档信息系统（Open Archive Information System，OAIS）模型作为审查当前要求的框架，以为改进科学数据存放实践提供新见解②；Jeng W. 等以美国高校校际政治与社会研究联盟（ICPSR）的工作流程和实践为例，评估了科学数据管理平台的当前实践与采用 OAIS 模型之间的差距，研究了 OAIS 模型在科学数据管理平台中的应用，发现 OAIS 模型在科学数据监管和科学数据存档的实际服务过程中是稳定和可靠的③；Young-Ran 等分析了韩国研究记忆（Korean Research Memory，KRM）的建设现状，调查了 9 个国内和国际科学数据管理平台，为韩国人文社会科学数据管理平台的建设设计了一个概念模型④。

2. 平台运行机制

Xia J. 讨论了现有社会科学数据管理平台的运行模式，认为合适的数据管理平台运行模式将改变社会科学的信息交流文化，提出去中心化、分散控制的策略⑤；Kitchin R. 等研究了开放获取数字数据管理平台的融

① Warner, Guy C., Jesse M. Blum, Simon B. Jones, et al., "A social science data-fusion tool and the data management through e-social science (DAMES) infrastructure", *Philosophical Transactions of the Royal Society A: Mathematical, Physical & Engineering Sciences*, Vol. 368, No. 1925, 2010, pp. 3859-3873.

② Yoon, Ayoung and Helen Tibbo, "Examination of data deposit practices in repositories with the OAIS model", *IASSIST Quarterly*, Vol. 35, No. 4, 2011, pp. 6-13.

③ Jeng, Wei, Daqing He, Y Chi, "Social science data repositories in data deluge: A case study of ICPSR's workflow and practices", *The Electronic Library*, Vol. 35, No. 4, 2017, pp. 626-649.

④ Shin, Young-Ran and Yeon-Kyoung Chung, "A Study on the improvement plans of the humanities and social sciences research data archives in Korea", *Journal of Korean Society of Archives and Records Management*, Vol. 12, No. 3, 2012, pp. 93-115.

⑤ Xia, Jingfeng, "Disciplinary repositories in the social sciences", *Aslib Proceedings*, Vol. 59, No. 6, 2007, pp. 528-538.

资模式，发现数据管理平台的建设和维护成本很高，但各数据管理平台并非完全由某一核心资金资助，都通过不同的渠道获取资金，每个数据管理平台都面临着许多挑战，每种融资模式都有其优缺点，爱尔兰社会科学数据管理平台 DRI 采用一种混合方法，通过多种来源获得收入，而不是过度依赖单一资金来源①。

3. 元数据标准

Gómez N. D. 等调查了 re3data 中 397 个社会科学和人文学科（SSH）的科学数据管理平台元数据模型，分析了 SSH 数据管理平台中最常用的元数据方案和标准，发现 DDI 标准更多地被用于社会科学领域②；Kim J. 等研究了考古学、定量社会科学和动物学领域的 20 个科学数据管理平台中通用和可选元数据元素及描述级别，结果显示创建者、描述、贡献者、日期、关系和位置元素是常用的，发布者、语言在跨学科中很少出现。数据级描述比研究级和文件级描述更常见，认为科学数据管理平台应要求详细的研究级描述以及有关数据使用许可和访问权限的信息，应以标准化和一致的方式确定元数据元素③。

4. 平台功能改进

Khan A. 等以 ReStore 为例，探讨在科学数据管理平台中利用关联开放数据（Linked Open Data，LOD）对内容进行语义标注和索引，以解决管理平台因概念和术语过时而影响搜索结果准确性和相关性的问题，并提高多学科科学数据管理平台的搜索性能④；Mckinney B. 等描述了对 Dataverse 开源数据管理平台系统进行功能扩展以支持结构生物学数据集的获取和元数据要求，并支持在 Dataverse 中保存文件，增强 Dataverse 支

---

① Kitchin, Rob, Sandra Collins, Dermot Frost, "Funding models for open access digital data repositories", *Online Information Review*, Vol. 39, No. 5, 2015, pp. 664-681.

② Gómez, Nancy-Diana, Eva Méndez, Tony Hernández-Pérez, "Social sciences and humanities research data and metadata: A perspective from thematic data repositoriess", *El profesional de la información*, Vol. 25, No. 4, 2016, pp. 545-555.

③ Kim, Jihyun, Elizabeth Yakel, Ixchel M. Faniel, "Exposing standardization and consistency issues in repository metadata requirements for data deposition", *College & Research Libraries*, Vol. 80, No. 6, 2019, pp. 843-875.

④ Khan, Arshad, Thanassis Tiropanis, David Martin, "Exploiting semantic annotation of content with linked open data (LoD) to improve searching performance in web repositories of multi-disciplinary research data", *9th Russian Summer School*, Vol. 573, 2016, pp. 130-145.

持大型数据集的能力[①]。

二　国内

在中国知网上，勾选核心期刊和CSSCI，以“数据管理平台”或“数据知识库”或“数据共享平台”或“数据出版平台”或“数据发布平台”作为“主题”检索词，并以“社会科学”作为“主题”检索词进行组合检索，并通过参考文献扩展，共得到48篇相关文献。通过阅读文献，发现国内相关研究主要集中在介绍和分析国外典型的社会科学领域的科学数据管理平台、论述国内社会科学领域的科学数据管理平台的建设实践、探讨社会科学领域的科学数据管理平台的设计与实现三个方面。

（一）国外典型社会科学领域的科学数据管理平台介绍

对国外社会科学领域的科学数据管理平台的相关研究旨在总结国外平台的建设经验，为我国社会科学领域的科学数据管理平台的建设提供借鉴，包括多个平台的综合分析和单个平台的个案研究。多个平台的综合分析，蒋颖以英国UKDA、荷兰DANS和德国GESIS-ZA为例介绍了欧洲社会科学领域的科学数据管理和服务的情况，从管理体制、技术、科学数据共享程度方面分析了国内社会科学领域的科学数据管理与共享存在的问题，指出我国应建立国家或地区数据存档中心，完善科学数据管理基础设施[②]；彭建波对ICPSR、SSDC、ARDA、CPANDA和Abacus这5个平台进行分析，归纳北美社会科学数据管理的特点，从政策规范、科学数据管理规划、机构合作、科学数据资源建设与服务等方面为我国人文社会科学领域的科学数据管理实践提供建议[③]；覃丹分析英美5个平台ROPER、SSDA、ODUM、ICPSR和UKDA的建设现状，从资金来源、管理政策、元数据标准、数据服务、建设模式、科学数据素养教育等方面为我国社会科学领域的科学数据管理平台的建设提出了建议[④]；孟祥保

① Mckinney, Bill, Peter A. Meyer, Mercè Crosas, et al., “Extension of research data repository system to support direct compute access to biomedical datasets: Enhancing dataverse to support large datasets”, *Annals of the New York Academy of Sciences*, Vol. 1387, No. 1, 2017, pp. 95-104.

② 蒋颖：《欧洲社会科学数据的服务与共享》，《国外社会科学》2008年第5期。

③ 彭建波：《北美人文社会科学数据管理实践及其启示》，《大学图书馆学报》2013年第6期。

④ 覃丹：《英美社会科学数据管理与共享服务平台调查分析》，《图书情报工作》2014年第16期。

等、黄国彬等剖析了 ICPSR、UKDA 的建设模式和数据管理功能，提出对我国的建议①②。单个平台的个案研究，王明明等、刘尧等对 ICPSR 的建设和发展历程进行调研，总结了 ICPSR 的建设经验③④；殷沈琴等详细分析了英国国家数据档案中心（UKDA）的数据处理流程、数据质量检查标准、数字资源保存策略以及平台可信性建设⑤；彭建波从数据选择标准、数据来源、数据鉴定、数据获取、数据引用等方面剖析了 Data-PASS 的科学数据管理规范，探讨了其平台建设，提出我国社会科学数据管理联盟的三级体系架构⑥；王丹丹等介绍了德国社会科学数据管理平台 sowidatanet 的构建情况、服务功能，总结了其建设的先进经验⑦。

（二）国内社会领域的科学数据管理平台实践论述

国内的实践主要集中在复旦大学社会科学数据平台、北京大学开放研究数据平台上。殷沈琴等分析了复旦大学社会科学数据平台的选型过程⑧；张计龙等详细介绍了复旦大学社会科学数据共享平台的建设背景、数据管理、数据服务、数据交换和数据监护以及共享与服务情况⑨；朱玲等、罗鹏程等介绍了北京大学开放研究数据平台的系统选型背景、平台合作机制、平台元数据设计、唯一标识符方案、所开发的本地化功能和

---

① 孟祥保、钱鹏：《高校社会科学数据管理的国际经验及其借鉴——以 UKDA 和 ICPSR 为例》，《情报资料工作》2013 年第 2 期。

② 黄国彬、屈亚杰、王舒：《UKDA 和 ICPSR 社科数据发布平台数据管理功能剖析》，《图书情报工作》2017 年第 21 期。

③ 王明明、王卷乐、赵强等：《ICPSR 科学数据中心的建设经验与启示》，《中国科技资源导刊》2017 年第 6 期。

④ 刘尧、司莉：《美国高校政治与社会研究联盟（ICPSR）发展经验借鉴——基于 1995—2017 年年报的深度分析》，《国家图书馆学刊》2019 年第 123 期。

⑤ 殷沈琴、张计龙、窦方：《欧洲科学数据监护的标准与实践——UKDA 案例研究》，《图书馆杂志》2013 年第 6 期。

⑥ 彭建波：《美国社会科学数据管理联盟（Data-PASS）的发展与借鉴》，《图书情报工作》2014 年第 10 期。

⑦ 王丹丹、任婧媛、吴思洁：《社会科学数据管理平台研究——德国的经验》，《现代情报》2020 年第 11 期。

⑧ 殷沈琴、张计龙、张莹等：《社会科学数据管理服务平台系统选型研究——以复旦大学社会科学数据平台为例》，《图书情报工作》2013 年第 19 期。

⑨ 张计龙、殷沈琴、张用等：《社会科学数据的共享与服务——以复旦大学社会科学数据共享平台为例》，《大学图书馆学报》2015 年第 1 期。

应用效果等[①][②]；王卫东论述了中国学术调查数据资料库的建设目标、数据资源情况、用户构成[③]；项英等从平台建设需求分析、元数据设计、平台设计与实现等方面介绍了武汉大学社会科学数据管理的实践[④]；张丽萍等介绍了中国社会科学院社会调查数据平台的设计思路、主要功能以及平台管理情况[⑤]。

（三）社会科学领域的科学数据管理平台具体建设研究

1. 平台架构与技术实现

章昌平等在借鉴自然科学研究信息化和科研数据基础设施发展经验的基础上，提出了基于 e-Social Science 的社会科学研究与数据管理组合生命周期模型、社会科学科学数据基础设施框架模型[⑥]；吕欣探讨了高校图书馆社会科学数据管理平台的构建框架和技术支持[⑦]；谷俊等构建了基于区块链技术的人文社科数据共享联盟链模型，通过二次开发 Dataverse，设计实现了人文社科数据共享联盟平台[⑧]；姚占雷等提出了面向数据全生命周期的人文社科研究学数据管理平台的基础框架，探讨了平台建设的核心功能与特点，详细描绘了核心功能的关键技术实现[⑨]。

2. 元数据标准

有关社会科学数据元数据标准的研究主要集中在对数据文档计划（Data Documentation Initiative，DDI）的论述上。杨波等详细分析了 DDI

---

① 朱玲、聂华、崔海媛等：《北京大学开放研究数据平台建设：探索与实践》，《图书情报工作》2016 年第 4 期。

② 罗鹏程、朱玲、崔海媛等：《基于 Dataverse 的北京大学开放研究数据平台建设》，《图书情报工作》2016 年第 3 期。

③ 王卫东：《我国社会科学数据管理的新阶段与新思路》，2016 年中国高校研究数据管理暨图书馆前沿技术论坛，上海，2016 年 5 月，第 1—30 页。

④ 项英、赖剑菲、丁宁：《高校图书馆科学数据管理服务实践探索——以武汉大学社会科学数据管理为例》，《情报理论与实践》2013 年第 12 期。

⑤ 张丽萍、范雷、李炜：《以数据平台为支持系统整合社会调查数据资源》，《科研信息化技术与应用》2010 年第 2 期。

⑥ 章昌平、米加宁、黄欣卓：《超越数据洪流：第四研究范式下的社会科学研究数据基础设施》，《学海》2019 年第 3 期。

⑦ 吕欣：《高校图书馆社会科学数据管理与服务研究》，硕士学位论文，东北师范大学，2015 年。

⑧ 谷俊、许鑫：《人文社科数据共享模型的设计与实现——以联盟链技术为例》，《情报学报》2019 年第 4 期。

⑨ 姚占雷、谷俊、许鑫：《全生命周期视域下人文社科研究数据管理平台的设计与实现》，《图书情报工作》2021 年第 7 期。

文档的内部结构、概念模型以及 DDI 与其他元数据标准的兼容性问题[①]；朱玲基于一种内容结构视图，分析了 DDI 元数据标准的内容特征[②]；刘峰等、浦燕妮等对 DDI 标准包含的元素和目前已有的版本进行了概述和分析[③④]。

第三节　社会科学领域的科学数据管理政策

完善的科学数据政策有助于提高研究透明度、最大限度发掘现有数据的价值，科学数据政策是服务实施的动力支持。

一　国外

国外相关研究具体包括政策具体内容、数据可用性和政策实施等几个方面：

（一）政策具体内容研究

英国和美国很早就制定了数据政策，目前它们的数据政策体系已经相对完善和成熟。美国生态学会（Ecological Society of America，ESA）创办的期刊从 2000 年开始就在其数据政策中要求作者将研究过程中产生的原始数据提交到该学会创建的数据管理平台中。PLOS ONE 在 2008 年发布了数据共享政策，要求与期刊论文密切相关的数据存储在开放获取的数据管理平台中，作为发表论文的支撑文档[⑤]。2014 年，PLOS ONE 又颁布了新的数据开放政策。Nature 旗下的生命科学期刊从 2013 年开始实施 18 项检查，对作者提出了提供数据和代码可用性声明的要求，强烈推荐作者借助于公共数据管理平台来共享其科学数据。美国国立卫生研究院

---

① 杨波、胡立耘：《用于社会科学信息组织的元数据标准——DDI》，《现代图书情报技术》2005 年第 8 期。

② 朱玲：《基于内容结构视图的研究数据元数据标准比较研究》，《大学图书馆学报》2019 年第 6 期。

③ 刘峰、张晓林：《科学数据元数据标准述评及其通用化设计研究》，《现代图书情报技术》2015 年第 12 期。

④ 浦燕妮、刘琪、耿骞：《通用型科学元数据标准研究》，《数字图书馆论坛》2016 年第 12 期。

⑤ Schmidt，Birgit，Birgit Gemeinholzer，Andrew Treloar，"Open data in global environmental research：The belmont forum' s open data survey"，*PLOS ONE*，Vol. 11，No. 1，2016，p. e0146695.

(National Institutes of Health, NIH) 在2014 年的会议上，组织期刊编辑们就如何促进科学数据复用和共享展开讨论，讨论达成的一致意见是支持期刊论文结论的所有数据应该作为同行评议的内容，在论文发表时也一并公开。2015 年，美国心理学会（American Psychological Association, APA）科学事务委员会明确了制定科学数据共享政策的要素，包括利益相关方责任、数据共享访问限制条件、数据共享时间要求、数据可用性、数据管理与共享、引用标准以及数据共享培训等[①]。

（二）科学数据可用性政策研究

自 1995 年以来，社会科学各领域的期刊出现了一些关于科学数据复制政策发展的运动。在不同的学科领域，科研人员对科学数据可用性政策的问题进行了多项研究。有学者在研究过程中调查了当今政治学期刊如何以及为什么采用科学数据可用性政策。他们发现期刊的科学数据可用性政策是“通用的、适用范围广、具体的”，科学数据可用性政策在科学数据共享过程中要遵守并严格执行。越来越多的科研资助机构、期刊和出版商推出了鼓励或要求共享支持出版物的科学数据的政策。一般而言，科学数据政策旨在提高已发表研究成果的可重复性和质量，通过促进研究的重复使用来增加研究对社会的利益，并为科研人员分享工作提供更多信誉[②]。尽管有些期刊要求科研人员（作者）共享数据超过二十年，但这些要求往往仅限于特定类型的研究。对于涵盖多个研究学科的期刊和出版商来说，这是一个较新的发展领域，它引入了共享科学数据以及在已发表的文章中报告其科学数据的可用性的共同要求[③]。期刊科学数据政策通常包括要求科研人员提供科学数据可用性声明。一些研究资助机构，例如英国工程和物理科学研究委员会（Engineering and Physical Sciences Research Council, EPSRC）的政策要求科研人员的出版物包括科

① Giofrè, David, Geoff Cumming , Luca Fresc et al. , “ The influence of journal submission guidelines on authors’ reporting of statistics and use of open research practices”, *PLOS ONE*, Vol. 12, No. 4, 2017, p. e0175583.

② Sturges, Paul, Bamkin Marianne, Anders Jane et al. , “Access to research data: Addressing the problem through journal data sharing policies”, June 2, 2014, https: //docs. lib. purdue. edu/cgi/viewcontent. cgi? article = 2012&context = iatul.

③ Sturges, Paul, Bamkin Marianne , Anders Jane H. S et al. , “Research data sharing: Developing a stakeholder - driven model for journal policies”, *Journal of the Association for Information Science and Technology*, Vol. 66, No. 12, 2015, pp. 2445-2455.

学数据可用性声明。Alawi A. 等调查评估了高影响力期刊中影响因子最高的 50 本期刊上 2009 年发表的前十篇论文，并记录期刊中相关科学数据共享和可用性政策①。数据可用性声明是在出版物中用于描述可以找到直接支持数据发布位置以及可访问它们的条件。数据可用性声明可说明在何处可以找到支持发表文章中报告的结果的数据，这些数据是否可在数据管理平台中公开获得，是否与发布的文章作为补充信息一起获得，或仅在请求时经作者允许提供或根本不提供。数据可用性声明通常采用自由文本格式，这使得自动识别其报告中的数据可用性程度成为一项艰巨任务②。2011 年，BMC 期刊颁布了一项政策，要求或鼓励作者在其出版物中包括“提供支持数据”的相应部分③，并且在 2011 年至 2015 年，采用其中这些政策的 BMC 期刊数量有所增加。2015 年，BMC 更新并标准化了其数据政策，并强制要求出版机构旗下所有期刊（超过 250 种期刊）都使用了数据可用性声明。2014 年，PLOS 提出了一项授权，要求数据可用性声明包含在所有出版物中，并要求所有作者共享支持其出版文章的科学数据。这为这些期刊中的出版物提供了足够的时间来积累分析的引文。此外，在 BMC 和 PLOS 期刊上发表的所有论文都是开放获取的，并且可以获得许可证，便于对文章的内容和元数据进行文本挖掘和分析，以供研究之用④。

（三）政策制定和实施情况研究

Mark A. Pitt 和 Yun Tang 论述了制定数据政策的必要性和重要性，揭示了制定政策遇到的问题，并提供了相应的解决办法⑤，Sturges 等借鉴 Piwowar 与 Chapman 的研究，把期刊的数据政策划分为少数强政策和大多

① Grant, Rebecca and Iain Hrynaszkiewicz, “The impact on authors and editors of introducing data availability statements at nature journals”, *International Journal of Digital Curation*, Vol. 13, No. 1, 2018, pp. 195-203.

② Wright, Sarah J., Wendy A. Kozlowski, Dianne Dietrich, et al., “Using data curation profiles to design the datastar dataset registry”, *D-Lib Magazine*, Vol. 19, No. 7/8, 2013, pp. 37-49.

③ Hrynaszkiewicz, Iain, “Availability of supporting data: Crediting transparency and enhancing the literature”, Juiy 7, 2011, https://blogs.biomedcentral.com/bmcblog/2011/07/07/availability-of-supporting-data-crediting-transparency-and-enhancing-the-literature.

④ Bloom, Theodora, Emma Ganley, Margaret Winker, “Data access for the open access literature: PLOS's data policy”, *PLOS Medicine*, Vol. 11, No. 2, 2014, pp. e1001607.

⑤ Pitt, Mark A and Yun Tang, “What should be the data sharing policy of cognitive science?” *Topics in Cognitive Science*, Vol. 5, No. 1, 2013, pp. 214-221.

数弱政策，其中影响因子高的期刊往往具有最强的政策[①]。由德国研究基金会（Deutschen Forschungsgemeinschaft，DFG）资助的 Eda-WaX（European Data Watch Extended）项目对经济学期刊的数据政策进行了评价。Vlaeminck 和 Siegert 研究了 141 种期刊，根据九个内容相关标准分析了这 141 种期刊的数据政策的内容，发现 29 种（20.6%）期刊制定了数据政策，其中 82.8%的政策对作者的要求是强制性的，几乎 70%的科学数据可在期刊网站上获得。数据政策与期刊的声誉、排名以及影响因子显著相关。29 种期刊中有 11 种（7.8%）期刊实施了数据复用政策，72.4%的数据可用性政策允许政策例外情况（一种期刊明确不允许例外），只有 50%的期刊强制执行数据和代码的可重用性，仅 19 种（65.5%）期刊启动了数据存档。两种（6.9%）期刊提及数据集、存储程序以及陈述格式[②]。Gherghina 和 Katsanidou 根据 2010 年的汤姆森《期刊引文报告》确定了 120 种顶级政治学期刊，研究政治学中的数据政策，发现 120 种期刊中有 18 种（15%）具有数据政策，7 种（5.8%）计划制订数据政策。研究发现数据引用次数越多的期刊比引用次数越少的期刊制定数据政策的比重高[③]。Zenk-Möltgen 和 Lepthien 对 140 种社会学期刊的研究发现，仅有 7 种期刊（5%）提出了明确的数据政策，94 种（67.1%）使用的是出版机构提供的通用数据政策，其余 39 种期刊（27.9%）未制定数据政策。该研究同样调查了期刊数据政策与期刊影响因子、语言、发行数量以及期刊发行历史的关系。研究结果与 Gherghina 等学者的发现一致。分析发现，具有高影响因子以及使用英语的期刊的数据可用性政策有助于支持其他科研人员的复制与重用分析。另外在分析科学数据的实际可用性时，仅约 16%的数据集是可访问的，这与作者愿意进行数据共享的态度和行为有关。研究指出，可通过提高专业标准来鼓励更大程度的共享，并通过开发数据管理平台来实现。仅有数据共享技术不足以促进更大程度的数据共享，必须采用数据共享规则或制定数据共享政策并使之有效，

① Piwowar, Heather and Wendy Chapman, "A review of journal policies for sharing research data", March 20, 2008, https://www.nature.com/articles/npre.2008.1700.1.

② Vlaeminck, Sven, "Data management in scholarly journals and possible roles for libraries - some insights from edawax", *Liber Quarterly the Journal of European Research Libraries*, Vol. 23, No. 1, 2013, pp. 48-79.

③ Gherghina , Sergiu and Alexia Katsanidou, "Data availability in political science journals", *European Political Science*, Vol. 12, No. 3, 2013, pp. 333-349.

进而提升科学研究的质量[①]。

二　国内

国内学者的研究主要包括，数据出版政策理论研究和科学数据出版政策实践调查两个方面：

（一）科学数据出版政策理论研究

吴立宗等认为科学数据出版的目的是使科学数据能够像期刊论文一样经过同行评审和公开出版后，能够被引用和使用。其从数据中心和传统出版系统两个角度对科学数据出版体系架构进行了完善[②]。之后，傅天珍等指出数据出版在我国学术界尚属一个全新的领域，我国的学术期刊应该在引导共享数据意识和规范共享行为方面发挥重要作用，为我国数据密集型研究奠定良好的基础。期刊数据政策制定情况包括有无政策、政策强弱、政策与学科和影响因子的关系等[③]。政策内容包括政策总体要求（提交数据动机声明、后果描述[④]）、数据提交规范、支撑信息/材料要求（支撑信息内容与格式[⑤]、文件格式、支撑信息获取）、数据质量控制、数据存储（存储时间、存储位置与方式[⑥]、数据链接出版物[⑦]）、数据共享与访问、数据安全与数据权益等。一些学者基于科学数据生命周期理论对纯数据期刊进行调查研究[⑧][⑨]。

（二）科学数据出版政策实践调查

陈全平等对比分析了传统期刊与新兴数据期刊政策，对期刊数据政

① Zenk-M-ltgen, Wolfgang and Greta Lepthien, "Data sharing in sociology journals", *Online Information Review*, Vol. 38, No. 6, 2014, pp. 709-722.

② 吴立宗、王亮绪、南卓铜、李红星：《科学数据出版现状及其体系框架》，《遥感技术与应用》2013 年第 3 期。

③ 傅天珍、陈妙贞：《我国学术期刊数据出版政策分析及建议》，《中国出版》2014 年第 23 期。

④ 彭媛媛、刘静羽、黄金霞：《国外出版机构开放数据政策研究》，《数字图书馆论坛》2017 年第 9 期。

⑤ 孔丽华、刁妍、张晓林：《数据出版的趋势、机制与挑战》，《中国科学基金》2019 年第 3 期。

⑥ 陈秀娟、吴鸣：《学科领域期刊科研数据发表政策剖析——以美国化学学会期刊为例》，《中国科技期刊研究》2015 年第 8 期。

⑦ 刘颖、王旋：《医学领域国际学术期刊数据出版政策分析》，《中国科技期刊研究》2017 年第 8 期。

⑧ 雷秋雨、马建玲：《学术期刊数据出版政策研究综述——以 JCR 中进化生物学领域期刊为例》，《图书馆理论与实践》2016 第 1 期。

⑨ 撒旭、王健、范智萱、刘建平、张贵兰：《数据期刊同行评议视角下科学数据质量评价指标识别》，《图书情报工作》2020 第 17 期。

策实施的情况和产生的效果进行了评价[①]。赵文义探讨了学术期刊政策实施的具体路径选择[②]；马海群等依据结构功能主义理论，采用层次分析法建立了政策实施评价体系。其中期刊质量提高、数据质量规范、便捷读者应用等指标权重较高[③]。刘晓霞等人调查研究了我国中文核心期刊参与数据政策制定的情况以及对开放获取的了解和认知态度，在此基础上对学术期刊参与开放获取的利益诉求进行深入剖析[④]。吴蓉等人总结归纳*PLOS*、*Science*、*Nature* 等国外学术期刊的政策要素，提出学术期刊的数据政策体系应包括数据提交、数据审查和数据权益管理等具体内容。我国的学术期刊应该结合本土化实际，尽快制定彰显自身特色，适合自身需求的政策体系[⑤]。彭琳等分析了 65 种中科院主办且被 SCI 收录的期刊的数据政策强弱程度、提交数据的具体要求、数据的存储和引用规定，发现国内学术期刊参照海外合作出版社的政策制定的鼓励性数据政策存在大量问题[⑥]。

第四节　科学数据管理服务

一　国外

在国外，科学数据管理服务已经广泛地开展，国家政府部门、科研资助机构和图书馆等利益相关群体都已经为科学数据管理服务投入了大量的经费、人才、时间等成本，国外有关数据管理服务的研究具体包括服务内容、服务评价、服务需求、服务差异等内容。

（一）数据管理服务的具体内容研究

将数据嵌入知识发现的过程之中，目的是满足科学数据的管理需求。

---

① 陈全平：《学术期刊数据政策及相关研究》，《图书与情报》2015 第 5 期。

② 赵文义：《学术期刊大数据出版研究》，《出版发行研究》2016 年第 3 期。

③ 马海群、邹纯龙：《结构功能视角下构建期刊数据政策评价体系》，《中国科技期刊研究》2017 年第 8 期。

④ 刘晓霞、张新鹤：《我国学术期刊参与开放获取的调查研究》，《图书情报知识》2015 第 1 期。

⑤ 吴蓉、顾立平、刘晶晶：《国外学术期刊数据政策的调研与分析》，《图书情报工作》2015 年第 7 期。

⑥ 彭琳、韩燕丽：《我国科技期刊数据政策分析及启示——以中国科学院主办英文期刊为例》，《中国科技期刊研究》2019 年第 8 期。

为制订科学数据管理计划、有效科学组织数据、实施数据共享与存储、合理合法获取数据、重用数据和规范引用数据等提供的各种支持都属于服务的具体内容。科学数据管理服务的目的是提高科研人员的意识，激励其参与开放科学数据实践，提升科研人员的数据管理能力与素质，提升科研人员对开放科学数据的认知。Kaari Jennifer 对比分析欧洲学术图书馆数据管理服务的具体内容，提出科学数据管理技术相关性服务，是图书馆应该考虑的重点方向。Yoon Ayoung 等主要从服务、信息、教育和网络这四个维度展开，分析对比美国的学术图书馆开展科学数据管理服务的情况①。

（二）科学数据管理服务评价研究

美国开展科学数据管理服务的时间比较早，较多学者围绕科学数据管理服务开展服务绩效和服务影响力的评价。Coates 等提出，服务目标的达成度、服务改进和提升的方法、服务对机构的支撑度是开展服务评价时需要重点考虑的内容②。Pronk 用科学数据共享花费的时间和科学数据重用节省的时间两个指标，作为科学数据重用时间效益的重要指标③。Cox 提出了科学数据服务成熟度的概念，按照成熟度将服务划分为“零服务”“基础服务”“发展中的服务”和“扩展型的服务”④。英国巴斯大学牵头联合英国信息系统联合委员会等机构从利益相关者视角出发，对科学数据管理服务的成效进行了评价⑤。Chiware Elisha R T 等对非洲大学和研究性图书馆开展科学数据管理服务的可行性进行了评价⑥。

---

① Yoon, Ayoung and Teresa Schultz, “Research data management services in academic libraries in the US: A content analysis of libraries’ websites”, *College & Research Libraries*, Vol. 78, No. 7, 2017, pp. 920-933.

② Coates, Heather L, Jake Carlson , Ryan Clement, et al. , “ How are we measuring up? Evaluating research data services in academic libraries”, August 6, 2018, https: //jlsc-pub. org/articles/abstract/10. 7710/2162-3309. 2226/.

③ Pronk, Tessa E, “The time efficiency gain in sharing and reuse of research data”, *Data Science Journal*, Vol. 18, No. 10, 2019, pp. 1-8.

④ Cox, Andrew M, Mary Anne Kennan , Liz Lyon, et al. , “ Developments in research data management in academic libraries: Towards an understanding of research data service maturity”, *Journal of the Association for Information Science & Technology*, Vol. 68, No. 9, 2017, pp. 2182-2200.

⑤ Beagrie, Neil and Catherine Pink , “Benefits from research data management in universities for industry and not-for-profit research partners”, November 26, 2012, https: //purehost. bath. ac. uk/ws/portalfiles/portal/9273800/RDM_ Benefits_ v Final. pdf.

⑥ Chiware, Elisha RT and Deborah Anne Becker, “Research data management services in southern africa: A readiness survey of academic and research libraries”, *African Journal Of Library Archives And Information Science*, Vol. 28, No. 1, 2018, pp. 1-16.

（三）科学数据管理服务需求研究

在科学数据管理服务需求分析方面，普渡大学推出的数据监管档案工具（Data Curation Profiles Toolkit，DCPT）和弗吉尼亚大学推出的 DMVitals 都可用于深入了解某一个具体项目或科研人员的数据管理实践与需求，为制定个性化、针对性服务提供了借鉴。康奈尔大学使用 DCPT，重新规划通过 DataStar 提供服务的方式①。Bradley Bishop 等使用 DCPT 探索贝尔蒙特论坛成员机构和科研人员当前的科学数据管理培训需求和实践②。

（四）科学数据管理服务差异性研究

在科学数据管理差异性服务方面，SCARP 项目调查了不同学科中科学数据监管的态度和方法。Akers KG 等比较艺术与人文、社会、医学和基础科学四个领域科研人员对 DMP 的熟悉程度以及期望的科学数据管理服务形式③。Weller T. 等发现研究方法也会对科学数据管理服务需求产生显著影响④。Read 等探讨了学术图书馆数据管理服务的实施模式。Read 等重点揭示了医学图书馆如何分析社区需求，启动和建立服务的路径和取得的成功经验⑤。Castle Clair 认为开展服务需要进行广泛的合作，必须要考虑特殊学科的需求，提供面向具体学科的服务机遇与挑战并存⑥。

二　国内

国内学者主要关注科学数据管理服务模式与内容、科学数据管理服务激励因素、科学数据管理服务需求与过程、科学数据管理服务评价研

① Wright, Sarah J, Wendy A Kozlowski , Dianne Dietrich, et al. , "Using data curation profiles to design the datastar dataset registry", *D-Lib Magazine*, Vol. 19, No. 7/8, 2013, pp. 37-49.

② Bishop, Bradley, Hannah Gunderman , Rowena Davis, et al. , "Data curation profiling to assess data management training needs and practices to inform a toolkit", January 27, 2020, https://doaj.org/article/2aafd31f067b46079e7d0fc4bfefef86.

③ Akers, Katherine G. and Jennifer Doty, " Disciplinary differences in faculty research data management practices and perspectives", *International Journal of Digital Curation*, Vol. 8, No. 2, 2013, pp. 5-26.

④ Weller, Travis and Amalia Monroe-Gulick , "Understanding methodological and disciplinary differences in the data practices of academic researchers", *Library Hi Tech*, Vol. 32, No. 3, 2014, pp. 467-482.

⑤ Read, Kevin B, Jessica Koos, Rebekah S. Miller, et al. , " A model for initiating research data management services at academic libraries", *Journal of the Medical Library Association*, Vol. 107, No. 3, 2019, pp. 432-441.

⑥ Castle Clair, "Getting the central rdm message across: A case study of central versus discipline-specific research data services (rds) at the university of cambridge", *Libri*, Vol. 69, No. 2, 2019, pp. 105-116.

究等方面。

（一）科学数据管理服务模式与内容研究

陈大庆基于对英国、美国、澳大利亚 30 所高校服务的调查，构建了科学数据管理服务框架体系，并总结了服务要素和服务工具①。陈媛媛、柯平等分析国外具有代表性的两类科学数据管理服务模型，提出我国大学图书馆科学数据管理服务模型构建的建议②。蒋颖深入对比分析了欧洲社会科学领域中开展数据管理服务的状况③。刘澈、李桂华对中外高校图书馆的社会科学数据服务情况展开调查，比较两者在资源建设与服务开展方面的差异，探讨如何缩小差距④。孟祥保、钱鹏、沈婷婷等基于对社会科学数据特征的分析，提出服务建议⑤。黄鑫、邓仲华等总结了国外高校图书馆科学数据的元数据服务策略⑥。李淑婷等对可持续数据管理服务进行了类型划分，对不同类型下新西兰高校开展服务的情况进行了具体研究⑦。

（二）科学数据管理服务激励因素研究

学术界对科学数据规范化管理越来越重视，认为科学数据规范化管理可以使学术失范现象得到有效控制，有助于提高学术诚信透明度。这成为很多大学，如伊利诺伊大学、爱丁堡大学开展科学数据管理服务的主要动力。与此同时，国家层面、机构层面的政策法规促进了高校科学数据政策的制定，而高校的科学数据政策又为其科学数据管理服务的开展提供了动力支持。但是不同层面，政策法规的差异性，又使得高校的科学数据管理服务内容存在较大差异。欧洲社会科学数据存储委员会，社会科学数据组织国际联合会，国际社会科学信息服务与技术协会等专门机构已经出台了社会科学领域的科学数据管理政策。英国社会科学研

① 陈大庆：《国外高校数据管理服务实施框架体系研究》，《大学图书馆学报》2013 年第 6 期。

② 陈媛媛、柯平，《大学图书馆科研数据服务模型研究》，《情报理论与实践》2018 年第 5 期。

③ 蒋颖：《欧洲社会科学数据的服务与共享》，《国外社会科学》2008 年第 5 期。

④ 刘澈、李桂华：《中外高校图书馆社科数据服务比较》，《图书馆论坛》2016 年第 6 期。

⑤ 孟祥保、钱鹏：《数据生命周期视角下人文社会科学数据特征研究》，《图书情报知识》2017 年第 1 期。

⑥ 黄鑫、邓仲华：《国外高校图书馆科学数据的元数据服务研究》，《图书与情报》2017 年第 2 期。

⑦ 李淑婷、张羽：《新西兰高校科研数据管理服务调查研究》，《数字图书馆论坛》2020 第 6 期。

究的主要公共资助机构经济和社会研究委员会自 2011 年起，要求申请资助的项目提交数据管理计划。国外一些社会科学领域的期刊，如《美国社会学评论》《美国经济评论》以及《开放心理学数据期刊》等也提出了相应的科学数据管理要求。

（三）科学数据管理服务需求与过程研究

OCLC 的调查发现，自下而上的科研人员需求在科学数据管理服务的开发决策中发挥了很小的作用，自上而下的管理者需求在科学数据管理服务的开发决策中其实发挥了重要作用，大多数开展科学数据管理服务的高校管理者都认为当科研人员准备从大学寻求科学数据管理服务支持时，大学已经具备为他们提供成熟服务的能力和条件非常重要，因为这有助于提升科学数据管理服务的预期效益①。崔涛等将代尔夫特理工大学的科学数据管理作为研究对象，从其科学数据政策体系构建、科学数据管理团队建设两个维度入手，分析代尔夫特理工大学的科学数据管理服务发展过程，从政策体系建设和服务团队建设两个方面提出对我国开展科学数据管理服务的建议②。黄红华等认为技术、需求和创新共同决定了服务的开展与实施情况，但是资金无保障、需求不明确、服务形式单一、服务能力不够、服务效果不明显是主要障碍，服务的提升必须解决这些问题③。

（四）科学数据管理服务评价研究

陈媛媛界定了科学数据管理服务的内涵，设计了面向服务能力的评价指标体系，认为开展科学数据教育培训、制定科学数据政策规范和优化配置机构内外部资源是研究型大学进行数据管理服务能力建设的重点所在④。涂志芳等系统回顾、总结和归纳了国内和国外科学数据管理服务评价的相关理论和实践，指出我国的科学数据管理服务评价刚刚起步，与国外有较大差距，需要进一步展开深入研究⑤。

---

① OCLC，"The realities of research data management"，May 26，2020，https：//www. oclc. org/research/publications/2017/oclcresearch-research-data-management. html.

② 崔涛、胡杨、李青：《荷兰代尔夫特理工大学科研数据管理实践及启示》，《情报杂志》2020 年第 7 期。

③ 黄红华、张婧：《大学图书馆开展研究数据服务策略分析》，《图书馆理论与实践》2020 年第 4 期。

④ 陈媛媛：《高校科研数据管理服务能力研究》，《情报杂志》2020 年第 6 期。

⑤ 涂志芳、刘兹恒：《国内外科学数据管理服务评价研究与实践进展》，《图书馆建设》2021 年第 2 期。

第五节　相关研究评述

一　科研人员科学数据共享行为的相关研究评述

通过梳理发现，学者们对于科学数据共享行为产生机理的研究较为深入与全面，相关理论在科学数据共享行为产生机理模型中的应用已基本成熟，并在学者们的努力下得到发展、创新。总体而言，国内外学者们对于该研究主题的探讨存在以下两方面异同：

（一）研究方法层面

国内外学者关于科学数据共享行为的研究均包含质性研究与定量研究。其中质性研究多以问卷调查结果、访谈记录及以往文献为数据来源，运用一定研究方法，如扎根理论方法等，来研究科学数据共享行为的产生条件与制约因素。定量研究通常以计划行为理论、技术接受模型等理论作为理论基础，设计量表与问卷收集数据，建立结构方程模型、回归模型等进行验证，或考虑各种成本与收益因素，基于博弈论方法进行研究。不同的是，国内有学者利用 DEMATEL、元民族志与元分析等方法①②③④⑤进行相关研究；国外有学者将科研人员置于学科、机构等一定背景中构建多层次模型进行实证研究⑥⑦。

---

① 刘莉、刘文云、刘建：《基于 DEMATEL 的科研数据共享关键影响因素识别与分析》，《图书馆学研究》2019 年第 18 期。

② 孙俐丽、赵乃瑄：《基于元人种志的科学数据共享关键影响因素识别》，《情报理论与实践》2020 年第 3 期。

③ 刘莉、刘文云：《基于解释结构模型的科研数据共享影响因素分析》，《情报科学》2020 年第 5 期。

④ 郑琳：《科研人员数据共享意愿的影响因素研究——基于 Meta 分析方法》，《现代情报》2021 年第 4 期。

⑤ 万莉、程慧平：《基于元分析结构方程模型的科学数据共享行为因素研究》，《情报理论与实践》2021 年第 7 期。

⑥ Kim, Youngseek and Jeffrey M Stanton, " Institutional and individual factors affecting scientists' data-sharing behaviors: A multilevel analysis", *Journal of the Association for Information Science and Technology*, Vol. 67, No. 4, 2016, pp. 776-799.

⑦ Mason, Claire M, Paul J Box, SM Burns, " Research data sharing in the Australian National Science Agency: Understanding the relative importance of organisational, disciplinary and domain-specific influences", *PLOS ONE*, Vol. 15, No. 8, 2020, p. e0238071.

（二）研究内容层面

国内外数据共享行为产生机理研究内容均涵盖个体特征、成本与回报、资源与技术、政策与规范、共享环境与氛围等，对中介效应与机制的关注均较少。不同的是，首先，国内研究侧重于从科研人员个体和成本层面出发，如共享态度、意愿、主观规范、数据素养、自我效能以及感知成本与回报等，较国外研究而言，缺乏对于数据共享政策的关注。其次，国内多数采用数据共享意愿代替实际行为来研究行为产生路径，由于社会称许性反应的存在，研究结论可能存在一定偏差。最后，因为研究背景的不同、研究理论基础的差异、所选取的研究样本与研究模型的不同，导致各项研究结果之间存在不一致的情况。如 Kim 等研究发现主观规范能够促进共享行为的产生，但其他研究却发现该作用并不明显[①②]；Kim 等证实了数据管理平台的可用性会促进科研人员共享数据行为的产生，然而孙晓燕的研究却支持数据管理平台的可用性对共享数据行为之间无明显联系[③④]；关于感知努力对开放态度的影响，刘桂锋等的研究结论与包秦雯等得出的结论也出现了显著分歧[⑤⑥]。

首先，国内外研究关注点不同一定程度上体现了不同文化背景和科学数据共享大环境下科研人员数据共享实践的差异，政策与制度、规范等如何影响科研人员数据共享行为的产生值得探讨。其次，基于学科背景、研究理论基础与所选择模型等差异，已有研究之间存在结果不一致的问题，且对中介机制的研究较少，而在一般意义上，某个因素或条件

① Kim, Youngseek and Melissa Adler, "Social scientists' data sharing behaviors: Investigating the roles of individual motivations, institutional pressures, and data repositories", *International Journal of Information Management*, Vol. 35, No. 4, 2015b, pp. 408–418.

② Kim, Youngseek and Ping Zhang, "Understanding data sharing behaviors of stem researchers: The roles of attitudes, norms, and data repositories", *Library & Information Science Research*, Vol. 37, No. 3, 2015a, pp. 189–200.

③ Kim, Youngseek and C. Sean Burns, "Norms of data sharing in biological sciences: The roles of metadata, data repository, and journal and funding requirements", *Journal of Information Science*, Vol. 42, No. 2, 2016b, pp. 230–245.

④ 孙晓燕：《科学数据共享行为的理论模型构建及测度实证研究》，《情报学报》2016 年第 10 期。

⑤ 包秦雯、顾立平、张潇月：《开放科研数据的行为影响因素研究——以地球科学领域为例》，《情报理论与实践》2019 年第 5 期。

⑥ 刘桂锋、濮静蓉、苏文成：《高校科研人员科研数据开放的影响因素与机理研究》，《图书馆学研究》2019 年第 22 期。

能否以及如何促进科研人员科学数据共享行为产生的机理还有待进一步研究。

二 社会科学领域科学数据管理平台的相关研究评述

欧美国家开展社会科学数据管理和服务工作较早，建设了大量社会科学数据管理平台且服务水平较高。根据科研数据知识库注册目录（Registry of Research Data Repositories，re3data）对全球科学数据知识库的统计（检索时间为 2022 年 3 月 15 日），德国已注册的社会科学数据管理平台有 152 个，美国有 127 个，而我国仅有 3 个。平台功能方面，国外平台的数据管理功能覆盖整个数据生命周期，并提供了一系列满足用户个性化需求的增值服务。相比之下，国内社会科学数据管理平台的数据管理功能与服务单一，与国外平台存在较大差距。

当前有关社会科学数据管理平台的研究主要集中在两大方面：一是对已建社会科学数据管理平台的介绍，旨在学习和借鉴平台的建设经验；二是探讨社会科学数据管理平台建设中的具体问题，包括平台构建模型、元数据标准、技术架构等，相关理论研究已涉及社会科学数据管理平台建设的各个方面。但总体来看，国外侧重于社会科学数据管理平台建设方面的研究，国内则主要是对国外社会科学数据管理平台的介绍和分析，有关社会科学数据管理平台建设方面的研究较少。究其原因，主要是目前我国社会科学数据管理平台的建设还处于起步探索阶段，需要学习国外平台的先进建设经验。

三 社会科学领域的科学数据管理政策与服务相关研究评述

科学数据管理政策的相关研究者围绕科学数据管理政策制定的主体、政策的核心领域与政策的关键要素、政策评价等展开研究，但是很少见到针对社会科学领域开展系统的科学数据管理政策研究的成果。社会科学领域很多数据是涉人数据，具有特殊性，这就对社会科学数据管理流程的规范性提出了很高的要求。国外的政府机构、学术社群、科研资助机构和期刊出版商等均出台了社会科学领域的科学数据管理政策，与国外相比，我国国家层面、资助机构层面和社会科学期刊层面的政策在科学数据管理政策方面均是刚刚起步，制定政策并清晰划定政策主体责任分工的机构很少，社会科学数据管理还存在管理流程不科学，数据呈现方式不符合用户需求，利益相关主体责任分工不明确等诸多问题。

2017 年新媒体联盟在其《地平线报告》中明确指出，图书馆未来业务拓展要重点考虑科学数据管理服务。国外开展科学数据管理服务的主体既有国家，还有资助机构和高校图书馆。相比而言，我国还处于探索阶段，科学数据管理服务尚未形成体系。国外学者更多地关注服务需求分析、服务的学科差异性以及服务的价值与效果研究。国内学者则多是基于国外案例的分析，探索我国高校的科学数据管理服务模型构建问题以及服务内容和策略问题。国内外学者虽然都已经充分认识到学科差异性导致科学数据管理问题的复杂性，以及开展具体学科科学数据管理深入研究的必要性。但是，现有成果只揭示出了一些差异性及差异程度，涉及社会科学领域的科学数据管理，确定了社会科学领域科学数据的特殊性及对科学数据管理带来的挑战，但是对社会科学领域的科学数据管理服务的深度揭示和系统研究还鲜有见到。

第四章　中国科研人员科学数据共享状况分析

为深入了解当前中国科研人员共享科学数据的状况，本书结合前述分析设计问卷展开调研，收集科研人员共享科学数据的典型特征、共享科学数据的具体实践，以及对科学数据共享价值和科学数据共享环境的感知、看法等，为后续变量选取和研究假设提供依据与现实支撑。

第一节　问卷发放与回收

一　问卷设计与量表开发

问卷初稿设计中，依据文献与理论基础整理相关变量，参考以往研究的成熟量表设计问卷量表部分，采用五点李克特量度。和相关学者探讨后对题项进行修正，形成问卷量表部分初稿。在正式调查前进行了预调研，分别邀请 5 名相关学者、10 名研究生填写问卷初稿，征求他们的反馈意见和建议，识别并修改表述不清、题项设置不合理、遗漏题项、逻辑不合理等问题，据此完善问卷初稿形成正式问卷（见附录 1）。变量测量量表来源见表 4-1。

表 4-1　　变量测量量表来源

变量	缩写	来源
数据共享行为	DSB	Kim 等①
数据共享态度	ADS	Ajzen 等②；张海等③

① Kim, Youngseek and Seungahn Nah, "Cintegration of data reuse experience, attitudinal beliefs, social norms, and resource factors", *Online Information Review*, Vol. 42, No. 1, 2018, pp. 124-142.

② Icek Ajzen, Martin Fishbein, Sophie Lohmann, eds., *The influence of attitudes on behavior*, New York: Routledge, 2019, pp. 197-255.

③ 张海、刘蕾：《高校科研人员科研数据开放意愿的影响因素研究》，《新世纪图书馆》2020 年第 11 期。

续表

变量	缩写	来源
数据共享意愿	DSI	Kim 等①
感知利益	PB	Kim 等；刘桂锋等②
感知风险	PR	Kim 等③；周姗姗等④
感知努力	PE	Kim 等⑤
自我效能	SE	Bock 等⑥；刘桂锋等⑦；
感知资源可用性	PRA	Kim 等⑧
数据共享文化氛围	DSCA	Kwon 等⑨；张丽丽等⑩；Mason 等⑪

科研人员数据共享现状调查问卷包括前言和主体两部分，共 24 道

① Kim, Youngseek and Jeffrey M. Stanton, "Behavioral intention formation in knowledge sharing: Examining the roles of extrinsic motivators, social-psychological forces, and organizational climate", *Journal of the Association for Information Science and Technology*, Vol. 64, No. 4, 2016, pp. 776-799.

② 刘桂锋、濮静蓉、苏文成：《高校科研人员科研数据开放的影响因素与机理研究》，《图书馆学研究》2019 年第 22 期。

③ Kim, Youngseek and Ping Zhang, "Understanding data sharing behaviors of STEM researchers: The roles of attitudes, norms, and data repositories", *Library & Information Science Research*, Vol. 37, No. 3, 2015, pp. 189-200.

④ 周姗姗、翁苏湘、毕强等：《科学数据共享中的邻避现象及应对研究》，《图书情报工作》2015 年第 17 期。

⑤ Kim, Youngseek and Jeffrey M. Stanton, "Behavioral intention formation in knowledge sharing: Examining the roles of extrinsic motivators, social-psychological forces, and organizational climate", *Journal of the Association for Information Science and Technology*, Vol. 64, No. 4, 2016, pp. 776-799.

⑥ Gee-Woo Bock, Robert W. Zmud, Young-Gul Kim, et al., "Behavioral intention formation in knowledge sharing: Examining the roles of extrinsic motivators, social-psychological forces, and organizational climate", *MIS Quarterly*, Vol. 29, No. 1, 2005, pp. 87-111.

⑦ 刘桂锋、濮静蓉、苏文成：《高校科研人员科研数据开放的影响因素与机理研究》，《图书馆学研究》2019 年第 22 期。

⑧ Kim, Youngseek and C. Sean Burns, "Norms of data sharing in biological sciences: The roles of metadata, data repository, and journal and funding requirements", *Journal of Information Science*, Vol. 42, No. 2, 2016, pp. 230-245.

⑨ Kwon, Ohbyung and Yixing Wen, "An empirical study of the factors affecting social network service use", *Computers in Human Behavior*, Vol. 26, No. 2, 2010, pp. 254-263.

⑩ 张丽丽、赖茂生：《2015 年科学研究数据共享现状调查》，《中国科学数据》（中英文网络版）2017 年第 3 期。

⑪ Mason, Claire M., Paul J. Box, Shanae M. Burns, "Research data sharing in the Australian national science agency: Understanding the relative importance of organisational, disciplinary and domain-specific influences", *PLOS ONE*, Vol. 15, No. 8, 2020, p. e0238071.

题。前言介绍了问卷目的、问卷结构、保密承诺、填写说明和主要概念等。主体共分为三个部分，包括科学数据共享经历、科学数据共享认知与意愿以及受访者基本信息。

将调查对象限定为在国内学术机构、政府部门、医疗机构、企业及其他机构中从事科学研究工作的科研人员。为提高问卷发放率和回收率，通过学术论坛、社交平台、电子邮件等网络方式发放电子问卷。

二　问卷回收与质量控制

设置同一 IP 作答限制、时间限制、完整性限制，并设置提交答卷验证码，以提高问卷回收效率和质量。通过线上发放问卷近三周，共回收问卷 135 份，剔除答卷时间较短、答卷不完整和量表答案规律性明显的无效问卷 29 份，最终获得 106 份有效问卷。为保证量表的可靠性、一致性与精确性，利用 SPSS 25 和 Amos 23 软件评估问卷量表的信度与效度。

（一）信度分析

信度（Reliability）是指用相同测量工具重复测量同一对象得到相同结果的可能性，反映了量表每次测量的稳定性。测量效度必须满足高信度要求，但高信度并不意味着高效度，因此必须先进行信度检验。本章采用 Cronbach's α 值表示量表的内部一致性信度（Internal Consistency Reliability），评估量表的可重复性、一致性和可靠性。一般认为 α 值大于 0.7 时，表示量表信度较好。信度检验结果见表 4-2。

表 4-2　　信度与收敛效度检验结果

潜在变量		缩写	题项数	Cronbach's α	CR	AVE
数据共享行为		DSB	5	0.902	0.915	0.684
数据共享态度		ADS	2	0.806	0.872	0.774
数据共享意愿		DSI	3	0.973	0.930	0.816
感知利益	内在性利益	PIB	4	0.839	0.844	0.576
	外在性利益	PEB	2	0.818	0.864	0.760
感知风险		PR	5	0.835	0.881	0.599
感知努力		PE	3	0.901	0.922	0.799
自我效能		SE	5	0.884	0.884	0.607
感知资源可用性		PRA	4	0.953	0.906	0.708
数据共享文化氛围		DSCA	4	0.930	0.898	0.689
合计			37	0.856		

由表 4-2 可知，各变量与整体 Cronbach' s α 值为均大于建议值 0.7，说明本书量表具有较高的信度和可靠性。

（二）效度分析

效度（Validity）反映测量工具及其结果与公认的概念含义之间的相关程度，反映了量表测量的准确性，包括翻译效度（表面效度、内容效度）和标准关联效度（收敛效度、判别效度、同时效度、预测效度）等。本书主要关注量表的内容效度、收敛效度和判别效度。

（1）内容效度（Content Validity）。指测量工具是否充分反映了操作定义的所有内容。本书的问卷量表均借鉴、综合或改编自以往研究的成熟量表，且通过预调研进行修正与完善，因此可认为本书的问卷量表具有一定的内容效度。

（2）收敛效度（Convergent Validity）。指两种不同的测量工具针对同一概念或特质进行测量应当得到类似的结果。采用验证性因子分析（Confirmatory Factor Analysis，CFA）方法检验量表的收敛效度，一般使用标准化后的因素负荷量、组合信度和平均方差抽取量作为评估指标。1）因素负荷量（Factor Loading，FL）表示观测变量反映潜在变量的有效性和程度，一般建议标准化 FL 大于 0.5，大于 0.7 更佳，同时要达到统计显著性水平（$p<0.05$）。2）组合信度（Composite Reliability，CR）表示观测变量的一致程度，反映测量模型的建构信度。CR 值越高，表示观测变量间的关联程度和同构性越高。一般建议 CR 值大于 0.6，大于 0.7 更佳。3）平均方差抽取量（Average Variance Extracted，AVE）反映观测变量被潜在变量和误差所解释的变异量程度，一般认为当 AVE 大于 0.5 时，由潜在变量解释的变异量大于由误差项解释的变异量，表示测量模型的收敛效度良好。由附录 3 和表 4-2 可以看出，各潜在变量的 FL 均大于 0.5 且显著，CR 值均大于建议值 0.7，AVE 均大于 0.5，说明测量量表具有良好的收敛效度。

（3）判别效度（Discriminant Validity）。指两种不同的测量工具针对不同概念或特质进行测量所得到的结果之间的低相关性。采用探索性因子分析（Exploratory factor analysis，EFA）方法评估量表的判别效度，以观测变量的因子载荷系数作为判别效度的评估指标，表示观测变量对于某一潜在变量的重要程度。一般认为因子载荷系数应至少大于 0.3，大于 0.4 为良好，大于 0.5 更佳。

首先进行 KMO 和 Bartlett 检验，判断样本是否适合进行因子分析。一般认为 KMO 值大于 0.7，Bartlett 球形度检验显著性小于 0.01 时比较适合做因子分析。KMO 和 Bartlett 检验结果见表 4-3。

表 4-3　　KMO 和 Bartlett 检验结果

项目		值
KMO 取样适切性量数		0.736
Bartlett 球形度检验	近似卡方	3269.397
	自由度	666
	显著性	0.000

由表 4-3 可知，样本的 KMO 检验值为 0.736，大于建议值 0.7，同时 Bartlett 球形度检验结果显著（<0.01），表明测量变量之间的独立性假设不成立，满足因子分析要求。旋转方法选择方差最大正交旋转法（Varimax），使因子载荷系数更加显著分化。提取特征值大于 1 的因子得到 10 个因子，方差累计贡献率为 79.914%（详见附录 2），大于建议值 60%。旋转后的各测量变量因子载荷如附录 3 所示，可以看出，各观测变量在潜在变量上的因子载荷系数均大于 0.5，旋转后的 10 个因子较好地反映了各潜在变量，表明量表具有良好的判别效度。

上述检验结果表明问卷量表信效度、可靠性较高，可对问卷进行下一步分析。

第二节　受访科研人员特征与科学数据共享实践特征

从受访科研人员个人特征、数据共享实践特征与认知特征三方面分析当前我国科研人员的科学数据共享特征与现状。受访者个人特征包括科研人员的社会统计学特征和学科背景，科学数据共享实践特征包括科研人员类型、科学数据依赖性、科学数据获取与共享经历等，科学数据共享认知特征包括科研人员的共享态度、共享意愿、感知利益、感知风险、感知努力、自我效能、感知资源可用性以及数据共享文化氛围等信息。访谈提纲见附录 4。

一 受访科研人员个人特征

（一）社会统计学特征

受访科研人员的社会统计学特征如表 4-4 所示。其中女性科研人员占比略高（61.32%），大部分科研人员年龄为 25—45 岁（合计占比 75.47%），硕士（40.57%）与博士学位人数相当（48.11%）。受访者基本来自高校（86.79%），少部分来自医疗机构（11.32%）。在读硕士、博士研究生居多（48.11%），其次是中级职称和副高级职称人员（合计占比 46.23%）。受访者性别、学历、职称分布较为均匀，说明样本具有一定的代表性。

表 4-4　科研人员社会统计学特征描述性统计

项目	类别	频率	百分比（%）	累积百分比（%）
性别	男	41	38.68	38.68
	女	65	61.32	100.00
年龄	25 岁以下	20	18.87	18.87
	25—35 岁	48	45.28	64.15
	36—45 岁	32	30.19	94.34
	46—55 岁	5	4.72	99.06
	56—65 岁	1	0.94	100.00
学历	本科	12	11.32	11.32
	研究生（硕士）	43	40.57	51.89
	研究生（博士）	51	48.11	100.00
机构	高校	92	86.79	86.79
	政府部门	1	0.94	87.74
	企业	1	0.94	88.68
	医疗机构	12	11.32	100.00
职称	正高级（教授、研究员、教授级高工等）	5	4.72	4.72
	副高级（副教授、副研究员、高工等）	20	18.87	23.58
	中级职称（讲师、助研、工程师等）	29	27.36	50.94
	初级职称（助教、实习研究员、助工等）	1	0.94	51.89
	在读硕士、博士研究生	51	48.11	100.00

（二）学科背景特征

受访者的学科分布与学科交叉性强度交叉频率图如图 4-1 所示。人文与社会科学学科的受访者最多，约占全部受访者的三分之一（31.13%），医药科学领域的科研人员数量次之（25.47%），其他学科领域的数量较为均衡，分别为自然科学（13.21%）、农业科学（16.98%）、工程与技术科学（13.21%），说明样本学科覆盖性与代表性较好。

从调查数据来看，超半数自然科学、工程与技术科学（占比 57.14%）领域的科研人员认为自己所从事的研究工作学科交叉性强或非常强，61.11%的农业科学、33.33%的医药科学领域的科研人员所从事的研究工作学科交叉性一般，绝大部分人文与社会科学领域的科研人员所从事的研究工作学科交叉性为一般（45.45%）及以上（45.45%）。

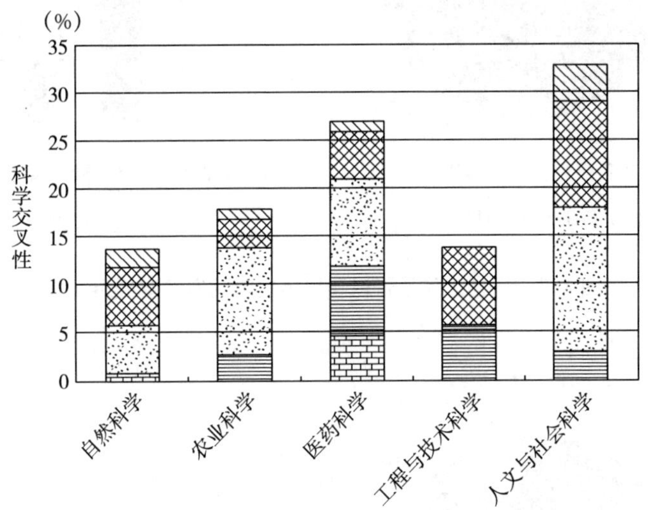

图 4-1　受访者学科分布与学科交叉性强度交叉频图

总体来看，学科交叉性一般强度以上的学科中，除医药科学（55.56%）较低外，其他学科均在 80%以上，从高到低依次为工程与技术科学（100%）、自然科学（92.86%）、人文与社会科学（90.91%）、农业科学（83.33%）。

二　中国科研人员的科学数据共享实践特征

（一）中国科研人员类型与数据依赖性

由图 4-2 和图 4-3 可以看出，68.87%的科研人员日常工作以科研为主，属于科研密集型，其中有科学数据共享经历的占比较高（63.01%>45.45%）。16.04%的受访者认为其研究工作数据依赖性一般，超半数受访者数据依赖性高，近三分之一的受访者研究工作数据依赖性非常高，其中有数据共享经历的受访者占比分别为 58.82%、59.26%、59.38%。没有受访者认为自己的研究工作数据依赖性非常低。可以看出，受访科研人员整体对科学数据的依赖性较高。

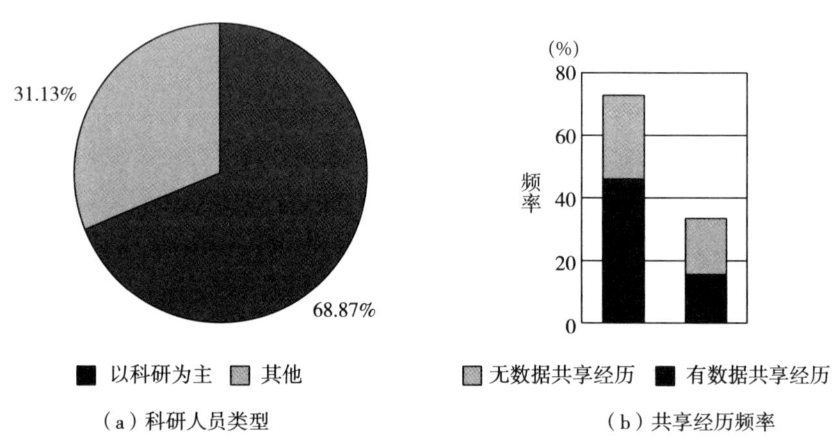

图 4-2 日常工作是否以科研为主与拥有共享经历频率

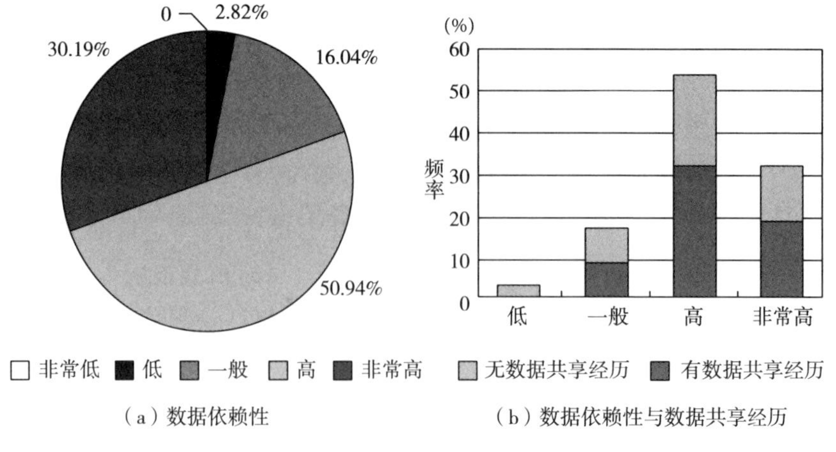

图 4-3 科学数据依赖性与拥有共享经历频率

（二）中国科研人员的科学数据来源、获取方式及频率

在日常研究工作中，由图 4-4 可知，多数科研人员研究工作所使用的数据来源于自己研究产生的数据和他人数据（57.55%），23.58%的科研人员只使用自己产生的数据，18.87%的科研人员只使用他人数据。

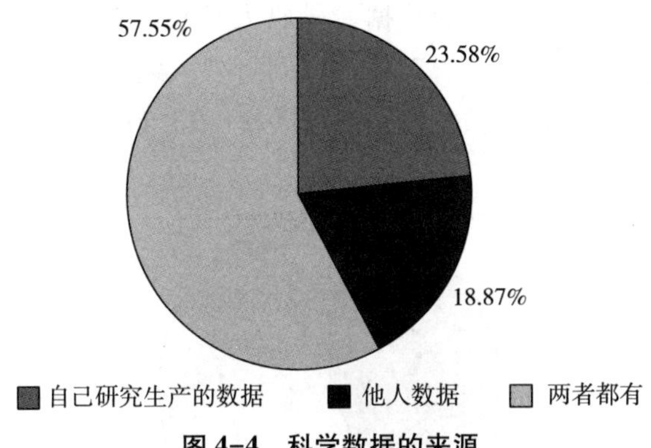

图 4-4　科学数据的来源

如图 4-5 所示，不同获取方式中，科研人员主要通过自己的研究工作（经常及以上占 67.92%）、数据共享平台（经常及以上占 47.17%）和数据论文（经常及以上占 53.77%）获取科学数据。通过论文补充材料和公共网络空间方式获取数据的频率相当，经常及以上占比分别为 34.91%和 33.02%。受访科研人员很少通过个人通信方式获取科学数据（经常及以上占 11.32%）。

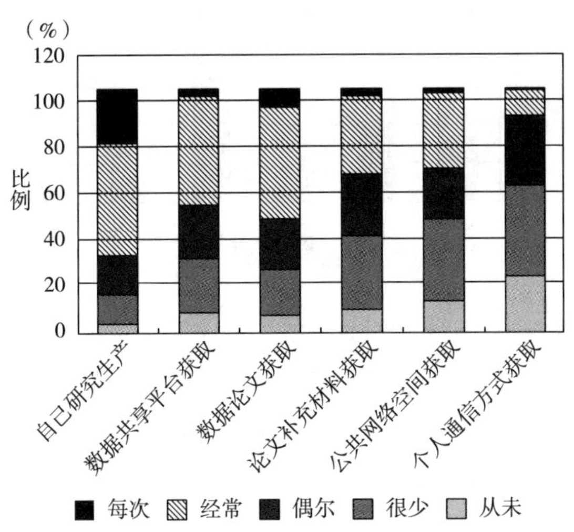

图 4-5　科学数据获取方式及频率

（三）中国科研人员的共享数据经历、时间与范围

图 4-6 至图 4-8 显示，57.55%的受访者表示曾共享过科学数据，多数选择在论文或成果公开发表（68.85%）或项目结束时（42.62%）共享自己手中的数据。也有科研人员选择在论文投稿时（37.70%）、研究项目进行中（34.43%）共享数据。科研人员较倾向于在研究团队内部（85.25%）、科研合作者（67.21%）或同行熟人之间（55.74%）共享科学数据，较少数会将科学数据完全开放共享（13.11%）。

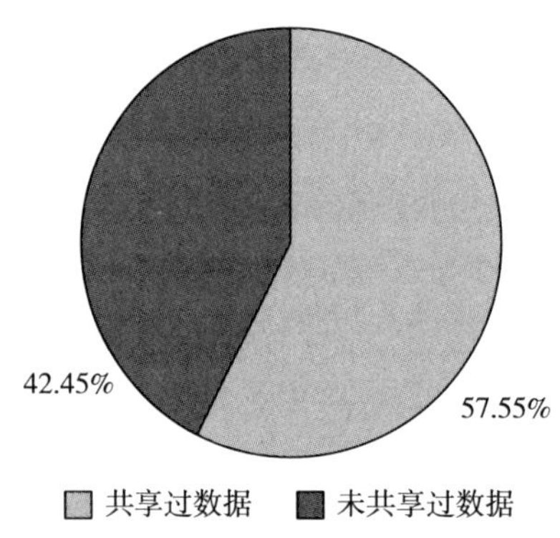

图 4-6　科学数据共享经历

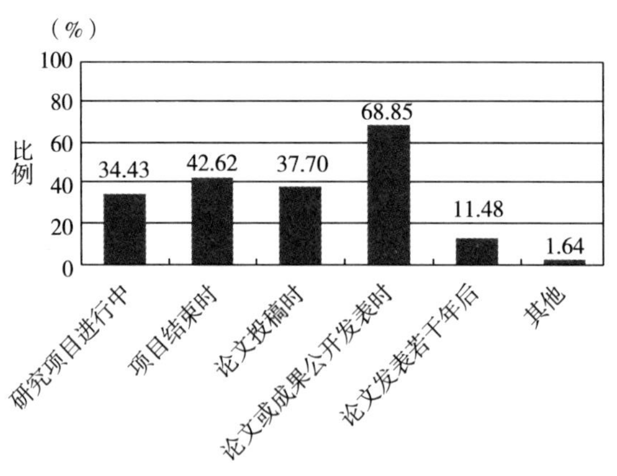

图 4-7　科学数据共享时间

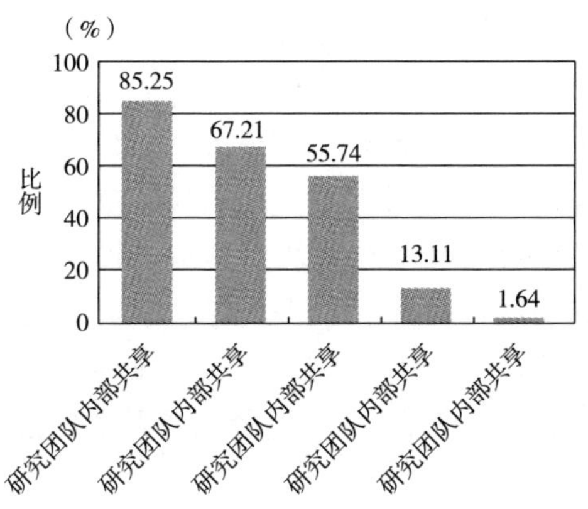

图 4-8　科学数据共享范围

由图 4-9 可以看出，通常在研究项目进行时，大部分受访者选择在研究团队内部共享科学数据（45.45%）交流研究工作，在同行或熟人之间共享科学数据的比例较少（18.18%），选择完全开放共享科学数据的仅有 2 人（4.55%）。项目结束时，研究团队内部共享比例下降（36.23%），同行或熟人之间共享比例上升（26.09%）。到论文投稿时，在同行或熟人之间共享的比例略有增加（30.19%）。科研合作者间共享的比例基本维持在 30%左右。整体来看，完全开放共享科学数据频率较低，常常发生在论文或成果公开发表（35.71%）和研究项目结束时（21.43%）。

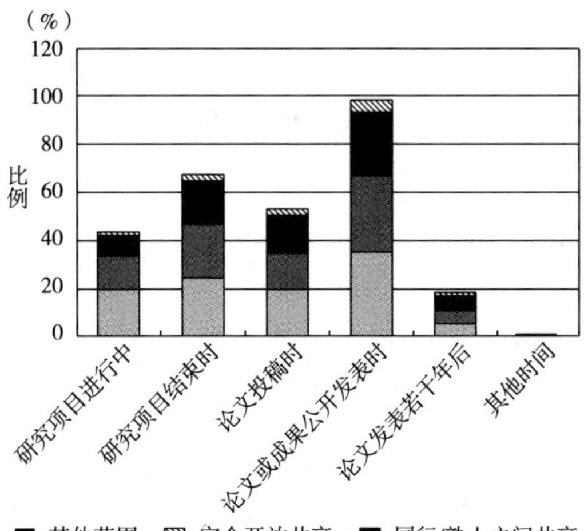

图 4-9　科学数据共享时间与共享范围

（四）中国科研人员的数据共享方式及频率

由图 4-10 可以看出，发表数据论文（经常及以上占 23.58%）、上传到科学数据共享平台（经常及以上占 17.92%）和提交论文补充材料（经常及以上占 16.98%）是受访者最常选用的科学数据共享方式。上传至公共网络空间方式频率次之（经常及以上占 12.26%）。个人通信方式是科研人员之间共享和获取科学数据时最少选用的方式。这可能是由于科学数据与科研成果、个人职业利益关系密切，或科学数据具有个人隐私、商业秘密等特殊属性，减少私人通信能够保护科学数据的隐私与安全。

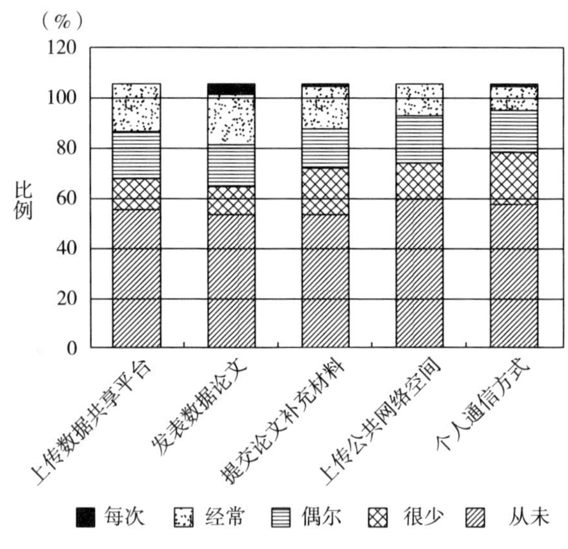

图 4-10 科学数据共享方式及频率

第三节 中国科研人员科学数据共享的认知特征

一 科学数据共享态度与科学数据共享意愿

科研人员对科学数据共享的理解程度与认知不同，对科学数据共享的可接受程度、态度存在差异。就科学数据共享态度而言（见图 4-11），绝大部分受访者支持与鼓励科学数据共享（同意及以上占 89.62%）。但提及科学数据共享意愿时（见图 4-12），三个题项同意及以上比例减少至 60%以下。

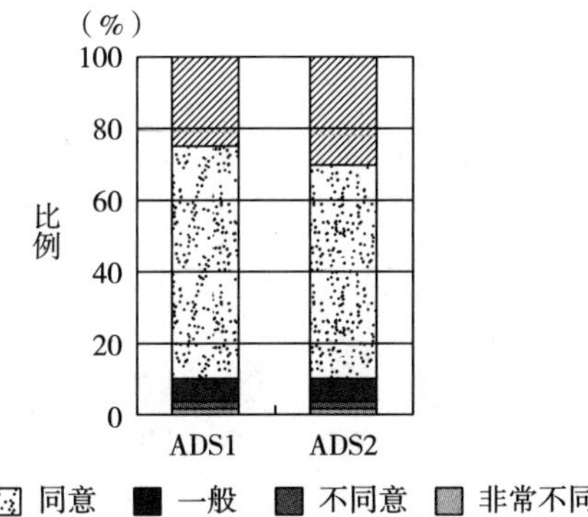

图 4-11　科研人员科学数据共享态度

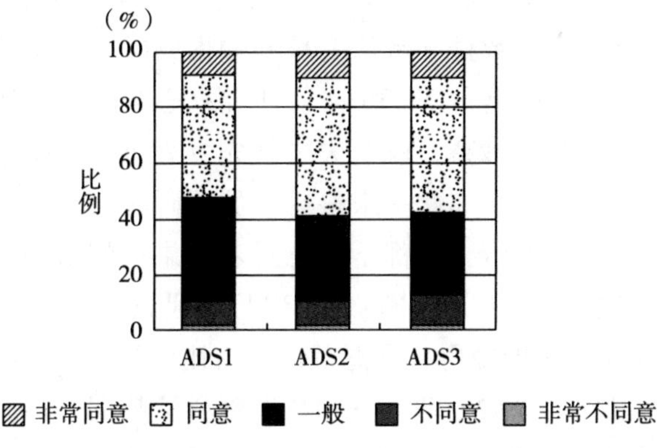

图 4-12　科研人员科学数据共享意愿

二　科学数据共享利益、共享成本与共享风险

对于共享科学数据能够带来的内外在利益的感知情况见图 4-13。获得更多的学术合作机会（PB4）、增强论文的可靠性和可信度（PB1）是最主要的科学数据共享动机（同意及以上占比分别为 89.62%、87.74%），其次是提高学术声誉、知名度或认可度（PB3）与加速科研成果的出版（PB2），同意及以上占比分别为 86.79%、80.19%。对于感知共享科学数据带来的外在性利益，如金钱报酬或物质奖励（PB5）、职业晋升机会（PB6），受访者表现出了较为消极的态度，同意及以上占比在 40%左右。由图 4-13 可以直观看出，科研人员对于科学数据共享内外部利益的感知存在一定差异。

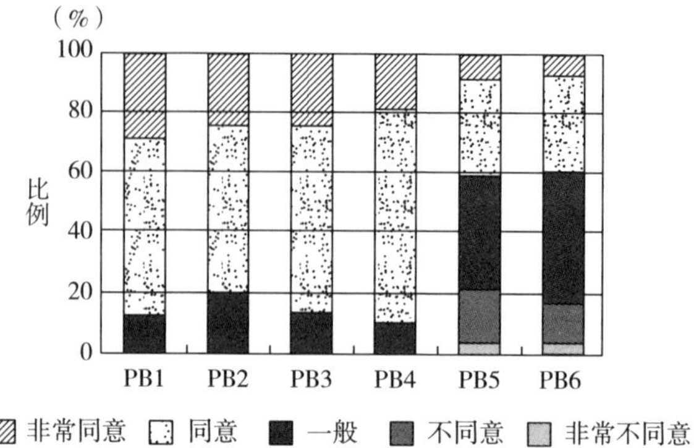

图 4-13　科研人员感知共享科学数据带来的内外部利益

科研人员感知共享科学数据所带来的风险调查结果见图 4-14。绝大部分受访者对共享科学数据导致研究核心数据或研究思路泄露问题非常担忧（PR3，同意及以上占 77.36%）。研究核心数据一旦泄露，导致研究思路或论文被复制或抄袭，就会失去优先发表机会，而论文是科研成果的重要体现方式之一，如此一来科研人员的研究工作就有可能被抄袭并抢先发表，大部分科研人员都不愿意冒着成果被剽窃的风险共享。共享科学数据导致数据被误用或篡改（PR2）、泄露个人隐私或敏感数据（PR4）也是不可忽视的障碍（同意及以上占比均为 66.98%）。对此一些受访者表示可以共享数据处理方法和非涉密科学数据。知识产权保护问题受到众多受访者的关注（PR1，同意及以上占比为 58.49%）。此外，多数受访科研工作者对自己的科学数据持有较高的自信，对科学数据质量

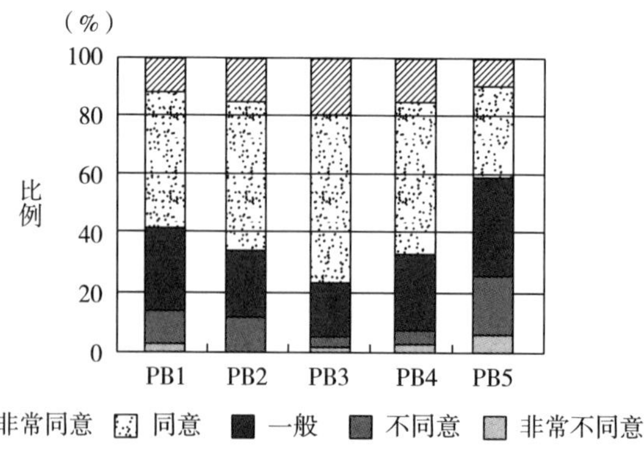

图 4-14　科研人员感知共享科学数据带来的风险

等问题导致的不良后果并不太担忧（PR5，一般及以下占比 59.43%）。

多数受访科研人员对共享数据付出的努力感知较低（见图 4-15），一般意见占比均在 50%以上。与投入的时间（PE1）和资金（PE3）相比，他们更关注共享科学数据所消耗的大量精力（PE2）。

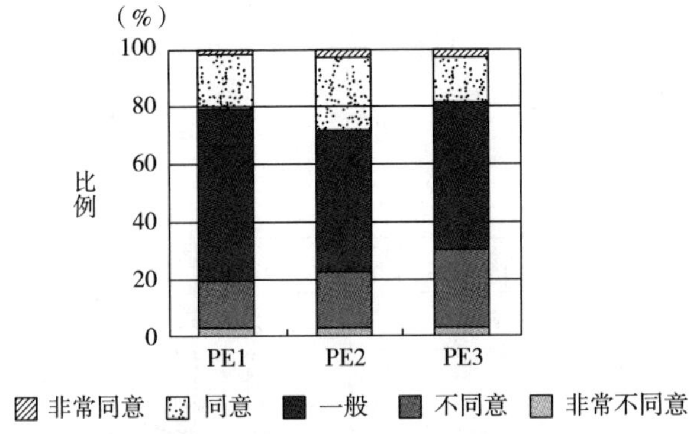

图 4-15　科研人员感知共享科学数据需要付出的努力

三　自我效能、科学数据共享资源与文化氛围

多数受访者的科学数据共享自我效能感较强，同意及以上意见占比均超过 50%（见图 4-16），比如能够辨别哪些科学数据可以开放共享、使用工具在平台共享。他们普遍认为自己拥有一定程度的专业知识、技能和资源，有信心通过共享科学数据帮助其他科研人员解决问题，促进研究领域的科研进展。

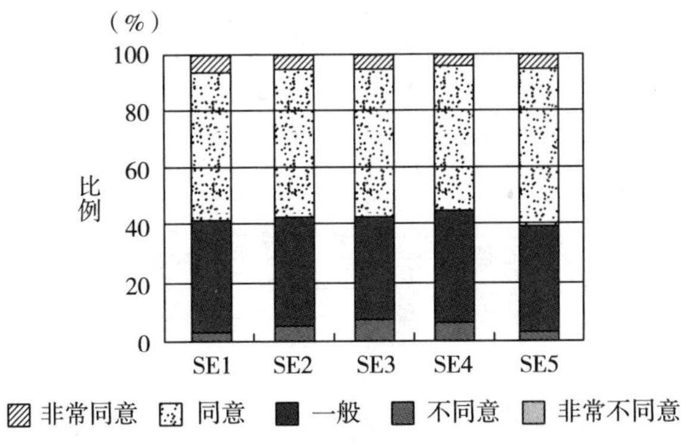

图 4-16　科研人员对共享数据自我效能的评价

对于共享科学数据所需要的平台等资源可用性（见图 4-17），很多受访者认为本学科领域的资源可用性较好（同意及以上占比均超 60%）。但还是有些受访者表达了不满，如人文与社会科学、医药科学、工程与技术科学领域科研人员不能够方便地访问本学科领域的科学数据共享平台（PRA1，非常不同意占 0.94%），这将是科学数据共享的重大障碍。部分受访者认为学科领域内没有统一的科学数据标准规范可供使用（PRA4，一般及以下占 36.79%）。

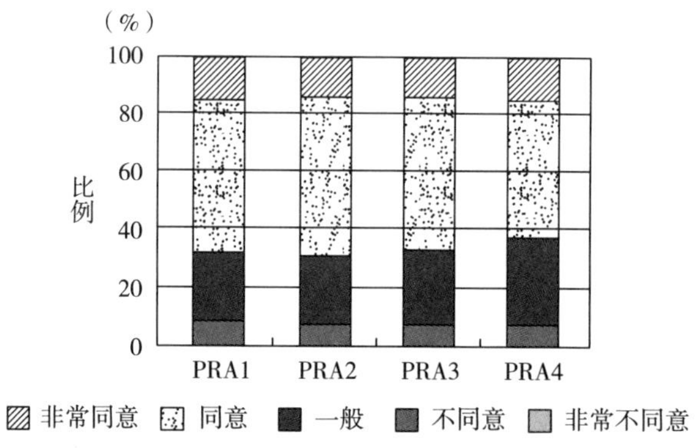

图 4-17　科研人员对科学数据共享资源可用性的感知

对于学科内科学数据共享文化氛围，多数学科领域普遍认可共享、倡导共享，共享氛围能够促使成员共享（同意及以上占比均超 65%，见图 4-18），但部分受访者认为自己学科领域并不具有共享科学数据的传统

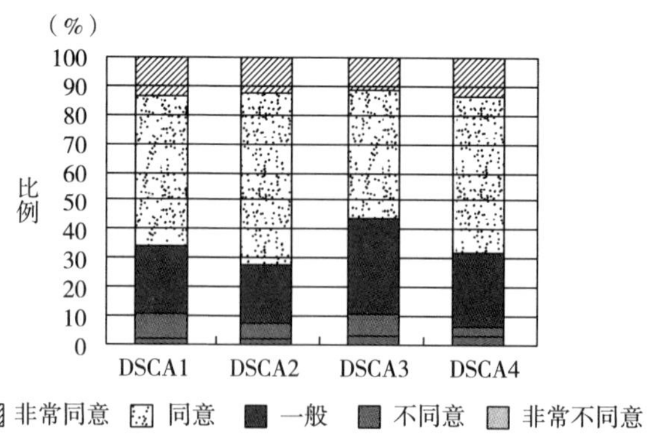

图 4-18　科研人员对科学数据共享文化氛围的评价

(DSCA3，一般及以下占43.40%)。对此一位副教授表示“若有共享的环境，不造成自己研究的损失，可以考虑（共享数据）”。以上说明学科领域内科学数据共享文化氛围没能向个体施加足够的、恰当的规范压力，推进个体共享数据的作用比较低效。

第四节　中国科研人员科学数据共享的现状总结

一　中国科研人员对科学数据共享的认知不足

通过上述分析可以发现，当前科研人员科学数据共享实践情况并不理想，科学数据共享率较低，科学数据共享认知水平有待提升。调查结果显示，多数科研人员数据依赖性和获取需求较高，普遍认可与支持科学数据共享。比如，有受访者表示数据共享“很有意义”，是“大势所趋”，应当提倡与推动数据共享。整体来看，受访科研人员共享科学数据的积极性与共享意愿均不高，拥有科学数据共享经历的比例相对来说较低。认可共享但不愿或拒绝共享的矛盾现象表明，科研人员的社会称许性反应偏差依然存在，科学数据共享认知中或许存在潜在的知识隐藏观念。此外，科研人员认为共享科学数据常常伴随着较高的风险，对共享科学数据导致数据被误用、泄露研究核心数据、失去优先发表机会等风险较为担忧，说明科研人员对科学数据共享的了解与认知不足。

二　中国科研人员科学数据共享外在性利益未得到满足

调查结果显示，科研人员对共享科学数据所带来的内外在利益的看法存在较大差异，对内部利益（如提高学术声誉、知名度等）的感知较高，对外部利益（如物质奖励等）的感知较低。调查中发现，有受访者仅支持有偿共享科学数据，或遵循自愿原则（共享科学数据）。一位中级职称受访者表示，共享科学数据需要一定的政策激励。也有受访者提议应加大对共享科学数据的资金支持、希望国家提高科研人员待遇等，以保证共享科学数据的积极性。以上表明，当前科研人员共享科学数据的外在性利益尚未得到充分满足，可能会在一定程度上约束其科学数据共享行为。

三　中国科研人员对数据共享的知识产权保护意识强烈

科研人员对于科学数据共享风险的感知中，知识产权受到广泛关注。

比如部分受访者呼吁建立科学数据共享相关产权保护制度和规范，维护科学数据共享者的知识产权和合法权益，保护科学数据共享者的原创性。调查结果显示，科学数据共享时间点集中在论文或成果公开发表时，通常以数据论文等方式共享，并且局限于研究团队内部、科研合作者间等小范围内。这是因为：一是科学数据在与之相关的论文或研究成果公开发表时共享，目的是使论文有数据支撑，增加论文可靠性，以便顺利发表，同时能够明确科学数据所有权归属；二是发表数据论文等常用共享方式也能够较好地保护科学数据共享者的知识产权；三是从研究项目开始到研究成果公开发表过程中，研究团队内部、科研合作者间需要交流研究工作，共享科学数据频繁，且在小范围内共享科学数据能够使数据可控，尽可能减少共享科学数据所带来的一系列风险。另外，完全开放共享仅在论文或成果公开发表和研究项目结束时出现几例。以上表明科研人员比较担心共享科学数据带来的数据泄露、成果被窃取等风险，知识产权保护意识强烈，这也成为科学数据共享的重要障碍之一。

四 中国的科学数据管理平台可用性不高

调查结果显示，部分科研人员认为其学科领域内科学数据管理平台等资源可用性不高，比如不能方便地访问本学科领域内的科学数据管理平台等。一些医药科学领域的受访者表示“医学数据共享非常困难”“期待有权威的科学数据共享平台”。科学数据共享平台等资源和相关技术建设不完善，共享者可能需要花费更多时间、资金与精力来准备数据共享，从而打消其共享科学数据的积极性。因此构建规范、统一、权威、可用性高的科学数据管理平台是促进科学数据共享的关键。

调查结果中，呼声最高的是尽快构建规范、权威的科学数据管理平台，并制定与完善科学数据共享制度和相关规范，能够兼顾科学数据安全与知识产权。综上所述，科研人员在进行科学数据共享决策时，态度和意愿等个人因素，感知共享科学数据利益、风险和努力等成本因素，以及共享资源与技术、共享制度与环境等客观条件都会纳入考虑范围。在以往研究结论不一致的情况下，这些因素或条件客观上是否影响、如何影响科研人员的科学数据共享决策问题值得探讨，在这些因素或条件作用下的科学数据共享行为产生机理以及当前科学数据共享实践现状下促进数据共享的解决方案也需要进一步研究。

第五章　科研人员的科学数据共享行为产生机理分析

第一节　研究方法选取

共享科学数据得到认可但得不到践行，在以往研究结论不一致情况下，亟待全面、系统地分析研究科研人员的科学数据共享行为产生机理。考虑到科研人员的科学数据共享行为受个人、成本与回报、资源与制度等复杂影响，本章节综合前述分析提出相关研究假设，构建科研人员的科学数据共享行为产生机理研究模型，采用元分析与元分析结构方程模型方法对以往研究进行系统分析，明确科研人员的科学数据共享行为产生机理。

一　元分析方法

元分析（Meta-Analysis）是在 Pearson 合并相关系数的基础上提出的[①]，它萌芽于 Fisher 等提出的“合并 P 值”思想[②]。美国心理学家 Glass 在 1976 年，将元分析定义为“分析的分析”，具体是指对那些研究目的相同但是却彼此相互独立的多个研究的结果开展定量综合分析的方法[③]。定量综合分析是指借助一系列系统性、逻辑性的统计分析方法对之前的研究进行量化分析，并对研究结果计算合并效应值（Effect Size，ES），

---

① Pearson, Karl, “Report on certain enteric fever inoculation statistics”, *British Medical Journal*, Vol. 3, 1904, pp. 1243-1246.

② Fisher, Aylmer Ronald, *Statistical methods for research workers*, 5th ed., Springer-Verlag New York, Inc., 1934, pp. 112-197.

③ Glass, V. Gene, “Primary, secondary, and meta-analysis of research”, *Educational Researcher*, Vol. 5, No. 10, 1976, pp. 3-8.

目的在于得到更为普遍性的结论。在整合各项一手研究统计数据的基础上，元分析方法可以有效地降低单项研究中存在的抽样误差（抽样误差是因为样本量太小而造成的），从而提升研究结论的可信性，对存有争议的研究问题提供更为科学、客观的结论。它还可以检验不同研究间的异质性，发现其中可能存在的调节效应。另外，元分析方法有助于辨识出当前研究存在的不足之处，为未来研究提供建议。

针对以往科学数据共享行为产生机理研究结论不一致的情况，本章节试图整合相关研究的统计数据，明确不同因素或条件对科学数据共享行为产生的作用机理，有鉴于此，元分析方法对于本章节的研究具有良好的适用性。

二　元分析结构方程模型方法

结构方程模型（Structural Equation Modeling，SEM）是指通过变量的协方差矩阵分析变量间关系的统计分析方法，因此也叫作结构方程分析或协方差结构模型。SEM 针对传统方法缺陷进行优化，在考虑各变量自身测量误差的基础上实现多因变量同时处理，并计算总效应、直接和间接效应，是行为研究领域中多元统计分析不可或缺的工具[①]。由于间接效应（Indirect Effect）包含中介效应，当仅存在一个中介变量时，中介效应等于间接效应，这意味着该中介效应等于检测到的间接效应，因此可用 SEM 来分析中介效应[②]。

元分析结构方程模型（Meta－Analytic Structural Equation Modeling，MASEM）是指将结构方程模型拟合到元分析数据中[③]。它可以对几项独立研究中的研究变量之间的平均相关性进行结构方程分析，以评估路径模型或因子分析模型。本章节的研究基于对一手研究统计数据的统计分析，试图明确科学数据共享行为产生机理，涉及中介效应与机制的检验，鉴于此，MASEM 方法对于本章节的研究具有良好的适用性。

---

① 侯杰泰、温忠麟、成子娟：《结构方程模型及其应用》，教育科学出版社 2004 年版，第 12—22 页。

② 温忠麟、张雷、侯杰泰等：《中介效应检验程序及其应用》，《心理学报》2004 年第 5 期。

③ Jak，Suzanne，Hongli Li，Laura Kolbe，et al.，"Meta-Analytic Structural Equation Modeling made easy：A tutorial and web application for one-stage MASEM"，*Research Synthesis Methods*，Vol. 12，No. 5，2021，pp. 590-606.

第二节　研究假设与模型构建

一　科研人员科学数据共享行为产生机理研究假设

根据研究目的，综合理论基础、文献梳理和问卷调查结果选取所需研究变量，提出研究假设。

（一）科学数据共享态度、意愿和行为

科学数据共享态度是指对共享科学数据行为所持的积极或消极程度，是科研人员基于自身经验、认知、观念和所掌握的科学数据共享知识、能力所形成的正面或负面的评价。共享科学数据的意愿是指科研人员进行科学数据共享主观上存在的可能性。TPB 理论中，行为态度可以影响行为意愿，对科学数据共享的积极态度能够改变科学数据共享意愿。因此提出如下假设：

H1a：科学数据共享态度对科学数据共享意愿有正向作用。

科学数据共享行为是指通过科学数据共享平台、公共网络空间、提交论文补充材料等方式将支撑其研究的科学数据公开提供给社会公众和其他人员使用。数据共享意愿反映的是科研人员共享科学数据的可能性程度。根据 TPB 理论，行为意愿可以解释和预测个体实际行为。科研人员共享科学数据的意愿越强，越有助于促进其实际科学数据共享行为。因此提出如下假设：

H1b：科学数据共享意愿对科学数据共享行为的产生有正向作用。

部分学者研究发现，科学数据共享态度直接影响科学数据共享行为，而非通过意愿传导①。行为态度被证实在知识共享、在线学习、创新创业等领域对行为有显著的影响作用。作为一种心理倾向，态度在某种程度上影响着行为，但科学数据共享态度是否通过科学共享意愿对共享行为施加影响还不清晰。综合上述分析，提出如下假设：

H1c：科学数据共享态度对科学数据共享行为的产生有正向作用。

H1d：科学数据共享意愿在科学数据共享态度对科学数据共享行为的

---

① Kim, Youngseek and C. Sean Burns, "Norms of data sharing in biological sciences: The roles of metadata, data repository, and journal and funding requirements", *Journal of Information Science*, Vol. 42, No. 2, 2016, pp. 230-245.

影响中起中介作用。

（二）主观规范与科学数据共享态度、意愿和行为

主观规范通常是指感知到的来自周围社会期望所引起的社会义务和社会性压力，比如重要他人、重要团体、学术社区等对科研人员应该共享原始数据的压力。

根据 NIT 理论，一些价值观和规范只适用于特定类型的行为者或职位而不是集体全部成员，从这些特定行为者或职位衍生出“角色”，即对特定个人或特定社会地位的合理目标和活动的信念。这些信念并不是简单的预期或预测，而是关于行为者应该如何行事的解决方案，即规范性期望。在特定情境中，期望被焦点行为者体验为外部压力，同时在不同程度上，这种压力也被行为者内化了。可见，规范性压力通过社会期望所引起的社会性压力对行为者的行为施加影响。一般亲属团队、社会阶层、宗教系统、社区和志愿协会等更有可能存在共同的信仰和价值观，因此其成员更有可能受到规范性支柱压力。该种压力下，行为者面临的核心问题不是“符合自身利益最大化的选择是什么”，而是“考虑实际情况和自身角色后我应该采取什么样的行为”。另外，个体处于一定社会与组织环境中，对周围环境、他人活动的感知和模仿能够改变认知，从而内化成自身的行为①。

综上，规范性支柱和文化—认知支柱能够为科研人员提供科学数据共享行为压力与约束，这种压力所形成的科学数据共享文化氛围可促使其对科学数据共享抱有积极看法，提高科学数据共享意愿，进而共享自己的原始数据。因此结合问卷调查结果，提出如下假设：

H2a：主观规范对科学数据共享态度有正向作用；

H2b：主观规范对科学数据共享意愿有正向作用；

H2c：主观规范对科学数据共享行为的产生有正向作用；

有研究发现，主观规范对科学共享意愿产生的影响部分通过态度实现②，但以往研究对其他主观规范相关中介效应研究较少。因此结合 NIT 理论和前述假设，提出如下假设：

---

① Scott, W. Richard, *Institutions and organizations: Ideas, interests and identities*, 4th ed. SAGE Publications, Inc., 2014, pp. 55-86.

② 余玲：《科研人员科学数据共享意愿的影响因素研究》，硕士学位论文，南华大学，2016年，第17—48页。

H2d：科学数据共享意愿在主观规范对科学数据共享行为的影响中起中介作用；

H2e：科学数据共享态度在主观规范对科学数据共享意愿的影响中起中介作用；

H2f：科学数据共享态度在主观规范对科学数据共享行为的影响中起中介作用。

（三）共享成本与科学数据共享态度

感知利益指科研人员认为共享科学数据能带给自己的内外在利益，如增加学术认可度与提升学术影响力、获得声誉、学术合作机会等内在性利益，以及奖金或物质奖励、晋升机会等外在性奖励。该变量源于TAM中的感知有用性，在这里是指科研人员对科学数据共享的价值和有用程度的感知，感知利益越高，共享态度越积极。因此提出如下假设：

H3a：感知利益对科学数据共享态度有正向作用。

感知风险是指科研人员所认为的科学数据共享有可能会带来的不良后果，具体包括科学数据的错用或科学数据的误用、科学数据被篡改或剽窃、科学数据被泄露等，而导致科研人员丧失优先发表机会、影响学术声誉等。根据问卷调查结果，受访者认为共享数据往往伴随着知识产权和自身合法权益受到侵害，因此倾向于保留科学数据。即感知风险越大，共享态度越不好。因此提出如下假设：

H3b：感知风险对科学数据共享态度有负向作用。

感知努力源于TAM理论的感知易用性，是指科研人员对共享科学数据所需付出努力的感知，包括时间、精力和资金等。科研人员认为共享科学数据的难度越大，缺乏充足的时间、资金与精力支持，或者需要耗费自己的时间、精力和资金，也即感知共享科学数据所付出的努力和消耗的成本越高，其共享态度往往也越消极。因此，提出如下假设：

H3c：感知努力对科学数据共享态度有负向作用。

（四）自我效能与科学数据共享意愿

自我效能源于TPB理论中的感知行为控制和Bandura的自我效能感，在本章节中是指科研人员对共享科学数据具备的数据素养、胜任能力并取得预期结果的感知，是其在内部参照一定标准对自己能力和效能的判断，这种判断能在很大程度上影响个体的行为决策。若科研人员认为凭借自己的能力能够共享科学数据并达到预期效果，那么他共享科学数据的可能性就越大。基于此，提出如下假设：

H4：自我效能对科学数据共享意愿有正向作用。

(五) 资源、制度等客观条件与科学数据共享行为

感知资源可用性源于 TPB 理论中的感知行为控制，是指科研人员所认为的科学数据共享的难易程度，具体表现为进行数据共享所需要的诸如科学数据管理平台的可用性和易用性程度。由调查结果可知，科学数据共享平台与统一数据标准规范的可用性会影响科研人员的科学数据共享行为，资源可用性越高越能够促使科研人员共享科学数据。因此，提出如下假设：

H5a：感知资源可用性对科学数据共享行为的产生有正向作用。

期刊压力是指来自期刊出版商的监管压力，如制定科学数据共享政策要求投稿者共享原始数据等。科学研究成果往往以期刊论文的形式公开发表，因此，在决定是否投稿时科研人员必须考虑期刊出版商关于共享科学数据的政策规定，此时期刊政策便向科研人员施加共享科学数据的压力与约束。基于 NIT 理论，科研人员具有研究论文顺利发表的目标，无论是严格的强制共享，还是鼓励共享，都能够促进其实际的科学数据共享行为。因此提出如下假设：

H5b：期刊压力对科学数据共享行为的产生有正向作用。

资助机构压力是指资助机构制定的科学数据共享相关政策压力，如规定若科研人员拒绝共享原始数据就不提供资助。一般资助机构都具有科学数据共享和管理政策，要求资助申请者必须遵守，鼓励科研人员尽可能及时、准确、减少限制地公开自己的科学数据，或强制提交科学数据集。基于 NIT 理论，为获取研究资助，科研人员往往会遵循资助机构的科学数据共享相关政策共享自己的原始数据。因此提出如下假设：

H5c：资助机构压力对科学数据共享行为的产生有正向作用。

二 科研人员科学数据共享行为产生机理模型构建

综上，从个体、成本、资源与制度等主客观条件出发，共设计 17 个研究假设，将研究假设汇总如表 5-1 所示。

表 5-1 科学数据共享研究假设汇总

假设	假设内容
H1a	科学数据共享态度对科学数据共享意愿有正向作用
H1b	科学数据共享意愿对科学数据共享行为的产生有正向作用

续表

假设	假设内容
H1c	科学数据共享态度对科学数据共享行为的产生有正向作用
H1d	科学数据共享意愿在科学数据共享态度对科学数据共享行为的影响中起中介作用
H2a	主观规范对科学数据共享态度有正向作用
H2b	主观规范对科学数据共享意愿有正向作用
H2c	主观规范对科学数据共享行为的产生有正向作用
H2d	科学数据共享意愿在主观规范对科学数据共享行为的影响中起中介作用
H2e	科学数据共享态度在主观规范对科学数据共享意愿的影响中起中介作用
H2f	科学数据共享态度在主观规范对科学数据共享行为的影响中起中介作用
H3a	感知利益对科学数据共享态度有正向作用
H3b	感知风险对科学数据共享态度有负向作用
H3c	感知努力对科学数据共享态度有负向作用
H4	自我效能对科学数据共享意愿有正向作用
H5a	感知资源可用性对科学数据共享行为的产生有正向作用
H5b	期刊压力对科学数据共享行为的产生有正向作用
H5c	资助机构压力对科学数据共享行为的产生有正向作用

根据上述研究假设构建科研人员的科学数据共享行为产生机理研究模型，如图 5-1 所示。

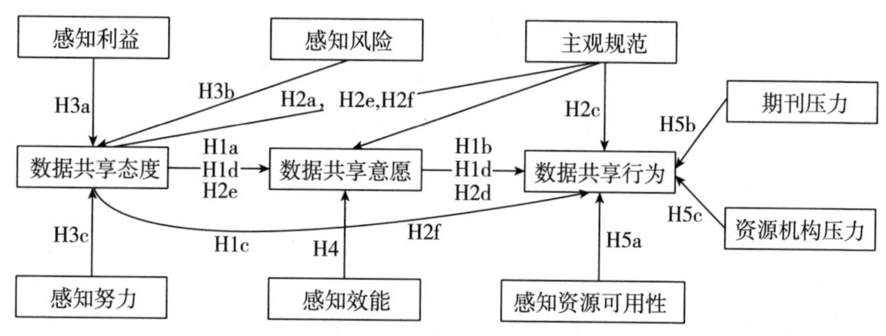

图 5-1　科研人员科学数据共享行为产生机理研究模型

第三节 样本选择与数据来源

以科研人员科学数据共享行为第一手研究文献为研究样本，以其中的统计数据作为数据来源（第二手数据）。为尽可能将所有符合条件的样本纳入研究，全面检索以往研究文献，并制定规范的检索策略、严格的文献纳入与排除标准以及数据编码标准。不因研究质量问题剔除某一研究，以减少偏误。

一 样本检索与筛选

采用以下四种检索方式，尽可能将所有符合条件的一手研究样本纳入本书中：一是在中国知网、万方和维普中，以“科学数据”“科研数据”“研究数据”和“共享”“开放”，并且包含“意愿”“实践”“行为”“影响因素”“驱动因素”“障碍”“困境”“动力”“动机”“机理”“机制”“激励”等为主题词进行组合检索；二是在 Web of Science、Google Scholar 中，以“scientific data”“research data”与“sharing”“open”，并且包含“willing*”“intention*”“practice*”“behavior*”“influencing factor*”“driving factor*”“barrier*”“obstacle*”“dilemma*”“power*”“motivation*”“mechanism*”“incentive*”等为主题词进行组合检索；三是对重要文献的参考文献进行系统梳理，目的是查漏补缺；四是人工挑选出那些没有出现在搜索结果和参考文献中，但是已知的有关实证研究的论文。于 2020 年 11 月进行初次检索，2021 年 7 月进行二次更新，共得到 2274 篇中英文文献，涵盖了期刊、会议与学位论文，最早发表时间为 1982 年。

样本纳入标准为：一是科学数据共享行为产生机理相关第一手实证研究，且研究对象为科研人员；二是包含样本量和相关系数、路径系数或其他能转化成效应值的数据信息；三是研究样本相互独立，同一文献中的多个独立样本视作不同样本纳入研究；不同类型文献（如期刊论文与学位论文）中的重复研究样本仅纳入学位论文，同类型文献重复样本选择发表日期最新的，以获取更多信息。排除标准为：一是非实证研究；二是研究对象不是科研人员；三是概念定义与测量方式描述模糊不清；四是数据不完整。按照上述标准严格筛选后共得到 26 篇文献。

二　数据提取与编码

数据提取与编码对象包括文献特征和研究结果数据，前者包括作者、年份、来源、研究对象特征等。后者包括文献样本量、效应值类型与个数等。为评估纳入第一手研究测量工具的质量，对其信度检验值 Cronbach's α 进行统计编码。

由于作者的研究背景不同、研究的理论基础和测量变量的具体方式存在差异，导致不同研究中对有关概念的界定和测量方法也存在不同。因此，不能因为概念名称相同而直接将其归为同一变量，也不能因为概念名称不同而直接将其归为不同变量，而要对各概念的定义和测量方式、作者的研究意图进行深入审查。当两个概念在本质上属于同一概念时，即定义和测量方式都相同或相似，将其归为同一概念，否则列为不同概念。项目组两位成员在遵循以上原则的基础上，独立审查并交叉复查，之后共同协商确定存有异议的变量。

本书选取 r（相关系数）作为效应值对纳入第一手实证的研究文献进行了提取和编码。在编码时，将科学数据共享（开放）态度、科学数据共享（开放）意愿及科学数据共享（开放）行为的效应值作为结果变量进行提取。如果同一独立研究同时提供了相关系数 r 与 β 系数，则选择 r 作为效应值。对少数一些没有提供 r 但是却提供 β 系数的研究，采用 Peterson 与 Brown（2005）所提出的转换公式（$r=\beta+0.05\lambda$）对 β 系数进行转换处理，即当 β 非负时，λ 为 1，$r=\beta+0.05$；否则 λ 为 0，r 与 β 相等[①]。这样可以纳入更多的一手研究来增加效应值数量，从而减少抽样误差，得到更准确的总体效应值估计值。因为本书运用 MASEM 方法，需要尽可能地将相关变量的所有系数纳入相关系数矩阵，因此编码时不再局限于原作者的假设。进行编码后，共获得了 26 个独立样本、197 个效应值，根据效应值合并的数量至少为 3 个的要求[②]，结合研究假设，筛选后最终纳入元分析的有 17 项一手研究、86 个效应值，样本量共计 8103 个。编码结果如表 5-2 所示，表 5-3 罗列出了符合条件的变量情况。

由表 5-2 可以发现，纳入元分析的研究论文（包括期刊论文和学位

---

① Peterson, Robert A. and Steven P. Brown, "On the use of beta coefficients in meta-analysis", *Journal of Applied Psychology*, Vol. 90, No. 1, 2005, pp. 175-181.

② 王建亚、牛晓蓉、万莉：《基于元分析的在线学习用户使用行为研究》，《现代情报》2020 年第 1 期。

论文)，发表的时间均是近 10 年内。研究的对象多分布在中国、美国等国家，所属学科涵盖理、工、农、医、文五大门类。研究的样本量介于 151—1317，样本量差距较大。绝大多数的研究采用的是 Cronbach's α 系数来检验量表的信度，检验结果表明量表整体信度较高，质量风险较低，可以开展下一步研究。

表 5-2　相关变量缩写及定义

变量	缩写	定义
数据共享行为	DSB	通过数据共享平台、公共网络空间、提交论文补充材料等方式将支撑其研究结论的科学数据公开提供给社会公众和其他科研人员使用
数据共享态度	ADS	对共享科学数据行为所持的积极或消极、正面或负面评价，以及支持或反对的程度
数据共享意愿	DSI	将科学数据进行开放共享的主观可能性和强烈程度
主观规范	SN	感知到的来自重要他人、团体、学术社区等对其应该共享原始数据的社会期望与压力
感知利益	PB	对共享科学数据获得内外部利益的感知，包括增加学术影响力、获得学术认可、声誉与奖金等
感知风险	PR	对共享科学数据可能造成不良后果的感知，包括数据被误用或剽窃导致丧失优先出版机会、泄露研究核心数据或隐私、影响学术声誉等
感知努力	PE	对共享科学数据所需付出努力的感知，包括时间、精力和资金等
自我效能	SE	对共享科学数据所具备数据素养、胜任能力并取得预期结果的感知
感知资源可用性	PRA	对共享科学数据难易程度的感知，反映对执行该行为所需各种资源，如数据共享平台、数据标准可用性和实用性的感知
期刊压力	PJ	来自期刊出版商的监管压力，如制定政策要求作者共享原始数据等
资助机构压力	PFA	来自资助机构的监管压力，如制定科学数据共享政策，要求获资助研究项目共享科学数据等

表 5-3　纳入研究编码结果

序号	作者	年份	文献来源	研究对象所属学科	研究对象国别	样本量（份）	效应值类型	纳入效应值个数	Cronbach's α
1	张晋朝	2013	《情报理论与实践》	未说明	中国	151	r	4	1.752—0.966
2	Kim 等	2015a	*Library & Information Science Research*	STEM	美国	1298	r	9	0.85—0.98
3	Kim 等	2015b	*International Journal of Information Management*	社会科学	美国	361	r	9	0.81—0.93
4	Kim 等	2015c	*Journal of Scholarly Publishing*	健康科学	美国	207	r	9	0.86—0.94
5	孙晓燕	2016	《情报学报》	社会科学	中国	481	r	7	0.82—0.89
6	Kim 等	2016a	*Journal of the Association for Information Science and Technology*	多学科	美国	1317	β	4	0.867—0.948
7	Kim 等	2016b	*Journal of Information Science*	生物科学	美国	608	r	6	0.82—0.93
8	余玲	2016	《南华大学》	多学科	中国	248	r	5	0.708—0.905
9	Kim 等	2018	*Online Information Review*	多学科	未说明	201	r	10	0.81—0.97
10	Zenk-Möltgen 等	2018	*Journal of Documentation*	人文社科	美国等	446	r	1	—
11	闫珂珂	2018	《北京邮电大学》	多学科	中国	308	β	1	0.777—0.941
12	包秦雯等	2019	《情报理论与实践》	地球科学	中国	314	r、β	7	—
13	刘嫣	2019	《南京航空航天大学》	多学科	中国	424	r	1	0.843—0.942
14	濮静蓉	2019	《江苏大学》	多学科	中国	492	r	7	0.538—0.841
15	Yoon 等	2020	*The Electronic Library*	生物学	美国	476	r	1	0.79—0.94
16	毕达天等	2020	《情报资料工作》	人文社科	中国	335	r	4	0.867—0.941
17	张海等	2020	《新世纪图书馆》	未说明	中国	436	r	1	0.761—0.876

注：年份后加标字母（如 a，b，c 等）用于区分同一年份相同第一作者的不同文献。

第四节　数据分析与实证检验

依据规范的元分析方法流程整合纳入研究的统计数据，采用 CMA 2.0 软件进行统计分析。首先进行异质性检验选取计算模型来计算合并效应值，采用敏感性和出版偏倚分析检验研究结果的稳健性和质量。其次遵循和采用 Jak 和 Cheung 等学者创建、开发的方法学即单阶段 MASEM（one-stage MASEM）与工具 webMASEM① 来验证本书的中介效应假设。再次选择亚组分析方法检验学科与国别因素的调节效应，以探究可能的异质性来源。最后讨论与分析研究结果。

一　效应值计算与检验

（一）效应值统计模型选择

合并效应值前需要选择效应值统计模型，包括固定效应模型和随机效应模型。纳入研究样本效应值间的异质性会影响计算模型的选择。当效应值同质时，即样本效应值异质性检验不显著时，可以认为差异主要是因为研究内的抽样误差造成或引起的，此时可以采用固定效应模型对误差进行校正；相反，如果效应值的异质性显著，则认为差异是因为研究内的抽样误差和各研究间的变异共同造成或引起的，此时可以采用随机效应模型来进行统计。②

考虑到纳入研究的样本量存在较大的差异，研究间存在异质性的可能性存在，因此本书采用了 Q 值检验法和 I^2 异质性评估方法。将 Q 统计量作为基础的卡方统计量服从自由度为 K-1（K 为效应值数量）的卡方分布，项目假设所有效应值均出自同一总体，统计结果显著说明拒绝同质性假设，效应值呈现出异质性分布。以 25%、50%、75% 为界限对 I^2 进行判断，$I^2>75\%$表明研究之间存在较高的不能够被忽视的异质性。

异质性检验结果如表 5-4 所示。DSI-DSB 和 PE-ADS 的异质性较低，

---

① Jak, Suzanne, Hongli Li, Laura Kolbe, et al.,"Meta-Analytic Structural Equation Modeling made easy: A tutorial and web application for one-stage MASEM", *Research Synthesis Methods*, Vol. 12, No. 5, 2021, pp. 590-606.

② 王拥军、俞国良：《Hunter-Schmidt 元分析范式：特征和应用》，《心理科学》2010 年第 2 期。

因为其 Q 检验不显著（P>0.05），I^2 也低于 50%，因此选择固定效应模型。其他的 Q 检验结果均显著（P<0.05），I^2 显示出多数研究的效应值异质性较高，少数研究的效应值异质性中等，故而使用随机效应模型更恰当。

表 5-4　　　　异质性检验结果

结果	K	N	Q	df	I^2（%）	采用模型
ADS-DSI	8	2617	80.951***	7	91.353	随机
DSI-DSB	2	536	0.240	1	0.000	固定
ADS-DSB	8	3805	21.156**	7	66.912	随机
SN-ADS	9	3880	63.577***	8	87.417	随机
SN-DSI	6	1992	72.792***	5	93.131	随机
SN-DSB	7	4306	14.274*	6	57.966	随机
PB-ADS	8	3602	46.976***	7	85.099	随机
PR-ADS	8	3689	260.965***	7	97.318	随机
PE-ADS	7	3354	11.318	6	46.986	固定
SE-DSI	3	891	10.032**	2	80.063	随机
PRA-DSB	8	4787	102.877***	7	93.196	随机
PJ-DSB	6	4272	28.298***	5	82.331	随机
PFA-DSB	6	4272	78.559***	5	93.635	随机

注：K 为效应值个数，N 为研究样本量；* 表示 p<0.05，** 表示 p<0.01，*** 表示 p<0.001（双尾）；95%CI 指效应值的 95%置信区间；DSI-DSB 效应值数量<3，由于同为结果变量的特殊性，此处保留两变量间的相关系数（下同）。

（二）主效应计算

计算合并效应值时，选择报告平均效应值 r 作为主效应（这个 r 是采用各研究样本量进行加权计算出来的），以使研究结果更加精确。对相关系数 r 进行 Fisher's Z 转换，避免当 r 值较大时出现非正态抽样分布①。首先将 r 值转换为 Fisher's Z 分数，计算出加权平均 Z 分数 Z. 和 95%CI 之后再转换回来，由此得到加权平均效应值 r. 及 95%CI。

① Cooper, Harris, *Research synthesis and meta-analysis: A step-by-step approach*, Thousand Oaks, SAGE Publications, Inc., 2017, pp. 216-235.

主效应计算结果见表 5-5。根据 Funder 等（2019）提出的效应值大小来判断各因素与结果变量之间相关关系的强弱，判断标准为：| r. | ≥0. 30 为强相关，| r. | ≥0. 20 为中等相关，| r. | ≥0. 10 为弱相关。[①]

表 5-5　　　　主效应计算结果

结果	K	N	模型	r.	95%CI	Z	强弱分类
ADS-DSI	8	2617	随机	0. 575	（0. 480，0. 658）	9. 675***	强
DSI-DSB	2	536	固定	0. 448	（0. 378，0. 514）	11. 108***	强
ADS-DSB	8	3805	随机	0. 312	（0. 258，0. 364）	10. 694***	强
SN-ADS	9	3880	随机	0. 422	（0. 341，0. 496）	9. 334***	强
SN-DSI	6	1992	随机	0. 500	（0. 360，0. 618）	6. 253***	强
SN-DSB	7	4306	随机	0. 314	（0. 268，0. 359）	12. 564***	强
PB-ADS	8	3602	随机	0. 449	（0. 374，0. 518）	10. 51***	强
PR-ADS	8	3689	随机	-0. 248	（-0. 430，-0. 047）	-2. 409*	中
PE-ADS	7	3354	固定	-0. 283	（-0. 314，-0. 251）	-16. 784***	中
SE-DSI	3	891	随机	0. 362	（0. 217，0. 491）	4. 684***	强
PRA-DSB	8	4787	随机	0. 235	（0. 124，0. 340）	4. 094***	中
PJ-DSB	6	4272	随机	0. 278	（0. 207，0. 347）	7. 352***	中
PFA-DSB	6	4272	随机	0. 219	（0. 097，0. 334）	3. 477***	中

注：r. 指加权平均效应值。

由表 5-5 可知，科学数据共享态度、科学数据共享意愿和科学数据共享行为之间的关系均显著（P<0. 001）。ADS-DSI 的合并效应值最大（r. =0. 575），DSI-DSB 的合并效应值次之（r. =0. 448），ADS-DSB 合并效应值最小（r. =0. 312），均为显著强相关。

SN 与三个结果变量均显著正相关（P<0. 001），这与多数研究成果的研究结论一致。相对于结果变量 DSB 与 ADS，SN 对 DSI 的影响最大（r. =0. 500），且均为显著强相关。

PB、PR 与 PE 因素均与 ADS 显著相关（P<0. 001），PB 与 ADS 显著

① Funder, David C. and Daniel J. Ozer, "Evaluating effect size in psychological research: Sense and nonsense", *Advances in Methods and Practices in Psychological Science*, Vol. 2, No. 2, 2019, pp. 156-168.

正相关，合并效应值最大（r. =0.449）；PR、PE 因素与 ADS 相关性中等（PR-ADS：r. =-0.248；PE-ADS：r. =-0.283）。

SE 与 DSI 显著正相关（P<0.001），合并效应值 r. =0.362，关系强弱分类为强。

PRA、PJ 和 PFA 均与 DSB 显著正相关（P<0.01），相关性中等。其中 PJ 对 DSB 的合并效应值最大（r. =0.278），PRA 次之（r. =0.235），PFA 对 DSB 的合并效应值在所有结果中最小（r. =0.219）。

（三）研究结果检验

本书通过敏感性分析、出版偏倚分析检验元分析研究结果的稳健性、质量和出版偏倚风险。

1. 敏感性分析

敏感性分析主要用来明确研究特征等因素与数据分析结果之间的关系，揭示不同情况下的元分析结果的稳健程度，评价元分析结果的质量和可信度。本书通过逐篇移除文献与移除异常值两种方法来检验结果的敏感性。异常值指的是效应值置信区间未与加权平均效应值 r. 的置信区间重叠的无效研究①。

表 5-6　　敏感性检验结果

结果	K	逐篇移除文献		移除异常值
		效应值范围	P 值范围	
ADS-DSI	8	（0.543，0.602）	<0.001	无异常值
DSI-DSB	2	（0.435，0.470）	<0.001	无异常值
ADS-DSB	8	（0.296，0.324）	<0.001	无异常值
SN-ADS	9	（0.404，0.447）	<0.001	无异常值
SN-DSI	6	（0.454，0.540）	<0.001	无异常值
SN-DSB	7	（0.304，0.334）	<0.001	无异常值
PB-ADS	8	（0.430，0.475）	<0.001	无异常值
PR-ADS	8	（-0.351，-0.222）	—	无异常值
PE-ADS	7	（-0.295，-0.252）	<0.001	无异常值

① 任志洪、赵春晓、田凡等：《中国人心理健康素养干预效果的元分析》，《心理学报》2020 年第 4 期。

续表

结果	K	逐篇移除文献		移除异常值
		效应值范围	P 值范围	
SE-DSI	3	(0.296, 0.422)	<0.01	无异常值
PRA-DSB	8	(0.207, 0.259)	<0.001	无异常值
PJ-DSB	6	(0.263, 0.299)	<0.001	无异常值
PFA-DSB	6	(0.204, 0.270)	<0.01	无异常值

敏感性检验结果见表 5-6，检验发现所有效应值均无上述异常值。PR-ADS 结果纳入的 8 项研究中，逐篇移除 4 篇文献后（Kim et al., 2015a；Kim et al., 2015c；包秦雯等，2019；孙晓燕，2016），合并效应值的 95%置信区间均包含 0，且不显著（P>0.05）；逐篇移除另外 4 篇文献后效应值仍显著（P<0.05），说明 PR-ADS 结果稳健性略不足。其他结果逐篇移除文献后，效应值仍显著（P<0.01）。以上表明元分析结果整体较为稳健。

2. 出版偏倚分析

即使有严谨、全面的文献检索程序，也难免会遗漏某些研究而影响最终结果，出版偏倚问题是其中较为典型的问题。期刊出版商更愿意优先发表那些效果积极且统计显著的论文，这些论文检索时搜索不到没有被正式发表的、无法取得的灰色文献，导致出现出版偏倚问题影响最终结果，因此进行出版偏倚检验对本书而言非常有必要。

表 5-7　出版偏倚检验结果

结果	K	N	Nfs	Egger's intercept	SE	95% CI	P
ADS-DSI	8	2617	2153	5.834	6.607	(-10.332, 22.000)	0.411
DSI-DSB	2	536	—	—	—	—	—
ADS-DSB	8	3805	763	-3.214	1.728	(-7.442, 1.014)	0.112
SN-ADS	9	3880	1590	-0.160	2.994	(-7.239, 6.919)	0.959
SN-DSI	6	1992	889	-0.629	8.070	(-23.034, 21.776)	0.942
SN-DSB	7	4306	707	1.724	1.611	(-2.417, 5.866)	0.333
PB-ADS	8	3602	1509	1.583	3.065	(-5.916, 9.082)	0.624

续表

结果	K	N	Nfs	Egger' s intercept	SE	95% CI	P
PR-ADS	8	3689	499	6.081	7.241	(-11.637, 23.799)	0.433
PE-ADS	7	3354	432	1.555	1.654	(-2.698, 5.807)	0.390
SE-DSI	3	891	82	7.571	0.749	(-1.949, 17.091)	0.063
PRA-DSB	8	4787	519	-1.463	4.270	(-11.911, 8.986)	0.744
PJ-DSB	6	4272	478	0.939	3.473	(-8.703, 10.581)	0.800
PFA-DSB	6	4272	249	4.717	5.341	(-10.112, 19.547)	0.427

因纳入研究数量较少，无法使用漏斗图评估出版偏倚风险，因此综合 Rosenthal 提出的失安全系数（fail-safe N，Nfs）和 Egger 线性回归法来检验。Nfs 估计了未发表的无效结果的研究数量，可以将各研究的累积效应减少到不显著（P<0.05）的程度，即将现有结论逆转为阴性结果的最小研究数量。Nfs 越大，表示出版偏倚风险越小，一般建议 Nfs 大于 5K+10（K 为纳入研究数量）[①]。Egger 检验的回归方程截距越接近于 0，检验不显著，出版偏倚风险越小[②]。检验结果见表 5-7。

如表 5-7 所示，以 ADS-DSI 为例，K=8，Nfs=2153，远大于 50；Egger 回归方程的截距为 5.834，且不显著（P>0.05），这表明出版偏倚的风险较低。依次检查其他结果发现，Nfs 均大于 5K+10，Egger 检验截距均接近 0 且不显著。

敏感性分析和出版偏倚检验发现，元分析研究结果较为稳健，且出版偏倚可能性较小，对研究结果产生的影响可以忽略。

二　中介效应估计与检验

依据温忠麟等建议的中介效应检验程序来统计与检验中介效应，既能保证较低的第一类错误率和第二类错误率，同时拥有较高的检验功效[③]。

---

① Rothstein, Hannah R., Alexander J. Sutton, Michael Borenstein, *Publication bias in meta-analysis*, Chichester: John Wiley & Sons, Ltd, 2005, pp. 111-125.

② Egger, Matthias, George Davey Smith, Martin Schneider, et al., "Bias in meta-analysis detected by a simple, graphical test", *BMJ*, Vol. 315, No. 7109, 1997, pp. 629-634.

③ 温忠麟、叶宝娟：《中介效应分析：方法和模型发展》，《心理科学进展》2014 年第 5 期。

（一）中介效应检验程序

当存在一个中介变量时，可遵循如下程序检验中介效应：

（1）当只有一个自变量 X 与一个因变量 Y 时（假设所有的变量都已经中心化或标准化），X 与 Y 的关系为（路径见图 5-2-a）：

$$Y=cX+e1 \tag{5-1}$$

其中，c 是 X 对 Y 的总效应，e1—e3 为残差。文中涉及所有路径系数均为标准化路径系数。

此时，检验路径系数 c，若显著判断为中介效应，否则为遮掩效应。接下来继续第 2 步分析。

（2）在 X 与 Y 相关显著的大前提下，当存在一个中介变量 M 时，X 与 M 的关系为：

$$M=aX+e2 \tag{5-2}$$

这时 Y 可以表示为（路径见图 5-1-b）：

$$Y=c'X+bM+e3 \tag{5-3}$$

其中，c′是当控制了 M 的影响后 X 对 Y 的直接效应，X 对 Y 的间接效应可表示为 ab 的乘积。

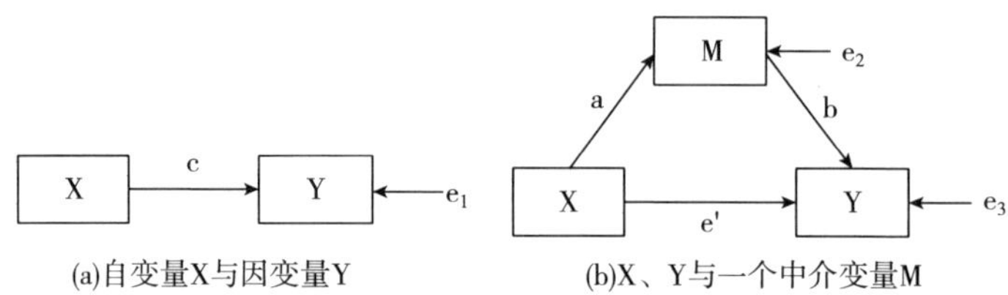

图 5-2 中介变量路径

总效应可表示为：

$$c=c'+ab \tag{5-4}$$

此时逐个检验 a、b 后发现都显著，则间接效应显著，表示中介变量 M 在 X 对 Y 的影响中发挥了一定的中介作用，则继续第 4 步分析。若至少有一个不显著，进行第 3 步分析。

（3）采用 Bootstrap 法检验 H0：ab=0，显著表示间接效应显著，继续第 4 步；否则间接效应不显著，检验结束。

（4）检验路径系数 c′，不显著代表仅存在中介效应；若显著则直接效应显著，继续第 5 步。

（5）比较 ab 和 c′的符号，同号代表部分中介，报告中介效应相对大小（即占总效应的比例）；否则为遮掩效应。

整体检验程序如图 5-3 所示①：

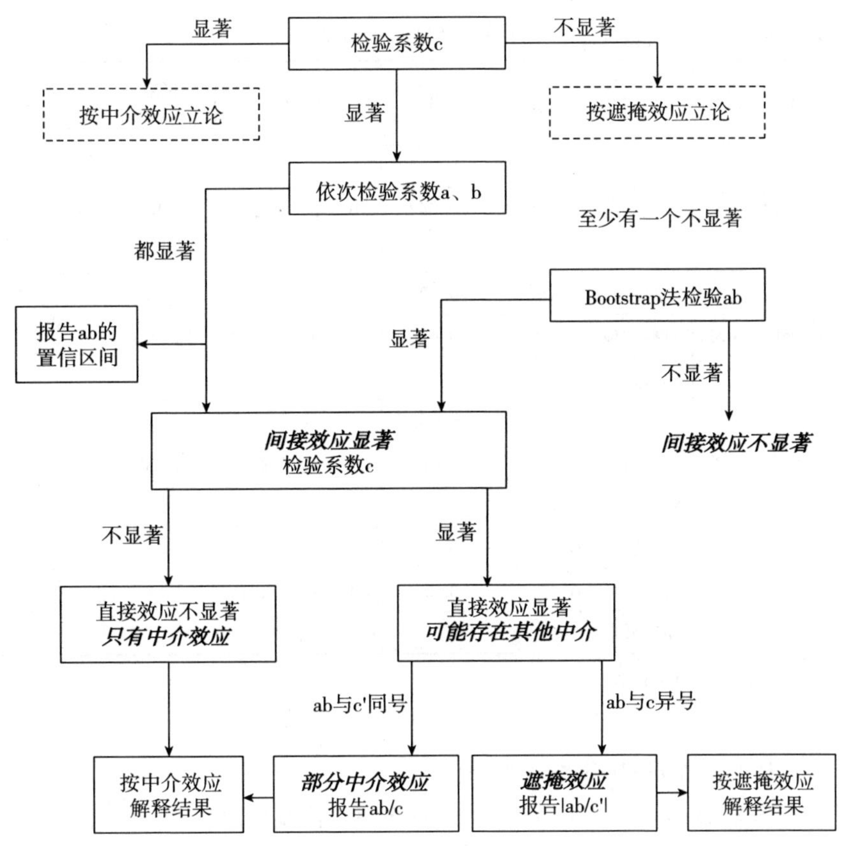

图 5-3　中介效应检验程序

（二）中介效应假设验证

采用单阶段 MASEM 方法，遵循上述检验程序对研究假设的中介效应进行检验。单阶段 MASEM 工具 webMASEM 基于 Shiny 包和 R 软件的 metaSEM 包、semPlot 包功能，提供了用户友好的可操作界面，使用 la-

① 温忠麟、叶宝娟：《中介效应分析：方法和模型发展》，《心理科学进展》2014 年第 5 期。

vaan 的语法提供对 MESEM 的拟合，所得路径模型中的 SEM 参数均为标准化参数，由于模型为饱和模型，以下不再提供拟合统计信息①。由于本书数据为第二手数据，此处仅分析简单中介模型。中介效应估计与检验结果如表 5-8 所示。

表 5-8　　　　　　中介效应估计与检验结果

X-Y	M	项目	β	SE	95%CI	间接效应相对大小	中介效应假设验证
ADS-DSB	DSI	总效应	0.311***	0.025	（0.175，0.296）	77.17%	中介效应
		直接效应	0.072	0.048			
		间接效应	0.240				
SN-DSB	DSI	总效应	0.312***	0.022	（0.014，0.095）	18.59%	部分中介效应
		直接效应	0.395***	0.046			
		间接效应	0.058				
SN-DSI	ADS	总效应	0.490***	0.052	（0.128，0.244）	36.73%	部分中介效应
		直接效应	0.306***	0.065			
		间接效应	0.180				
SN-DSB	ADS	总效应	0.312***	0.022	（0.061，0.121）	28.53%	部分中介效应
		直接效应	0.222***	0.028			
		间接效应	0.089				

注：*** 表示 P<0.001。

1. DSI 在 ADS-DSB 中的中介作用

ADS 对 DSB 的总效应显著，见表 5-8。控制中介变量 DSI 后，见图 5-4，中介路径上的系数均显著，此时 ADS 对 DSB 的直接效应不显著（$\beta=0.072$，$p>0.05$），间接效应为 0.240（95%CI：0.175，0.296）且显著，占总效应的比例为 77.17%，即中介变量 DSI 在 ADS 对 DSB 的影响中存在显著的中介效应，说明数据共享态度通过共享意愿对数据共享行为产生影响。

① Jak, Suzanne, Hongli Li, Laura Kolbe, et al., "Meta-Analytic structural equation modeling made easy: A tutorial and web application for one-stage MASEM", *Research synthesis methods*, Vol. 12, No. 5, 2021, pp. 590-606.

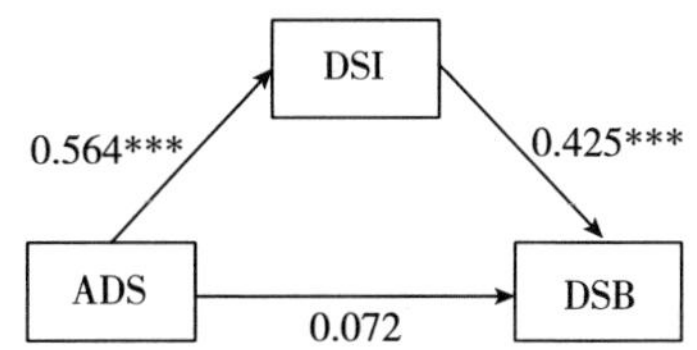

图 5-4　DSI 在 ADS-DSB 中的中介作用

注：*** 表示 P<0.001。

2. DSI 在 SN-DSB 中的中介作用

SN 对 DSB 的总效应显著，见表 5-8。控制中介变量 DSI 后，见图 5-5，中介路径上的系数均显著，此时 SN 对 DSB 的直接效应显著（β = 0.395，P<0.001），间接效应等于 0.058（95%CI：0.014，0.095）且显著，与直接效应同号，占总效应的比例为 18.59%，即中介变量 DSI 在 SN 对 DSB 的影响中发挥部分中介效应，说明主观规范对数据共享行为的影响有一部分是通过数据共享意愿实现的。

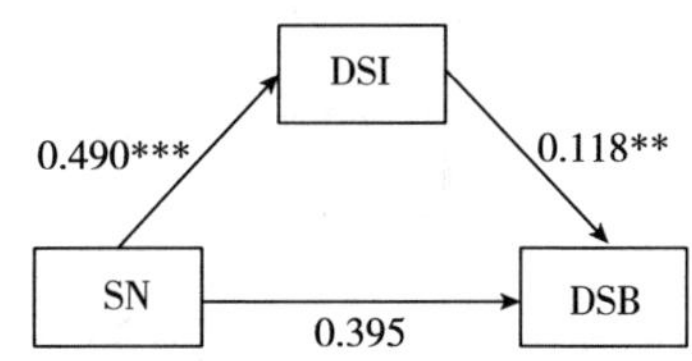

图 5-5　DSI 在 SN-DSB 中的中介作用

注：*** 表示 P<0.001，** 表示 P<0.01。

3. ADS 在 SN-DSI 中的中介作用

SN 对 DSI 的总效应显著，见表 5-8。控制中介变量 ADS 后，见图 5-6，中介路径上的系数均显著，此时 SN 对 DSI 的直接效应也显著（β = 0.306，P<0.001），间接效应等于 0.180（95%CI：0.128，0.244）且显著，与间接效应同号，占总效应的比例为 36.73%，即中介变量 ADS 在 SN 对 DSI 的影响中存在部分中介效应，说明主观规范对数据共享意愿的影响被共享态度部分中介。

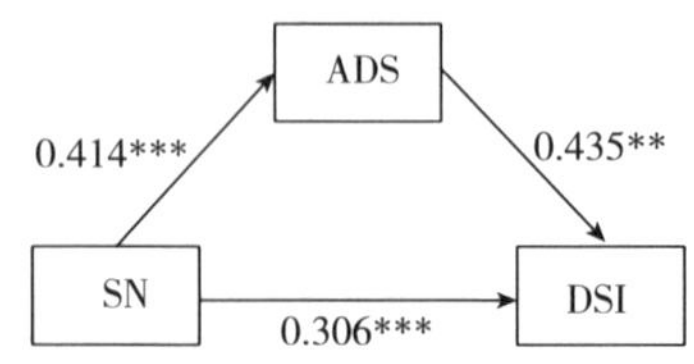

图 5-6 ADS 在 SN-DSI 中的中介作用

注：*** 表示 P<0.001。

4. ADS 在 SN-DSB 中的中介作用

SN 对 DSB 的总效应显著，见表 5-8。控制中介变量 ADS 后，见图 5-7，中介路径上的系数均显著，此时 SN 对 DSB 的直接效应显著（β=0.222，P<0.001），间接效应等于 0.089（95%CI：0.061，0.121）且显著，与直接效应同号，占总效应的比例为 28.53%，即中介变量 ADS 在 SN 对 DSB 的影响中存在部分中介效应。与科学数据共享意愿相比，科学数据共享态度在主观规范对科学数据共享行为的影响中发挥的部分中介效应更大。

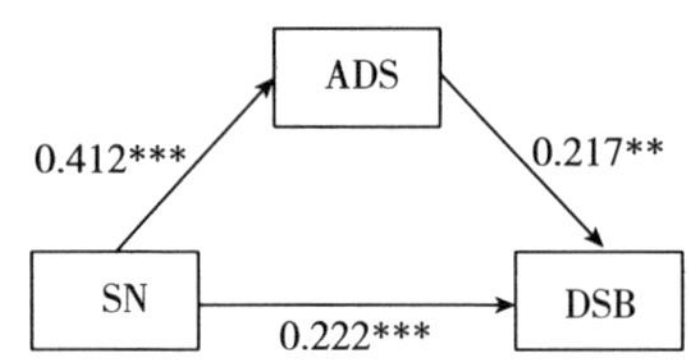

图 5-7 ADS 在 SN-DSB 中的中介作用

注：*** 表示 P<0.001。

三 调节效应检验

本书采用亚组分析方法进行调节效应检验。与传统统计学中调节分析的定义与作用都不同，元分析方法中的调节效应检验注重不同组之间的平均效应值差异，类似于 T 检验或方差分析，可用于分析不同研究之间存在的潜在异质性来源。

通过梳理发现不同文献中，学科、国别等研究对象特征分化明显。问卷调查结果显示，不同学科领域中科研人员共享科学数据的诉求是不一样的。科研人员属于某一学科领域，在此基础上展开相应主题研究，由于不同学科的科研模式、数据敏感性以及数据经济潜力不同，实际数据可用性与科研人员数据共享态度存在差异①。此外，科学数据共享意愿与科研人员的地理位置相关，不同地区的科研人员科学数据共享意愿和共享条件存在差异②。鉴于此，本书综合考虑了文献特征和数量限制，将学科和国别作为调节变量，将学科划分为自然、医学、人文与社会科学三个亚组，将国别划分为国内、国外两个亚组进行调节作用检验；选择效应值总数较多（>6）且异质性较高（I2>75%）的部分结果开展亚组分析。

经过不同亚组的合并效应值比较、95%CI 重叠程度、组间与组内异质性对学科和国别的调节作用进行检验。如果不同亚组效应值大小存在差异③、95%CI 不重叠④、组内同质而组间异质分布，则表明不同亚组存在统计学差异，可以认为该因素在效应值对应结果中具有调节效应。结果见表 5-9。

表 5-9　　　　学科与国别因素的调节效应检验结果

结果	亚组*	K	r.	95%CI	Z	Q	I^2（%）
ADS-DSI							
	国别						
	国内	6	0.562	（0.442，0.662）	7.725***	63.842***	92.168
	国外	2	0.618	（0.488，0.721）	7.526***	5.063*	80.251
	Total within					68.905***	
	Total between					0.468	
PB-ADS							
	学科						
	人文与社会科学	2	0.403	（0.345，0.458）	12.351***	0.264	0

① Tedersoo，Leho，Rainer Küngas，Ester Oras，et al.，"Data sharing practices and data availability upon request differ across scientific disciplines"，*Scientific Data*，Vol. 8，No. 1，2021，p. 192.

② Tenopir，Carol，Suzie Allard，Kimberly Douglass，et al.，"Data sharing by scientists：Practices and perceptions"，*PLOS ONE*，Vol. 6，No. 6，2011，p. e21101.

③ Schmidt，Frank L. and John E. Hunter，*Methods of meta-analysis：Correcting error and bias in research findings*，Thousand Oaks，CA：Sage Publications，2015，pp. 303-313.

④ 李靖华、常晓然：《基于元分析的知识转移影响因素研究》，《科学学研究》2013 年第 3 期。

续表

结果	亚组*	K	r.	95%CI	Z	Q	I^2 (%)
	医药科学	1	0.570	(0.470, 0.655)	9.248***	0	0
	自然科学	1	0.511	(0.424, 0.588)	9.948***	0	0
	Total within					0.264	
	Total between					10.064**	
	国别						
	国内	4	0.432	(0.278, 0.565)	5.113***	36.299***	91.735
	国外	4	0.465	(0.406, 0.519)	13.728***	5.967	49.726
	Total within					42.266***	
	Total between					0.172	
PR-ADS							
	学科						
	人文与社会科学	3	-0.044	(-0.523, 0.456)	-0.159	172.541***	98.841
	医药科学	1	-0.420	(-0.526, -0.301)	-6.394***	0	0
	自然科学	1	-0.420	(-0.507, -0.324)	-7.895***	0	0
	Total within					172.541***	
	Total between					2.126	
	国别						
	国内	4	-0.139	(-0.498, 0.260)	-0.674	204.716***	98.535
	国外	4	-0.358	(-0.429, -0.283)	-8.741***	8.039*	62.681
	Total within					212.755***	
	Total between					1.235	
PRA-DSB							
	学科						
	人文与社会科学	2	0.139	(0.072, 0.204)	4.036***	0.531	0
	医药科学	1	0.390	(0.268, 0.500)	5.882***	0	0
	自然科学	2	0.219	(-0.105, 0.502)	1.33	23.103***	95.672
	Total within					23.635***	
	Total between					12.184**	
	国别						
	国内	2	0.112	(0.007, 0.215)	2.085*	2.211	54.78
	国外	6	0.276	(0.146, 0.397)	4.071***	83.776***	94.032

续表

结果	亚组*	K	r.	95%CI	Z	Q	I^2 (%)
	Total within					85.988***	
	Total between					3.768	
SN-ADS							
	学科						
	人文与社会科学	1	0.290	(0.193, 0.382)	5.649***	0	0
	医药科学	1	0.520	(0.413, 0.613)	8.232***	0	0
	自然科学	2	0.425	(0.339, 0.503)	8.893***	2.183	54.185
	Total within					2.183	
	Total between					10.692**	
	国别						
	国内	4	0.433	(0.244. 0.590)	4.242***	39.935***	92.488
	国外	5	0.419	(0.340, 0.492)	9.464***	19.148**	79.11
	Total within					59.083***	
	Total between					0.021	

注：*限于研究数量，部分结果未设置学科亚组；纳入调节效应检验中无"农业科学""工程与技术科学"亚组；已剔除"多学科"与"未说明"学科亚组。

表5-9表明部分亚组效应值的异质性具有明显改善。其中，PR-ADS的人文与社会科学、国内亚组与PRA-DSB的自然科学亚组合并效应值置信区间包括0，不显著（P>0.05），其余效应值均显著（P<0.05）。

ADS-DSI的国别亚组效应值较为接近，国外亚组效应值略大于国内亚组（0.618>0.562），95%CI有较大重叠，结合组内组间异质性可以看出，国内国外亚组合并效应值差异不明显，即国别因素不能调节ADS-DSI结果。

PB-ADS的学科亚组中，医药科学亚组效应值最大，自然科学亚组次之，人文与社会科学亚组最小（0.570>0.511>0.403）。其中人文与社会科学、医药科学亚组的效应值95%CI不相互重叠。医药科学与自然科学亚组效应值较为接近，95%CI有一定程度的重叠，统计差异不显著。同时，该亚组组内同质（P>0.05）、组间异质（P<0.01），说明学科因素在该结果中的调节效应较为明显。国别亚组合并效应值相差不大，95%CI重叠程度较高，表明国别因素在该结果中不存在调节效应。

综合效应值显著性、95% CI 和组内组间异质性来看，PR-ADS、PRA-DSB 的学科亚组与国别亚组统计差异均不明显，学科与国别因素在这两种结果中均无调节效应。

SN-ADS 学科亚组中，不同亚组的合并效应值差距较大，医药科学亚组效应值大于自然科学亚组，且均大于人文与社会科学亚组（0.520>0.425>0.290）。亚组间 95%CI 重叠程度较低，组内同质（P>0.05）而组间异质（P<0.01），说明学科在该结果中发挥一定的调节作用。国别亚组的合并效应值相差不大，95% CI 相互重叠，结合组内组间异质性来看，国别因素不能调节 SN 与 ADS 的关系。

四 研究结果与讨论

（一）研究假设检验结果

多组数据表明，科研人员数据共享行为产生机理较为复杂。从结果数据看，ADS-DSI、DSI-DSB 与 ADS-DSB 假设关系均通过验证，表明科学数据共享态度对科学数据共享意愿、科学数据共享意愿对科学数据共享行为、科学数据共享态度对科学数据共享行为均有积极正向作用，且 ADS 可通过中介变量 DSI 促进科学数据共享行为。在所有结果中，ADS 和 DSI 对 DSB 的合并效应值最大，说明改善和提高科学数据共享态度和意愿是促进共享行为产生的关键路径。假设 H1a-H1d 得到验证。

SN 对三种结果变量的假设均通过验证，ADS、DSI 在 SN 对 DSB 的影响中发挥部分中介作用，且 SN 对 DSI 的影响被 ADS 部分中介。这说明科研人员处于一定社会环境中，其他人或组织对共享科学数据的看法、意见或行为等社会期望所营造的压力氛围能够直接对科研人员的态度、意愿和行为产生积极影响，还能够通过科学数据共享态度间接影响其科学数据共享意愿和行为，进而促使科研人员共享科学数据。假设 H2a-H2f 得到验证。

PB 对 ADS 有显著正向影响，PR 和 PE 对 ADS 有显著负向影响，说明科研人员重视共享科学数据的价值、收益、成本与风险，这会直接影响其共享态度。增加预期内在性利益与外在性物质激励，如提高科研成果的可信度与被引量、提高学术地位与名声、提供资金奖励及晋升机会等，都有助于提升科研人员对科学数据共享的认同和支持，改变其科学数据共享态度。意识到共享科学数据存在数据被误用、错用、篡改，或失去优先发表机会等风险时，科研人员的共享态度会更消极。科学数据共享过程中付出的时间、精力与资金等成本越高，科学数据共享态度越消极、将共享付诸行动的可能性则越低。假设 H3a-H3c 得到验证。

SE 对 DSI 有显著正向影响，这表明当科研人员对解决科学数据开放共享等相关问题的能力、达到预期结果自信心的综合评估较高时，科学数据共享意愿更强。假设 H4 得到验证。

PRA、PJ 和 PFA 均对 DSB 具有显著正向作用，即感知科学数据共享资源的可用性、期刊出版商和资助机构的监管压力会直接促进科研人员的科学数据共享行为的产生。科学数据共享相关资源如科学数据共享平台和数据标准的可用性越高，科研人员越可能付诸实际行动共享科学数据。相比于资助机构压力，期刊压力更能够促进科学数据共享行为。究其原因主要有两个：一是越来越多的资助机构要求受资助者将其研究（尤其是受公共资金资助的研究）产生或重用的所有数据和元数据尽可能地对公众开放，出于安全、保密、商业或其他必要原因可限制访问或关闭；二是作为科研产出和成果的表现形式之一，期刊论文是科学知识交流和传播的重要途径。世界主要期刊出版商均已将提交支撑研究的原始数据作为论文出版的条件，制定了或强或弱的数据政策，强制或鼓励共享科学数据①。为获得资助或发表论文，科研人员会遵从资助机构与出版商的政策共享科学数据，按照要求在补充材料或指定数据库中存储科学数据。假设 H5a-H5c 得到验证。

研究发现，主观规范对科学数据共享行为的影响作用要强于感知资源可用性。究其原因：一是多数研究虽基于计划行为理论等将主观规范和感知资源可用性变量加入模型，但并未同时分析其对共享行为变量的影响，纳入研究效应值大小、数量和样本量差异都会影响最终结果；二是科研人员科学数据共享实际行为受团队成员与同领域内其他学者的影响，尤其是重要他人、学术社区共享科学数据的社会期望较高时；三是科学数据共享行为多发生在研究团队内部、科研合作者、同行或熟人之间，较少有科研人员有意识地将科学数据存储到专业科学数据存储库中开放共享（虽然有但比例还是太低）。

（二）学科与国别因素的调节效应

从亚组分析结果看，相对于国别因素，学科因素的调节效应更明显。

---

① 王丹丹、刘清华、葛力云：《Springer Nature 科研数据政策标准化工作实践及启示》，《图书情报工作》2020 年第 18 期。

原因在于不同学科中产生科学数据的方式、科学数据的格式规范、科学数据的元数据标准、存储与获取科学数据的方式都存在显著差异，在大数据、全球化时代背景下，这种差异给科学数据共享带来的影响要比不同地区之间的影响更加深远。

学科因素在 PB-ADS 结果中发挥一定调节效应，这表明不同学科领域科研人员的感知利益对共享态度的积极作用存在差异。相对人文与社会科学学科而言，医药科学与自然科学学科领域的科研人员对利益的感知更敏感，更有可能因感知利益的提高而改善其科学数据共享态度。学科因素在 SN-ADS 结果中存在显著的调节效应，说明不同学科领域内共享科学数据的社会期望与规范压力对科研人员的科学数据共享态度影响程度不同。关乎全人类的健康素养水平的医药科学领域，在主观规范影响下，医药科学领域内科研人员更倾向于认可与共享数据。自然科学领域内主观规范对数据共享态度的影响比人文与社会科学领域更加强烈。此外，学科因素在 PR-ADS、PR-DSB 结果中的调节作用不明显。

国别在 ADS-DSI、PB-ADS、PR-ADS、PRA-ADS、SN-ADS 等结果中的调节作用均不明显，纳入研究的数量较少、共享态度与行为受多种复杂因素影响等可能是造成调节作用不明显的可能原因。

（三）科学数据共享行为产生机理

基于前述分析对研究假设结果进行汇总（见表 5-10），本书总结了科研人员数据共享行为的产生机理（见图 5-8）。

由图 5-8 可以看出，个人特征、共享成本、资源与制度等条件共同作用，构成了科研人员科学数据共享行为的复杂产生机理。个体特征中，共享态度和共享意愿是产生科学数据共享行为的关键路径，能够直接促进科学数据共享行为的产生。共享态度可直接作用于共享意愿，还可通过意愿而间接影响共享行为。数据共享成本可以影响共享积极性和共享态度，其中感知利益对科学数据共享态度有正向作用，感知风险和感知努力负向作用于科学数据共享态度。自我效能正向作用于科学数据共享意愿。资源与制度条件中，感知资源可用性、期刊出版商与资助机构压力能够直接促进科学数据共享行为的产生。主观规范对科学数据共享态度、意愿与行为有正向作用，可通过科学数据共享态度对科学数据共享意愿和共享行为产生间接影响，还可通过意愿间接促进共享行为的产生。另外，在感知利益、主观规范对共享态度的结果中，学科背景因素在其中发挥着一定程度的调节作用。

表 5-10　　研究假设验证汇总

假设	假设内容	验证结果
H1a	科学数据共享态度对科学数据共享意愿有正向作用	支持
H1b	科学数据共享意愿对科学数据共享行为的产生有正向作用	支持
H1c	科学数据共享态度对科学数据共享行为的产生有正向作用	支持
H1d	科学数据共享意愿在科学数据共享态度对科学数据共享行为的影响中起中介作用	支持
H2a	主观规范对科学数据共享态度有正向作用	支持
H2b	主观规范对科学数据共享意愿有正向作用	支持
H2c	主观规范对数据共享行为的产生有正向作用	支持
H2d	科学数据共享意愿在主观规范对科学数据共享行为的影响中起中介作用	支持
H2e	科学数据共享态度在主观规范对科学数据共享意愿的影响中起中介作用	支持
H2f	科学数据共享态度在主观规范对科学数据共享行为的影响中起中介作用	支持
H3a	感知利益对科学数据共享态度有正向作用	支持
H3b	感知风险对科学数据共享态度有负向作用	支持
H3c	感知努力对科学数据共享态度有负向作用	支持
H4	自我效能对科学数据共享意愿有正向作用	支持
H5a	感知资源可用性对科学数据共享行为有正向作用	支持
H5b	期刊压力对科学数据共享行为的产生有正向作用	支持
H5c	资助机构压力对科学数据共享行为的产生有正向作用	支持

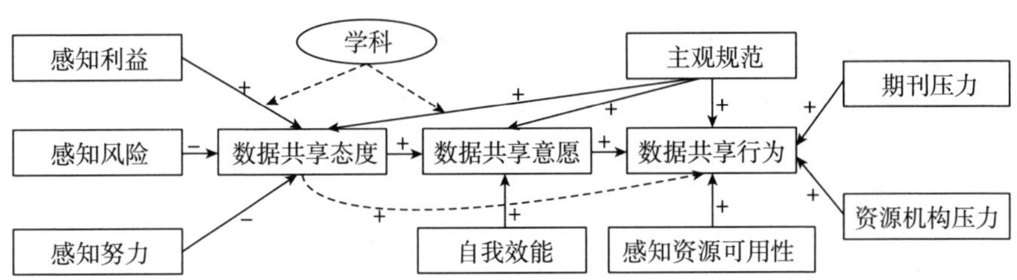

图 5-8　科学数据共享行为产生机理

第六章　科学数据管理与服务实施的关键问题解析

科学数据管理服务不是孤立存在的，研究科学数据管理服务问题，必须将其放置在整个科学数据管理生态系统中去理解。本章节从国家和机构两个层面分析科学数据管理与科学数据管理服务实施涉及的关键问题，通过对关键问题的解析，为理解科学数据管理服务与整个科学数据管理生态系统中其他要素的关系，明确科学数据管理服务的目标奠定扎实基础。

第一节　科学数据管理关键问题分析

英国的科学数据管理实践一直走在世界前列，研究英国科学数据管理的实践，从国家层面揭示科学数据管理的关键问题，梳理科学数据管理服务在整个科学数据管理生态系统中所发挥的作用。

一　英国科学数据管理的历程回顾

经济合作与发展组织（Organization for Economic Co-operation and Development，OECD）和七国集团科学部长会议，都指出国际合作对于推动开放科学数据具有重要作用，为此，七国集团组建了开放科学专家组。与此同时，发布了一系列倡议，并设立了一些项目，比如 OpenAIRE、EUDAT 等。欧盟及其成员国也积极推进开放科研和开放科学数据，欧洲生物信息研究所（EMBI-EBI）、ELIXIR 和 CLARIN 长期致力于开放科学基础设施的建设和服务的开发。欧盟于 2013 年 12 月发布的“地平线 2020 计划”提出了科学数据要开放共享的要求。2015 年 11 月，欧盟组建了欧洲开放科学云（European Open Science Cloud，EOS）工作组，致力于构建集硬件、仓储、数据格式、API 等技术元素，以用户为导向的集数据服务、数据管理、数据分析和专家于一体的“开放科学云”。德国、法国、荷兰和芬兰等欧盟成员国以及澳大利亚和加拿大等国家也积极寻求建立开放科学的协作方式，包括协作开发国家科学数据基础设施。

一些著名的国际组织，在开放科学数据的发展过程中，发挥着重要的主导和引领作用。如由欧盟委员会、美国国家科学基金会、美国国家标准与技术研究院以及澳大利亚政府创新部于2013年建立的，旨在建立沟通的平台与桥梁，降低科学数据开放共享和重用壁垒，帮助科研人员跨越技术、跨学科和跨国家的界限共享数据的科学数据联盟（Research Data Alliance，RDA）。成立于1966年，旨在推动科学数据应用，发展数据科学，促进科学研究，造福人类社会的国际数据委员会（Committec on Data for Science and Technology，CODATA）。成立于1957年，以致力于成为世界范围内存储并提供科学数据的卓越群体为宗旨的世界数据系统（World Data System）等为代表。在这些重要的国际组织中，英国都是重要的成员之一。这就使得英国在开放科学和科学数据管理意识和理念方面，一直保持国际领先地位。与此同时，英国联合信息系统委员会（Joint Information Systems Committee，JISC）、英国的科研机构和各种级别和类型的科研资助机构、英国皇家学会，英国各大出版公司和研究型大学图书馆等科学数据管理的利益相关群体都纷纷参与并积极支持开放科学数据的发展。2016年英国研究理事会（Research Councils UK，RCUK）、惠康基金会（Wellcome Trust）等多家资助机构联合发布了《开放科研数据协议》（*Concordat on Open Research Data*），该协议一经推出，就得到了大学和资助机构的广泛认可。同一年，英国开放科学数据工作组成立，该工作的目标是依据上述协议中提出的十条原则，领导英国在国际层面采取更加广泛的行动，更好地推动开放科学数据事业的发展①。

二　英国科学数据管理之激励问题

（一）考虑学科差异

在不同的学科领域中，甚至是在同一学科领域内部，开放科学数据倡议、开放科学数据的具体实践、开放科学数据的管理以及服务均存在着很大差异。r3data公布的科学数据管理平台的学科分布就充分体现出了这一点。从科学数据的开放程度来看，地球科学、生命科学、生物学领域的科学数据开放程度普遍都比较高，但是人文社会科学领域、工程技

① 王丹丹、吴思洁：《英国科研数据开放共享的关键问题思考》，《情报杂志》2020年第9期。

术领域中的科学数据开放程度普遍都比较低[①]。即便是在开放科学数据程度比较高的地球科学、生命科学、生物学领域中，由于不同的研究文化和研究实践，不同领域中科研人员创建和收集科学数据的属性存在显著差异，这些都造成不同领域中科研人员和科研团队开放科学数据具体实践的差异[②]。从英国的实践我们可以看到，不同领域中科学数据的差异性是英国开放科学数据工作组所列出的重点研究方向之一。英国开放科学数据工作组建议开放科学数据要求应该是差异化的，差异化要求的提出一方面要充分考虑出于商业问题、安全问题及其他一些问题而导致的有关敏感数据的限制，另一方面要与投入经费多少、项目规模大小、不同领域中所拥有的科学数据管理平台以及科学数据管理服务的规模和可用性情况相结合。

（二）实施绩效评价

科研一直都是充满竞争的劳动领域，科研人员通过科研成就来提高自己的声誉，获得职业奖励。在科研人员的招聘和职称晋升过程中，学术期刊和专著一直占据主导地位。在评价科研表现时，有关开放科学数据的表现，很少被提及。在基因组学和天文学领域中，共享某些特定类型的科学数据已经被视为科研过程的重要组成部分，但这是由于科研的性质以及需求驱动的文化规范而造成的。不排除一些科研人员是发自内心的支持开放科学事业，或者寻求扩大合作范围这种可能性。但是，在大多数学科领域中，缺乏让科研人员开放其科学数据的有效激励[③]。出版商的数据引用要求、DataCite 的数据引用标准以及 Force11 数据引用原则[④]的联合声明，均标明为了有效推动科学数据的开放共享，实施规范的科学数据使用以及科学数据引用是必要且重要的。开放研究和贡献 ID——ORCID 被越来越广泛地使用，通过 ORCID 可以轻松链接到数据集的创建者。作为科学数据管理的主要利益相关群体之一，出版机构可以

① re3data. org，"Disciplinary provision of research data repositories"，September 30，2019，https：//www. re3data. org/metrics/subjects.

② Jubb，Michaels，"Embedding cultures and incentives to support open research"，October 24，2016，https：//figshare. com/articles/journal_ contribution/Review_ Embedding_ cultures_ and_ incentives_ to_ support_ open_ research/4055514.

③ Van den Eynden，Veerle，Gareth Knight，Anca Vlad，"Open research：Practices，experiences，barriers and opportunities"，February 7，2018，https：//reshare. ukdataservice. ac. uk/852494/.

④ Data Citation Synthesis Group，Martone M.（ed.），"Joint declaration of data citation principles"，May 23，2014，https：//www. force11. org/datacitationprinciples.

通过引导学术期刊出台数据政策来刺激变革，促进共享。但是科研人员的传统观念以及现有文化已经根深蒂固，想要快速转变，达到立竿见影的效果几乎是不可能的。此外，现有的研究也没有发现有利的证据证明不遵守科学数据共享或开放科学数据的要求会给科研人员带来不好的影响①。从英国的实践来看，英国已经意识到了这一问题，英国研究卓越框架（Research Excellence Framework，REF）已经将是否采纳和使用开放科学数据，作为未来开展大学评价、制订评价方案考虑的重点方向之一。

（三）降低实践难度

使开放科学数据成为常态，需要大多数科研人员改变自己的习惯。然而，目前不管是政策还是由利益相关群体提供的各类服务，均相对分散而且缺乏一致性，这种不一致性会造成科研人员在遵守政策和寻求服务帮助时，无所适从。对很多科研人员而言，开放科学数据到底有什么益处仍然不是那么明显，实现科学数据的开放共享还存在困难。一方面，科研人员不愿意放弃他们来之不易的数据；另一方面，他们也担心其他人会误用和滥用他们共享的数据，除此之外还会面临其他一些实际的困难。根据 FAIR 原则，使科学数据可查找、可访问、可互操作和可重用需要科研人员投入大量的时间和精力，即使那些对开放科学数据持积极态度的科研人员也可能会因为在遇到困难时，寻找不到专家提供具体的帮助和指导而最终放弃科学数据的开放共享②。为了降低实践的难度，提升科研人员的数据素养，英国的很多机构，如英国数字监管中心（Digital Curation Centre，DCC）、联合信息系统委员会（Joint Information Systems Committee Joint Information Systems Committee，JISC）和软件可持续性研究所（Software Sustainability Institute）等均开发了科学数据管理的培训课程和培训材料，面向科研人员提供支持服务。在整个欧盟层面上，有 FOSTER 培训项目做支撑③。尽

---

① Working Group on Rewards under Open Science，"Evaluation of research careers fully acknowledging open science practices：Rewards，incentives and/or recognition for researchers practicing open science"，November 14，2017，https：//orbi. uliege. be/bitstream/2268/215460/1/os_rewards_wgreport_final. pdf.

② Open Science Skills Working Group，"Providing researchers with the skills they need to practise open science"，November 14，2017，http：//www. tara. tcd. ie/bitstream/handle/2262/89492/os_skills_wgreport_final. pdf？sequence=1.

③ 吴思洁、曹钰蕾、王欢等：《欧盟开放科学培训实践及其启示》，《数字图书馆论坛》2019 年第 1 期。

管如此，还是存在很多的具体问题，涉及软件开发、处理数据、分析数据尤其是大型复杂数据集以及学习算法应用等，这些更高阶的培训从目前来看还是非常稀缺的；普遍适用的一般性的服务多，但是针对具体学科领域的精准化的、专家级别的数据服务少；对于提供服务的数据专家而言，职业认可和价值奖励都不明确，这就使得服务的提供缺乏可持续性①。

表 6-1　英国不同利益相关群体在激励问题上应发挥的领导责任界定

利益相关群体	领导责任	计划时间	对应的开放数据协议原则
UKRI	1. 不同学科领域的需求，促进合作和协调	4—6 年	原则 1、2、3、4、5、6、9
	2. 与其他科研资助机构、出版商一起，开发面向开放科学数据同行评审专家的培训体系，监控评审过程变化对科研人员开放科学数据实践的影响	4—6 年	原则 9
	3. 开放科学数据实施情况评价体系	1—3 年	原则 1
	4. 与其他科研资助机构、出版商一起，促进科学数据引用	4—6 年	原则 8
	5. 与科研机构一起，建立起与博士培养单位和相关组织的合作，在科学数据管理与监管、大型和复杂科学数据集分析以及学习算法应用等层面构建面向科研人员的培训计划	4—6 年	原则 6、7、9
科研机构	创建开放科学数据和使用现有科学数据的技能培训，在科研人员绩效评价中增加有关开放科学数据的评价	7—10 年	原则 1、5
图书馆和基础设施及服务提供商	定期审查机构服务确保通过提供专家支持服务，促进科学数据的有效管理，促进开放科学数据实践及科学数据的使用，提升并扩大英国在数据科学方面的专业能力和影响力	4—6 年	原则 9

综上可知，英国开放科学数据工作组建议：（1）应该继续发挥英国研究与创新组织（UK Research and Innovation，UKRI）在加强和扩大利益相关群体的合作和协作中的领导作用，进一步明确其他科研资助机构

① Science Europe，"Guidance document：Presenting a framework for discipline-specificresearch data management"，January 18，2018，https：//www.scienceeurope.org/wp-content/.../SE_Guidance_Document_RDMPs.pdf.

[如威尔士高等教育拨款委员会（Higher Education Funding Council for Wales，HEFCW）、苏格兰资助委员会（Scottish Funding Council）、北爱尔兰经济部（Department for the Economy of Northern Ireland）等]、学术社团[如皇家学会（Royal Society）、社科院（Academy of Social Sciences）、艺术与人文联盟等（Arts and Humanties Alliance）等]、科研机构（大学、公立科研机构和独立科研组织）、图书馆、出版商[包括出版商协会（Publishers Association）、国际STM出版商协会（International Association of STM Publishers）、学术和专业协会出版商协会（Association of Learned and Professional Society Publishers，ALPSP）、开放获取出版商协会（Open Access Scholarly Publishers Association，OASPA）、JISC等）]以及基础设施和服务提供商[如面向学科领域的服务提供商NERC数据中心、英国数据服务（UK Data Service）和综合提供商英国数字监管中心（Digital Curation Centre，DCC）]等各自的责任，如表6-1所示。（2）研究机构和科研资助机构应该积极地明确科学数据管理技能，寻找科学数据管理最佳实践，参照最佳实践面向不同的学科领域提供针对性的培训课程，构建起领域内的同行互助网络，确保科研人员能够很方便地在领域内就近获得数据专家的服务支持。（3）为科学数据专家提供顺畅的、可持续的职业发展道路。

三　英国科学数据管理之领导问题

（一）主要领导者及其角色

在过去的二十年中，英国研究理事会（Research Councils）和惠康基金会（Wellcome Trust）在科学数据管理和开放科学数据政策制定以及科学数据管理服务提供方面发挥了积极的推动作用。但是无论是英国研究理事会还是惠康基金会，它们提供数据服务的范围和数据管理活动的性质存在很大差异。一些研究委员会致力于为成熟的数据中心提供服务，如NERC为英国海洋数据中心（British Oceanographic Data Centre）提供支持服务，ESRC主要面向英国数据服务（UK Data Service）。而惠康基金会则连同MRC和BBSRC为欧洲生物信息研究所（European Bioinformatics Institute）提供重要支持。

JISC则在高等教育领域的科学数据管理倡议和科学数据管理服务提供方面发挥引领作用，一些大学和科研机构采纳JISC的科学数据政策，提供面向机构的通用科学数据管理服务。高等教育机构中，开放科学数据服务的提供依赖于机构中高层管理者的支持，以及图书馆和信息技术部门对专职数据专家职业持续发展的承诺。就目前而言，资源充足的科学数据管理服务在英国高等教育机构中也并不常见。英国数字监管中心和软件可持续性研究所（Software Sustainability Institute，SSI）在开发针对专业领域和实践社区的数据管理知识和数据管理服务方面发挥着重要作用，使英国在国际组织如科学数据联盟（Research Data Alliance，RDA）以及国际数据委员会（CODATA）中都扮演着重要角色，为英国赢得了国际声誉。此外，以英国藻类学会（British Phycological Society）、皇家化学学会（Royal Society of Chemistry）和剑桥晶体数据中心（Cambridge Crystallographic Data Centre，CCDC）为代表的一些专业协会，则是在开发面向具体领域的数据管理服务方面贡献突出。就环境研究而言，主要科研资助机构积极展开国际层面的协作，以协调科学数据管理政策和管理服务。出版商的重点主要集中在已出版论文的数据，关注点是科学数据存储、数据获取声明的标准化问题。在地球和空间科学领域，出版商积极与科研人员及其资助机构合作，协调开放科学数据的指南和方法。但大多数出版商目前仍持观望姿态。

（二）主要领导者之间的协调

任何一个组织都无法单独承担起领导整个英国开放科学数据管理政策制定与科学数据管理服务提供的责任。因此，主要领导者必须共同努力，构建协作网络，发现并提供适应各类科研人员需求的解决方案。然而，不仅是英国，美国、德国、丹麦、芬兰、荷兰以及加拿大和澳大利亚等目前都存在科学数管理服务过度依赖于个别组织和倡议，缺乏协调性和战略方向等问题。为此，德国校长会议批准建立国家科学数据基础设施①，美国计划建立联邦战略②，欧洲其他一些国家也有类似的安排③。英国的科研资助机构、科研政策制定者甚至高级从业人员都积极加强与 EOSC 以及

① RfII, “Enhancing research data management: Performance through diversity: Recommendations regarding structures, processes, and financing for research data management in Germany”, May 3, 2016, http://www.rfii.de/?wpdmdl=2075.

② Association of American Universities and Association of Public and Land-Grant Universities, “Public access working group report and recommendations”, November 29, 2017, https://www.aau.edu/sites/default/files/AAU-Files/Key-Issues/Intellectual-Property/Public-Open-Access/AAU-APLU-Public-Access-Working-Group-Report.pdf.

③ Working Group on Open Science and Innovation, “ERAC SWG OSI's assessment of the Amsterdam call for action”, February 22, 2018, http://www.data.consilium.europa.eu/doc/document/ST-1202-2018-INIT/en/pdf.

RDA 等国际组织的互动，以协调科学数据管理政策和服务。尽管主要领导者之间的协调已经取得了很大的成就，但是主要利益相关群体分别扮演何种角色，应该承担哪些具体责任目前仍未达成共识。因此，下一步 UKRI 将在其电子基础设施咨询委员会（e-infrastructure）的协助下，将科学数据管理涉及的主要参与者和利益相关群体召集起来，如图 6-1 所示。充分研究他们可能发挥作用的那些关键领域，投入 4—6 年的时间，使利益相关群体对科学数据管理角色和责任达成共识，实现开放科学数据资源在主要参与者和利益相关群体之间的合理配置；同时，英国还计划投入 4—6 年时间和 7—10 年的时间加强与国际组织、研究组织以外的组织的互动与联系，花费 4—6 年时间与相关合作伙伴一起制定科学数据管理指南和协议；另外，在 1—3 年时间内建立起开放科学数据监测体系，预测相关发展趋势，包括科学研究方法和过程、科学数据的可用性、科学数据的使用趋势以及科学数据质量保证机制等。

四　英国科学数据管理之政策问题

科学数据管理政策对科研人员的科学数据管理实践提出了明确期望，这些期望随着时间的推移不断发生变化，虽然设计出一套统一的面向所有科研人员的数据政策在理论上不可行，在实践操作上更不可取，但是政策环境也不能过于细化和个性化，因为政策环境越复杂，那么科研人员在遵从政策时会越迷茫。就目前而言，科研人员需要遵从的有科研资助机构的政策、研究机构和出版商的政策，还有来自科学数据中心和科学数据管理平台的不同的特殊要求。这些科学数据政策和科学数据要求的性质和涵盖范围都存在较大差别，他们之间的关系也非常复杂。在最通用的层面，RCUK 于 2011 年发布了一套关于科学数据政策的七项共同原则（Common Principles on Data Policy），为研究委员会政策制定提供了一个“总体框架”。2016 年由 HEFCE、RCUK、UniversitiesUK 和 Wellcome Trust 批准的《开放科学数据协议》（*Concordat on Open Research Data*）规定的十项原则，越来越多地被用作世界各国政策制定的基础。虽然 RCUK 原则与《开放科研数据协议》中的原则存在一些共同之处，但是原则和协议在语言表述、表达的语气和强调的重点方面都还是存在明显差异的。与此同时，其他主要的科研资助机构，如英国研究委员会、惠康基金会以及欧盟委员会等的数据政策与大学和其他研究组织的具体要求之间也有明显差异（见表 6-2）。

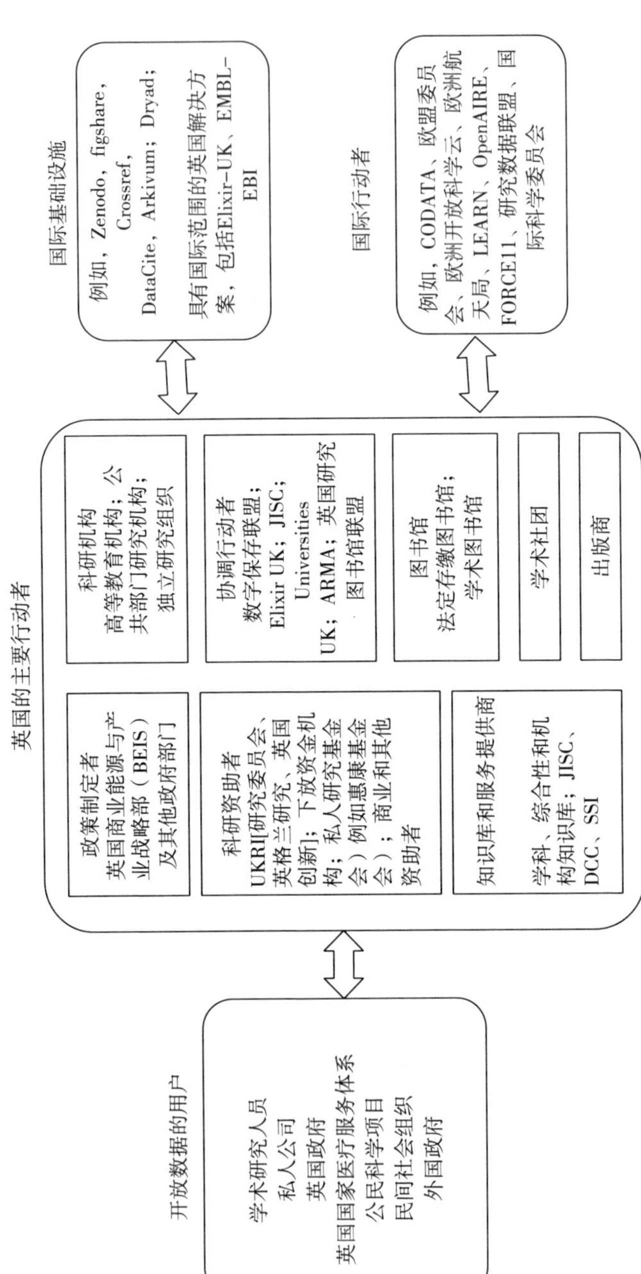

图 6-1　英国开放科学数据的主要行动者与利益相关群体

随着科研机构和科研资助机构科学数据政策的普及，出版商也更加关注科学数据共享政策及其标准化问题。Elsevier 和 Springer 等主要出版商已采用标准化科学数据政策框架①，科学数据政策标准化和实施方面的科学数据联盟兴趣小组［Research Data Alliance（RDA）Interest Group on Data Policy Standardisation and Implementation］正在定义一组通用的期刊科学数据政策要求。但还需要进一步研究，以尊重学科差异性并促进更广泛的出版商和学术团体的接受和采纳②。此外，与科研有关的广泛且不断增加的政策会让科研人员感到困惑，考虑到开放科学数据提高科研质量和价值，增加公众参与和信任的基本目标与科研政策的许多其他方面，包括科研诚信、知识交流、研究指标和影响力以及对出版物的开放获取等密切相关，鉴于此，英国开放科学数据工作组提出，相关机构在制定数据政策时，要尽可能地遵从《开放科学数据协议》与 FAIR 原则，同时应该考虑相关领域的数据政策、相关准则以及有关研究和创新的战略，与它们建立更明确和紧密的联系。对于 UKRI 而言，它需要投入 1—3 年时间来帮助利益相关群体形成对科学数据管理未来期望的共同认知（见表 6-2），并花费 4—6 年的时间完成审查所有政策，支持公开引用科学数据，并提供促进科学数据存储和链接的规范工作流程。

表 6-2　　当前英国开放科学数据的政策要求和未来期望

领域	目前的要求	未来的期望
政策范围	大多数政策关注“支持出版物的数据”，一些政策（包括出版商制定的一些政策）涉及更广泛的具有长期价值的数据，观测和实验数据，原始数据以及通过某些标准程序提炼的数据，甚至涉及在研究过程中获得、重组或创建的所有数据	政策范围扩展到全部数据，包括软件、工作流程、算法、标准操作程序和验证结论所需的其他材料
数据管理计划	大多数政策都要求提交并定期审查和更新 DMP，但如何评价和监测，政策之间存在较大差异	DMP 必须有，如何评价和监测 DMP 有具体的指南并明确责任方

① Naughton，Linda，and David Kernohan，“Making sense of journal research data policies”，*Insights*，Vol. 29，No. 1，2016，pp. 84-89.

② Science Europe，“Guidance Document：Presenting a framework for discipline-specific research data management”，January 18，2018，https：//www. scienceeurope. org/wp-content/. . . /SE_ Guidance _ Document_ RDMPs. pdf.

续表

领域	目前的要求	未来的期望
数据格式	大多数资助者要求在 DMP 中提供有关数据格式和标准的信息，但缺乏具体指导。一些资助者、机构和出版商的政策是只针对开放或标准格式，而不涉及专有格式	就数据格式和标准提供适当的，针对具体学科的指导，并尽可能优先考虑开放和标准化格式
数据质量保证	并非所有政策都指出质量保证和标准的重要性。很少有政策提供保证质量的流程或指导，如标准化数据获取、定期校对、使用模板、手工检查数据等。如何实现对出版物数据的同行评审，欠缺指导和培训	强调质量标准和质量保证的重要性，提供指南，确保数据可访问、可理解和可使用。加强对出版物数据进行同行评审的要求，并为同行评审者提供有效指导和培训
元数据和文档	许多政策都提到了元数据以及数据文档的重要性。但是，大多数政策并没有规定使用哪种元数据标准	尽可能规定或建议具体到学科的元数据标准和文档格式，使 Jisc 的科研数据模型得到进一步发展和广泛应用
数据保存	对保存在哪？如何保存？保存多久？政策之间存在差异。共同的要求是应保存至少十年，但有些政策规定更短或更长的时期，或建议需要在成本和数据价值之间作出判断。对于已发表的期刊文章相关的数据或通过链接访问的数据，尽管未必明确说明，默认是永久保存。用于长期保存和管理的数据知识库或数据中心持续动态变化	明确规定不同类型数据的保存位置、方式和持续时间，在数据价值，损失风险和相关成本之间取得适当平衡。保存相似类型的数据有各种方法，受信任的数据知识库或数据中心广泛用于所有领域数据的管理和保存
数据获取	许多政策要求通过已认证的知识库提供访问权限，允许有时滞期，一些政策规定了数据和出版物之间的联系，一些期刊和出版商要求提供正式的数据访问声明，数据声明没有通用格式	除特殊情况外，要求通过可信和可持续的知识库提供访问权限，并规定数据和出版物之间的双向链接。期刊和出版商要求以标准格式提供数据访问声明。允许因地而异设置时滞期，但逐渐趋同
数据的法律和道德问题	一些政策涉及数据保护、数据收集、数据处理和随后访问和使用该数据的法律和道德问题。在涉及人类对象的研究领域尤为突出，生物医学和社会科学领域的科研资助者强调适当的道德和监管程序的重要性	所有政策包括通用数据保护条例，都明确强调遵守法律、道德和监管框架的必要性，并提供相关指南
数据所有权和许可证	少数政策明确提及数据所有权和许可证。所有权以及与之相关的合同和许可协议非常复杂，但在资助者、科研机构和出版商的政策中体现不够	明确阐述适用于科研人员创建或收集数据的所有权和知识产权。对不同来源、不同类型的数据提出不同要求
数据使用	较少有政策对数据创建者抱有期望，鼓励和促进其数据的广泛使用	为科研人员促进其数据的重复使用提供激励措施，并提供有关如何实现这一目标的具体指导

五　英国科学数据管理之服务问题

开放科学数据的顺利推进离不开科学数据管理服务的支撑。之所以提供科学数据管理支持服务，是为了解决两个关键问题，一是在科研人员创建科学数据以及在实现科学数据开放共享时让他们知道应该怎么做。二是让科研人员知道是否有现有的科学数据能够使用，如果有可以怎样使用？目前在英国，地方机构、国家和国际组织等均提供科学数据管理服务，这些服务之间的协调相对较少且发展不均衡。科研人员通常很难快速找到最适合他们的科学数据管理服务，以及最合适的科学数据存储位置。尽管在天文学和生物科学领域，成熟的专业科学数据管理服务相对丰富，但超过一半的英国科研人员仍表示完全依靠自己来管理和保存所创建的科学数据。在这种情况下，向他人提供科学数据的可能性就要小得多。此外，科研人员通常习惯于先查看已知和/或可用于他们自己的学科领域的科学数据管理服务，可能并不了解相关机构的科学数据管理服务或其他支持服务。因此针对特定研究社区的需求，开发更加用户友好地面向科学数据创建者和使用者的服务成为当务之急。然而，开发一套全面的面向领域的服务需要国际合作，并且开发周期长。如果没有面向领域的科学数据管理服务，科研人员只能依赖科研机构或其他供应商提供的通用型科学数据管理服务。因此继续依托图书馆、大学和其他科研机构开发更多的通用服务也至关重要。为此，英国联合信息系统委员会设计了共享科学数据服务开发计划，致力于构建起协调互通的英国科学数据管理服务网络，实现科学数据服务的导航①。

科学数据要符合 FAIR 原则，并进行适当的监管和保存。第一，提供让科研人员易于理解的操作指南和确保科学数据符合质量标准的最佳范例，操作指南和最佳范例必须是易于发现的。对于科研人员而言，要具备一定的科学数据素养，了解测量或记录科学数据的注意事项，了解衡量标准和科学数据处理方式，明白如何选择标准并遵守标准。同样，如何选择高质量的开放科学数据，科学数据用户也需要类似的指导②。第

① Kaye, John, Rachel Bruce, Dom Fripp, "Establishing a shared research data service for UK universities", *Insights*, Vol. 30, No. 1, 2017, pp. 59-70.

② Allen, Robert and David Hartland, "FAIR in practice: Jisc report on the findable accessible interoperable and reuseable data principles", May 21, 2018, https://www.jisc.ac.uk/reports/fair-in-practice.

二，许多领域目前仍然主要依赖于手工记录科研过程与研究结果的方式，这使有效管理科学数据困难重重。因此，建议开发一些标准化的、自动化程度高的、面向过程的管理工具，来解决这一难题。第三，还需要做更多的工作来改进软件，帮助更大范围的科研人员更加有效地重用数据，但是如何确保那些高水平的软件工程师能够留在这一领域，成为开放科学数据利益相关群体不得不考虑的问题。总之，科研人员需要更有效的支持来确保其科学数据和相关材料符合 FAIR 原则，如表 6-3 所示。尽管有许多好的科学数据管理资源和科学数据管理服务可以帮助科研人员解决这些问题，但是它们没有被很好地协调或连接，并且并不总是容易被发现。

表 6-3　FAIR 原则目前的应对现状及对科学数据管理服务的要求

原则	目前的应对现状及对科学数据管理服务的要求
可发现	与学术文章和其他出版物相比，使机器和人轻松发现科学数据更复杂。可发现主要取决于元数据的质量以及收割和索引工具的效率。DataCite、数据引用索引（Data Citation Index）已经开发了许多专业的科学数据发现服务。但是，通过专家或更一般的搜索引擎进行详细搜索需要丰富的元数据，许多科研人员对目前指导元数据创建的工具和指南并不满意。JISC 开发了一个规范的科学数据模型，一些专家正开发面向特定领域的元数据标准，例如由国际虚拟天文台联盟（International Virtual Observatory Alliance，IVOA）开发的天文学元数据标准。英国也积极参与国际倡议，包括万维网联盟（World Wide Web Consortium，W3C），schema. org 和欧洲开放科学云（European Open Science Cloud）。但是，还需要更多专家型科学数据管理服务，以使科研人员能够改进其元数据质量
可获取	科研人员在很大程度上依赖于知识库和科学数据管理服务，以确保使用开放的标准化通信协议可访问其科学数据和相关元数据。但是，多数科研人员都需要获得更多有关可用科学知识库或科学数据管理服务，以及选择使用哪些标准的指导。科学数据知识库和科学数据中心还需要做更多工作才能使上传科学数据更为容易
可互操作	科研人员创建或收集科学数据的异质性意味着符合互操作性原则面临巨大挑战。虽然普遍认同使用开放的、社区制定的标准至关重要，但缺乏协调导致产生许多重叠和竞争的标准，比如促进跨学科研究的通用标准和面向特定学科领域的具体标准之间。英国必须积极参与解决这些重叠和竞争问题的国际行动，并帮助科研人员获得在实践中实现互操作性所需的易于查找和用户友好的指导和工具

续表

原则	目前的应对现状及对科学数据管理服务的要求
可重用	可重用的目标应该是从一开始就使科学数据可以开放和重复使用，而不是试图在稍后阶段实现。可重用取决于有关科学数据创建原因、时间、地点和方式以及操作方式的综合信息。以变量、代码等的名称、标签和描述等形式记录科学数据出处，并验证研究是按照描述进行的，对于使用户理解科学数据至关重要。但目前这种做法仍然相对少见。此外，对科学数据的许可知之甚少，这使得研究界以外的用户重复使用科学数据面临巨大挑战。这就需要通过科学数据管理服务，为科研人员和其他潜在用户访问并以各种方式操作科学数据提供支持

英国一直是国际基础设施的主要参与者之一，如天文学领域的国际虚拟天文台联盟（International Virtual Observatory Alliance）、涉及欧洲 21 个国家生命科学研究的 ELIXIR 组织、全球基因组学和健康联盟（the Global Alliance for Genomics and Health，GA4GH）、dataONE、人文学科的欧洲研究基础设施倡议，如 CLARIN 和 DARIAH 以及 OpenAIRE 开放存取和存储库计划。在 RDA 和国际数据委员会（CODATA）等国际组织中，英国也拥有重要的话语权，在科学数据政策制定、科学数据社区建设、科学数据管理培训、科学数据引用标准、科学数据服务整合方面发挥着引领作用。鉴于此，英国开放科学数据工作组建议，UKRI、其他科研资助机构和研究机构一起，通过 7—10 年的时间全面梳理并优化设计科学数据管理服务，力争做到在所有学科领域中，无论是作为科学数据创建者的科研人员还是作为科学数据使用者的科研人员都可以不费力气地获取通用型开放科学数据管理服务和面向具体学科领域的科学数据管理服务；通过 JISC 支持，投入 4—6 年的时间，科研机构和科研资助机构共同提出一套谈判原则，与开放科学数据基础设施的商业提供商进行有效谈判，确保最大限度地为科学数据的互操作性创造条件；科研机构和科研资助机构均采取积极行动，参与国际科学数据管理服务的开发并加大参与力度。

六　英国科学数据管理之资金问题

科学数据基础设施的开发与维护依赖于可持续的资金支持。要求开放科学数据付诸实践，实际上对科研人员、科研团队甚至科研机构本身都提出了新的额外要求。英国目前是“双管齐下”解决科学数据管理的资金问题，一方面资助短期项目，另一方面长期且大规模地资助国际基础设施，这两者之间不可避免存在着竞争关系。在争取研究理事会资助的竞争中，获取资助的多为短期项目而不是长期的基础设施建设项目。尽管大型项目自己能够建立基础设施，但往往是根据项目需要而建立的临时的、具体的基础设施。项目的资金预算仅解决了开发问题，而不能解决维护、再利用和可持续发展的问题。因此在大型项目较少的学科领域，科研人员对科学数据基础设施的需求根本无法得到满足①。目前，英国大多数科研资助机构都要求科研人员在 DMP 中计算科学数据管理的成本，并将提交 DMP 作为资助申请流程的一部分。但是，多数科研人员认为资金应该更好地部署在其他活动上，因此不愿意申请科学数据管理和共享的费用。而且只认识到科研生命周期结束时科学数据长期保存和归档的成本，忽略了多数"预存档"阶段的成本，如表 6-4 所示②。利益相关者无法获得有关科学数据基础设施、项目资金或其成本和效益的全面信息。此外，研究界之外的人或机构也可能从开放科学数据中受益，因此鼓励研究界之外的人或机构参与资助也十分重要。

表 6-4　"预存档"阶段涉及成本的活动举例

科研生命周期	科研人员和科研团队	科研机构
技能、支持和外展	1. 保持对机构政策、程序和支持服务的熟悉程度；2. 参加相关培训	1. 对科研人员拥有良好的科学数据管理实践进行培训；2. 制定机构内部的科学数据管理政策和指南；3. 与数据中心和其他机构保持联系；4. 宣传、推广和提高认识
项目启动和审查	1. 关于开放原则的设计、计划和成本研究；2. 明确 IT、软件、许可和技术支持要求；3. 起草 DMP 并核算成本；4. 分配项目角色和责任以实现开放性；5. 监控针对 DMP 的科学数据管理实践	1. DMP 审查并为成本计算提供建议；2. 帮助进行实验设计和规划；3. DMP 记录维护

① OECD, "Strengthening the effectiveness and sustainability of international research infrastructures", December 8, 2017, http://dx.doi.org/10.1787/fa11a0e0-en.

② Inroad, "Insights on research infrastructure roadmap processes, funding and business models", March 6, 2018, http://inroad.eu/wp-content/uploads/2018/03/20180306_Policy_Brief_1.pdf.

续表

科研生命周期	科研人员和科研团队	科研机构
创建、管理科学数据和相关材料	1. 科学数据共享安全许可；2. 科学数据的转录和数字化；3. 元数据创建；4. 科学数据清理；5. 科学数据传输和访问管理；6. 项目过程中科学数据的存储和备份；7. 确保科学数据安全；8. 将科学数据转换为标准格式或开放格式；9. 科学数据匿名化处理；10. 确认版权和许可	1. 提供科学数据备份，风险/灾难管理和应急计划；2. 制定标准并协调最佳实践；3. 加强科研人员的科学数据技能开发；4. 提供专业分析服务；5. 为元数据创建以及数据文档撰写提供支持；6. 就版权和知识产权提供咨询和谈判服务

有鉴于此，开放科学数据工作组建议，UKRI 应尽快与英国的科研资助机构、英国的研究型大学以及其他一些科研机构建立合作关系，在 1—3 年内，归纳总结英国科学数据管理服务的资助模式，梳理与服务相关的各种成本；与此同时，使用 4—6 年的时间，对这些机构支持开放科学数据的情况进行回顾，基于回顾分析的结果，对科学数据管理服务进行优化和完善，并提供充足的资金支持，确保其可持续发展。对于科研资助机构而言，应该通过 4—6 年的时间，了解其所资助对象的科学数据管理需求，建立起面向这一群体的科学数据管理服务体系，在开放科学数据的同时，考虑因为商业因素、道德因素以及其他原因所造成的对开放科学数据的限制，制订合适的开放科学数据方案。开放科学数据工作组还进一步指出，UKRI 和相关的科研资助机构应该考虑为那些开放科学数据的新举措提供资金支持，尤其是存在较大差距的特定学科领域，推动科学数据出版、科学数据使用等示范工程的建设与发展。

第二节　科学数据管理服务实施关键问题分析

选取国外一些研究型大学图书馆，分析其科学数据管理服务的实施过程，总结机构在实施科学数据管理服务过程中存在的共性问题和关键要素。

一　国外六所大学科学数据管理服务概况

（一）普渡大学

2004 年普渡大学的图书馆馆员尝试揭示科研人员在数据组织、描述、传播和发现方面面临的挑战，为其开展跨学科研究提供支持。2005 年研究数据服务初具雏形，2006 年设立分布式数据监管中心（Distributed Data Curation Center，D2C2）。国家科学基金会（National Science Foundation，NSF）是普渡大学最主要的资助机构，为帮助科研人员满足 NSF 数据管理计划（Data Management Plan，DMP）的要求，2010 年图书馆馆长、信息技术部副主任、研究副校长办公室共同组建指导委员会，指导开发数据管理平台[①]。2011 年来自图书馆、信息技术部、系统服务部和研究副校长办公室的人员组建起普渡大学研究知识库（Purdue University Research Repository，PURR）工作组，基于 HUBzero 平台开发了数据知识库 PURR。2012 年，PURR 正式投入使用，成为科研人员在线合作空间和数据共享平台[②]。PURR 将咨询服务和 DMP Tool 等资源嵌入其中，由 D2C2 负责宣传和维护。PURR 允许科研人员创建项目空间以共享和使用科学数据，为团队成员提供项目网页和社交网络功能，为数据集分配 DOI，通过在线直接交谈或发送电子邮件的方式，用户可以获取数据参考咨询服务。馆员与知识库管理员密切合作，提供元数据方案、讨论用于传播的目标数据集以及研究最佳工作流和实践。

为提供与数据参考咨询和馆藏建设相关的一系列服务。2013 年，普渡大学成立了数据和元数据工作组，负责开发 RDM 专业知识、资源和工具，并为馆员提供持续的 RDM 培训。该工作组领导开发了数据监管档案工具（Data Curation Profile Toolkit）。2011 年受博物馆和图书馆服务研究所（Institute of Museum and Library Services，IMLS）资助，由普渡大学图书馆牵头，联合康奈尔大学、明尼苏达大学和俄勒冈大学图书馆开展数据信息素养培训，选取五个学科作为试点，基于特定领域的数据管理需求设置数据素养教育课程。其中，普渡大学图书馆承担了电子与计算机科学、农业与生物工程两个学科的试点教学[③]。该工作组目前包括元数据专家和数据专家，负责维持与具体图书馆部门的联系，揭示具体学科的

① Witt，Michael，“Co-designing，co-developing，and co-implementing an institutional data repository service”，*Journal of Library Administration*，Vol. 52，No. 2，2012，pp. 172-188.

② 王辉、Michael Witt、窦天芳：《普渡大学研究仓储及其支持的科学数据管理服务》，《现代图书情报技术》2015 年第 1 期。

③ 胡卉、吴鸣、陈秀娟：《英美高校图书馆数据素养教育研究》，《图书与情报》2016 年第 1 期。

问题与需求，并为联络馆员提供额外的咨询和专业知识培训。对工作组而言，馆员还有许多其他工作任务，没有大块的时间去完全投入 RDM 服务是面临的最大障碍。

在跨学科研究项目上与研究人员合作是 D2C2 长期提供的一项服务。D2C2 的研究部门包括研究副校长、数据服务专家和跨学科研究馆员，他们调查并制订应对数据监管挑战的解决方案。数据和元数据工作组就特定学科中的数据相关问题对学科馆员进行培训、组织协作，以帮助图书馆拓展其他服务项目。

（二）埃默里大学

早在 1996 年，埃默里大学图书馆就已经出现了数据相关的服务。该馆的电子数据中心，最初由数字数据服务馆员组成，2007 年地理空间数据服务馆员加入，提供帮助科研人员发现和获取现有数据集进行分析的服务。2011 年意识到 RDM 服务的潜力，同时受其他图书馆 RDM 服务的启发，该图书馆加入了由美国研究图书馆协会、数字图书馆联盟和 Duraspace 共同成立的 E-Science 研究院（它为学术研究型图书馆用户提供数字化研究以及科学数据保存管理的机构层面的支持）[①]。2012 年该馆聘请数据管理专家和 e-science 方向的博士后，同时吸纳电子数据中心、科学和社会科学图书馆、健康科学信息中心、档案馆、学术交流和用户体验方面的馆员和工作人员共同组建起 RDM 工作组。这一系列行动促使该馆的 RDM 服务快速发展。RDM 工作组开展的第一项工作是对该校科研人员进行调查和访谈，了解其数据管理实践和服务需求[②]。与此同时，图书馆与校内其他管理部门定期交流，明确该校已经存在的一些 RDM 资源，努力建立起新的合作伙伴关系。通过嵌入 DMPTool，开展面向科研人员的数据管理研讨会，提供 DMP 咨询服务以及针对具体学科实施科学数据管理最佳实践教育的方式开展 RDM 服务。

在开发涵盖整个数据生命周期的 RDM 服务的过程中，埃默里大学面临几个挑战：首先，该校的知识库 OpenEmory 只接受同行评议的期刊论文，不支持对数据的存储。为此，埃默里大学与佐治亚理工学院合作，参与由美国东南大学（American Southenstem University）研究协会领导的

---

① E-Science Institute, "About us", April 1, 2017, http://escience.washington.edu/about-us/.

② Emory Libraries, "Emory libraries and technology, research data management ——faculty survey results", April 1, 2017, http://guides.main.library.emory.edu/datamgmt/survey.

构建多机构 Dataverse 网络的试点项目，积极探索提供数据共享和保存的基础设施建设问题。其次，RDM 工作组的馆员主要是依靠自下而上的方式宣传和推广 RDM 服务，整个工作组能够全职投入 RDM 服务的馆员数量有限，这就使工作组拓展任何服务都受到限制。为此，埃默里大学图书馆积极调整组织结构，并建立与信息部门以及校内其他相关部门的联系，分析合作开发服务的新挑战和机遇，以及如何通过自上而下的方式开展服务，有效满足科学数据生命周期所有阶段相关的需求。

（三）宾夕法尼亚州立大学

2012 年宾夕法尼亚州立大学图书馆和信息技术部联合推出基于 Hydra/Fedora 技术开发的机构知识库 ScholarSphere。基于该平台，科研人员能够实现其所有研究成果（论文、演示文稿、出版物和数据集）的一站式收集，创建永久标识符，并满足资助机构科学数据共享政策的要求。ScholarSphere 成为图书馆研究和学术交流办公室下属的出版和监管工作组成立的标志。

出版和监管工作组致力于帮助教师和学生按照研究工作流程执行数据生命周期管理方法，实践新的学术方法和工具，广泛传播研究成果（无论是数据集、会议演示文稿或论文预印本）。早在 2011 年 ScholarSphere 推出之前，图书馆就有一个团队专门负责开发帮助科研人员达到 NSF DMP 要求的资源。该团队共 8 位工作人员，包括 4 位学科馆员。团队负责对 PI 和 NSF 项目申请者的 RDM 需求进行了调查，宣传 ScholarSphere，访谈形成 DCP。除了 RDM 服务，工作组也与其他部门，如数字化和保存部、特种馆藏部、信息技术和数字图书馆技术部合作，为学术出版（在线期刊）和数字科学（利用数字人文工具和方法完成研究调查）提供支持。工作组设置新岗位，出版服务网络架构师（Publishing Services Web Developer）和数字人文研究设计师（Digital Humanities Research Designer），并招聘版权和科学数据监管方面的博士后工作人员。

宾夕法尼亚州立大学图书馆指出在理解保存和获取受限制数据的要求，继续拓展服务，对研究生和新员工就 RDM 进行教育方面仍然面临许多挑战。如全面实施数据监管服务需要多少成本，需要哪些人参与进来，以及随着时间的推移，如何保持服务可持续发展等问题。

（四）密歇根大学

密歇根大学图书馆与美国高校校际政治与社会研究联盟［ICPSR

（The Inter-university Consortium for Political and Social Research，ICPSR）］密切合作，ICPSR 有 50 多年的历史，在社会科学领域的数据获取、监管和分析方法方面发挥全球领导作用。2005 年该馆聘请全职空间和数字数据服务馆员拓展服务，2006 年机构知识库 Deep Blue 投入使用。随着数据服务的不断发展，学校层面开始就数据相关问题进行沟通，由负责研究基础设施的副校长/信息技术委员会的主席和首席信息官/负责信息技术服务的副主席共同领导“为什么要开展？开展哪些？怎么开展？”战略的制定。这不仅提升了相关机构对科研人员数据需求的了解，而且激励图书馆实施全面的 RDM 服务。

2011 年图书馆发布报告详细介绍其在科学数据服务中的角色和责任，以及与校园其他单位的协作关系。2012 年该馆聘请 1 名新馆员，负责科学数据服务工作，同时聘请两名博士后从事数据场景研究工作，为规划和评估 RDM 服务提供支持。同年图书馆加入了 E-Science 研究院，并通过访谈厘清校园利益相关者之间的关系。启动了各种图书馆科学数据计划，包括致力于提高整个学校科学数据生命周期意识的紧急研究工作组、致力于提供识别科学数据集和研究者方法的 DataCite 和 ORCID 任务组、致力于调研图书馆的科学数据管理服务模型的研究生命周期委员会。2013 年任命 1 位科学数据服务总监，监督这些数据倡议并进一步开发 RDM 服务，同时将服务划分为教育和社区建设、基础设施、政策和战略以及咨询服务四个主要领域。

为进一步提高科研人员对 RDM 的认识，制定了 RDM 整体发展规划。2013 年聘请 1 位 e-Science 馆员，帮助开发数据服务、建设网站并以工程学院作为 DMP 服务的试点，提供数据教育专题研讨会；启动科研人员数据需求评价，聘请科学数据服务总监来发展和推广 RDM 的四个关键领域。虽然该校 RDM 服务不断发展，但是对密歇根大学图书馆而言，确定在一个高度分散的校园里与谁建立合作伙伴关系以及如何调整图书馆的管理结构都面临一系列挑战。

（五）约翰·霍普金斯大学

约翰·霍普金斯大学（Johns Hopkins University，JHU）是全美科研经费最高的大学，其科学数据管理服务经历了数十年的积累，从设计、原型开发、需求评估、能力构建到可持续性规划。最初起源于斯隆数字天空调查（Sloan Digital Sky Survey，SDSS）项目数据的存储与保存。

2009年谢里丹图书馆得到NSF DataNet计划资助，开展数据保护（Data Conservancy，DC）项目研究，该项目研究、设计、实施、部署和维护跨学科发现的数据监管基础设施。

早于NSF提出DMP要求之前，JHU就已经开始全面分析具体环境以及RDM服务需求。2011年谢里丹图书馆和教师沟通，讨论不同类型和级别的科学数据的来源、存档和保存问题并和教师一起撰写DMP。与数字研究和监管中心、创业图书馆计划部在研究、发展和业务规划方面协同合作。为准备正式启动数据管理服务，这两个部门对过去5年JHU获得NSF资助的PI进行调查，收集科研人员的存储需求、目前实践、角色和保存时间等信息，并提升科研人员的意识①②。JHU对现有的DMP文档和最佳实践进行了分析，设计问卷以引导针对PI的咨询过程。综合研究结论形成了提交给JHU管理层的业务规划。2011年6月JHU的RDM服务正式推出。谢里丹图书馆从用户需求分析、提出业务规划到实施服务，只用了6个月时间。如果不是由于先前的经验和积累，在这么短的时间里设计并实施如此全面的服务是不可能的③。2012年JHU推出数据知识库。

JHU为科研人员提供资助前和资助后的RDM支持。资助前服务免费提供，如果科研人员希望使用JHU的数据知识库，必须将费用纳入预算，数据知识库为项目数据提供五年存储管理。资助前的服务包括理解所有的数据产品，评价实际的数据管理，将问卷作为咨询的依据，讨论归档数据管理需求和选择，提供具体学科知识库的选择指导，提供JHU的数据存档信息，为科研人员撰写DMP提供支持。资助后服务包括，撰写更详细的DMP，推荐元数据标准，将数据存储到数据知识库，管理数据使其可以发现、获取和使用，数据完整性检查，追踪引用，格式迁移等④。

---

① Mayernik, Matthew S., G. Sayeed Choudhury, Tim DiLauro, et al., "The data conservancy instance: Infrastructure and organizational services for research data curation", D-Lib Magazine, Vol. 18 (2012), http://www.dlib.org/dlib/september12/mayernik/09mayernik.html.

② Shen, Yi, and Virgil E. Varvel, "Developing data management services at the Johns Hopkins University", *Journal of Academic Librarianship*, Vol. 39, No. 6, 2013, pp. 552-557.

③ Pryor, Graham, Sarah Jones, Angus Whyte, eds., *Delivering research data management services: Fundamentals of good practice*, London: Facet Publishing, 2014, p. 115.

④ Pralle, Barbara, "Data curation services models: Johns Hopkins University", March, 2012, http://www.slideshare.net/asist_org/data-curation-models-jhu-barbara-pralle-rdap12.

JHU 认为，就 DMP 提供个性化的服务，有利于最大限度促进数据共享、获取和保存。通过模板撰写 DMP 更简单，但这只是第一步。JHU 发现科研人员对数据管理的几个概念存储（storage）、存档（archiving）、保存（preservation）、监管（curation）使用不恰当。如科研人员写保存数据，其实指的是在硬盘上存储数据，希望备份和恢复。为此，2013 年 JHU 设计了数据管理层级模型，在为 PI 提供咨询时，帮助解释 DC 软件当前和未来的功能。除了咨询服务，JHU 还提供 RDM 的最佳实践的普遍培训，以及更专业的培训（例如，使用个人标识符管理数据，用于数据加密和备份的工具等）。

（六）康奈尔大学

2010 年康奈尔大学图书馆正式成立了科学数据管理服务工作组（RDM Service Group，RDMSG）。其实早在 2006 年成立的数据工作组就已经开始实施数据相关的工作，随后发展成为由图书馆领导的数据执行组，包含来自学校各个组织的成员，如康奈尔高级计算中心、康奈尔社会和经济研究所。作为一个虚拟组织，RDMSG 由管理团队、咨询团队和实施团队三部分构成[①]。管理团队包括来自校园服务提供方的决策制定管理者，比如图书馆、康奈尔高级计算中心、康奈尔社会和经济研究所，校园信息技术部和其他利益相关者（例如来自 Ithaca 和 Weill 校园的首席信息官）和协调员。咨询团队由馆员、学术交流专家、高级政策顾问和其他校园服务提供机构的工作人员构成。由各种校园服务部门的工作人员组成的实施小组进行评估，提供外联和培训，并启动新项目。RDMSG 由支持研究的副校长办公室和大学图书馆馆长负责，并由 11 名教师组成顾问委员会。这些具有技术、软件和 RDM 知识的不同机构共同努力，为 RDMSG 的建立奠定了基础。作为网站的补充，RDMSG 成员就 RDM 的各个方面为科研人员提供指导和教育，比如撰写 DMP、知识产权和著作权、数据出版、元数据、数据分析等、使用 eCommons 机构知识库以及数据管理的最佳实践。RDMSG 成员帮助科研人员建立与数据存储、高性能计算、协作工具和敏感信息等方面的校园机构的联系。这些机构作为 RDMSG 的一部分提供服务，但是是单独运营的独立机构。

---

① Block, William C., Eric Chen, Jim Cordes et al., "Meeting funders' data policies: Blueprint for a research data management service group (RDMSG)", October 7, 2010, https://ecommons.cornell.edu/bitstream/handle/1813/28570/RDMSG1007.pdf?sequence=2.

二 国外六所大学科学数据管理服务实施关键问题

（一）营造科学数据管理动力

在学术领域中，数据管理重要性的不断提升，促使许多资助机构和大学制定科学数据政策，这是大学开展 RDM 服务的主要动力。政策有助于确定机构开展 RDM 服务的原则，设定提供支持的框架，了解科研机构和科研资助机构的科学数据政策有助于大学图书馆进行 RDM 服务规划。一旦图书馆馆员理解与其机构相关的政策，就可以开始指导科研人员满足错综复杂的机构和资助者要求。一些机构没有科学数据政策，这就使图书馆馆员有机会帮助其机构制定科学数据政策，并促进科学数据政策的修改，因为更好地了解科学数据政策中应该包含哪些内容也源自 RDM 实践。与此同时，来自同行的压力也是推动 RDM 服务不断发展的动力。埃默里大学，伊利诺伊大学和密歇根大学都提到的加入 ARL/DLF/Duraspace E-Science 研究院是推动其 RDM 发展的主要动力。

（二）构建科学数据管理合作网络

发现校内其他数据服务提供者不仅可以防止服务重复提供，还导致合作的机会。馆员和其他数据服务提供者建立联系后，可以利用这个网络来创建一个 RDM 的实践社区。社区通过创建教育计划和起草规划，开展各种项目，创建最佳实践，克服挑战，确保科学数据服务满足校园需求。为了避免冲突，实践社区需要一个共同愿景和将被利益相关者接受的、明确的、可实现的目标。实践社区也可以为馆员实施科学数据管理服务提供指导。大学研究办公室、信息技术部是图书馆常见的一些合作伙伴。研究办公室，为研究人员提供资助来源信息，可引导科研人员使用图书馆提供的 RDM 服务。当然，也有图书馆单凭自己的力量来推动服务发展，如约翰·霍普金斯大学提供的 RDM 服务在很大程度上就是由 NSF DataNet 资助谢里丹图书馆来完成的。大学 RDM 服务的实现，基本遵从自上而下与自下而上两种方式①。尽管高级管理层支持对于启动 RDM 服务至关重要，但也不是绝对的，威斯康星大学麦迪逊分校的 RDM 服务虽然没有得到管理者的支持，也开展得不错。

---

① Raboin, Regina, Rebecca Reznik-Zellen, Dorothea Salo, "Forging new service paths: Institutional approaches to providing research data management services", *Journal of eScience Librarianship*, Vol. 1, No. 3, 2012, pp. 134-147.

（三）评价科学数据管理服务需求

为了提供 RDM 服务，馆员需要了解大学当前的研究领域以及与该领域的研究相关的术语，特别是与数据有关的研究术语。调查和访谈是常用到的评价 RDM 服务需求的方法，这些方法的一个常见问题是，包括馆员、教师和工作人员在内的每个人都很忙，协调访谈或为调查做好代表性的样本可能很困难。为此，图书馆也可以从其他大学完成的需求评估来推断自己机构的情况。此外，有关信息需求和信息查询行为的研究也有助于了解不同学科的 RDM 需求①，普渡大学的 DCPT（Data Curation Profiles Toolkit）和数字监管档案目录也是特别有用的资源②③。大学可以使用这些资源为不同的学科以及主要资助者创建数据监管档案，以提供范例，简化流程。进行调查和访谈的一个优点在于它们宣传了 RDM 服务，有助于识别 RDM 冠军、渴望使用 RDM 服务的科研人员以及愿意参加试点测试的参与者④。近几年，通过 DMP 内容分析研究科研人员数据管理现状、存在问题和服务需求成为一种新趋势，分析得到的结果可以直接应用于 DMP 咨询、教育以及帮助指南的改善和基础设施的建设规划方面⑤⑥。

（四）建设科学数据管理服务能力

作为新开展的服务，就必须配备具有 RDM 相应技能或 RDM 知识的服务团队。上述大学，一是通过设置新岗位，如博士后（埃默里大学、密歇根州和宾州州立大学）、数字人文图书馆馆员（宾夕法尼亚州立和伊利诺伊大学）、生命科学和工程科学数据服务馆馆员（伊利诺伊大

① Henderson, Margaret E., and Teresa L. Knott, "Starting a research data management program based in a university library", *Medical Reference Services Quarterly*, Vol. 34, No. 1, 2015, pp. 47-59.

② Purdue University, "Data curation profiles directory", February 6, 2017, http://docs.lib.purdue.edu/dcp/.

③ Carlson, Jake, "The data curation profiles toolkit: The profile template", November 29, 2010, https://docs.lib.purdue.edu/cgi/viewcontent.cgi?article=1003&context=dcptoolkit.

④ McLure, Merind, Allison V. Level, Catherine L. Cranston, et al., "Data curation: A study of researcher practices and needs", *Portal: Libraries and the Academy*, Vol. 14, No. 2, 2014, pp. 139-164.

⑤ Samuel, Sara M., Paul F. Grochowski, Leena N Lalwani et al., "Analyzing data management plans: Where librarians can make a difference", 2015 ASEE Annual Conference & Exposition, sponsored by American Society for Engineering Education, Seattle, Washington, June 14-17, 2015.

⑥ Nicholls, Natsuko H., Sara M. Samuel, Leena N. Lalwani, et al., "Resources to support faculty writing data management plans: Lessons learned from an engineering pilot", *International Journal of Digital Curation*, Vol. 9, No. 1, 2014, pp. 242-252.

学)、数据管理专家(埃默里大学)和研究数据服务总监(密歇根大学、伊利诺伊大学)。二是对现有馆员进行 RDM 相关培训,将 RDM 服务整合到他们的日常工作责任中。如普渡大学的 D2C2 团队开发了 DCPT 帮助馆员积极融入科研人员管理数据的工作中,并引导馆员使用他们先前的参考咨询服务和信息素养教育技能,开展 RDM 服务。大学图书馆经常将两种方式结合起来,一方面在图书馆馆员现有工作职责中增加 RDM 服务的相关内容,另一方面引进新人专注于 RDM 服务。值得一提的是在构建 RDM 服务能力时,可充分利用已有的教育资源,比如来自爱丁堡大学的 DataONE 数据管理教育模块以及新英格兰协作数据管理课程①。

(五)规划科学数据管理服务战略

图书馆 RDM 服务的实施一般从试点项目开始,然后逐步扩展。RDM 服务开发人员利用学科馆员以及部门内的现有关系来帮助找到潜在的试点学科②,将学生作为 RDM 服务的试点对象③,或者选择使用图书馆自己的数据作为先导项目的实验数据,比如电子资源数据④。与此同时,充分利用图书馆馆员已有的技能开展 RDM 服务。联合工作组关于图书馆馆员支持 E-Science 和学术交流能力的工作文件指出提供数据获取、倡导和支持数据管理以及管理数据资源是支持 RDM 服务所需的三种关键能力。通常这些技能分散在图书馆多个部门馆员之中,因此初始阶段,RDM 服务以团队方式提供,促进专业知识的共享是最优选择⑤。如拥有不同技能的馆员建立团队,帮助科研人员制定 DMP,在提供更全面建议的同时,提

① Eaker, Christopher, "Educating researchers for effective data management", *Bulletin of the Association for Information Science & Technology*, Vol. 40, No. 3, 2014, pp. 45-46.

② Newton, Mark P., Christopher C. Miller, Marianne S. Bracke, "Librarian roles in institutional repository data set collecting: Outcomes of a research library task force", *Collection Management*, Vol. 36, No. 1, 2011, pp. 53-67.

③ Creamer, Andrew, "Current issues and approaches to curating student research data", *Bulletin of the Association for Information Science & Technology*, Vol. 41, No. 6, 2015, pp. 22-25.

④ Ogier, Andi, Monena Hall, Annette Bailey, et al., "Data management inside the library: Assessing electronic resources data using the data asset framework methodology", *Journal of Electronic Resources Librarianship*, Vol. 26, No. 2, 2014, pp. 101-113.

⑤ Davis, Hilary M. and William M. Cross, "Using a data management plan review service as a training ground for librarians", *Journal of Librarianship & Scholarly Communication*, Vol. 3, No. 2, 2015, pp. 1-20.

供更多样化的观察[①]。在规划服务战略时，还应该考虑如何跟踪进度，并总结经常被问到的问题，比如数据引用和机构知识库的政策等[②]。通过试点项目了解系统和用户的功能以及局限性，在此基础上考虑如何不断扩展 RDM 服务，满足不同学科的科学数据管理需求。

三　新加坡南洋理工大学科学数据管理服务个案解析

南洋理工大学（Nanyang Technological University，NTU）是世界著名的研究型大学，奉行诚信和负责任的研究。NTU 在 2012 年 6 月颁布了大学的科研诚信政策，要求 NTU 的所有科研人员在追求卓越研究时，必须保证所有的研究工作要符合最高诚信标准和道德准则[③]。和世界其他研究型大学一样，NTU 也意识到有效的科学数据管理（Research Data Management，RDM）是确保科研诚信的基础。于是，在 2014 年 NTU 图书馆设立了“数据馆员”职位，组建科学数据管理工作组，NTU 的科学数据管理服务正式启动。

（一）NTU RDM 服务历程回顾

2014 年 4 月 NTU 图书馆的学术交流组组建的 RDM 团队，包括技术服务部的 1 名馆员和 2 名学科馆员。他们通过在线学习、实地考察学习以及文献阅读等方式，快速了解世界 RDM 的最新趋势和最佳实践，并尝试规划 NTU 的 RDM 服务[④]。2015 年首次向大学的科研人员公布了服务方案。围绕科研项目周期，即项目启动时、项目进行中和项目完成后三个阶段，将对应的服务形象地比喻为“开胃小菜”“主菜大餐”和“餐后甜点”。DMP 服务是 NTU 科学数据管理服务的起点，被比喻为“开胃小菜”。

因为新加坡没有在国家层面颁布科学数据政策，为了推动 NTU 的科

① Varvel Jr, Virgil E. and Yi Shen, “Data management consulting at the Johns Hopkins University”, *New Review of Academic Librarianship*, Vol. 19, No. 3, 2013, pp. 224-245.

② Knight, Gareth, “Building a research data management service for the London School of Hygiene & Tropical Medicine”, *Program: Electronic Library & Information Systems*, Vol. 49, No. 4, 2015, pp. 424-439.

③ Nanyang Technological University, “NTU research integrity policy”, Sepetember 1, 2017, http: //research. ntu. edu. sg/rieo/RI/Pages/NTU-Research-Integrity-Policy. aspx.

④ Cheng, Wei Yeow, and Tint Hla Hla HTOO, “Research data management and curation aspirations at NTU and SMU libraries”, October 14, 2014, https: //ink. library. smu. edu. sg/cgi/viewcontent. cgi? article=1043&context=library_ research .

学数据管理工作，也为图书馆的 RDM 服务提供动力和依据，NTU 在 2016 年推出了大学自己的科学数据政策，成为新加坡第一个要求项目负责人提交 DMP 的科研机构。所有科研项目的负责人（Principal Investigator, PI）只有在大学的科研信息管理系统（Research Information Management System, RIMS）中创建并提交了 DMP 后，才能使用项目的科研经费。与此同时，图书馆推出了 DMP 模板和 DMP 培训服务。

2016 年 5 月，NTU DMP 工作坊频繁且集中地开展，这其实是服务的试运行，为服务的优化和调整收集依据。从 2016 年 7 月开始，科学数据管理计划工作坊常规化运作，面向 NTU 所有科研人员，每次 30 人，每月 1 次，每次两小时。2017 年 8 月，NTU 科学数据管理平台 DR-NTU（Data）正式投入运行。为了提高 DR-NTU（Data）的知名度，让更多的科研人员使用 DR-NTU（Data），图书馆 RDM 团队与大学的高层多次协商后，在 2017 年 11 月，由 NTU 的校长宣布 DR-NTU（Data）正式启用。从 2017 年到 2018 年和 2019 年，NTU DMP 工作坊培训内容基本无大的变动，仍是常规化运作。但是到 2020 年的时候，情况就发生了较大变化。DR-NTU（Data）工作坊正式推出。在 2020 年 5 月和 7 月，仍然是表现出了密集高频的特点，这就是在做服务的测试。从 8 月之后稳定下来。到了 2021 年，情况又发生了转变，DMP 工作坊变成了一个季度一次，而 DR-NTU（Data）工作坊则成为主要培训服务，一个月一次，分初级和高级两场。2016 年 4 月至 2021 年 4 月，DMP 工作坊开展了将近 5 年，NTU 科研人员的科学数据管理意识已经全面提升，科学数据管理的文化已经形成。这也成为 NTU RDM 服务重点发生转变最主要的原因。

DR-NTU（Data）数据出版和下载量的跨越式增长，也充分说明了这一点。DR-NTU（Data）是 2017 年 11 月推出的，到 2020 年 11 月正好 3 周岁，2020 年 11 月的数据集、数据文件的出版数量以及下载次数与 2019 年和 2018 年相比，都是实现了增长的飞跃，尤其是下载次数，见图 6-2[①]。这说明 DR-NTU（Data）的影响力在增加，数据管理的价值得以体现。2022 年 2 月 DR-NTU（Data）通过了 CoreTrustSeal 标准和认证委员会的国际认证，DR-NTU（Data）的 CoreTrustSeal 认证。首先，有效期至

---

① NTU Library, "Cumulative usage statistics", November 9, 2020, https://blogs.ntu.edu.sg/ntulibrary/2020/11/09/dr-ntu-data-3rd-anniversary/.

2025 年 1 月 28 日。CoreTrustSeal 认证既严格又不平凡；只有足够高标准的科学数据管理平台才能获得认证。DR-NTU（Data）获得 CoreTrustSeal 认证意味着一个独立的权威机构已经评估了 DR-NTU（Data）并认可了它的可信度。信任是共享科学数据的一大挑战。科学数据管理平台必须足够强大，让科研人员相信，如果他们共享，他们的数据不会丢失、被盗或被滥用。此外，科研资助机构和出版商越来越多地规定，他们资助的项目产生的科学数据必须发布到可信的数据存储库。其次，这意味着 DR-NTU（Data）已通过 16 项评估标准进行评估，涵盖组织基础设施、数字对象管理和技术。这显示了科学数据管理的透明度和对服务质量的承诺。最后，这意味着 DR-NTU（Data）作为新加坡第一个通过 CoreTrustSeal 认证的科学数据存储库，获得了国际认可[①]。

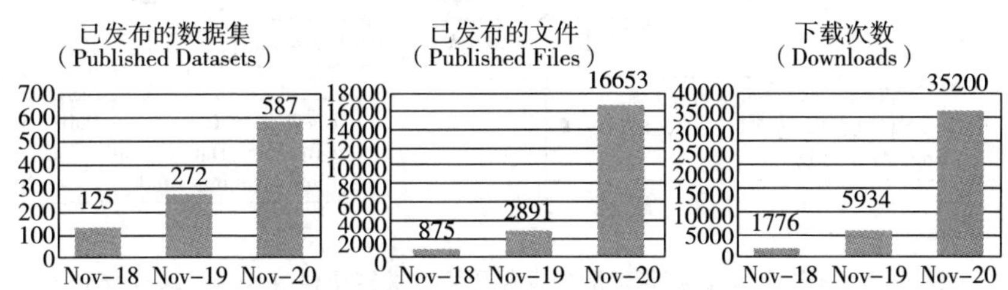

图 6-2　DR-NTU（Data）使用情况统计

（二）NTU RDM 服务过程总结

2016 年 12 月，本项目负责人受国家留学基金委资助，到 NTU 访学，主要工作就是作为科学数据管理小组的一员，参与服务的开展和设计。因为当时主要的服务就是 DMP 服务，所以在那时项目负责人的研究都是围绕着服务的需要展开的。其中一项就是给他们做了 NTU 科学数据管理系统中所有 DMP 文档、DMP 工作坊注册数据和评价反馈数据的分析。当时 DMP 分析的思路，主要是做了两项工作，一是 DMP 质量评价，二是科学数据管理行为分析。基于分析的结果提出了 DMP 模板的优化方案和

---

① NTU Library，“DR-NTU（Data）is certified as trusted data repository”，February 14，2022，https：//blogs. ntu. edu. sg/ntulibrary/2022/02/14/dr-ntu-data-is-certified-as-trusted-data-repository/.

服务优化方案。DMP 模板的优化主要是对比参考了英国数据监管中心提出的 DCC themes。模板的第 2 版是在 2017 年 10 月完成的，因为需要 NTU 信息技术部门帮助在科研信息管理系统中完成模板的修改，工作量比较大，因此新的第 2 版在 2018 年 1 月才正式推出使用。

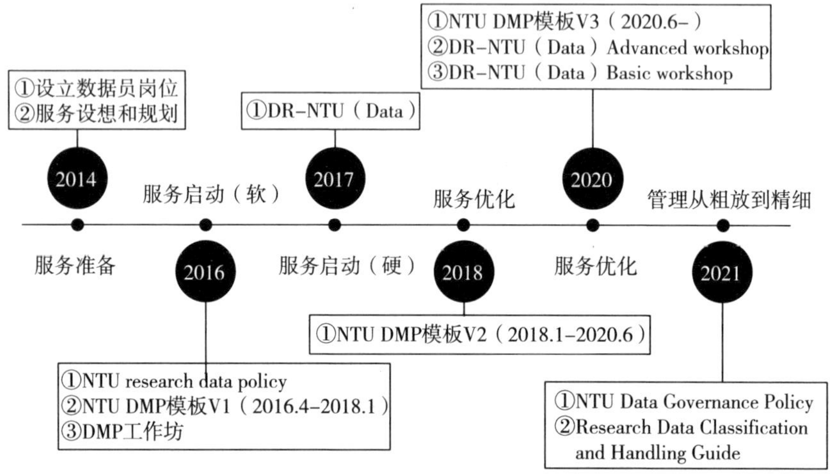

图 6-3　NTU 科学数据管理服务发展历程及关键事件（2014—2021 年）

作为 NTU RDM 服务的规划参与者和服务提供者，回国后项目负责人也一直与 NTU 的科学数据管理团队保持联系，密切关注他们 RDM 服务的进展，并参与一些内部讨论。回顾新加坡南洋理工大学 8 年的服务历程，我们认为推动 NTU RDM 服务跨越式发展的具有里程碑意义的事件有三个，一是 2016 年 NTU 科学数据政策的发布；二是 2017 年 DR-NTU（Data）科学数据管理平台的推出；三是 2021 年 NTU 科学数据监管政策和科学数据分类和处理指南的发布。服务的整个历程，实践上可划分为三个阶段，一是服务准备和启动；二是服务优化，体现为 DMP 模板的 2 次改版和工作坊的变化；三是科学数据管理从粗放走向精细，主要体现在科学数据管理的分类与分级，DR-NTU（Data）各类使用指南的细化，以及科学数据管理培训服务的细化上。

NTU RDM 服务这 8 年的发展历程，让我们感受最深的有两点：一是科学数据管理服务虽然没有很多很高深的理论，但是科学数据管理服务推进的每一步真心不容易；不同学科，甚至同一学科内部，科学数据管理活动都存在着较大差异，科学数据管理的个性化需求突出；二是科学数据管理服务涉及问题的复杂性远超出了一个机构——图书馆能够有效解决的范围，没有合作、高层的支持和有力的监管，根本难以为继。开展科学数据管理服务，必须明确科学数据管理是一个复杂的生态系统，它包含政策、教育、技术、服务、人员、合作等要素。科学数据管理服务不是孤立的，无论是研究 RDM 服务，还是开展 RDM 服务，都必须将其放置在整个科学数据管理生态系统中。在这个系统中，开放科学数据是核心，是目标，在开放科学数据生态系统中，存在着政策、激励、服务、领导、资金等子系统，子系统之间存在着密切的关联。上一节对英国科学数据管理关键问题的分析就说明了这一点。

NTU 的 RDM 服务也充分说明了，对研究型大学而言，实施科学数据管理是趋势，图书馆可以在科学数据管理活动中发挥主导作用；科学数据管理服务是由一系列内外部因素所决定的个性化解决方案，是一个循序渐进的动态过程；科学数据政策在前期起到导向、指引与资源配置作用，科学数据管理基础设施在中期和后期起到了基础支撑作用和服务依托作用。

第七章　社会科学领域的科学数据管理平台研究

第一节　社会科学领域的科学数据管理平台建设现状分析

为考察全球社会科学数据管理平台的建设现状，本章通过 re3data 网站对世界各国社会科学领域的科学数据管理平台的发展情况进行调查和统计分析。re3data 由德国研究基金会（DFG）资助建设，是一个科学数据管理平台的全球注册中心，旨在监控全球科学数据管理平台的发展情况，帮助科研人员、科研资助机构、出版商和学术机构选择合适的科学数据管理平台存储和搜索科学数据。截至 2022 年 3 月 15 日，已有 2837 个数据知识库或者说数据平台在 re3data 中进行了登记注册。re3data 将这些科学数据管理平台的学科分为了 4 大类：人文社会科学、生命科学、自然科学、工程科学，其中面向人文和社会科学领域的平台有 1013 个①。通过对 1013 个平台的调查，发现有 479 个通用型平台，收集社会科学、自然科学、生命科学等多个领域的科学数据，534 个为专门平台，只收集或主要收集人文和社会科学数据。因此，本书对 534 个社会科学数据管理平台的建设情况进行分析。

一　社会科学领域的科学数据管理平台建设概况

（一）地域分布

534 个社会科学领域的科学数据管理平台覆盖 53 个国家和地区，如图 7-1 所示。从图 7-1 中可以看出，德国和美国是建设数量最多的两个

① re3data. Org，“Humanities and social sciences data repository”，March 15，2022，https：//www. re3data. org/search？ query = &subjects% 5B% 5D = 1% 20Humanities% 20and% 20Social% 20Sciences.

国家，德国有152个，占比28.5%，位居全球第一；美国有127个，占比23.8%。欧盟主导或参与建设的社会科学领域的科学数据管理平台有75个。英国、加拿大、荷兰等国家的平台数量与德国、美国有较大差距，但总的来说，数量也较多，分别为36、33、25个。目前，我国社会科学领域的科学数据管理平台的注册量仅有3个，分别为北京大学的开放研究数据平台、中国国家数据平台和复旦大学的社会科学数据平台。一些平台可能未在re3data中注册，但re3data中的数据总体上反映了各国社会科学数据管理平台的宏观发展状况。

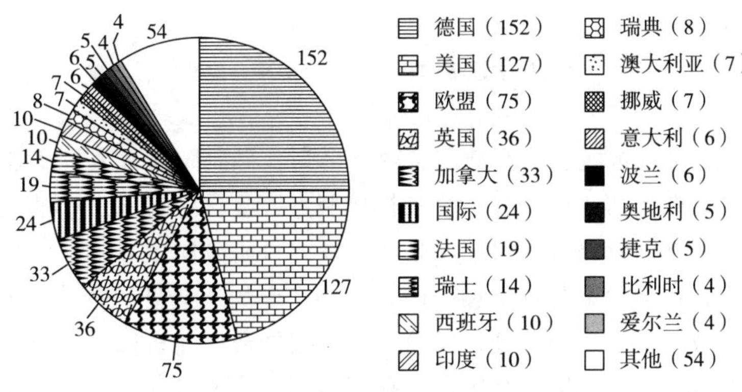

图7-1　社会科学领域的科学数据管理平台国家（地区）分布

（二）主题分布

re3data将社会科学领域的科学数据管理平台收集的数据主题分为了古代文化、历史、艺术、语言、教育学、社会学、经济学等13个类目，如图7-2所示。从图7-2中可以看出，面向社会学、经济学、历史、语言和艺术领域收集数据的平台较多。收集社会学领域的科学数据的平台有224个，占总量的41.9%，经济学领域的有149个，占总量的27.9%，历史和语言领域分别为113个和112个。

（三）类别分析

按照责任主体对社会科学领域的科学数据管理平台进行分类，主要可分为三种类型：一是由国家或政府部门主导构建的国家级平台，面向本国的所有科研人员服务，旨在汇集全国范围的社会科学数据；二是由多个机构共同建设的联盟平台，包括国内机构联合共建和国际机构联合共建

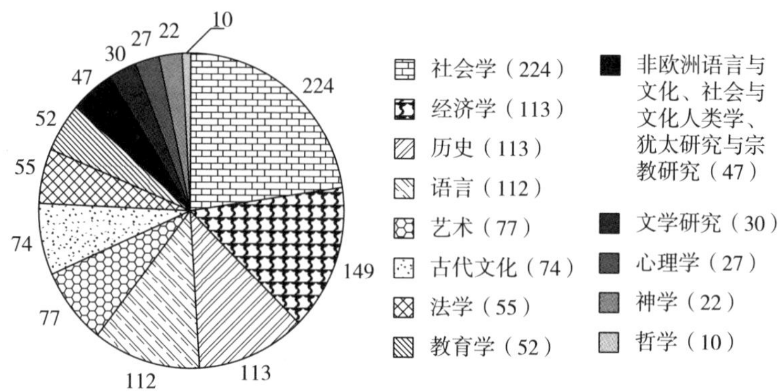

图 7-2　社会科学领域的科学数据管理平台主题领域分布

两种形式，涉及高校、政府部门、商业公司、科研院所等不同类型的组织，主要面向参与建设的各个机构提供服务，收集各机构产生的社会科学数据或开展国际调查项目；三是由高校或科研院所主导构建的机构平台，该类平台最初主要收集和存储本机构产生的社会科学数据，随着科学数据开放共享运动的发展，目前一些机构平台面向机构外的科研人员收集科学数据，甚至提供全国性的科学数据收集服务。按照平台覆盖的数据主题领域，可将社会科学数据管理平台分为综合性平台和专题性平台。综合性平台收集社会学、经济学、语言学、教育学等多个学科的科学数据，专题性平台仅收集单一学科或主题的科学数据。通过对 re3data 中的社会科学数据管理平台进行深入分析，发现当前社会科学数据管理平台的类型包括国家层面的综合性平台、国家层面的专题性平台、联盟层面的综合性平台、联盟层面的专题性平台、机构层面的综合性平台和机构层面的专题性平台。

二　国外社会科学领域的科学数据管理平台建设现状

国外开展社会科学数据管理与共享实践较早，在国家层面、联盟层面和机构层面都已建设了多个平台，包括综合性平台和专题性平台，以全面收集不同来源不同主题的社会领域的科学数据。

（一）国家层面

1. 综合性社会科学数据管理平台

英国国家数据档案中心（UK Data Archive，UKDA）于 1967 年建设，

是英国国家层面的社会科学领域的科学数据管理平台，收集来自政府部门、科研机构、公共和商业组织的定量和定性数据，内容涵盖社会经济、人文科学以及环境和医学等领域，也是英国最大的人文社会科学数字数据馆藏机构[①]。荷兰数据归档和网络服务（Data Archiving and Networked Services，DANS）于2005年建立，是荷兰国家层面的专业知识和科学数据知识库中心，DANS向科研人员、科研机构、科研资助者、数据专家以及其他数据中心分享其在国家和欧洲项目中积累的科学数据管理专业知识，并提供安全可靠的科学数据知识库以长期保存和共享科学数据[②]。1999年，芬兰科学院资助建设了芬兰社会科学数据存档（The Finnish Social Science Data Archive，FSD），FSD是芬兰国家级的科学数据资源中心，为芬兰科研人员提供了访问数字社会科学数据的统一检索点[③]。此外，德国、法国、意大利、瑞典等都建设了国家级的社会科学领域的科学数据管理平台，整合、归档和保存本国的社会领域的科学数据。

2. 专题性社会科学数据管理平台

国际社会史研究所（International Institute of Social History，IISH）成立于1935年，自1979年以来，由荷兰皇家艺术与科学学院（Royal Netherlands Academy of Arts and Sciences，KNAW）资助，以“全球劳工历史”为主题，主要收集微观、中观和宏观层面的人口、社会和经济史数据集，研究全球劳工和劳工关系的历史。IISH是当前世界领先的社会史研究机构之一[④]。德国考古研究所的考古学与古代科学数据中心（Forschungsdatenzentrum Arch? ologie & Altertumswissenschaften，IANUS）由德国科学基金会（DFG）于2011年资助建设，为考古学和古代科学的数字科学数据提供长期存档，旨在使其成为德国的国家考古和古代科学数据中心[⑤]。

（二）联盟层面

1. 综合性社会科学数据管理平台

作为目前全世界最大的社会科学数据中心，最大的高校科学数据机

---

① UKDA，“About”，October 9，2021，http：//www. data-archive. ac. uk/home.

② DANS，“About DANS”，October 8，2021，https：//dans. knaw. nl/en/about/services/services.

③ FSD，“About”，October 8，2021，https：//www. fsd. tuni. fi/en/.

④ IISH，“About”，October 8，2021，https：//iisg. amsterdam/en/about.

⑤ IANUS，“Forschungsdatenzentrum”，October 8，2021，https：//ianus-fdz. de/.

构库联盟，美国高校校际政治与社会研究联盟（Inter-university Consortium for Political and Social Research，ICPSR）是在 1962 年由美国密歇根大学社会研究中心建立的。发展至今，全球已有 750 多家学术机构和研究组织加入了 ICPSR①。社会科学数据保存联盟（Data Preservation Alliance for the Social Sciences，Data-PASS）是一个由组织自愿合作共建的平台，于 2004 年建立，旨在收集、加工、保存社会科学领域的科学数据，其合作伙伴包括 Odum、ICPSR、SSDA、ROPER 等②。定性数据知识库（Qualitative Data Repository，QD）由雪城大学麦克斯韦公民与公共事务学院的定性和多方法研究中心于 2014 年建设，专门用于存储和共享社会科学和相关学科中使用定性方法或多方法研究产生的数字数据及其附带文档，2018 年 QDR 提供机构会员资格，以服务更多的用户③。

2. 专题性社会科学数据管理平台

1947 年，埃尔莫·罗珀创建了罗珀民意研究中心（Roper Center for Public Opinion Research，ROPER），收集、保存和传播美国及世界各地的公众舆论调查数据④，这是美国最早的社会科学领域的科学数据管理平台，目前 ROPER 由康奈尔大学管理。1992 年，由宾夕法尼亚大学主导，建立了语言数据联盟（Linguistic Data Consortium，LDC），LDC 是一个由大学、图书馆、公司和政府研究实验室组成的开放联盟，旨在解决语言技术研发面临的科学数据短缺问题⑤。1996 年，由约克大学主导，伯明翰大学、布拉德福德大学、格拉斯哥大学、牛津大学等合作共建了考古数据服务（Archaeology Data Service，ADS），收集、描述、编目、保存考古研究中产生的数字资源⑥。ADS 是英国唯一获得认证的遗产数据数字管理平台。2006 年，美国国家自然科学基金会发起了数字考古记录（Digital Archaeological Record，tDR）倡议⑦，旨在系统地收集考古学中生成的科

① ICPSR，"About"，October 8，2021，https：//www. icpsr. umich. edu/web/pages/about/.

② Data-PASS，"About data-PASS"，October 8，2021，http：//www. data-pass. org/.

③ QDR，"About QDR"，October 14，2021，https：//qdr. syr. edu/about.

④ ROPER，"History of the roper center"，October 14，2021，https：//ropercenter. cornell. edu/about -center/history-roper-center.

⑤ The Linguistic Data Consortium，"About"，October 14，2021，
https：//www. ldc. upenn. edu/about.

⑥ ADS，"The history of the ADS"，October 14，2021，https：//archaeologydataservice. ac. uk/about/background. xhtml.

⑦ tDRP，"About"，October 14，2021，https：//www. tdar. org/about/.

学数据，2008 年，建成了 tDRP 数据知识库，目前 tDRP 已成为考古调查数字记录的国际数字知识库。

（三）机构层面

1. 综合性社会科学数据管理平台

1961 年，美国加州大学洛杉矶分校建设了社会科学数据存档（Social Science Data Archive，SSDA），收集和共享社会、政治、经济、健康等主题领域的调查、普查、民意测验和不确定性的行政记录[①]。英国巴斯帕大学和伦敦艺术大学基于 figshare 分别建设了 Bath Spa University figshare 和 University of the Arts London Data Repository，收集和共享本校师生研究过程中产生的社会科学领域的科学数据。荷兰的蒂尔堡大学、马斯特里赫特大学等分别基于 Dataverse 构建了平台，用于收集和存储本校产生的社会科学领域的科学数据。1976 年，在福特基金会的资助下，哈佛大学拉德克利夫学院成立了亨利·默里研究存档（Murray Research Archive），这是一个关于人类发展和社会变革的多学科社会科学数据国家知识库，特别专注于妇女生活和妇女关心的问题的数据[②]。澳大利亚数据存档（Australia Data Archive，ADA）由澳大利亚国立大学社会研究和方法中心于 1981 年建设，收集和保存社会、政治、经济等领域的科学数据，提供全国性的服务，是澳大利亚最为全面的社会科学数据管理平台[③]。1998 年，日本东京大学社会科学研究所建设日本社会科学数据存档（Social Science Japan Data Archive，SSJDA），收集、维护并向学术界提供大量的社会科学数据，尤其是从社会调查中获得定量数据，用于二次分析[④]。

2. 专题性社会科学数据管理平台

奥德姆研究所数据存档（Odum Institute Data Archive，Odum Archive）由奥德姆社会科学研究所于 1965 年建立，致力于社会科学数据及其相关材料的长久保存、发现、获取和重用，Odum Archive 包含路易斯·哈里斯数据中心、各州民意调查国家网络、卡罗莱纳州民意调查、南方民意

---

① UCLA library，“Data Archive & Collections”，October 14，2021，https：//www. library. ucla. edu/location/data-science-center/data-archive-collections.

② Henry A. Murray Research Archive，“About”，October 21，2021，https：//www. sogou. com/link？url=hedJjaC291M5pHbSc9A0SPeiTlRdARXoHTpdi1WdKs6t5pUc3zy0dg.

③ ADA，“About ADA”，October 25，2021，https：//ada. edu. au/about-ada/.

④ SSJDA，“About”，October 25，2021，https：//csrda. iss. u-tokyo. ac. jp/english/infrastructure/.

调查的数据以及20世纪70年代美国人口普查数据的最完整集合，是美国较大的社会科学数据机读目录所在地之一①。1992年，加拿大皇后大学建立了加拿大民意研究存档（Canadian Opinion Research Archive，CORA），收集来自商业研究公司、智库、科研机构、非政府组织、科研人员的商业和独立调查数据，并向学术界、研究界和新闻界提供②。荷兰蒂尔堡大学的CentERdata是一所非营利的科学研究机构，自1993年以来，Centerdata每年通过DNB家庭调查（DNB Household Survey，DHS）收集经济数据，并对数据进行存档③。

三 国内社会科学领域的科学数据管理平台建设现状

目前国内社会科学领域的科学数据管理平台主要由高校主导建设，还未有国家层面和机构联合共建的平台，且仅有极少数重点大学建设了社会科学领域的科学数据管理平台，已建平台主要面向社会学、经济学领域，以收集调查数据为主。

中国社会科学领域的科学数据管理平台按建设时间排序如表7-1所示，其中中国学术调查数据资料库是中国首个社会调查数据库，开创了中国社会科学数据开放和共享的先河。该数据库始建于2009年，是国家自然科学基金重点项目的研究成果。目前，该数据库收集了800多条经济、健康、社会、教育等主题的调查数据④；2013年复旦大学社会科学数据研究中心牵头构建了复旦大学社会科学数据平台，该平台是国内首家综合性社会科学数据平台，主要收集社会经济领域的数据，截至2021年10月，平台已创建了164个数据空间，收集了781个数据集，3447个数据文件⑤；北京大学开放科学数据平台由北京大学图书馆、科研部、社科部联合国家自然科学基金—北京大学管理科学数据中心共同建设的，平台以收集社会科学和管理科学领域的科学数据为主，同时收集其他学科

① Odum Institute Data Archive，“About Archive”，October 20，2021，https：//odum. unc. edu/archive/#archive1.

② Queen’s University，“CORA”，October 25，2021，https：//www. queensu. ca/cora/about.

③ CentERdata，“DHS Data Access”，October 25，2021，https：//www. dhsdata. nl/site/users/login.

④ 中国人民大学中国调查与数据中心：《中国学术调查数据资料库》，http：//cnsda. ruc. edu. cn/，2021年10月25日。

⑤ 复旦大学社会科学数据研究中心：《复旦大学社会科学数据平台》，https：//dvn. fudan. edu. cn/home/index. jsp，2021年10月25日。

领域的科学数据，面向校内外的科研人员服务①。

近几年，国家统计局开始与高校合作，建设数据开发中心，开放部分国家微观统计数据，以促进对国家微观统计数据的开发和利用，主要包括清华大学中国经济社会数据研究中心、国家统计局—中国人民大学数据开发中心和国家统计局—北京大学数据开发中心。数据开发中心立足于国家统计局的政府统计优势和高校的学术研究优势，旨在促进对政府统计数据的开发应用，为科研人员提供研究中国经济和社会问题的数据支持，为国家治理和政府决策提供服务②。目前已陆续开放了 3 个批次的 12 个微观数据集可供科研人员使用。在试运行期间，数据开发中心仅面向“双一流”建设高校及中国社会科学院、中国科学院、中国工程院等科研机构开放，科研人员可以申请使用数据。

表 7-1　中国社会科学领域科学数据管理平台调查列表

平台名称	建设主体	建设时间
中国学术调查数据资料库	中国人民大学中国调查与数据中心	2009 年
学术研究数据库共享计划	中山大学社会科学调查中心、中山大学城市社会研究中心	2009 年
中国家庭金融调查与研究中心	西南财经大学	2010 年
中国高校社会科学数据中心	华中科技大学、教育部	2012 年
复旦大学社会科学数据平台	复旦大学社会科学数据研究中心	2013 年
湖南大学经济数据研究中心	湖南大学经济与贸易学院	2013 年
北京大学中国调查数据资料库	北京大学管理科学数据中心	2015 年
北京大学开放研究数据平台	北京大学图书馆、北京管理科学数据中心、北京大学科研部、北京大学社科部	2015 年
中国经济社会数据研究中心	国家统计局、清华大学（2009 年）	2016 年
国家统计局—中国人民大学数据开发中心	国家统计局、中国人民大学	2019 年
国家统计局—北京大学数据开发中心	国家统计局、北京大学	2020 年

① 北京大学图书馆等：《北京大学开放研究数据平台》，https：//opendata. pku. edu. cn/，2021 年 10 月 27 日。

② 国家统计局、北京大学：《国家统计局—北京大学数据开发中心简介》，https：//nprdc. pku. edu. cn/zxgk/zxjj. htm，2021 年 10 月 27 日。

第二节 社会科学领域的科学数据管理平台建设内容比较分析

一 社会科学领域科学数据管理平台的调查方案设计

目前国外已建设了一批典型的社会科学领域的科学数据管理平台，这些平台功能较为完善，积极参与国际合作，具有较大的影响力，是国际社会科学领域科学数据管理和共享平台的领先者。因此，本项目研究选取国外典型的社会科学领域的科学数据管理平台，同时选取国内具有代表性的社会科学领域的科学数据管理平台进行深入调查，寻找国内外社会科学领域的科学数据管理平台建设的差距，总结社会科学领域科学数据管理平台建设的先进经验。

（一）社会科学领域科学数据管理平台的选取

1. 国外平台选取

开放获取目录（Open Access Directory，OA）是一个与开放获取相关的简单事实列表，汇集有关开放获取的各种信息，其中提供了当前已发布的科学数据管理平台列表。欧洲社会科学数据存档联盟（Consortium of European Social Science Data Archives，CESSDA）汇集了欧洲国家级的社会科学数据管理平台。因此，结合上一节的论述，通过 re3data、OAD 和 CESSDA，基于平台科学数据资源量、访问下载量、使用影响等选取国外建设较为成熟的 9 个社会科学领域的科学数据管理平台，分别为德国数据存档（GESIS Data Archive）、英国国家数据档案中心（UK Data Archire，UKDA）、芬兰社会科学数据存档（Finnish Social Science Data Archive，FSD）、荷兰数据存档与网络服务（Data Archivng and Networked Services，DANS）、美国高校校际政治与社会研究联盟（Inter-university Consortium for Potiticat and Social Research，ICPSR）、英国考古数据服务（Archaeology Data Service，ADS）、美国定性数据知识库（Qualitative Data Repository，QDR）、奥德姆研究所数据存档（Odum Archive）、澳大利亚数据存档（Australia Data Archive，ADA）（见表 7-2）。

表 7-2　　国外社会科学领域的科学数据管理平台调查列表

平台名称	平台类型	国家	建设时间	建设主体
GESIS Data Archive	国家级综合性平台	德国	1960 年	德国莱布尼兹社会科学研究所
UKDA	国家级综合性平台	英国	1967 年	英国埃塞克斯大学、英国经济与社会研究会（ESRC）、英国联合信息系统委员会（JISC）
FSD	国家级综合性平台	芬兰	1999 年	芬兰教育和文化部、坦佩雷大学
DANS	国家级综合性平台	荷兰	2005 年	荷兰皇家艺术学院（KNAW）、荷兰研究委员会（NWO）
ICPSR	机构联盟综合性平台	美国	1962 年	密歇根大学社会研究所
ADS	机构联盟专题性平台	英国	1996 年	约克大学、伯明翰大学、布莱福德大学、格拉斯哥大学、英国考古学委员会等
QDR	机构联盟综合性平台	美国	2014 年	雪城大学
Odum Archive	机构专题性平台	美国	1965 年	奥德姆研究所
ADA	机构综合性平台	澳大利亚	1981 年	澳大利亚国立大学社会研究和方法中心

2. 国内平台选取

目前国内虽已建设了一批社会科学领域的科学数据管理平台，但部分平台网站无法访问。中国经济社会数据研究中心、国家统计局—中国人民大学数据开发中心和国家统计局—北京大学数据开发中心由国家统计局与高校共建，主要是促进对政府统计数据的开发应用，数据来源于国家统计局的微观统计数据，目前仅面向“双一流”建设高校和科研院所开放，无法获取平台详细信息。因此，选取北京大学开放研究数据平台、中国人民大学中国学术调查数据资料库、复旦大学社会科学数据平台、西南财经大学中国家庭金融调查与研究中心、华中科技大学中国高校社会科学数据中心、北京大学中国调查数据资料库、湖南大学经济数据研究中心进行调查研究。

（二）社会科学领域科学数据管理平台的调查方法

调查方式主要为网络调查和文献分析。社会科学领域的科学数据管理平台均建设了门户网站来实现平台与科学数据存储者和科学数据使用者的互动。在网站上，会提供平台的发展历史、建设过程、建设目标、服务功能、数据资源、政策规范等信息，可以使用户从整体上了解平台。

因此，本书主要通过浏览检索、注册使用各平台的网站，深入、细致地了解平台各方面的情况，并进行归纳总结，同时辅以邮件询问、文献资料调查等方式解决疑问，获取更多相关信息。

（三）社会科学领域科学数据管理平台的对比内容

当前，已有学者对国内外科学数据管理平台的经费来源、组织形式、政策规范、数据资源、系统软件、平台功能、国际交流等进行了比较分析①②③。社会科学领域的科学数据管理平台的建设同其他学科领域平台的建设一样，是一个系统工程，涉及建设前期的准备工作、平台服务功能的提供以及平台的可持续发展等问题，需要有相应的政策指导、充足的资金支持、专业的团队管理以及可扩展的技术应用，还应提供强大的功能吸引用户使用，并积极与国内外相关组织机构开展合作，应用最佳实践标准，使平台保持活力，长久发展。

基于文献阅读，在现有研究成果上总结提炼前人已探讨的科学数据管理平台建设的相关内容，并根据当前科学数据管理平台建设的实际情况，增加新的分析维度。因此，本书从建设基础、平台功能、评估认证、合作交流四个方面对国内外社会科学领域的科学数据管理平台进行调查和对比分析，具体内容如表 7-3 所示。

表 7-3　社会科学领域科学数据管理平台对比内容

维度	具体内容	
建设基础	政策法规、资金支持、系统软件、人员配置	
平台功能	数据管理功能	数据管理计划制订、数据收集、数据描述、数据组织、数据存储、数据发布与共享、数据引用
	数据服务功能	· 基础服务：平台简介、数据提交、数据浏览、数据检索、数据下载 · 增值服务
评估认证	可信赖认证	
合作交流	国内合作、国际合作	

① 卫军朝、张春芳：《国内外科学数据管理平台比较研究》，《图书情报知识》2017 年第 179 期。

② 袁梦雪：《国内外健康医学科学数据管理平台对比分析》，《数字图书馆论坛》2020 年第 1 期。

③ 李舸、柏永青、王卷乐等：《中美地球系统科学数据共享平台对比分析》，《中国科技资源导刊》2018 年第 2 期。

二　社会科学领域科学数据管理平台的建设基础对比

（一）社会科学领域科学数据管理平台的政策法规

数据政策是社会科学管理平台建设的重要推动因素，使平台的建设和服务有章可依、有规可循。从政策的制定主体和功能来看，社会科学数据管理政策可以粗略地分为国家层面的宏观政策、科研资助机构层面的中观政策和平台层面的微观政策。宏观政策为社会科学数据管理平台的建设和数据管理服务指出总的方向和要求；中观政策是在宏观政策的框架下，对相关内容和要求进一步细化；微观政策是针对社会科学数据管理、共享和重用活动做出的具体要求，制定更加全面的行动指南。

在国家层面，国内外都发布了科学数据管理与科学数据共享相关的政策法规（见表7-4）。美国、澳大利亚早在20世纪就颁布了《信息自由法》，以法律手段赋予公众获取公共信息的权利。大数据时代背景下，数据成为重要的战略资源，各国政府相继出台了一系列科学数据政策。美国总统行政办公厅科技政策办公室在1991年发布《全球变化科学数据管理政策声明》①，该声明对所有促进全球变化的科研项目提出了数据开放与共享的具体要求，即“完全与开放”共享。《促进联邦资助科学研究成果获取》在2013年发布②，该政策对年研发预算超过1亿美元的研究机构提出了数据开放获取的要求，目的是最大限度地促进公众免费获取联邦资助、同行评审的科学出版物和那些在研究中产生的科学数据。2012年，英国内阁办公室发布《开放数据白皮书：释放数据潜能》要求减少科学数据获取的限制③。英国政府在2020年提出了《国家数据战略》，目的是改善数据的使用，支持数据驱动的创新。德国、澳大利亚、荷兰、芬兰等国的各级政府部门也分别制定了相关数据政策，促进数据开放共享。为促进数据的共享和交流，我国各级政府部门也出台了一系列数据政策，科技部在2008年颁布了《国家重点基础研究发展计划资源环境领域项目数据汇交暂行办法》，该办法针对资源环境领域科研项目的

---

① The White House Office of Science and Technology Policy, “Policy statements on data management for global change research”, November 15, 2021, https://digital.library.unt.edu/ark:/67531/metadc11862.

② The White House Office of Science and Technology Policy, “Increasing access to the results of federally funded scientific”, February 13, 2018, https://www.fda.gov/science-research/about-science-research-fda/public-access-results-fda-funded-scientific-research.

③ 王颢燃：《中英科研数据管理政策比较研究》，硕士学位论文，辽宁师范大学，2021年。

数据的收集、保存和共享服务提出了具体要求①。2018 年 3 月《科学数据管理办法》由国务院办公厅发布，这是我国首部国家层面有关科学数据管理的政策，对科学数据的采集汇交、保存、共享利用、保密安全作了相关规定②，标志着我国科学数据管理和共享进入了新的历史阶段。

表 7-4 国家层面数据政策

国家	制定主体	发布日期	政策名称
美国	联邦政府	1966 年	《信息自由法》
		2013 年	《开放数据政策——将信息作为资产进行管理》
	白宫科技政策办公室	1991 年	《全球变化研究数据管理政策声明》
		2013 年	《促进联邦资助科研成果获取的备忘录》
	总统行政办公室和国家科技委员会	2016 年	《联邦大数据研发战略计划》
	总统办公室、白宫管理与预算办公室	2019 年	《联邦数据战略与 2020 年行动计划》
英国	英国政府	2000 年	《信息自由法》
		2013 年	《抓住数据机遇：英国数据能力策略》
		2020 年	《国家数据战略》
	内阁办公室	2012 年	《开放数据白皮书》
		2013 年	《2013—2015 年英国开放数据政府伙伴关系行动计划》
德国	联邦政府	2005 年	《联邦信息自由法》
	内政部	2014 年	《开放数据宪章——德国行动计划》
	联邦教研部	2015 年	《柏林开放获取战略》
澳大利亚	联邦政府	1982 年	《信息自由法》
	研究理事会	2007 年	《澳大利亚负责研究行为准则》
	澳大利亚政府信息管理办公室	2013 年	《公共服务大数据战略》

① 中华人民共和国科技部：《国家重点基础研究发展计划资源环境领域项目数据汇交暂行办法》，2008 年 3 月 18 日，http：//www. most. gov. cn/kjzc/gjkjzc/kjtjybz/201308/ P020130823579533591568. pdf.，2021 年 11 月 17 日。

② 国务院办公厅：《科学数据管理办法》，2018 年 4 月 2 日，http：//www. gov. cn/zhengce/content/2018-04/02/content_5279272. htm，2021 年 11 月 17 日。

续表

国家	制定主体	发布日期	政策名称
荷兰	荷兰内政及王国关系部	2013 年	《开放数据战略愿景》
		2013 年	《开放数据行动计划（2014—2015）》
		2016 年	《国家开放数据议程（2016）》
芬兰	国家开放科学研究指导小组	2019 年	《开放科学和研究宣言》
		2021 年	《开放科学数据和方案》
中国	科技部	2006 年	《国家科技计划项目科学数据汇交暂行办法（草案）》
		2008 年	《国家重点基础研究发展计划资源环境领域项目数据汇交暂行办法》
	国务院	2015 年	《促进大数据发展行动纲要》
		2018 年	《科学数据管理办法》
	科技部、财政部	2018 年	《国家科技资源共享服务平台管理办法》

在科研资助机构层面，国外越来越多的科学资助机构要求数据共享，制定了数据管理和共享政策或作出了相关声明（见表 7-5）。2011 年，英国研究理事会（Research Council UK，RCUK）发布《数据政策通用原则》，

表 7-5　　科研资助机构层面数据政策

国家	资助机构	发布日期	政策名称
美国	美国国家科学基金会（NSF）	2015 年	《今天的数据，明天的发现》
	美国国立卫生研究院（NIH）	2003 年	《NIH 数据共享政策》
		2015 年	《促进从 NIH 资助的科学研究中获取科学出版物和数字科学数据计划》
		2020 年	《NIH 数据管理和共享最终政策》
英国	英国研究理事会（RCUK）	2011 年	《数据政策通用原则》
		2013 年	《通过拨款资助支持科学数据管理成本》
		2015 年	《科学数据管理最佳实践指南》
		2016 年	《开放科学数据协议》

续表

国家	资助机构	发布日期	政策名称
德国	德国研究基金会（DFG）	1998 年	《确保良好科学实践的建议》
		2006 年	《开放获取政策草案》
		2018 年	《促进科学信息基础设施》
澳大利亚	澳大利亚研究理事会（ARC）	2015 年	《开放获取政策》
芬兰	芬兰科学院	—	要求开放科学数据

强调公共资助项目的科学数据应该以最少的限制，及时全面地得到公开利用①。遵循《数据政策通用原则》，ESRC 要求公开受资助的研究成果，包括同行评议的文章、研究过程中产生的科学数据②。2015 年美国国家科学基金会（National Science Foundation，NSF）要求其资助的科研成果（包括科学数据）必须在首次发表后 的 12 个月内通过自存储方式保存并实现共享与开放利用③。在我国，作为管理基金项目的重要部门，国家自然科学基金委员会、全国哲学社会科学工作办公室均没有出台科学数据管理和共享的相关政策。

在平台层面，国外社会科学数据管理平台普遍制定了有关数据选择与评估、数据存储与长期保存、数据使用与安全以及隐私保护等的政策或规范，覆盖数据全生命周期，如英国国家数据档案中心（UKDA）的数据政策包括《数据选择与评估标准》《定性数据接收处理程序》《定量数据处理程序》《数据保存政策》《许可遵从政策》《隐私保护政策》等，对数据从收集、处理到保存、共享过程中的具体操作进行了说明。目前我国仅有少数社会科学数据管理平台制定了相关数据存放和使用规范，如湖南大学经济研究数据中心制定了《数据使用说明》，北京大学中国调查数据资料库发布了《会员管理制度》《数据资料存放协议》《数据使用协议》，对数据存储和使用做出了相关声明，但还有一些平台尚未制定任

① 马合、黄小平：《欧美科学数据政策概览及启示》，《图书与情报》2021 年第 4 期。

② ESRC, "Publishing your research findings", March 31 2022, https://www.ukri.org/manage-your-award/publishing-your-research-findings/.

③ NSF. "Today's data, tomorrow's discoveries", November 17, 2021, https://www.nsf.gov/pubs/2015/nsf15052/nsf15052.pdf.

何相关规章制度（见表 7-6）。

表 7-6　　社会科学数据管理平台层面数据政策

平台名称	政策
GESIS Data Archive	《数据收集政策》《数据保存政策》《数据存档协议》《数据使用规定》《数据保护政策》《隐私保护政策》
UKDA	《编目程序与指南》《馆藏发展政策》《数据选择与评估标准》《数据处理标准》《定性数据接收处理程序》《定量数据处理程序》《保存政策》《许可遵从政策》《信息安全管理政策》《保密协议》《隐私保护政策》
FSD	《数据采集与选择标准》《数据存储协议》《数据监管政策》《数据保存政策》《数据使用的一般条款和条件》《PID 和版本控制政策》《隐私政策》
DANS	《来源和数据处理文件》《数据存放说明》《数据保存计划》《数据使用说明》《隐私声明》
ICPSR	《馆藏发展政策》《数字保存政策》《数据访问政策》《数据再分发政策》《数据灾难备份政策》《会员资助数据共享政策》《角色与职责政策》《隐私政策》等
ADS	《数据收集政策》《数据存放者指南》《隐私政策》《关于个人、机密和敏感数据存放的政策和指导》
QDR	《馆藏发展和评价》《数据监管政策》《数字保存政策、使用和删除政策》《数据访问政策》《敏感数据处理》《一般使用条款和条件》《隐私政策》
Odum Archive	《馆藏发展政策》《数字保存政策》《UNC Dataverse 使用条款》《数据安全指南》《元数据指南》
ADA	《ADA 收集政策》《数据保存计划》
中国学术调查数据资料库	—
中国家庭金融调查与研究中心	《数据使用说明》
中国高校社会科学数据中心	—
复旦大学社会科学数据平台	《隐私声明》《用户指南》
湖南大学经济数据研究中心	《数据使用规则》《数据使用说明》
北京大学中国调查数据资料库	《会员管理制度》《数据资料存放协议》《数据使用协议》
北京大学开放研究数据平台	《用户指南：使用手册和使用条款》

综上，国外自上而下形成了完整的数据政策体系，各级政府部门、资助机构均出台了数据政策，为平台建设提出了要求，为数据管理和共享提供了指南，平台遵循上级政策要求，同时基于自身情况，制定了具体的数据标准和规范，指导社会科学数据的管理和共享。相较于国外，国内数据政策在数量、政策内容方面均存在明显的滞后性。科研资助机构政策缺失，平台数据政策不完善，不同层面的政策之间未能有效协调和互相支持，这在一定程度上限制了平台的良好建设和健康发展。

（二）社会科学领域科学数据管理平台的资金支持

社会科学数据管理平台的建设涉及硬件设备采购、软件系统开发、数据监管与维护等多方面的费用，需要投入大量的资金。充足的资金是保障平台顺利建设和持续运行的一个重要因素。

在国外，社会科学领域的科学数据管理平台获取建设资金的渠道广泛，包括国家基金、政府拨款、建设机构资助、社会基金会资助、私营机构和个人捐助、会员费以及服务收费等，如表 7-7 所示。国家层面的平台资金主要来源于政府和建设机构，同时通过服务、项目资助获取经费，如德国 GESIS Data Archive 由 GESIS-莱布尼茨社会科学研究所资助，此外，GESIS Data Archive 还提供了一系列高阶科学数据存档服务（Archiving Plus）供用户选择，根据不同的科学数据管理服务内容收取相应的服务费用；英国国家数据档案中心（UKDA）由 ESRC、JISC 和英国埃塞克斯大学资助；芬兰 FSD 的运行主要由芬兰教育和文化部、坦佩雷大学提供资金，此外，还得到了芬兰科学院的项目基金资助。联盟平台多是通过科学数据管理服务收费、会员费获得资金，有时也会得到国家资助，如美国高校校际政治与社会研究联盟（ICPSR）主要通过三种方式获取资金，一是服务收费，ICPSR 为 20 多个政府机构和基金会提供数据归档和传播服务；二是会员收费，目前 ICPSR 有 750 多个会员机构；三是培训收费，ICPSR 为国内外的科研人员提供定量分析方法暑期项目培训；英国 ADS 在建设初期主要由 JISC 和英国艺术与人文研究理事会（AHRC）资助，自 2012 年以来，ADS 通过服务收费和项目资助维持运行；对于机构平台，资金主要来源于主导建设平台的机构，还可能通过国家资助、社会资助或服务收费获取资金，如美国 Odum Archive 主要由北卡罗来纳州的年度预算拨款提供支持，还通过为个人和组织提供专门服务获取资金，此外，Odum Archive 还积极寻求联邦机构和私人基金会的支持。

表 7-7 国外社会科学数据管理平台资金来源

平台名称	资金来源
GESIS Data Archive	GESIS-莱布尼茨社会科学研究所、服务收费
UKDA	经济与社会研究理事会（ESRC）、联合信息系统委员会（JISC）、英国埃塞克斯大学、欧盟项目资助
FSD	芬兰教育和文化部、坦佩雷大学、芬兰科学院
DANS	荷兰皇家艺术科学院（KNAW）、荷兰研究委员会（NWO）、项目资助
ICPSR	政府机构、国家基金会、社会基金会、会员年费、私人出版商、项目资助、培训收费
ADS	JISC、艺术与人文研究理事会（AHRC）、数据存放收费、项目资助
QDR	雪城大学、国家科学基金会、艾尔弗雷德·P. 斯隆基金会、博物馆和图书馆服务研究所、会员收费
Odum Archive	北卡罗来纳州年度预算拨款、服务收费、联邦机构、私人基金会
ADA	澳大利亚国立大学（ANU）

国内社会科学领域的科学数据管理平台主要由国家和建设机构提供资金，资金来源渠道较为单一（见表 7-8）。北京大学中国调查数据资料库、中国人民大学中国学术调查数据资料库以及北京大学开放研究数据平台是在国家自然科学基金会的资助下建设，华中科技大学中国高校社会科学数据中心和复旦大学社会科学数据平台是由 985 三期项目资助，湖南大学经济数据研究中心由湖南大学经贸学院资助建设，西南财经大学中国家庭金融调查与研究中心除从学校获取资金外，还通过与国际货币基金组织、世界银行、中国农业银行等知名机构开展研究合作，获得课题经费。

表 7-8 国内社会科学数据管理平台资金来源

平台名称	资金来源
中国学术调查数据资料库	国家自然科学基金
中国家庭金融调查与研究中心	西南财经大学、国际货币基金组织、中国人民银行总行金融研究所等
中国高校社会科学数据中心	985 工程三期
复旦大学社会科学数据平台	985 工程三期
湖南大学经济数据研究中心	湖南大学经贸学院
北京大学中国调查数据资料库	国家自然科学基金
北京大学开放研究数据平台	国家自然科学基金

综上，国外社会科学领域的科学数据管理平台资金来源总体上比国内社会科学领域的科学数据管理平台广泛。国外平台普遍都采用多种融资方式，包括国家资助、社会捐助、项目基金、服务收费等，以支持平台的正常运转。不同层面的平台主要资金来源渠道不同，国家层面的平台主要由国家或政府资助，联盟平台主要通过会员费、服务收费、社会组织等获得资金，机构平台主要由本机构负责建设，但都通过其他方式寻求资金。而当前国内平台资金来源渠道较少，主要依赖国家或政府拨款，很少获得外部资助。

（三）社会科学领域科学数据管理平台的系统软件

当前国外社会科学数据管理平台系统开发包括自主开发、使用开源软件、购买商业软件三种（见表 7-9）。在开放获取的理念下，一些平台开放了系统软件的源代码，供公共使用，如 DSpace、Fedora、Dataverse 等。开源软件具有良好的扩展性和开发成本低等优点，越来越多的平台基于开源软件构建。Dataverse 由哈佛大学定量社会科学研究所开发，最初主要聚焦于社会科学数据管理，具有较完善的数据管理功能[①]，目前在世界范围内得到了广泛使用。在所调查的平台中，澳大利亚 ADA、美国的 QDR 以及 Odum Archive 都是基于 Dataverse 构建。一些平台拥有强大的技术团队，为了更好地满足自身数据管理和服务的需求，选择自主开发系统，如 GESIS Data Archive、ICPSR、FSD 和 ADS，其中 FSD 开放了所使用的部分软件的源代码。Nesstar 是一个用于数据发布和在线分析的软件系统，支持用户在线搜索、浏览和分析数据，能够处理调查数据、多维表格和文本类资源[②]。当前，Nesstar 也被广泛应用于平台的建设中，英国 UKDA、荷兰 DANS 都使用 Nesstar 提供在线数据服务。

表 7-9　　国外社会科学数据管理平台系统软件

平台名称	系统软件
GESIS Data Archive	自建系统
UKDA	商业软件，Nesstar

① 罗鹏程、朱玲、崔海媛等：《基于 Dataverse 的北京大学开放研究数据平台建设》，《图书情报工作》2016 年第 3 期。

② Norwegian Center for Research Data, "Nesstar", November 15, 2021, http://www.nesstar.com/about/about.htm.

续表

平台名称	系统软件
FSD	自建系统
DANS	商业软件，Nesstar
ICPSR	自建系统，使用 SDA 扩展其在线分析功能
ADS	自建系统
QDR	开源软件，Linux、Drupal、Dataverse、Chef、Jenkins、Nagios
Odum Archive	开源软件，Dataverse
ADA	开源软件，Dataverse

表 7-10 国内社会科学数据管理平台系统软件

平台名称	系统软件
中国学术调查数据资料库	自建系统
中国家庭金融调查与研究中心	自建系统
中国高校社会科学数据中心	自建系统
复旦大学社会科学数据平台	开源软件，Dataverse
湖南大学经济数据研究中心	自建系统
北京大学中国调查数据资料库	自建系统
北京大学开放研究数据平台	开源软件，Dataverse

国内主要采用自主构建和开源软件二次开发搭建社会科学领域的科学数据管理平台（见表 7-10），其中自主构建的平台较多，如中国人民大学中国学术调查数据资料库、湖南大学经济数据研究中心、北京大学中国调查数据资料库等都是自建系统。复旦大学的社会科学数据平台、北京大学的开放研究数据平台则都是对开源软件 Dataverse 进行二次开发构建的，相比之下，平台功能更为完善。

综上，国内外社会科学数据管理平台在开发系统时都采用了不同的方式，但国外社会科学数据管理平台较注重平台软件的开放和推广，且不断创新技术，完善平台功能，提供了许多成熟的软件可供外部使用，如 Dataverse、Nesstar。国内社会科学数据管理平台以自建系统为主，同时也有部分平台基于开源软件构建，但对自主开发的软件多是仅供本系统使用，不对外开放。

（四）社会科学领域科学数据管理平台的人员设置

社会科学数据管理平台的持续运行和发展需要有专业的人才队伍保障。国外社会科学数据管理平台对平台建设和数据管理工作进行了细化，大多都组建了由技术开发人员、数据管理人员、用户服务人员、培训教育人员、协调人员等组成的强大服务团队，具有明确的分工（见表7-11），如英国国家数据档案中心（UKDA）的团队包括技术开发人员、数据收集人员、数据发布和监管人员、数据访问管理人员、数据安全人员、数据馆藏开发人员、财务人员以及培训、协调人员等，分别负责平台开发、数据管理、资金管理、外部交流等方面的工作。

国内社会科学数据管理平台多是依托本校的社会科学调查中心或院系建立。通过调查发现，大多数中心都拥有强大的专家队伍，设置了不同的部门负责不同的工作（见表7-12）。中国学术调查数据资料库由中国人民大学中国调查与数据中心建设和管理，中心设立了数据采集部、数据管理部、研究部、研发部、综合事务部；北京大学中国调查数据资料库由北京大学管理科学数据中心建设，设有调查执行及质控部、技术部、行政部、数据部、智库、教育培训部。虽然不同中心设置的部门存在差异，但都包括技术部和数据部，负责平台系统的技术研发和数据管理工作。

综上，国内外社会科学数据管理平台大多都拥有强大的专家队伍。国外平台具有明确的分工，普遍配备了技术人员、数据管理人员、行政人员，分别负责平台的技术开发、数据管理、数据服务、对外交流、资金管理等事宜，国内大部分平台也设置了相应的部门负责平台建设和数据管理等工作，但少数平台仍缺少专业的人员，没有明确的人员分工，平台管理缺乏规范的制度。

表7-11　国外社会科学数据管理平台人员配置

平台名称	人员配置
GESIS Data Archive	知识交流与宣传人员、信息技术基础设施和服务人员、元数据标准人员、数据获取与访问人员、数据存档人员
UKDA	技术开发人员、数据收集人员、数据发布与监管人员、数据访问管理人员、信息安全人员、财务人员、协调、培训和通信人员
FSD	管理和通信人员、用户服务与数据获取人员、项目和发展人员、技术服务人员

续表

平台名称	人员配置
DANS	数据管理人员、信息与通信技术支持人员、系统软件开发人员、商业智能人员、项目管理人员
ICPSR	平台管理人员、研究人员、项目管理与用户支持人员、会员和通信人员、数据监管人员、数据保存人员、技术服务人员、暑期项目培训人员
ADS	馆藏开发人员、国际项目人员、数字存档人员、数字存档培训人员、编辑、应用开发人员
QDR	技术人员、系统管理人员、数据监管人员
Odum Archive	存档咨询人员、数据监管人员、数据运营与通信人员、技术开发人员
ADA	数据存档管理人员、用户服务人员、技术开发人员、网络服务协调人员

表 7-12　　国内社会科学数据管理平台人员配置

平台名称	人员配置
中国学术调查数据资料库	数据采集部、数据管理部、研究部、研发部、综合事务部
中国家庭金融调查与研究中心	数据部、技术部、质控部、执行部、公关国际部、行政人事部、财务部
中国高校社会科学数据中心	—
复旦大学社会科学数据平台	核心专家团队
湖南大学经济数据研究中心	管理人员、研究人员、学术顾问
北京大学中国调查数据资料库	调查执行及质控部、技术部、行政部、数据部、智库、教育培训部
北京大学开放研究数据平台	—

三　社会科学领域科学数据管理平台的具体功能对比

（一）科学数据管理功能

社会科学领域的科学数据管理平台构建的主要目的是对社会科学领域的科学数据进行管理，面向科研人员提供数据相关的服务，促进社会科学领域科学数据重用。数据管理是平台最主要的功能。依据科学数据生命周期，平台的数据管理功能可划分为数据管理计划制订、数据收集、数据质量审查、数据描述、数据组织、数据保存、发布与共享和数据引用。国内外社会科学领域的科学数据管理平台提供的数据管理功能如表 7-13 和表 7-14 所示。

表 7-13 国外社会科学领域的科学数据管理平台数据管理功能调查列表

平台名称	数据管理计划	数据收集	数据审查	数据描述	数据组织	数据保存	数据发布	数据引用
GESIS Data Archive	√	√	√	√	√	√	√	√
UKDA	√	√	√	√	√	√	√	√
FSD	√	√	√	√	√	√	√	√
DANS	—	√	√	√	√	√	√	√
ICPSR	√	√	√	√	√	√	√	√
ADS	√	√	√	√	√	√	√	√
QDR	√	√	√	√	√	√	√	√
Odum Archive	√	√	√	√	√	√	√	√
ADA	—	√	√	√	√	√	√	√

表 7-14 国内社会科学领域的科学数据管理平台的数据管理功能调查列表

平台名称	数据管理计划	数据收集	数据审查	数据描述	数据组织	数据保存	数据发布	数据引用
中国学术调查数据资料库	—	√	√	√	√	√	√	—
中国家庭金融调查与研究中心	—	√	√	√	√	√	√	√
中国高校社会科学数据中心	—	√	—	√	√	√	—	—
复旦大学社会科学数据平台	—	√	—	√	√	√	√	√
湖南大学经济数据研究中心	—	√	√	√	√	√	√	√
北京大学中国调查数据资料库	—	√	√	√	√	√	√	—
北京大学开放研究数据平台	—	√	—	√	√	√	√	√

数据管理计划（Data Management Plan，DMP）是在项目开展之前，科研人员制定的一份书面文档，描述项目期望在研究过程中获取的现有数据或生成的新数据，如何管理、分析和存储这些数据以及在项目结束后将如何共享和保存这些数据[①]。国外许多科研资助机构都要求科研人员在申请项目资助时提交 DMP，在所调查的国内外社会科学数据管理平台

① 王丹丹：《科学数据管理服务需求识别方法研究》，《大学图书馆学报》2018 年第 1 期。

中，GESIS Data Archive、UKDA、FSD、ICPSR、ADS、QDR、Odum Archive 都具备数据管理计划功能，为科研人员编制 DMP 提供模板和相关资源。FSD 根据芬兰的政策要求，提出 DMP 需包含的内容，从数据生成、数据收集、质量检查、数据处理到数据保存、后续使用，DMP 应说明整个科研过程中的数据管理措施；QDR 提供了一份 DMP 清单，指出科研人员应回答的数据管理问题，包括参与项目的人员、收集数据的方式、数据格式、生成数据的大小、如何组织和处理数据、如何保证数据安全、如何存储和保存数据等，但该清单并不是固定不变的，可以根据项目需求定制。各平台的 DMP 内容及支持服务如表 7-15 所示。可以发现，DMP 的具体内容有所不同，但通常都包括生成的数据类型、收集数据的方式、数据格式、数据描述与元数据、数据存储、数据安全与备份、数据共享与重用、版权与知识产权，FSD 和 ADS 还要求说明数据质量控制措施。目前国内社会科学数据管理平台多侧重于数据的收集和保存，均不具备数据管理计划功能。

数据收集是指平台通过各种途径获取各类社会科学数据。调查的国内外社会科学数据管理平台都具备数据收集功能。国外平台通过多种方式获取数据，包括用户提交、平台自身调查项目产生、主动搜集外部数据。平台普遍支持用户在线提交数据，GESIS Data Archive 同时接受平台内部产生和外部提交的数据，ICPSR 除接收用户存放的数据外，还定期查看联邦资助机构的数据库、学术刊物网站。国内绝大多数平台以用户提交数据为主，中国人民大学中国学术调查数据资料库面向国内人员收集社会调查数据，复旦大学社会科学数据平台和北京大学开放研究数据平台主要收集本机构生成的数据，湖南大学经济数据中心通过用户上传、互联网、外部购买来获取数据，西南财经大学中国家庭金融调查与研究中心的数据主要是中心调查项目产生，不收集外部数据。

表 7-15　　　　国外社会科学数据管理平台 DMP 要素及服务

平台名称	DMP 要素	支持服务
GESIS Data Archive	数据收集、数据保护与道德、版权、文档与元数据、数据安全与备份、数据选择与长期保存	咨询服务、DMP 资源推荐
UKDA	数据管理规划；文件编制；格式化；数据存储；机密数据、道德与知情同意；版权；数据共享	DMP 资源推荐

续表

平台名称	DMP 要素	支持服务
FSD	数据生成与收集；数据版权与知识产权；数据机密性与安全；数据处理；文件格式与数据保存；数据质量保障；元数据及其存储；数据的后续使用	DMP 资源推荐
ICPSR	数据描述；现有数据；数据格式；元数据；存储与备份；数据安全；角色与责任；知识产权；访问与共享；数据用户；数据选择与保留期限；存档与保存；道德与隐私	咨询服务、DMP 资源推荐、FQA
ADS	数据生成；元数据、标准与质量检查措施；数据共享的计划；数据共享伦理、法律问题、限制；数据的版权与知识产权；数据存储与备份措施；数据管理角色与责任；成本与所需资源	咨询服务、DMP 资源推荐
QDR	项目人员；数据收集；数据格式与存储；数据规模；数据组织；数据处理与转换；数据安全与真实性；数据文档；存储、备份与保存；数据共享计划	咨询服务、DMP 资源推荐
Odum Archive	没有提供 DMP 模板，推荐利用 DCC 的 DMP 核查表和 DMPTool 编制 DMP	DMP 资源推荐
QDR	项目人员；数据收集；数据格式与存储；数据规模；数据组织；数据处理与转换；数据安全与真实性；数据文档；存储、备份与保存；数据共享计划	咨询服务、DMP 资源推荐

数据审查是数据管理的重要内容，是平台按照一定的标准对收集到的数据进行技术检查和内容检查，确保数据能被其他科研人员验证和重用。国外社会科学数据管理平台均具备数据审查功能，制定了数据选择和评估政策。GESIS Data Archive 对每次提交的数据及其附带文档，都会检查材料是否完整可读、有无错误或缺失信息以及是否携带病毒等；UK-DA 制定了 A＊、A、B 和 C 四个级别的审查标准，从内容、格式、隐私保护和下载使用方面分别对定量数据和定性数据进行质量控制；QDR 在收到数据后，会审查文件的完整性、版权、披露风险，对数据进行格式转换，统一文件命名。不同平台的数据审查方式和审查内容有所不同，但通常都在数据提交后对数据集本身和元数据的完整性和可读性进行检查，归档符合要求的数据。目前国内仅有中国人民大学中国学术调查数据资料库、湖南大学经济数据研究中心、北京大学中国调查数据资料库提到了数据质量检查，中国人民大学中国学术调查数据资料库给出了数据清洗的具体内容，其他平台尚不具备数据审查功能。

数据描述是对科学数据进行元数据描述，使数据更易查找，完整丰富的元数据描述对数据有效组织和重用至关重要。国内外社会科学数据管理平台都致力于创建完备的元数据方案，详细描述数据，增强数据的可发现性。目前，国内外社会科学数据管理平台多是基于 DDI 元数据标准创建元数据方案，也有平台使用 Dublin Core，但都包含必需字段和可选字段。GESIS Data Archive、UKDA、FSD、QDR、ICPSR、Odum Archive、ADA、复旦大学社会科学数据平台、北京大学开放研究数据平台等多个平台使用 DDI 元数据规范创建元数据字段，DANS、ADS、中国人民大学中国学术调查数据资料库等基于 Dublin Core 描述数据。部分平台分级别描述数据，UKDA 记录研究、数据文件和变量三个级别的元数据信息，FSD 要求对研究和变量内容进行描述，复旦大学社会科学数据平台、北京大学开放研究数据平台分别从数据空间、数据集、文件三个级别来描述数据，且支持元数据方案定制，QDR 同时使用 DDI 和 Datacite 元数据模式确定了 22 个必需字段和 69 个可选字段。各平台都在现有元数据标准的基础上积极创新，以提供全面详细的元数据字段，最大限度地促进数据被检索到。

数据组织功能是指平台按照约定的规则和技术，科学数据进行专业化、规范化的分类、编目和描述等处理，然后让规范化处理后的数据以合适的方式展示出来，方便用户查找和发现①。国内外社会科学数据管理平台都通过不同的方式对收集到的数据进行组织，以便于浏览和检索数据。按主题、类型对数据进行分类是常见的数据组织方式，根据收集的数据特点和平台的实际情况，不同平台还采用其他分类方式，如 UKDA 还将数据分为教学数据集、国际宏观数据、开放人口普查数据、受控访问数据、常规数据浏览；ADS 按性质、时期、地区、来源对数据进行分类；复旦大学社会科学数据平台、北京大学开放研究数据平台、ADA、QDR 等基于 Dataverse 构建，按数据空间类型、发布时间、作者、学科、关键词等方式组织数据，湖南大学经济数据研究中心将数据分为基础数据、特色数据和重要数据。

数据存储与保存是指提供存储空间和存储技术，对收集到的数据进行长期保存。国内外社会科学数据管理平台都支持数据存储，并采取多种方式确保数据长期安全保存，包括遵循公认标准、采用通用数据格式、

① 赵希梅：《国内外科学数据管理平台比较研究》，硕士学位论文，西北大学，2018 年。

平台软硬件日常维护、数据备份等。平台普遍遵循 OAIS 参考模型管理和保存数据，将数据和文件保存在提交信息包（Submission Information Package，SIP）中，并以原始形式保存在平台中，使用开放和通用的格式归档各类数据。为长期保存数据，UKDA 监控硬件和软件的发展，迁移数据，采取多拷贝恢复策略，保存数据的 5 个版本，同时监控数据媒体，及时发现潜在问题并采取行动；ICPSR 采取异地多重备份的方式保存数据，目前维护数据的 5 份副本，包括网络连接存储、磁带备份、本地存储、云存储；Odum Archive 每年都会对平台系统进行检查，确定硬件和软件是否需要更新。

数据发布与共享是指平台有限制或无限制地公开收集到的数据，可供外界人员查看、下载和使用。数据发布与共享是数据重用的前提，国外社会科学数据管理平台普遍都具备该功能，且多采用分级分类的方式共享数据，支持无须注册登录就可访问下载数据（见表 7-16）。UKDA 根据数据的详细程度、保密性和敏感性，分三个级别共享数据：开放数据、受保护的数据和通过 SecureLab 访问的受控数据，对于开放数据，科研人员无须注册即可访问下载，用户在注册并接受最终用户许可后可访问受保护的数据，一些数据集可能会附加访问条件，但绝大多数数据集只需注册即可获取，受控数据多来自国家统计局和大型数据提供商，具有高度机密性和敏感性，UKDA 对受控数据的访问要求极其严格，首先需提交详细的项目申请，获得专业数据访问团队和数据所有者的同意；其次接受安全培训，并与申请人所在组织签订相关法律协议，且只能通过 UKDS 的 Secure Lab 远程访问或在 UKDA 的安全室中现场访问；FSD 中的许多数据可供自由检索，免费下载，部分数据在注册后可下载；ADS 归档的所有数据均开放获取。国内平台也都具备该功能，但只有复旦大学社会科学数据平台、北京大学开放研究数据平台中的部分数据可自由获取，其他平台均需注册或申请才能使用数据，北京大学中国调查数据资料库采取会员制的方式共享数据，将会员分为 4 个级别，不同级别的会员获取数据资料的权限和内容有所不同，湖南大学经济数据研究中心主要为本机构的用户服务，校外人员使用数据需联系数据创建者或平台人员，华中科技大学中国高校社会科学数据中心的数据不对外开放。国内社会科学数据管理平台数据共享方式见表 7-17。

表 7-16　　国外社会科学数据管理平台数据共享方式

平台名称	数据共享方式
GESIS Data Archive	·自由访问（无须注册）：根据使用条款，所有用户均可访问数据； ·自由访问（需要注册）：根据使用条款，所有注册用户均可访问数据； ·受限访问：用户须获得数据存放者的同意才能访问相关数据； ·时滞期：暂不公开数据，但数据的元数据会立即公布，时滞期最长为两年，到期后数据文件自动发布，免费或受限访问
UKDA	·开放数据：无须注册，即可访问数据； ·受保护数据：注册并接受《最终用户许可》后，可下载、分析、使用数据； ·受控数据：需要获得专业数据访问服务团队和数据所有者的审查批准，通过 Secure Lab 远程访问或在安全室内实地访问
FSD	·自由访问：无须注册即可搜索、浏览、下载数据； ·受限访问：需要注册，可下载数据
DANS	·开放获取：无须登录，直接访问下载数据； ·开放获取（注册用户）：登录后可访问下载数据； ·受限访问（考古学社区）：如果用户是专业考古学家或考古学学生，登录后可获取文件； ·受限访问（请求许可）：如果数据集的存放者批准了对数据集的访问权限请求，则在登录后可以访问文件； ·其他访问：通过其他存储库访问数据
ICPSR	·公共可用 ·受限使用：需要数据使用协议，并通过安全机制提供：安全下载/物理媒体、ICPSR 虚拟数据飞地、ICPSR 物理数据飞地
ADS	·所有资源开放获取
QDR	QDR 使三种不同的许可/协议共享数据： ·知识共享（CC-BY）：该许可下的数据可自由访问； ·QDR 的标准下载协议：QDR 的注册用户可自由访问； ·QDR 的特殊下载协议：使用该协议发布的数据为敏感数据，需要请求访问，提供所要求的额外信息
Odum Archive	·开放获取：大量数据都可自由开放获取； ·受限访问：注册登录、机构认证、访问授权、时滞期
ADA	·开放获取：可获取没有任何访问限制的数据； ·一般访问：征得 ADA 同意后可获取相关数据； ·受限访问：征得数据存放者同意后可获取相关数据； ·特殊访问：要求其他附加条件的数据，如获得数据存放者或授权人的书面许可； ·时滞期：暂不公开数据

表 7-17　　国内社会科学数据管理平台数据共享方式

平台名称	数据共享方式
中国学术调查数据资料库	·受限访问：需要注册才能下载数据
中国家庭金融调查与研究中心	·受限访问：需要注册才能访问下载数据
中国高校社会科学数据中心	——
复旦大学社会科学数据平台	·自由访问：无须注册，可检索、浏览、下载数据； ·受限访问：设置用户组，分配用户角色
湖南大学经济数据研究中心	·受限访问：校内用户在完成注册后可申请免费下载中心开放的各类数据，校内外用户可以通过联系、合作等方式获取有关特色数据
北京大学中国调查数据资料库	会员制，包括 A 类、B 类、C 类、D 类四个类别 ·A 类个人会员：资料库的专家指导委员会成员、国内数据资料贡献者、国内项目合作者，无须申请即可下载所有公开数据资料和申请使用全部受限资料； ·B 类个人会员：机构会员所属的教师和研究人员，无须申请即可下载所有公开数据资料和申请使用部分受限资料； ·C 类个人会员：机构会员以外的国内高等院校、科研机构、政府政策研究部门的教师和研究人员，无须申请可下载所有公开数据资料，无法使用受限资料； ·D 类个人会员：其他申请数据使用的个人，可申请下载部分公开数据资料，无法使用受限资料
北京大学开放研究数据平台	·自由访问（无须注册）：可检索、浏览、下载数据； ·受限访问：设置用户组，分配用户角色

和期刊论文的引用相类似，数据引用也是为了在一定程度上促进数据的知识产权保护，它借助于特定的标识技术和机制，描述所使用的科学数据资源，标识科学数据的来源，从而使科学数据的引用情况能够被统计和分析①。国外社会科学数据管理平台都要求用户在使用平台中的数据时注明引用信息，并给出了数据引用格式和元素（见表 7-18）。UK-DA、FSD、QDR、ADA 要求所有基于平台数据的出版物，无论使用全部数据还是部分数据集，都需要对数据进行引用，FSD 还分别对出版物参考文献、正文、图表、问卷和代码簿等不同位置的数据引用格式进行了说明。目前国内平台中复旦大学社会科学数据平台、西南财经大学中国家庭金融调查与研究中心和北京大学开放研究数据平台要求数据引用，

① 张静蓓、田野、吕俊生：《科学数据引用规范研究进展》，《图书与情报》2014 年第 5 期。

湖南大学经济数据研究中心要求说明数据来源，其他平台还未作出相关要求，（见表 7-19）。西南财经大学中国家庭金融调查与研究中心要求用户声明数据来源，同时引用指定的一篇或多篇文献，北京大学开放研究数据平台和复旦大学社会科学数据平台给出了数据引用需包括的元数据字段，湖南大学经济数据研究中心要求清楚地说明数据来源，没有指出数据引用格式或相关要素。不同平台的数据引用要素有所差异，但一般都包括数据创建者、数据集标题、发布日期、版本、数据发布平台、DOI。

表 7-18　　国外社会科学数据管理平台数据引用要求及元素

平台名称	数据引用要求	数据引用元素
GESIS Data Archive	使用和分析科研数据、成果出版物以及其他相关文件（代码簿、数据手册、问卷、报告）需要注明数据来源信息	主要研究者、版本年份、标题、数据收集者、数据发布平台、存档编号、数据文件版本、版本号、DOI
UKDA	任何基于 UKDA 全部或部分数据集的研究出版物，无论是印刷型、电子型还是广播文件，都必须附有正确的引用信息	作者、标题、发布日期、系列、［data collection］、版本、数据发布平台、DOI
FSD	无论是使用整个数据集还是部分数据集，都应注明准确且详细的数据出处	·出版物参考文献中的引用：数据创建者、数据集名称、收集年份、版本、FSD 存档号、URN 标识符、数据发布平台 ·正文中的引用：以作者的姓和数据收集年份引用，如果没有指定作者，则以数据集标题和数据收集年份引用 ·图表中的引用：使用数据集的 FSD 存档号 ·问卷和代码簿中的引用：作者、问卷名称、数据发布平台、URL、检索日期、问卷所属数据集的信息
DANS	要求根据 DataCite 建议引用数据集	数据创建者姓名/组织机构、生成日期、数据集标题、数据发布平台、永久标识符
ICPSR	要求引用数据	作者、标题、数据发布平台、日期、版本、永久标识符（如数字对象标识符、统一资源名 URN 或句柄系统）
ADS	为保护数据原创者的知识产权和版权，要正确引用 ADS 中的数据集	数据创建者、日期、数据集标题（dataset）、数据发布平台、DOI
ADA	任何基于 ADA 全部或部分数据集的出版物，无论是印刷型、电子型还是广播文件，都应附有正确的引用信息	作者、数据发布日期、数据标题、永久标识符（DOI 或 Handle）、数据发布平台、版本号、UNF 数字指纹

表 7-19　　国内社会科学数据管理平台数据引用要求及元素

平台名称	数据引用要求	数据引用元素
中国家庭金融调查与研究中心	声明研究使用的数据来自西南财经大学中国家庭金融调查与研究中心组织管理的“中国家庭金融调查”项目（CHFS），同时引用给定的一篇或多篇文献	作者、数据集标题、创建日期、数据集类型、出版商、发布日期
复旦大学社会科学数据平台	要求数据引用	数据提供者、标题、作者、DOI、发布日期、URL、数据发布平台
湖南大学经济数据研究中心	所有基于本中心数据所进行的研究、论文和出版物，都必须清楚地说明数据来源	—
北京大学开放研究数据平台	要求数据引用	作者、发布年份、标题、DOI、数据发布平台、版本号、UNF数字指纹

综上，国外社会科学数据管理平台的数据管理功能较为完善，绝大多数平台提供了覆盖数据生命周期的数据管理功能，重视 DMP 的制定，通过多种方式收集数据，对收集到的数据进行严格的质量检查，采取灵活的方式共享数据，要求数据引用。国内社会科学数据管理平台功能建设存在缺失，平台均未提供 DMP 服务，数据来源单一，缺乏对数据质量的控制，平台开放性不足，数据获取限制较多，数据引用要求也需进一步提供。

（二）科学数据服务功能

数据服务是指社会科学数据管理平台基于数据提供的面向用户的服务集合，一般可以划分为基础型服务与增值型服务。

基础型服务是社会科学数据管理平台最基本的服务，它是为了满足用户的基本数据使用需求，具体包括平台简介、数据上传、数据浏览、数据检索、数据下载等。国内外社会科学数据管理平台的基础型服务如表 7-20 和表 7-21 所示。

平台简介主要是对平台的发展历史、建设目标、资金来源、合作伙伴、数据资源建设等进行简要说明，帮助用户快速了解平台概貌。平台简介是平台的一项基本服务，所有的国内外社会科学数据管理平台都在平台首页提供了“关于”或“About”来介绍平台概况。

数据提交是指科研人员遵循平台的数据存放要求和程序向平台提交自己的社会科学数据，包括在线提交、邮件发送和邮寄等方式。数据提交是平台获取数据的重要方式。国外社会科学数据管理平台均提供了数据提交服务，支持用户在线提交数据，且提供了多种提交方式，如UKDA和ICPSR根据数据的来源不同采取不同的数据存放方式，对于政府部门或公共机构的数据，UKDA和ICPSR会将数据存储到自建存储库中，对于与期刊论文相关的原始数据，并希望可以立即使用的数据，UKDA和ICPSR分别提供了自存储库ReShare和openICPSR支持用户自存储；ADS也依据数据类型提供了不同的存储方式，包括报告存储、小型数据集存储和大型数据集存储。国内大部分社会科学数据管理平台都支持数据提交，但方式较为单一，多是提供一种统一的方式收集各类型的数据，如中国人民大学中国学术调查数据资料库、复旦大学社会科学数据平台、北京大学开放研究数据平台支持在线提交数据，北京大学中国调查数据资料库以邮寄的方式获取数据。

数据浏览与检索是平台发布数据后，用户可查看和查询平台数据，常见的数据检索方式包括简单检索和高级检索。国外社会科学数据管理平台均支持数据浏览与检索，目前国内部分社会科学数据管理平台其数据资源不对外开放，无法浏览或检索数据，如湖南大学经济数据研究中心，其主要为本校科研人员提供服务，外部用户仅能查看其数据集的描述，不能检索和访问数据集的详细内容。

数据下载是用户从平台中获取数据的重要方式。国外社会科学数据管理平台均提供了数据下载服务，支持用户直接从平台上下载数据，国内绝大多数社会科学数据管理平台也都提供了数据下载服务。

增值型服务是平台为满足用户个性化的需求而提供的附加服务，不同平台提供的增值服务有所不同，主要包括数据分析与可视化、数据素养培训、数据推荐、专家服务、学习资源提供等。国内外社会科学数据管理平台提供的增值服务如表7-22和表7-23所示。

表7-20　　国外社会科学数据管理平台基础型服务调查

平台名称	平台简介	数据提交	数据浏览	数据检索	数据下载
GESIS Data Archive	√	√	√	√	√
UKDA	√	√	√	√	√
FSD	√	√	√	√	√

续表

平台名称	平台简介	数据提交	数据浏览	数据检索	数据下载
DANS	√	√	√	√	√
ICPSR	√	√	√	√	√
ADS	√	√	√	√	√
QDR	√	√	√	√	√
Odum Archive	√	√	√	√	√
ADA	√	√	√	√	√

表 7-21　　国内社会科学数据管理平台基础型服务调查

平台名称	平台简介	数据提交	数据浏览	数据检索	数据下载
中国学术调查数据资料库	√	√	√	√	√
中国家庭金融调查与研究中心	√	—	√	√	√
中国高校社会科学数据中心	√	—	—	—	—
复旦大学社会科学数据平台	√	√	√	√	√
湖南大学经济数据研究中心	√	√	√		√
北京大学中国调查数据资料库	√	√	—	√	√
北京大学开放研究数据平台	√	√	√	√	√

国外社会科学数据管理平台普遍提供了多种增值型服务。绝大多数平台提供了数据管理培训服务，如 GESIS Data Archive 提供有关 FAIR 科学数据管理方面的咨询和培训；ICPSR 的社会研究定量方法暑期项目，提供了有关统计、研究方法和数据分析方面的培训。大多数平台提供了学习资源，如 UKDA 出版了《管理和共享科学数据：良好实践指南》，并在其网站上发布，还提供了管理和共享数据的其他资料；ADS 提供了考古图像库、《良好实践指南》以及《英国和北爱尔兰后中世纪田野调查》等广泛的学习和教学资源。部分平台还提供了数据分析、数据推荐和咨询服务。

表 7-22　　国外社会科学领域的科学数据管理平台增值服务调查

平台名称	服务内容
GESIS Data Archive	数据管理培训、数据管理咨询服务
UKDA	数据管理培训、培训资源提供、数据分析

续表

平台名称	服务内容
FSD	数据管理培训、资源提供、数据分析、数据查找咨询服务、FAQ
DANS	数据管理培训、咨询服务
ICPSR	数据管理培训、教学资源提供、数据分析、FAQ
ADS	数据管理素养教育、数据管理指南、教学资源提供、资源推荐、FAQ、数据下载统计
QDR	教学资源提供、会议、研讨会和培训
Odum Archive	数据管理教育与培训、专业服务
ADA	数据推荐、特定学科领域的专家服务

表 7-23　　　　国内社会科学数据管理平台增值服务调查

平台名称	增值服务内容
中国学术调查数据资料库	数据推荐
中国家庭金融调查与研究中心	FAQ
中国高校社会科学数据中心	统计分析、数据关联、智能推荐、FAQ
复旦大学社会科学数据平台	用户指南、数据推荐、定量研究方法教学、跨学科研究
湖南大学经济数据研究中心	数据处理培训、学习资料提供、市场调查数据分析、数据挖掘、决策咨询
北京大学中国调查数据资料库	用户培训、智库研究、数据宣传
北京大学开放研究数据平台	用户指南、数据推荐、数据下载统计、可视化展示、数据关联

国内社会科学领域的科学数据管理平台提供的增值型服务较少，且部分平台的增值服务无法使用，只有复旦大学社会科学数据平台和北京大学开放研究数据平台的增值型服务较为丰富，包括用户指南、数据推荐，复旦大学社会科学数据平台还提供了定量研究方法教学并支持跨学科研究，北京大学开放研究数据平台支持数据的统计分析和可视化展示以及数据关联。

综上，国外社会科学领域的科学数据管理平台服务内容比国内更为全面和丰富。国外社会科学领域科学数据管理平台普遍提供了数据上传、浏览、检索和下载等基础服务，且提供了数据管理技能培训、学习资源提供、数据咨询、数据分析等多种增值服务，国内部分社会科学领域的科学数据管理平台提供的基础服务仍不完善，多数平台提供的增值服务较少，部分平台的增值服务无法使用。

四 社会科学领域科学数据管理平台的评估认证对比

可信赖的数字知识库（Trusted Digital Repositories，TDR）是科学数据长期保存和持续共享的基础。TDR 的概念最早由美国研究图书馆协会（Research Libraries Group，RLG）在 1996 年提出，是为满足人们对数字资源长期安全保存、持久有效访问的需求。可信赖的数字知识库具备完善的组织架构、可行的战略规划，能够有效识别存在的威胁和风险，能够持续监控和维护科学数据，与知识库的用户也保持着良好的沟通和互动。可信赖的数字知识库是提升研究透明度，落实科学数据长期存储使命的有效方式①。

为了有效评判数字知识库的安全性和可信赖性，国外科学界开始对 TDR 认证标准和工具进行研究。2003 年，RLG 和美国国家档案管理局（National Archives and Records Administration，NARA）联合发起了对数字知识库认证指标的研究，并希望所建立的指标体系能成为国际标准，2007 年正式发布《可信数字知识库审查与认证：标准与核查表》（Trustworthy Repositories Audit&Certification：Criteria and Checklist，TRAC），TRAC 的发布标志着数字知识库的认证开始趋向国际化②。2012 年，TRAC 成为国际标准 ISO 16363。

2006 年，德国数字资源长期存储专业知识网（The Network of Expertise in Long-term Storage of Digital Resources，NESTOR）基于德国的国情发布了《可信数字知识库标准目录》（Catalogue of Criteria for Trusted Digital Repositories），从组织框架、对象管理、基础设施和安全三个方面提出了可信赖数字知识库评估的 14 项标准③。2011 年，该体系成为德国国家标准 DIN 31644。

2008 年，荷兰 DANS 基于已有的认证标准开发了数据认可印章（Da-

① 刘晓慧、刘兹恒：《国外可信数字知识库标准与审计、认证工具研究》，《图书馆论坛》2018 年第 12 期。

② 何欢欢：《可信数字仓储的构建与认证》，《情报资料工作》2008 年第 6 期。

③ Nestor，"Catalogue of Criteria for Trusted Digital Repositories"，December 1，2021，https：//files. dnb. de/nestor/materialien/nestor_ mat_08-eng. pdf.

ta Seal of Approval，DSA），DSA 是面向社会科学领域的科学数据管理平台的认证标准，针对数据生产者、数据知识库、数据使用者总结出 16 条核心指南，被认为是科学数据管理平台必须满足的核心要求。2013 年世界数据系统（World Data System，WDS）和 DSA 共同成立了一个工作组，商讨 TDR 认证的核心要求（Core Trustworthy Data Repositories Requirements）和通用程序目录（Catalogue of Common Procedures），就 TDR 的核心认证标准达成一致。2017 年，DSA-WDS 工作组推出了 CoreTrustSeal，这是一个国际的、面向社区的、非营利性的组织。CoreTrustSeal 认证取代了 DSA 认证和 WDS 常规成员认证，被视为数据管理平台认证全球框架的第一步，还包括扩展级别认证（Nestor-Seal DIN 31644）和正式级别认证（ISO 16363）[①]。

社会科学领域的科学数据管理平台是管理、长期保存和共享社会科学领域科学数据的重要方式。通过评估认证，平台可以向其用户和资助者证明，独立的权威机构已经对其进行了评估并认可了其可信度，平台有能力长期保存和共享数据。国外社会科学领域的科学数据管理平台非常重视平台的可信赖性认证工作，普遍获得了多项可信赖认证印章。调查的国外所有平台都获得了 CoreTrustSeal 核心认证且遵循 FAIR 数据管理原则，GESIS Data Archive、DANS、ICPSR、FSD、Odum Archive 等还获得了 DSA，DANS 获得了扩展级 nestor-Seal DIN 31644 的认证，UKDA 通过了 ISO 27001 最高国际安全标准的认证，各平台都旨在通过评估认证确保平台遵循最佳实践标准，保持平台的可信赖性。目前国内尚未有社会科学数据管理平台获得任何可信赖认证印章（见表 7-24）。

表 7-24　　　　国内外社会科学数据管理平台可信赖认证

平台名称	认证标准及日期
GESIS Data Archive	DSA（2011 年，2014 年）、WDS（2014 年）、CoreTrustSeal（2017-2019 年）
UKDA	CoreTrustSeal（2017—2019 年）、ISO 27001
FSD	DSA（2011 年、2014 年）、WDS（2014 年）、CoreTrustSeal（2020—2022 年）

① CoreTrustSeal，"history"，December 1，2021，https：//www.coretrustseal.org/about/history/.

续表

平台名称	认证标准及日期
DANS	DSA（2013 年）、CoreTrustSeal（2018 年、2020—2022 年）、DIN 31644（2016 年）
ICPSR	TRAC（2006 年）、DSA（2011 年）、WDS（2013 年）、CoreTrustSeal（2017—2019）
ADS	CoreTrustSeal（2017—2019）
QDR	CoreTrustSeal（2017—2019）
Odum Archive	DSA（2014—2017 年）、CoreTrustSeal（2020—2022 年）
ADA	CoreTrustSeal（2017—2019 年）
中国学术调查数据资料库	—
中国家庭金融调查与研究中心	—
中国高校社会科学数据中心	—
复旦大学社会科学数据平台	—
湖南大学经济数据研究中心	—
北京大学中国调查数据资料库	—
北京大学开放研究数据平台	—

综上，国外社会科学领域的科学数据管理平台依据不同的 TDR 标准对平台进行了评估和认证，遵循和实施国际最新且最佳实践标准，改进平台建设，提高服务质量，获得了多种可信赖认证印章，证明了平台的可信赖性。国内社会科学数据管理平台尚未开展对平台建设和服务的评估工作，未有平台获得任何

可信赖性认证。

五 社会科学领域科学数据管理平台的合作交流对比

合作联盟是国外社会科学领域的科学数据管理平台建设的主要特征。国外社会科学数据管理平台在建设和发展过程中不仅注重与国内相关组织机构的合作，还积极参与国际活动（见表 7-25）。国内合作方面，首先，国外社会科学领域的科学数据管理平台多是由不同性质的组织合作共建，包括政府部门、社会组织、基础设施中心、高校、科研机构等，分别负责平台的资金、技术开发和平台管理，如 FSD 由芬兰教育和文化部、芬兰科学院资助，CSC-科学技术中心负责技术开发和维护，托管在

坦佩雷大学；其次，国外社会科学领域的科学数据管理平台积极与政府部门、大学、相关数据组织以及其他科学数据管理平台合作，以丰富数据馆藏、应用最佳实践标准，实现对科学数据的良好管理，如英国国家数据档案中心（UKDA）与英国国家统计局（Office of national Statistics）、内政部（Home Office）以及卫生部（Department of Health）合作，收集其调查数据，与数字监管中心（Digital Cutation Center，DCC）、英国数据服务（UK Data Service，UKDS）、数字保存联盟（Digital Preservation Coalition，DPC）等合作，遵循科学数据管理的最佳实践指南，提供高质量的数据服务。国际合作方面，国外社会科学数据管理平台都加入了多个国际组织，积极参与国际项目，提高平台的影响力。如 GESIS Data Archive、UKDA、FSD、DANS 都是 CESSDA 的成员。GESIS Data Archive 还参与了欧洲社会调查（European Social Survey，ESS），是 ESS 核心科学组的成员；UKDA 是国际数据访问网络的成员（International Data Access Network，IDAN），IDAN 是由来自法国、德国、荷兰和英国的 6 个科学数据中心合作的项目，旨在促进受限访问数据的使用，UKDA 还加入了 ICPSR 和参与了欧洲 FAIRsFAIR 项目。

表 7-25　国外社会科学数据管理平台合作交流情况

平台名称	国内合作	国际合作
GESIS Data Archive	德国数据论坛（RatSWD）、曼海姆大学、科隆大学等	CESSDA、DataCite、国际数据组织联合会（IFDO）、欧洲社会调查（ESS）等
UKDA	埃塞克斯大学、英国数据服务（UKDS）、数据监护中心（DCC）、JISC、英国国家统计局、英国国家存档、数字保存联盟（DPC）等	CESSDA、国际数据访问网络（IDAN）、国际社会科学信息服务和技术协会（IASSIST）、欧洲社会科学研究基础设施协作（SERISS）、ICPSR 等
FSD	CSC-科学技术中心、坦佩雷大学	CESSDA、DDI 联盟、CoreTrustSeal、IASSIST、国际社会调查方案（ISSP）、ICPSR、欧洲价值观研究（EVS）、IFDO、社会科学和人文开放云（SSHOC）等
DANS	荷兰统计局（CBS）、CentERdata、艺术和人文学科通用实验室研究基础设施（CLARIAH）、DataverseNL、荷兰生命科学技术中心（DTL）等	信息科学与技术协会（ASIS&T）、CESSDA、全球 Dataverse 社区联盟（GDCC）、DataCite、Dryad、CoreTrustSeal、ICPSR 等

续表

平台名称	国内合作	国际合作
ICPSR	司法统计局、国家科学基金会（NSF）、国立卫生研究院（NIH）等	DDI联盟、世界数据系统（WDS）、社会科学数据保存联盟（Data-PASS）、全球780多个会员机构
ADS	数字保存联盟（DPC）、贝登集团（Bedern Group）、考古存档论坛（AAF）、自然环境研究委员会（NERC）、海洋环境数据和信息网（MEDIN）、艺术和人文研究委员会等	世界数据系统（WDS）、社会科学和人文开放云（SSHOC）、DataCite、欧洲科技合作（COST）、欧洲考古电子基础设施（ARIADNE plus）、数字考古记录（tDAR）等
QDR	加利福尼亚数字图书馆、美国大学、布朗大学、哥伦比亚大学、康奈尔大学、Data-PASS、数字保存网络（DPN）等	RDA、IASSIST、DCC、ICPSR、DataCite等
Odum Archive	北卡罗来纳大学、哈佛大学社会科学定量研究所（IQSS）、美国国家档案和记录管理局	ICPSR、ROPER
ADA	国家计算基础设施（NCI）、澳大利亚国立大学	国际数据组织联合会（IFDO）、IASSIST、Dataverse等

国内社会科学领域的科学数据管理平台建设较为独立，主要是由机构内部合作建设，缺少机构间的合作，如湖南大学经济数据研究中心是由湖南大学经贸学院主导建设，中国人民大学中国学术调查数据资料库、中国家庭金融调查与研究中心、复旦大学社会科学数据平台都是由本校的社会科学数据调查中心负责建设和维护，北京大学开放研究数据平台是由北京大学图书馆、北京大学管理科学数据中心、北京大学科研部、北京大学社科部联合发起、分工建设。在国际合作方面，仅有中国人民大学中国学术调查数据资料库、复旦大学社会科学数据平台和北京大学开放研究数据平台同国外其他平台有合作关系，但合作项目有限，中国人民大学中国学术调查数据资料库参与了亚洲社会科学数据存档网络（Network of Asian Social Science Data Archives，NASSDA），其余平台尚未开展国际合作和参与国际相关组织（见表7-26）。

综上，国外社会科学领域的科学数据管理平台注重合作交流，合作伙伴类型多样，包括政府部门、大学、科研院所、商业组织、基础设施中心以及相关领域或其他学科领域的科学数据管理平台；合作范围广泛，从国内延伸至国外。国内社会科学领域的科学数据管理平台的建设主要以机构内部合作为主，很少与其他机构合作，平台之间互不关联，与国外相关机构合作也较少，国际参与度不高，影响力不足。

表 7-26　　国内社会科学数据管理平台合作交流情况

平台名称	国内合作	国际合作
中国学术调查数据资料库	中国人民大学	亚洲社会科学数据存档网络（NASSDA）、ICPSR、ISSP
中国家庭金融调查与研究中心	西南财经大学	—
中国高校社会科学数据中心	华中科技大学	—
复旦大学社会科学数据平台	复旦大学	ICPSR、哈佛大学社会科学定量研究所（IQSS）
湖南大学经济数据研究中心	湖南大学	—
北京大学中国调查数据资料库	北京大学	—
北京大学开放研究数据平台	北京大学	ICPSR

第八章　社会科学领域学术期刊的科学数据政策研究

第一节　学术期刊出版机构科学数据政策框架研究

前面有关科学数据共享行为和科学数据管理与服务实施关键问题的研究都表明，科学数据管理政策在促进科学数据开放共享与重用的过程中，发挥着积极的促进作用。政策有国家层面的政策、资助机构的政策、出版机构的政策。多样化的、不一致的政策导致科研人员在遵从政策时无所适从。因此开发相对标准和统一的科学数据政策成为新的研究趋势①。很多期刊都制定了数据政策，要求将期刊论文相关的数据存储到指定的数据管理平台中，期刊的政策对开放科学数据发挥着至关重要的影响作用。为了使期刊的数据政策尽可能地标准和统一，出版商纷纷提出了自己的科学数据政策框架，作为旗下期刊制定数据政策的指导和依据②。有关政策研究回顾发现，国家层面的数据政策、资助机构的数据政策以及研究型大学的数据政策目前的研究已经比较多，因此本书以出版机构学术期刊的政策作为切入点，展开深入研究。在对社会科学领域学术期刊的数据政策展开研究之前，首先分析 Elsevier、Springer nature 和 Wiley 这三大著名出版机构的数据政策框架制定情况和推广实施的实践。

---

① 王丹丹、刘清华、葛力云：《Springer Nature 科研数据政策标准化工作实践及启示》，《图书情报工作》2020 年第 18 期。

② Springer Nature，“Home to the world’s most influential journals”，February 12，2021，https：//www. springernature. com/gp/products/journals.

一 Elsevier 的科学数据政策框架

（一）Elsevier 科学数据政策框架提出背景

作为世界顶级出版商之一，Elsevier 旗下的数字化期刊超过了 2500 余种。Elsevier 发表研究成果的数量占全世界研究成果总量的 18%，这些成果的引用占全世界研究成果总引用的 25%。在 Elsevier 看来，科学数据是学术论文必不可少的一部分，它是论文的基础，是论文的重要支撑。需要对这些发挥着基础和支撑作用的数据进行管理，管理的目的是让其他的科研人员可以重用这些数据，在已有研究基础上开展新的探索并实现创新。出版机构应该在支持科学研究的透明性和可重复性方面，在使研究过程更加高效方面，做出自己的贡献①。

为此，在 2015 年 Elsevier 推出了自己的科学数据政策框架，作为 Elsevier 出版集团旗下的学术期刊和图书等制定政策的指导和依据。Elsevier 出版集团旗下的学术期刊和图书应依据此框架，同时充分考虑自身的特色和具体的需求后，制定适合自己的标准化框架下的个性化数据政策，来推动自己学科领域内获取科学数据和共享科学数据问题的有效解决②。

（二）Elsevier 科学数据政策框架内容解析

在 Elsevier 看来，界定科学数据的标准不是唯一的，科学数据的界定会因为学科领域的差异而存在一些具体的差异。一般意义上讲科学数据，是指那些与研究发现密不可分的观察或者实验的结果，但是却没有作为期刊文章的一部分进行发表。原始的数据、经过处理的数据、算法、软件、协议、方法和材料等都属于科学数据的范畴，科学数据包含的内容比较广泛。

如表 8-1 所示，Elsevier 充分考虑了期刊的差异和学科的差异，设计了五种类型的政策强度。允许期刊在五种类型中进行选择，选择后还可以根据自己的需求和特点做出相应的微调整。在包含五种类型政策强度的政策框架提出以后，Elsevier 旗下的绝大多数期刊都做出了回应，在框架指导下纷纷出台自己的数据政策。调查发现，大多数 Elsevier 旗下的期

---

① Elsevier，“Fast facts about Elsevier”，February 12，2021，https：//www. elsevier. com/data/assets/pdffile/0005/1095953/Fast-Facts-2020-12-04. pdf.

② Elsevier，“Sharing research data”，February 12，2021，https：//www. elsevier. com/authors/tools-and-resources/research-data.

刊所发布的数据政策几乎是完全复制了 Elsevier 政策框架中所规定的内容和提出的要求，只有少数的期刊是在框架的基础上尝试了个性化的设计，比较典型的是 *Heliyon* 这本期刊，它是提供了两项数据使用许可协议，让作者自己选择，以满足该期刊作者的特殊需求。对于 Elsevier 旗下的社会科学类期刊，课题组成员通过统计分析发现截至 2020 年 8 月，Elsevier 旗下的绝大多数的社会科学类期刊都发布了自己的数据政策（263 本中 254 本均有数据政策，占 96%）。

表 8-1　　　　Elsevier 科学数据政策类型

类型	数据共享严格程度	数据存储位置	数据可用性声明	数据同行评审	数据引用
类型 A	鼓励共享和规范引用数据	鼓励将科研数据存储在相关的数据存储库中	不作要求	不作要求	鼓励作者在文章中规范引用数据集
类型 B	期望数据共享	鼓励将科研数据存储在相关的数据存储库中	如果无法进行数据共享，作者需要发表声明，解释为何无法共享研究数据	不作要求	鼓励作者在文章中规范引用数据集并建立数据与文章双向链接
类型 C	要求研究数据存储、引用和链接（若无法发布数据，要求说明原因）	要求将科研数据存储在相关的数据存储库中	如果无法进行数据共享，要求作者声明，解释为何无法共享研究数据	不作要求	要求作者在文章中规范引用数据集并建立数据与文章双向链接
类型 D	强制要求研究数据存储、引用和链接	强制要求将科研数据存储在相关的数据存储库中	强制要求数据共享（未提及数据可用性声明）	不作要求	要求作者在文章中规范引用数据集并建立数据与文章双向链接
类型 E	要求研究数据存储、引用和链接	强制要求将科研数据存储在相关的数据存储库中	强制要求数据共享，并提供数据可用性声明	要求评审	要求作者在文章中规范引用数据集并建立数据与文章双向链接

资料来源：Elsevier，“Research data guidelines”，February 12，2021，https：//www. elsevier. com/authors/tools-and-resources/research-data/data-guidelines.

Elsevier 认为实施科学数据政策框架的过程中，参与实施政策框架的主体，如研究机构、学术期刊、图书馆等应该持有积极和主动的态度，尽可能去完善政策的具体实施细节。这些具体的实施细节包括制定数据指南并尽可能考虑指南的标准化，明确告知数据创造者存储和共享数据的方法和方式，及时总结科研人员在获取和共享数据过程中遇到的问题，并根据总结和反馈及时调整数据获取和共享的方式方法；提供使工作更加高效的流程和技术，尽可能避免重复劳动；重视管理工具的开发，鼓励管理实践并发挥示范引领作用，不断获得科研人员的信任；考虑建立起数据的审查和数据的评审机制，通过审查与评审确保共享数据的正确性、有效性和可重用性；建立与相关机构的合作，不断加强联系，改善合作效果。

Elsevier 提出，鼓励和支持科研人员实现科学数据的共享，目的是促进科学的不断发展，实现数据价值的最大化。但是在共享数据的同时，也必须做到确保数据生产者对数据的控制权，让科研人员自己能够最大限度地控制自己的数据。目前的做法是利用数据可用性声明，科研人员在提交共享数据的时候会同时提交一份数据可用性声明，在数据可用性声明中详细规定数据使用者访问或共享数据的具体方法和具体时间。对于数据的使用者而言，应该承认并重视数据生产者做出的贡献，如果数据使用者使用他人共享的数据来支持自己的科学研究，那么在产出的成果中，应该通过规范引用的方式将使用的数据标注出来。应该借助科学数据管理平台来进行科学数据的共享，建议数据生产者严格遵从数据管理平台的指南和要求对数据进行有效管理，以支持实现数据的最佳获取和重用。

Elsevier 认为，只有当所有的利益相关者都从自身的角度考虑采用促进数据重用的最佳方式时，科学数据才能够被真正利用起来。鉴于此，继数据政策标准框架提出后，Elsevier 又推出了科学数据管理流程的路线图，在路线图中明确了 10 个可以优化数据重用的方面①，如图 8-1 所示。Elsevier 的数据管理流程的路线图是对 FAIR 原则的细化和深化。整个数据管理流程的路线图涉及三个层次，即存储层、共享层和信任层。存储层包含数据存储和数据保存两个方面；共享层包含易访问、易发现和数

① Elsevier，"FAIR data with mendeley data"，February 12，2021，https：//www. elsevier. com/solutions/mendeley-data-platform/fair.

据引用三个方面；信任层包含易理解、数据审查、可复制和可重用四个方面。

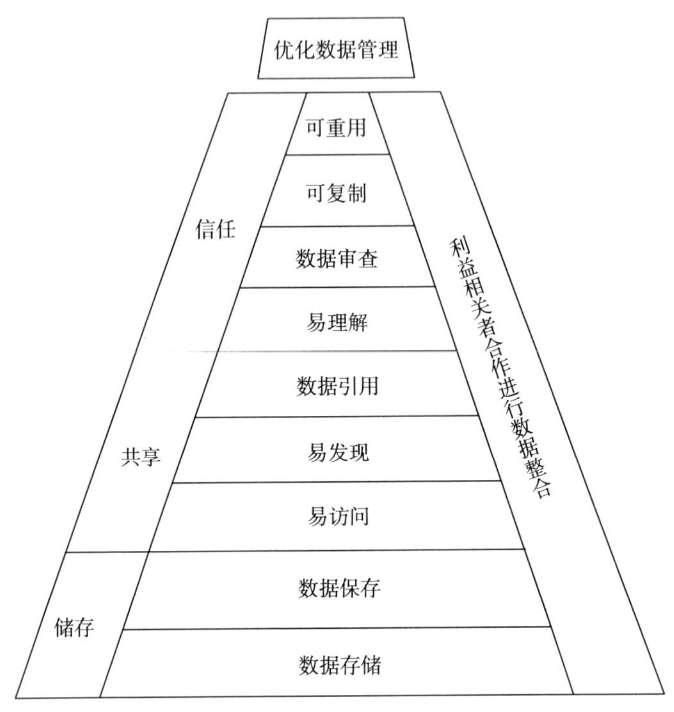

图 8-1 数据管理流程的路线

1. 数据存储

数据管理流程路线图中最基础的一步，或者说第一步是数据存储，就是对已获取的数据进行存储。科研机构和科研资助机构都发现很多的科研团队，在开展具体实验之前都不明确会将实验中获得的数据存储在什么位置，这就造成了科研团队内部和科研团队外部的科研人员想重复利用数据的时候都面临困难。引入科学数据管理计划，可以有效解决这一问题，因为在数据管理计划中会明确指出存储数据的方式。电子实验室笔记、综合型科学数据管理平台和面向具体学科领域的科学数据管理平台，都是数据存储的理想位置，它们都允许科研人员在不发布数据的情况下进行数据的存储，为科研项目开展过程中的数据管理提供了有效支持和帮助。

2. 数据保存

数据管理流程路线图中的第二步是数据保存。数据保存的目的是使数据长期可用。为了长期可用，保存的数据就必须是以独立格式进行存储的，独立的存储格式确保数据不会因过时而不能用，才能确保数据是有价值的。因为科研人员一般都非常忙碌，不会花费时间去恢复、重新处理和数字化过去的数据，因此正确存档数据，确保数据的长期可用至关重要。Elsevier 旗下的一些期刊，提供了数据保存最佳实践案例和用于保存数据的基础设施的最佳实践案例，如荷兰数据归档和网络服务中心（Data Archiving and Networked Services，DANS）。实施数据的存储主要依赖于科学数据管理平台，特别是当科学数据管理平台有可靠的深色存档（solid dark archives）功能时，这一功能确保了数据的安全性，即使数据管理平台不复存在，原来存储的数据也不会丢失。

3. 易访问

数据管理流程路线图中的第三步是易访问。在存储和保存数据的时候，并没有考虑数据的自动获取问题。目前，越来越多的科研机构和科研资助机构要求科研人员开放共享数据，为此，科研人员将他们的数据存储在各类科学数据管理平台中来实现数据的开放共享。为了使数据易访问，Elsevier 推出了开放数据试点项目，该项目提供了原始数据与学术论文一起开放共享的功能，支持数据存储、数据保存、数据的易访问性和易发现性。允许科研人员提交原始数据作为学术论文的补充文件，在 CC-BY 许可下提供使用。整个过程，几乎不需要作者付出任何额外的劳动，它提供了一种使数据易访问的简便方法。

4. 易发现

数据管理流程路线图中的第四步是易发现。被存储、保存且易访问的数据，如果不是易于发现的数据，那么实现数据的重用，提升数据的价值也是难度很大的。目前，各种检索系统，使发现学术论文非常容易，但是能够检索数据的系统还鲜有见到。可以借助学术论文来提升数据的可发现性，也可以开发独立的系统来支持发现数据。Elsevier 是通过建立数据与学术论文的关联来增强数据的可发现性，一般做法是在学术论文中提供数据 DOI 或数据访问账号，自动链接到数据管理平台中的相关数据。Elsevier 采取与外部数据管理平台协作的方式，在已发表的文章旁边自动添加数据管理平台的徽标，徽标是数据集深层链接的入口（由学术论文的作者或数据管理员保存）。开发数据搜索引擎在最近被科研资助机构提上了日程，数据搜索引擎支持数据的独立搜索，实现数据的易发现和可获取。

5. 数据引用

数据管理流程路线图中的第五步是数据引用。数据引用类似于论文引用，它提供了一种数据使用情况和数据影响力报告，能够使科研人员的工作得到承认和认可。科研人员之所以不愿意共享自己的数据，是因为共享数据并不容易，需要付出额外的劳动，但是却看不到自己能够得到什么回报。实现数据的规范引用有助于解决这一问题。数据引用和论文引用的原理是相同的。FORCE 11 已经推出了一套关于如何引用科学数据的具体原则。为共享数据提供唯一的、持久的、可解析的标识符，如数字对象标识符（Digital Object Identifier，DOI）是实现数据规范引用的基础要素。

6. 易理解

数据管理流程路线图中的第六步是易理解。数据能够被再使用的前提是数据是可理解的，数据是如何收集的、数据中涉及的参数和缩写是什么含义，数据的来源是什么等因素都影响数据能够被理解的程度。为了使数据可理解，在存储数据时需要将这些信息一并存储，通过添加元数据增强数据的可理解性。一般而言，数据的元数据越丰富，则数据就越容易被理解。出版机构在增强数据的可理解性方面可以发挥重要作用。很多出版机构已经有了专门的数据期刊，比如隶属于 Elsevier 的 *Data in Brief*。所有的数据期刊都允许科研人员全面、详细地描述其科学数据，都是以达到让其他人理解数据和重用数据的目的而描述数据、描述产生数据的过程，甚至描述数据获取过程中出现的异常。对于随论文一起发表的数据，Elsevier 开发了一系列工具来提升数据的可理解性，其中比较有代表性的是交互式绘图工具。借助这些工具，Elsevier 以绘图的形式呈现论文作者所提交的数据，当鼠标悬停在绘图上时，数据使用者可以查看具体数据点的值，也可以灵活地从图形切换回表格，方便地查阅更详细的数据。

7. 数据审查

数据管理流程路线图中的第七步是数据审查。对于学术论文而言，同行评审大家都已经习以为常，但是科学数据的审查仍然还属于新鲜事物。数据审查的目的是确保科学数据的质量，增强科学数据的可信赖性。出版机构可以通过制定合理且有效的流程来很好地发挥科学数据审查和监督的职能。分析当前数据审查的实践情况，数据同行评审的程度存在差异。一种情况是在将数据集提交到科学数据管理平台之前，同行评审者依据特定学科的标准，通过人工手动检查的方式，确定数据集的格式是否是正确的；另一种情况是自动检查的方式，这主要是针对图像数据，对包含在文章中的图像数据实施自动检查。更多的情况是，对描述数据的元数据进行审查，确保元数据的质量。Elsevier 的项目“开放数据试验”，对科学数据的同行评审者提出的评审要求包括，检查确定提交的数据是否是可解析的原始数据，提交数据的格式是否符合相关领域中的格式标准。数据期刊的同行评审要求则更加严格。

8. 可复制

数据管理流程路线图中的第八步是可复制，这里的可复制指的是研究具有可重复性。引入了“可复制性计划”的目的是提高研究结果的可信度。科学数据的缺失是导致科学研究无法再重复进行的主要原因。例如，在生物医学领域，如果缺乏足够详细的信息来描述抗体、模型生物和软件工具，那么进行研究的重复和再验证几乎没有可能性。学者们已经注意到了这一问题，开始通过各种行动来帮助解决这一问题。在 Force11 资源识别计划中，Elsevier 就做出了突出贡献。Force11 资源识别计划开展的目的是实现生物医学文献中资源的识别，促进生物医学研究中研究资源标识符（Research Resource Identifiers，RRID）的使用。科学数据联盟也成立了一个关注可再现性的兴趣小组，开展可复制性相关研究工作。

9. 可重用

数据管理流程路线图中的第九步是可重用，实现数据的可重用，提升科学

研究的可重复性和效率是共享科学数据的最终目的。科研人员之所以会选择重用共享的数据，其原因在于这些数据是可信赖的、可复制的。为此，科研人员在提交数据进行数据存储和数据保存时，同时提交数据的使用许可声明。这些声明让数据的使用者可以清楚了解他们能够使用这些数据做什么，不能使用这些数据做什么。这在一定程度上，也会增加数据使用者对科研人员和数据创建者的信任。目前用户数据使用许可的类型多样，

科研人员在提交数据的时候可以根据自身需要做出合理选择。

10. 整合

数据管理流程路线图中的第十步是实现前面九个步骤的有效整合。Elsevier 认为，保留数据的目的是实现数据的重复使用。要使数据可引用，那么它必须是可访问的。但是，当考虑构建科学数据的重用或科学数据的引用系统时，必须要充分考虑当前数据存储和数据共享的具体实践。

二 Springer 的科学数据政策框架

（一）Springer 科学数据政策框架提出背景

作为世界上较大的科技文献出版机构之一，德国 Springer 也是最早发行电子期刊的出版机构。作为对开放科学数据的回应，Springer 在 2016 年出台了自己的科学数据政策标准框架，作为旗下期刊制定数据政策和优化数据政策的依据和参考。但是该框架允许期刊在遵从标准的同时，也加入自己的个性化元素。与 Elsevier 按照强度划分数据政策类型相类似，Springer 的数据政策包含四种类型。只是 Springer 的政策框架更为详细具体，它是直接明确了数据政策的 9 个要素。具体包括：通过平台支持数据共享、允许数据引用、出版机构咨询服务、数据存储情况核验、数据可用性声明、数据标识符核验、数据引用规范、数据同行评审以及数据存储库列表。在共有要素的基础上，根据各学科和期刊的差异性还提出了包含四种通用政策类型的框架，如表 8-2 所示。各学科期刊都可根据自身情况，从四种类型的政策中选择适合自身需求的类型①。

表 8-2　　Springer 科学数据政策框架

四种政策类型	政策适用情形
政策类型一	鼓励科研数据共享和数据引用
政策类型二	鼓励科研数据共享和研究材料共享
政策类型三	鼓励科研数据共享，并要求提供数据可用性声明
政策类型四	要求共享科研数据及研究材料；共享的数据需要进行同行评审；要求提供数据可用性声明

① Springer Nature，“Research data policies”，February 12，2021，https：//www. springernature. com/gp/authors/research-data-policy.

（二）Springer 科学数据政策框架内容解析

1. 四种类型政策对比

在期刊科学数据政策共有的 9 个要素方面，四种类型政策模板的对比如表 8-3 所示。

四种类型的数据政策按照不同程度的规定，分别对科研人员所上传数据做出强制性或建议性要求，以确保期刊在对科研人员提交数据开放共享、促进重用、优化管理、规范引用和合理存储等方面的工作行之有效。对于共有要素的要求中，四种政策都对“通过存储库支持数据共享”和“允许数据应用”做出强制性规定来进一步确保数据的共享与重用，能够最大限度地开发科学数据价值。类型一、二两种政策对科学数据属性要求较为宽松，能够给予科研人员较高的数据上传弹性，以此降低准入门槛。类型三、四要求较为严格，其主要针对利用价值较高的数据。

表 8-3　　四种类型政策解析①

特征	解释	政策类型一	政策类型二	政策类型三	政策类型四
通过存储库支持数据共享	参考期刊作者指南，通过存储库进行共享	强制	强制	强制	强制
允许数据引用	指南允许作者在参考列表引用公开的数据集	强制	强制	强制	强制
出版机构咨询服务	作者期刊信息中包含的服务联系方式	建议	建议	建议	建议
数据存储情况核验	在有既定研究团体授权的情况下，把检查数据存储作为出版过程的一部分	无要求	建议	强制	强制
数据可用性声明	声明如何支持数据访问	无要求	建议	强制	强制
数据标识符核验	为所有已发表文章提供数字对象标识符 DOI（敏感/个人数据除外）	无要求	无要求	建议	强制
数据引用规范	提供引用参考列表并检验	无要求	无要求	建议	强制
数据同行评审	提供指导访问，审查数据文件	无要求	无要求	建议	强制
数据存储库列表	提交系统/审查过程与具体的期刊或一般存储库集成，如 figshare	无要求	无要求	建议	强制

① Springer Nature，“Research data policy types”，February 12，2021，https：//www. springernature. com/gp/authors/research-data-policy/data-policy-types/12327096.

2. 数据政策框架的实施细节

在期刊政策和服务模块中，Springer Nature 罗列出了目前已经基于科学数据政策标准框架出台数据政策的期刊列表，包括数据政策类型具体信息，以及目前是否向系统提交了期刊自己科学数据政策的支持信息。调查发现，截至 2020 年 10 月，已经有 1700 多种 Springer 旗下的学术期刊，发布了期刊自己的数据政策。将这 1700 多本期刊按学科进行分类，发现自然科学类的期刊占 72.8%，交叉科学类期刊占 14%，而社会科学类期刊只占到 13.2%。截至 2020 年 12 月，社会科学领域中第一类政策框架采用最多，占 73.2%；其次是第二类，占 22.8%；第三类，占 5.2%。仍有 1.2%的社会科学领域中的期刊还处于正待选择政策类型状态①。

除了学科因素，其他一些因素也会对选择哪种政策类型产生影响。例如，编辑部工作人员较少的期刊更有可能选择相对宽松的第一类或第二类政策；先前没有数据共享政策的期刊也更有可能采用第一类或第二类政策。要求每个出版物都有开放数据的第四类政策是最不常见的，到目前为止社会科学领域暂无期刊采用。

Springer 推行数据政策的策略共有四种，分别是开发政策咨询平台、提供数据支持服务、数据发表至开放获取期刊和构建科学数据共享社区。Springer 数据政策共有四种类型，为此，项目组在每种类型中各选取了一本期刊进行研究，类型一和类型四选取了人文社科类期刊 *Asia Pacific Journal of Management* 和 *Scientific Data*，类型二和类型三选取了其他学科领域的期刊 *Plant and Soil* 和 *Palgrave Communications*，将 4 本期刊的数据政策实施细节，分别与 Springer 数据政策推行策略的四个方面进行对比(见表 8-4)。

对比得知，人文社科类期刊和其他学科类期刊的数据政策并没有太大差别，并且他们的数据政策与 Springer 所推行的数据政策极为相似。例如推行策略中的开发政策咨询平台，Springer 的具体措施是建立科学数据帮助台，科研人员可以通过帮助台免费获取有关数据共享的建议，在这四本期刊中，都设有与此相同或类似的科学数据帮助台。在数据发表至开放获取期刊策略上，Springer 提供开放获取期刊，鼓励科研人员将数据

① Springer Nature, "Find your journal's data policy and services", February 12, 2021, https://www.springernature.com/gp/authors/research-data-policy/springer-nature-journals-data-policy-type/12327134.

集上传至 Scientific Date 和 BMC Research 数据平台中。与其不同的是这四本期刊鼓励作者将数据上传至公共数据管理平台，例如《科学数据》期刊鼓励作者尽可能将数据提交给社区认可的数据管理平台，并建议将数据存放到通用数据管理平台，同时也有与其类似的策略，《植物与土壤》期刊在鼓励作者将数据存在特定数据管理平台的同时也鼓励将数据存储在 *Scientific Data* 中。

这些期刊明确说明了期刊数据政策与 *Springer Nature* 制定的标准化科学数据政策兼容或者是直接超链接至 *Springer Nature* 数据政策页面，由此可见 *Springer Nature* 的数据政策推行策略在多数情况下对所有期刊都是适用的，期刊可以在此基础上进行个性化的修改与完善。

表 8-4　*Springer Nature* 数据政策推行策略

推行策略	开发政策咨询平台	提供数据支持服务	数据发表至开放获取期刊	构建科研数据共享社区
具体措施	建立科研数据帮助台	提供科研数据支持服务	提供开放获取期刊	建立若干科研数据共享社区
具体服务内容	科研数据编辑团队根据研究人员特定的研究社区，为研究人员免费提供有关数据共享的建议，并在两个工作日内答复研究人员关于数据共享政策的询问	斯普林格与第三方机构进行合作，为研究人员提供收费的数据管理	鼓励研究人员将数据集上传至 Scientific Date 和 BMC Research Notes	建立越来越多的研究数据共享社区，为科研人员提供互动平台，科研人员可以阅读有关研究数据的最新信息，并使研究数据共享成为新的规范
类型一亚太管理杂志	为作者和编辑提供研究数据政策支持服务，可通过 researchdata@ springernature. com 进行联系。该服务提供有关研究数据策略合规性以及寻找研究数据存储库的建议。它独立于期刊，书籍和会议论文集编辑部，不就特定手稿提供建议	与惠康信托基金资助机构和科研数据研究专家团队合作，为研究人员提供付费的科研数据支持服务	鼓励作者在可能的情况下，将支持其研究结果的数据存储在公共存储库中。没有首选存储库的作者可以和编辑咨询 *Springer Nature* 的存储库列表和研究数据政策	鼓励作者参与 DataCite 社区，共享数据并重用其他人的数据，以在研究社区中产生最大的影响

续表

推行策略	开发政策咨询平台	提供数据支持服务	数据发表至开放获取期刊	构建科研数据共享社区
类型二植物与土壤	如果作者对研究数据或期刊的科研数据支持服务有疑问，可以填写表格进行询问，期刊团队将在两个工作日内和作者进行联系	与惠康信托基金资助机构和科研数据研究专家团队合作，为研究人员提供付费的科研数据支持服务	提供多种数据库，鼓励作者将数据存在特定存储库，同时鼓励将数据存储在 Scientific Data 中	鼓励作者参与 DataCite 社区，共享数据并重用其他人的数据，以在研究社区中产生最大的影响
类型三帕尔格雷夫	科研数据编辑团队根据研究人员特定的研究领域，为研究人员免费提供有关数据共享的建议，并在两个工作日内答复研究人员关于数据共享政策的询问	文章在知识共享属性许可下发表，如果向 APC 付费并签署《出版许可证》表格，文章将保留版权	共享数据集的首选方式是通过专门的公共存储库，帕尔格雷大通信公司 Data verse	帕尔格雷夫通信公司允许并鼓励在正式提交给期刊之前，先在公认的社区预印本服务器上发布，供该领域的其他学者审阅
类型四科学数据	如果作者对研究数据或期刊的科研数据支持服务有疑问，可以填写表格进行询问，期刊团队将在两个工作日内和作者进行联系	一些资助机构制定了关于编写和分享目的地管理计划的政策，接受一些机构资助的作者可能需要编写目的地管理计划，作为赠款的一个条件	鼓励作者尽可能将数据提交给社区认可的数据库，并建议将数据存放到通用知识库。如果最合适的社区存储库不支持机密的同行评审，科学资料可以帮助作者放在斯普林格的通用数据仓库	鼓励作者参与 DataCite 社区，共享数据并重用其他人的数据，以在研究社区中产生最大的影响

三　Wiley 的科学数据政策框架

（一）Wiley 科学数据政策框架提出背景

Wiley 是世界上历史最为悠久的学术出版机构，1807 年创立于美国，作为对开放科学的回应，2017 年 Wiley 出台了自己的科学数据共享和引用政策，鼓励、期望或要求作者共享科学数据①。

（二）Wiley 科学数据政策框架内容解析

1. 数据共享政策

Wiley 也认为定义科学数据应该考虑学科的差异。Wiley 将科学数据

---

① Wiley, "Find the right journal to publish your research", February 12, 2021, https: //authorservices. wiley. com/author-resources/Journal-Authors/open-access/author-compliance-tool. html.

界定为为分析目的而收集、观察或创建的研究产出，原始数据、经过处理的数据、软件、方法、材料、照片、算法、协议和样本等都属于科学数据的范畴。Wiley 的政策包含四种类型（见表 8-5）。配合政策 Wiley 推出了工具，帮助作者选择期刊，了解期刊数据政策的具体内容。

（1）政策类型一——鼓励共享

［期刊 Journal］鼓励作者将支持研究成果的数据和其他附件材料，存储到公共的数据管理平台中。作者可以参考 Wiley 提供的标准模板撰写数据可用性声明，并随数据和论文一起发布数据可用性声明。但是是否发布数据可用性声明，确认共享数据由作者自己决定，期刊不做要求。

（2）政策类型二——期望共享

［期刊 Journal］希望作者将支持研究成果的数据和其他附件材料，存储到公共的数据管理平台中。但是强制要求作者提供数据可用性描述声明。如果作者愿意共享数据，那么作者就必须在其数据可用性声明中提供存储数据的数据管理平台的链接，并公开存档其分析脚本和其他附件。若数据共享违反道德标准或法律要求，数据可以不共享。

（3）政策类型三——强制要求共享

［期刊 Journal］要求作者将支持研究成果的数据和其他附件材料，存储到公共的数据管理平台中。这是发表论文的必要条件。作为作者，必须在其数据可用性声明中提供存储数据的数据管理平台的链接，并在发表的论文中引用自己共享的数据。公开存档分析脚本和其他附件。若数据共享违反道德标准或法律要求，数据可以不共享，但要求作者必须在声明中详尽描述使用数据的限制。

（4）政策类型四——强制要求共享并实现数据的同行评审

［期刊 Journal］要求必须对支持研究成果的数据和其他附件材料进行同行评审，通过同行评审来辨别共享数据的质量，对已共享的数据是否满足研究的分析结果可再现性做出评判。要求作者必须提交支持研究成果的数据和其他关键材料。并将其存储在合适的科学数据管理平台中。作为作者，必须在其数据可用性声明中提供存储数据的数据管理平台的链接，并在发表的论文中引用自己共享的数据。公开存档研究的分析脚本和其他关键材料。若数据共享违反道德标准或法律要求，数据可以不共享，但要求作者必须在声明中详尽描述使用数据的限制。

表 8-5　　　　Wiley 科学数据政策类型①

政策类型	数据共享强制程度	发布数据可用性声明[a]	共享科研数据[b]	同行评审科研数据[c]	Wiley 期刊示例
类型一	鼓励数据共享	建议	建议	建议	*Population and Development Review*
类型二	期望数据共享	强制	建议	建议	*British Journal of Social Psychology*
类型三	要求数据共享	强制	强制	建议	*Ecology and Evolution*
类型四	要求数据共享和同行评审数据	强制	强制	强制	*American Journal of Political Science*

2. Wiley 数据可用性声明

表 8-6 是 Wiley 数据可用性声明的参考模板。作者可以使用模板中的标准化表述撰写自己的可用性声明。

表 8-6　　　　数据可用性声明语句模板

数据可用性	数据可用性声明语句模板
在使用数字对象标识符 DOI 发布数据集的公共存储库中公开可用的数据	可以在 http：//doi. org/［doi］上的［存储库名称，例如“figshare”］中公开获得支持该研究结果的数据，参考编号［reference number］
在不发布数字对象标识符 DOI 的公共存储库中公开可用的数据	支持本研究结果的数据可在［资源库名称］的［URL］，参考编号［参考编号］中公开获得
来自公共领域资源的数据	可以在［URL/DOI］的［存储库名称］，参考编号［参考编号］中找到支持该研究结果的数据。这些数据来自公共领域中的以下资源［列出资源和 URL］
由于商业限制而对数据进行禁运	自发布之日起实施禁运后，支持研究结果的数据将在［URL/DOI 链接］的［存储库名称］中可用，以使研究结果商业化
由于隐私/道德限制，可应要求提供数据	支持该研究结果的数据可应相应作者的要求获得。由于隐私或道德限制，该数据不可公开获得
数据受第三方限制	可以从［第三方］获得支持本研究结果的数据。这些数据的可用性受到限制，这些数据已在本研究的许可下使用。在［第三方］的许可下，数据可从［作者/URL］获得

① Wiley，“Wiley's data sharing policies”，February 12，2021，https：//authorservices. wiley. com/author-resources/Journal-Authors/open-access/data-sharing-citation/data-sharing-policy. html.

续表

数据可用性	数据可用性声明语句模板
数据可应作者要求提供	根据合理的要求，可以从通讯作者处获得支持本研究结果的数据
数据共享不适用—未生成新数据	数据共享不适用于本文，因为在此研究中未创建或分析任何新数据
作者选择不共享数据	研究数据不共享
文章补充材料中的数据	本文补充材料中提供了支持本研究结果的数据
数据共享不适用—没有生成新数据，或者文章完全描述了理论研究	数据共享不适用于本文，因为在当前研究期间未生成或分析任何数据集

3. 数据引用政策

数据引用原则适用范围包括机构、学术期刊和通用存储库中的数据。Wiley 的建议是遵从 FORCE11《数据引用原则联合声明》中提出的引用格式①：

［数据集］作者；年；数据集标题；数据管理平台或档案；版本（如果有）；永久标识符（例如，DOI）。在引用前添加［dataset］，正确将其标识为数据引用。［数据集］标识符会在文章正式发表前被删除。

Wiley 鼓励期刊的作者在合适的情形下规范引用数据，引用形式和格式尽量与论文、图书和网络文献引用相统一，同时将数据引用列入参考文献列表。Wiley 建议作者共享数据之前，首先通过访问作者合规工具来查询其选择的科研资助机构或期刊的数据共享政策；其次，访问 re3data. org 或 fairsharing. org，选择与科学和研究领域相关的、注册过的、经过认证的可信赖数据管理平台。一般情况下，建议尽可能选择特定学科领域的、社区认可的数据管理平台，如果没有合适的平台可用，再选择综合型的数据管理平台。如果所投稿的期刊并没有提出具体的数据管理平台选择要求，那么建议考虑使用 Dryad、figShare 或 Zenodo 等综合性的数据管理平台②。

① Data Citation Synthesis Group, Martone M. (ed.), "Joint declaration of data citation principles", May 23, 2014, https://www.force11.org/datacitationprinciples.

② Wiley, "Sharing and citing your research data", February 12, 2021, https://authorservices.wiley.com/author-resources/Journal-Authors/open-access/data-sharing-citation/index.html.

第二节 社会科学领域学术期刊科学数据政策调查

本书对国外社会科学领域学术期刊的科学数据政策实施细节进行调查和对比分析，明确国内外期刊科学数据政策的实践现状。

一 国外社会科学领域学术期刊的科学数据政策调查

（一）期刊样本的选择与分析思路

本项目研究依据国际权威数据库 Web of Science 发行的《期刊引证报告》分别选出管理学、经济学、社会学、政治学、教育学和语言学六个学科中排名靠前的 30 本期刊作为研究样本，研究目标是从最基本的层面上找出研究样本期刊中的数据政策是否存在明显的学科差异。其次，探究一些学科是否有更严格的数据政策。期刊通过规定作者科学数据共享上传的细节，来达到实现数据共享的目的（例如，在政策中是否有说明数据存储的位置，或作者应如何引用自己或他人的数据）以及明确说明如果不遵从政策要求作者会承担哪些后果（比如，如果没有提供基础数据，或者在没有共享数据的情况下却没有任何解释和声明，则不予发表论文）。

（二）各学科数据政策制定情况

各学科中采用数据政策的期刊比例因学科而异，如图 8-2 所示，在样本期刊中，语言学期刊中 90%以上都有数据政策，制定了科学数据政策的政治学期刊占比为 60%，其他学科介于两者之间。这在一定程度上反映出，国外大部分期刊对管理科学数据有很强的意识，对科学数据共享高度重视，并且已经开始付诸行动。

（三）数据政策严格程度分析

对国外学术期刊出版机构数据政策制定实践分析可知，各出版机构在提出数据政策后并不强制要求旗下期刊必须进行数据共享，期刊可以根据期刊自身的办刊特色、面向的学科领域以及对内容质量的要求来选择适合的政策类型。

各期刊数据政策之间也存在着很大差异。根据对数据共享程度的要求，可以将政策分为“强”政策和“弱”政策两大类型。所谓“强”政策是指强制要求共享数据，要求论文的作者“必须”将产生于研究过程中的原始数据提交并存储到指定的科学数据管理平台，期刊则会将是否存储和共享数据作为能够发表论文的前提条件。所谓“强”政策是指对作者共享数据持鼓励态度的政策，“强”政策仅仅是指出作者应该将数据存储到科学数据管理平台中。

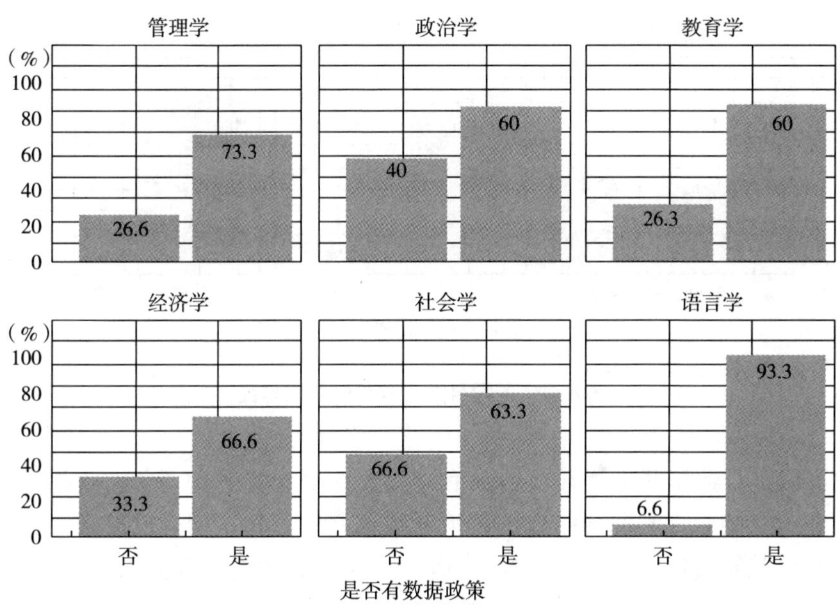

图 8-2　各学科数据政策拥有比例

Key 在政治学领域中排名较高的政治科学期刊中发现，要求数据共享的期刊中有 80%以上的文章都包含复制数据，而在没有严格要求数据共享的期刊中只有不到 30%的文章中包含复制数据文件[①]。在本书所调查的 180 本期刊中，大约有 1/7（25 本）的期刊严格要求在发布论文时上传研究过程中产生的数据。

如图 8-3 所示，数据政策的严格程度也因学科而异。其中，经济学领域对数据共享要求最严格，超过 1/2 的期刊都明确要求科研人员在提交

① Wiley, “Wiley’s data availability statement”, February 12, 2021, https://authorservices.wiley.com/author-resources/Journal-Authors/open-access/data-sharing-citation/data-sharing-policy.html.

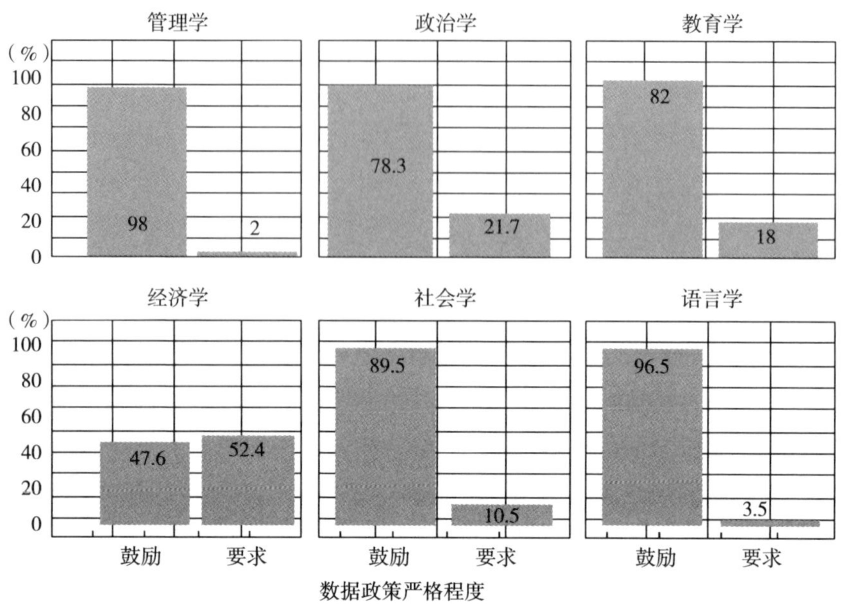

图 8-3　各学科数据政策的严格程度

论文时进行数据共享。其次是政治学和教育学，其中 21.7%的政治学期刊和 18%的教育学期刊的数据政策对数据共享进行了明确的要求。而社会学（强制政策比例为 10.5%），语言学（强制政策比例为 3.5%）和管理学（强制政策比例为 2%）的数据政策相对宽松，大部分期刊的数据政策对数据共享严格程度较低，多为鼓励和建议，无明确的强制共享规定。总体来说，国外各学科期刊遵循的数据政策主要还是以鼓励数据分享为主。

（四）政策的主要内容分析

1. 数据政策制定的依据

期刊采用的数据政策有三个主要来源：期刊（和它们的编辑委员会）本身，它们的出版机构，以及可能会对出版集团或对某一领域的期刊施加影响的专业协会。表 8-7 表明不同的数据政策制定主体影响着数据政策的内容。

Springer、Elsevier、Wiley 和 Taylor & Francis 这几大出版机构旗下的期刊大都采用了“弱”数据政策，只有 10%的期刊采用了“强”数据政策。但是各种迹象都表明，“强”数据政策将是未来的发展趋势。与出版机构及其旗下的期刊不同，大约一半的期刊的编辑委员会在发布自己的数据政策时，都明确要求数据共享。美国经济协会（American Economic Association，AEA）、美国政治科学协会（American Political Science Association，APSA）、环境与资源经济学家协会（Association of Environmental and Resource Economists，AERE）和美国社会学协会（American Sociological Association，ASA）等专业协会也都纷纷明确数据共享要求。

表 8-7　样本期刊数据政策来源统计　单位：种

来源		期刊数量	政策强度	
			鼓励	强制
出版社	Elsevier	37	37	0
	Springer	5	4	1
	Oxford University Press	6	5	1
	Sage	20	11	9
	Wiley	25	25	0
	Taylor&Francis	14	14	0
	Cambridge University press	9	8	1
	其他	8	7	1
期刊本身编辑委员会		11	7	4
专业协会		5	0	5
总数		138	119	19

2. 数据的存储位置

数据专业人员普遍认为在数据管理平台中共享数据有利于遵循 FAIR 原则。本书调研了各期刊数据政策规定数据的存储位置，如图 8-4 所示。在提供数据政策的 138 种期刊中，有 80 种期刊建议或要求建立数据管理平台来共享数据，另外 23 种则通过该期刊自己的网站供科研人员提交论文的附属材料和数据来促进数据共享，还有 6 种期刊没有明确指定数据存储地点，也没有指定其他共享方式。

由于学科差异和数据政策的制定依据不同，期刊对于数据共享位置的规定也不同。在制定了数据政策的样本期刊中最多的做法是将科学数据提交到数据管理平台，如表 8-8 所示，语言学、经济学和教育学期刊比较注重论文补充材料的上传，语言学和教育学 90%以上的期刊都对数据存储的位置做出了详细规定。也有一些期刊提供指定的科学数据管理平台，供作者存储支持研究成果的相关数据，如比较政治学研究（Comparative Political Studies）的 CPS Dataverse 数据管理平台。比较政治学研究期刊指出，只有当作者将论文涉及的数据、代码、文件等存储在 CPS Dataverse 数据管理平台上后，其论文才能够被最终录用。

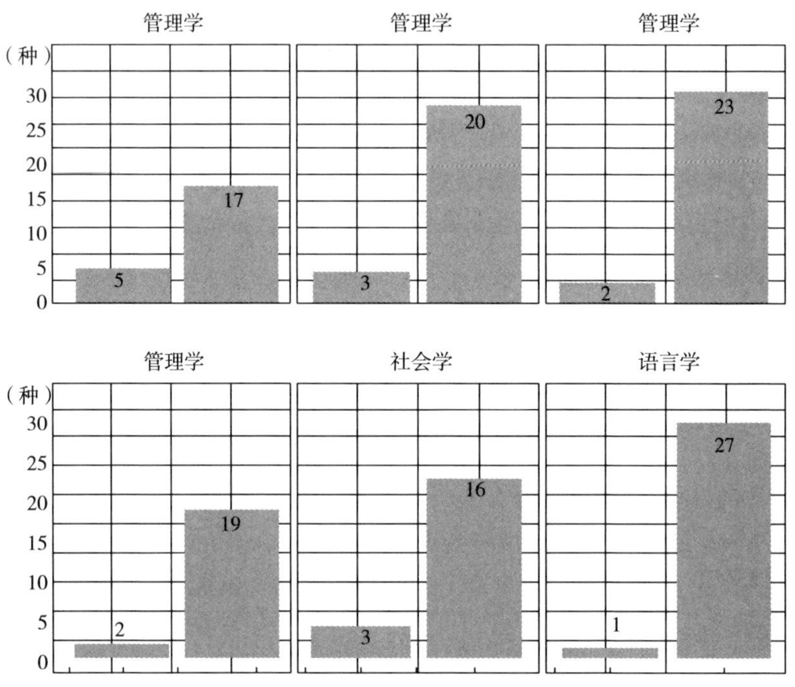

图 8-4　各学科期刊数据存储位置

科学数据的存储、长期保存和获取是数据可重用的重要保障。由表 8-8 可知，期刊出版机构大多都推荐论文作者选择那些遵从 FAIR 原则的数据平台，如 Figshare、Dryad、Mendeley Data 等。如果作者首选的数据平台不是推荐列表中的平台，那么则建议作者借助 FAIRsharing. org 和/或 re3data. org 来发现适合的、经过认证的可信赖的数据管理平台。

Elsevier 与多个科学数据管理平台进行协作，通过建立 Science Direct 上的论文与相关科学数据管理平台的链接，提供获取原始数据的渠道。

Elsevier 详细介绍了 Mendeley Data 遵从 FAIR 原则的具体情况。作为经过认证的科学数据管理平台，Mendeley Data 可供科研人员免费使用。它是综合型数据管理平台，托管所有学科领域的科学数据，并且对数据的格式没有要求（原始数据、处理后的数据、数据表、数据代码和软件均可进行存储）。论文的作者，在提交论文的过程中同步将支持论文的数据存储到 Mendeley Data 中。在科学数据管理平台提供数据之后，科研人员会获取一个数字对象标识符 DOI，以支持数据的引用，并且建立起与 Science Direct 上文章的链接，使论文读者可以轻松查找和重用数据。科研人员和科学数据管理平台使用链接是确保数据可发现和可获取。通过在科学数据管理平台和 Science Direct 上的在线文章之间创建双向链接，Science Direct 的用户能够一键获取可信赖的相关数据，用于验证研究或推动开展新的研究。

表 8-8　　样本期刊的科学数据存储方式

样本期刊所属出版机构	数据存储方式（位置）	数据与文章互连方式
Springer	提供了推荐数据存储平台列表，建议作者优先选择提交到特定学科和社区认可的数据存储平台，若没有合适的资源，则可提交至 Figshare、Dryad 等通用数据平台	作者在提交论文时可以选择将自己的数据存储在哪个平台，在系统中提供数据相关信息，将文章直接连接到数据集，其他科研人员可以根据 Science Direct 上的文章所标注的信息链接到作者数据共享的平台
Wiley	提供了作者合规性工具（Author Compliance Tool），可用于选择符合期刊、资助者、所属机构要求的数据平台	为作者共享的科学数据分配一个永久性标识符，利用永久性标识符可进行数据的查找、跟踪和重用
Elsevier	优先推荐使用 Mendeley Data 平台	当平台中包含文章的数据时，Mendeley Data 横幅自动将数据集链接显示在作者发表的论文旁边
Sage	优先推荐使用 Figshare 平台，当作者在提交工作流程中选择将数据或手稿与其论文一起提交时，SAGE 会自动进行数据存档	已提交 Figshare 平台的数据集将被分配数字对象标识符（DOI）。显示在由 Figshare 提供支持的小窗口中，该小窗口在 SAGE 期刊文章旁边显示，并将在平台上提供数据支持

续表

样本期刊所属出版机构	数据存储方式（位置）	数据与文章互连方式
Taylor & Francis	优先推荐使用 Research Data Leeds 平台	将数据 DOI 作为数据的永久标识符。如果作者在文章中标明数据 DOI，可自动链接 Science Direct 上的数据，使读者可轻松查找和重用数据
提交给期刊存储如比较政治学（Comparative Political Studies）OUP	一些期刊设有像 CPS Dataverse 等期刊专属的平台，提供给作者存储科学数据	作者在文章中标明数据 DOI，以便读者依据 DOI 寻找并利用数据

3. 开放协议对数据策略的影响

自“透明和开放促进”指南（Transparency and Openness Promotion，TOP）被开放科学中心（Center for Open Science）公开发布以来[①]，数百种学术期刊都签署了该指南。“期刊编辑透明度声明”（Journal Editors' Transparency Statement，JETS）与“透明和开放促进”指南尽管相类似，但是认可程度没有“透明和开放促进”指南高。一些著名的政治学领域的学术期刊承诺遵从美国政治科学协会（American Political Science Association，APSA）关于数据共享的最新承诺，作者共享数据是论文能够被发表的前提。

研究发现，凡是那些已经签署指南、承诺遵守倡议的学术期刊大多都有自己的数据政策。在已签署了“透明和开放促进”指南的 25 种学术期刊中，88%的学术期刊（22 种）有自己的数据政策，而未签署“透明和开放促进”指南的期刊中，发布数据政策的期刊只占到 50%。与之相类似，15 种签署“期刊编辑透明度声明”的期刊中，有 14 种（占 93%）都颁布了数据政策，而未签署“期刊编辑透明度声明”的政治学领域的学术期刊中只有 16 种（占 46%）发布了数据政策。签署“期刊编辑透明度声明”的学术期刊的数据政策更加严格。

14 种签署了“期刊编辑透明度声明”的期刊中，有 11 种期刊（占 79%）具有严格的数据政策，其数据共享的要求是强制性的。而另外 16 种发布了数据政策但未签署“期刊编辑透明度声明”的期刊，只有 4 种

① Center for Open Science, February 12, 2021, “TOP guidelines”, https://osf.io/9f6gx/wiki/Guidelines/.

对数据共享的要求是强制性的。

4. 数据可用性声明

作为出版机构的一种作者声明机制，数据可用性声明用于明确支持论文研究结论的数据的存储位置，明确数据是否共享，以及数据在什么条件下提供访问等。提供数据可用性声明的目的是增加数据的透明度，帮助作者更好地遵守期刊的数据政策要求。数据可用性声明尽可能使研究的每一步都“清晰和可再现”，让第三方能够理解、分析、复制和评价研究结果，有利于科学进一步发展。资助机构和学术期刊的数据政策对科研人员科学数据共享意愿有积极的影响，强有力的期刊数据共享政策可以大大提升科学数据的可用性，也可以显著提高学术论文的引用次数，有效推动科研人员共享科学数据。引用数量仍然是衡量研究影响力和研究价值的重要指标，也是对科研人员做出贡献认可的一种手段。因此，学术

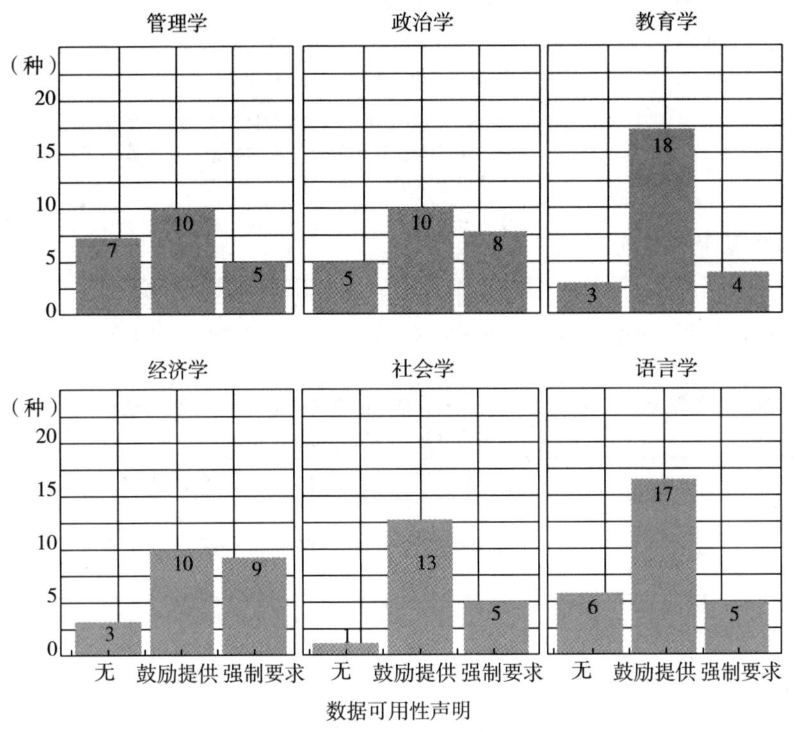

图 8-5　样本期刊数据可用性声明强度统计

期刊强制要求或鼓励论文的作者同时提交数据可用性声明，在可用性声

明中明确如何获取数据。如果数据涉及隐私或者敏感的问题，论文的作者则需要说明不能共享其数据的具体原因，同时说明如果数据使用者提出申请，能够有条件地共享其数据。

由调研结果可知，对于数据开放程度各期刊的要求是不同的，不同类型数据的开放程度也不一样，有些科学数据的共享是无限制的，所有科研人员均可获取和使用，有些科学数据的共享则是一定限制条件下的共享。因此，针对不同类型的数据，应该提供不同类型的数据可用性声明（见表 8-9）。

表 8-9　学术期刊数据可用性声明示范样例

数据可用性类型	数据可用性声明模板
公共存储库发布数据集数字对象标识符（DOI），科研数据在公共存储库中公开可用	支持本研究结果的数据可以在 http：//doi. org/［doi］上的［存储库名称，例如“figshare”］中公开获取，参考编号［reference number］
在不发布 DOI 的公共存储库中公开可用的数据	支持本研究结果的数据可在［资源库名称］的［URL］，参考编号［参考编号］中公开获得
来自公共领域资源的数据	可以在［URL/DOI］的［存储库名称］，参考编号［参考编号］中找到支持该研究结果的数据。这些数据来自公共领域中的以下资源：［列出资源和 URL］
文章补充材料中的数据	支持本研究结果的［所有其他］数据可在文章［及其补充信息文件］中找到
由于商业限制而暂不公开数据	自发布之日起为允许研究成果商业化而实施禁运后，支持研究结果的数据将在［URL/DOI 链接］的［存储库名称］中提供
由于隐私/道德限制，可应要求提供数据	支持该研究结果的数据可应相应作者的要求获得。由于隐私或道德限制，该数据无法公开获得
数据受第三方限制	可以从［第三方］获得支持本研究结果的数据。这些数据的可用性受到限制，只可在请求合理的情况下，才能得到该研究的许可使用数据。例如：在［第三方］的许可下，数据可从［作者/URL］获得
数据可应作者要求提供	根据合理的要求，可以从通讯作者处获得支持本研究结果的数据
数据共享不适用—未生成新数据	当前研究期间未产生数据，数据共享不适用于本文
作者选择不共享数据	作者声明，科学数据不共享

5. 数据引用

作为科研的基础产出，科学数据具有独立的身份识别、属性描述、监控机制和溯源流程。为了发现和确认数据，必须在科学文献中以统一和明确的方式获取和引用科学数据，对科学数据的规范引用是对数据创建者产出成果的尊重和认可，可以实现数据的可追溯、可跟踪和可评价，从而促进科学数据的共享与传播。

表 8-10　　样本期刊对数据引用的规定

调查期刊所属出版机构	期刊示例	数据引用规定
Sage	*Sociological Methods & Research*《社会学方法与研究》	·支持 FORCE11 数据引用的原则。在将数据集托管在为数据集提供数字对象标识符（DOI）的公共存储库中的情况下，Sage 鼓励在参考列表中正式引用这些数据集 ·引用格式应遵循 DataCite 及期刊要求：作者姓名（发表年份）. 标题. 发行者. 标识符（如果有）. ——Creator（PublicationYear）. Title. Publisher. Identifier（if available）
Elsevier	*Information And Oorganization*-《信息与组织》	·支持 FORCE11 数据引用的原则 ·引用格式包括：作者、数据集名称、数据集存储库名称、版本（如果适用）、年代、DOI
Springer	*Agriculture And Human Values*《农业与人类价值》	·支持 FORCE11 数据引用的原则。在将数据集托管在为数据集提供数字对象标识符（DOI）的公共存储库中的情况下，可以在参考列表中引用由数据存储库分配的数字对象标识符（DOI）的数据集。数据引用应包括 DataCite 推荐的最少信息：作者，标题，发布者（存储库名称），标识符。authors，title，publisher（repository name），identifier.
Oxford University Press	*Sociology of Religion*《宗教社会学》	·支持 Force 11 数据引用原则，并要求所有公开可用的数据集都在参考列表中完全引用，且带有登录号或唯一标识符，例如数字对象标识符（DOI）。数据引用应包括 DataCite 建议的最少信息： [数据集] ＊作者，年份，标题，发行者（存储库或档案名称），标识符 [dataset] ＊Authors，Year，Title，Publisher（repository or archive name），Identifier ·＊在引文开头包含 [dataset] 标签有助于我们正确识别和标记引文。此标记将从参考列表中发布的引用中删除

续表

调查期刊所属出版机构	期刊示例	数据引用规定
Wiley	*Foreign Language Annals* 《外语年鉴》	·支持 FORCE11 数据引用原则，必须以与文章、书籍和网络引用相同的方式引用数据，并且要求作者将数据引用作为其参考列表的一部分 ·引用格式遵循《数据引用原则联合声明》提出的格式：［数据集］作者；年；数据集标题；数据存储库或存档；版本（如果有）；永久标识符（例如，DOI） [dataset] Authors; Year; Dataset title; Data repository or archive; Version (if any); Persistent identifier (e. g. DOI) ·在参考之前添加［dataset］，以便我们可以正确地将其标识为数据参考。［数据集］标识符不会出现在您发表的文章中

表 8-10 罗列了样本期刊中有关数据引用的具体规定，就引用原则而言，所调查的学术期刊多数遵从 Force 11 引用原则联合声明，在实践过程中虽然出现的引用格式多样，但有 4 个元素，即作者、数据集名称、数据管理平台名称和数据集唯一标识符基本是所有引用格式都包含的要素。

二　国内社会科学领域学术期刊的科学数据政策调查

为了能够对我国学术期刊的科学数据政策制定情况进行更加直观的、有效的分析，本书选取《中国学术期刊国际引证年报》（人文社会科学）中筛选出的“2020 中国最具国际影响力学术期刊（人文社会科学）”① 作为调查对象开展网络调研。通过分析学术期刊官网中与科学数据政策有关的信息，对科学数据政策的强制程度（强政策或弱政策）以及科学数据提交、审查、存储和引用要求等方面的规定进行了详细的统计。学术期刊调查样本如表 8-11 所示。

表 8-11　　2020 年人文社会科学中最具国际影响力学术期刊

序号	期刊名称	国际影响力指数 CI	国际他引影响因子	国际他引总被引频次（次）
1	*Journal of Sport and Health Science*	1370.736	5.227	1607

① 中国科学文献计量评价研究中心、清华大学图书馆：《中国学术期刊国际引证年报（自然科学与工程技术）2020 年版》，《中国学术期刊》（光盘版）2020 年，http://www.eval.cnki.net/News/ItemDetail? ID=3187cbac87814e6f812b4fbe28c2812f，2021 年 2 月 12 日。

续表

序号	期刊名称	国际影响力指数 CI	国际他引影响因子	国际他引总被引频次（次）
2	*China & World Economy* *	537. 137	2. 000	634
3	《经济研究》	481. 557	0. 352	1680
4	*Journal of Data and Information Science*	406. 569	2. 927	158
5	《心理学报》	371. 824	0. 328	914
6	《经济地理》	303. 744	0. 207	744
7	《管理世界》	290. 808	0. 075	775
8	《中国工业经济》	284. 825	0. 301	635
9	《中国社会科学》	240. 328	0. 191	554
10	《中国管理科学》	234. 923	0. 218	526
11	*Frontiers of Business Research in China*	221. 886	1. 128	172
12	《心理科学》	215. 328	0. 110	518
13	《心理发展与教育》	209. 443	0. 313	415
14	《旅游学刊》	205. 914	0. 130	482
15	《中国软科学》	202. 369	0. 123	475
16	《文物》	186. 090	0. 098	440
17	《心理科学进展》	185. 336	0. 119	429
18	《数量经济技术经济研究》	178. 266	0. 184	383
19	《金融研究》	175. 471	0. 109	406
20	《社会学研究》	172. 863	0. 198	363
21	《世界经济》	161. 436	0. 208	329
22	《中国农村经济》	157. 267	0. 190	325
23	《中国语文》	155. 951	0. 050	377
24	《科研管理》	151. 795	0. 145	328
25	*Frontiers of Education in China*	145. 371	0. 403	218
26	《人口研究》	140. 491	0. 224	269
27	《经济学》	137. 189	0. 142	291
28	《会计研究》	137. 002	0. 045	328
29	《社会》	136. 757	0. 242	253

续表

序号	期刊名称	国际影响力指数 CI	国际他引影响因子	国际他引总被引频次（次）
30	《中国土地科学》	133. 737	0. 169	272
31	《人文地理》	133. 611	0. 136	284
32	《科学学研究》	131. 776	0. 084	299
33	《中国人口科学》	130. 244	0. 202	251
34	《南开管理评论》	128. 379	0. 132	272
35	《城市规划》	124. 859	0. 076	284
36	《软科学》	124. 746	0. 099	275
37	《管理科学学报》	121. 139	0. 166	241
38	《考古》	119. 072	0. 068	272
39	《城市发展研究》	118. 446	0. 069	270
40	《管理学报》	115. 972	0. 092	255
41	*Frontiers of Economics in China*	115. 128	0. 351	162
42	*Chinese Journal of Applied Linguistics*	114. 863	0. 492	116
43	《财经研究》	113. 037	0. 137	231
44	《统计与决策》	109. 039	0. 023	263
45	《科学学与科学技术管理》	101. 317	0. 080	222
46	《科技进步与对策》	94. 142	0. 041	218
47	《农业经济问题》	93. 676	0. 068	207
48	《世界经济与政治》	93. 277	0. 167	171
49	《财贸经济》	86. 265	0. 083	183
50	《考古学报》	85. 860	0. 143	161
51	《国际贸易问题》	85. 590	0. 067	187
52	《人口学刊》	85. 432	0. 172	150
53	《管理评论》	81. 918	0. 058	181
54	*Social Sciences in China*	81. 604	0. 130	155
55	《地域研究与开发》	81. 009	0. 077	172
56	《图书情报工作》	77. 053	0. 021	182
57	*Fudan Journal of the Humanities and Social Sciences*	76. 380	0. 409	52

续表

序号	期刊名称	国际影响力指数 CI	国际他引影响因子	国际他引总被引频次（次）
58	《中国特殊教育》	76.220	0.046	171
59	《语言教学与研究》	74.428	0.056	163
60	《统计研究》	73.652	0.042	166
61	《人口与经济》	73.546	0.116	140
62	《教育研究》	73.037	0.049	162
63	《农业技术经济》	72.797	0.073	153
64	《汉语学习》	71.789	0.043	161
65	《管理工程学报》	71.553	0.093	143
66	《中国电化教育》	67.754	0.063	144
67	《情报科学》	67.580	0.056	146
67	《中国农业资源与区划》	67.580	0.056	146
69	《经济管理》	67.525	0.047	149
70	《外语教学与研究》	67.349	0.063	143
71	《世界汉语教学》	64.855	0.051	141
72	《工业技术经济》	63.344	0.075	129
73	《统计与信息论坛》	63.308	0.066	132
74	《中国农村观察》	63.198	0.136	108
75	《资源开发与市场》	62.580	0.055	134
76	《心理与行为研究》	61.733	0.081	123
77	《文物保护与考古科学》	59.968	0.083	118
78	《管理科学》	59.472	0.112	107
79	《城市问题》	59.062	0.056	125
80	《南京农业大学学报》	58.994	0.076	118

调查结果显示 80 种样本期刊中，只有 *Journal of Sport and Health Science*、*China & World Economy*、*Frontiers of Business Research in China* 和 *Frontiers of Education in China*4 种期刊（5%）拥有明确和相对完善的数据政策，这些期刊都是与海外的知名出版集团共同合作出版的（见图 8-6）。

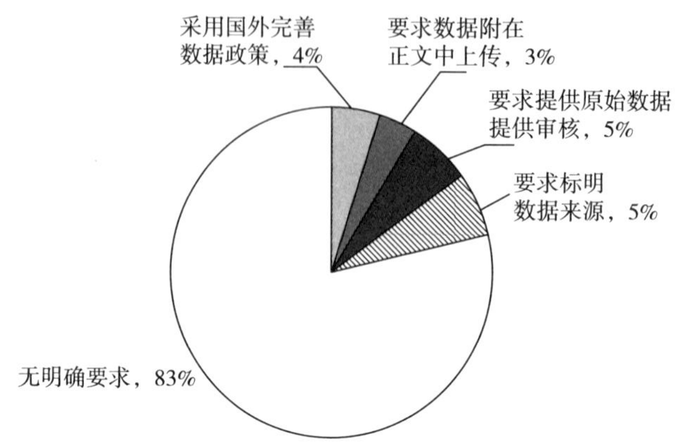

图 8-6　样本期刊中对科学数据相关要求的统计

Journal of Sport and Health Science 与国外出版机构 Elsevier（由 Elsevier 代表上海体育大学制作和主持，由上海体育大学负责同行评审）合作，该期刊鼓励并允许作者在适当情况下共享支撑研究出版物的科学数据，并使科学数据与已发表的文章相互链接。科学数据是指验证研究结果的观察或实验结果。为了促进可重复性和数据重用，该期刊还鼓励作者分享与项目相关的软件、代码、模型、算法、协议、方法和其他有用的材料。并且鼓励作者在提交稿件时就数据的可用性做出声明。期刊 *China & World Economy* 与国外出版机构 Wiley 合作，该期刊鼓励作者通过在适当的公共数据管理平台中存档数据和其他附件来支撑论文中的结果。论文应包括科学数据可访问性声明，包括指向他们使用过的数据管理平台的链接，以便可以将该声明与论文一起发布。*Frontiers of Business Research in China* 和 *Frontiers of Education in China*（《中国教育前沿》）与国外出版机构 Springer 合作，*Frontiers of business Research in China* 选择 Springer 科学数据政策框架中的要求最严格的类型二，但期刊科学数据政策强度具有高度灵活性，所有作者的手稿中都必须包含“数据和资料的可用性”部分，详细说明可以找到支持其发现的科学数据。不想共享其数据的作者必须声明不会共享科学数据并说明原因。如果这不适用，可写：“数据共享不适用于本文，因为在当前研究期间未生成或分析任何数据集。”如果作者不想公开共享数据，可写：“请联系作者以获取数据请求。”而 *Frontiers of education in China* 则选择的是数据类型一，对科学数据属性要求较

为宽松，能够给予科研人员较高的科学数据上传弹性。鼓励科学数据共享和提供数据可用性声明。

《心理科学》《旅游学刊》等期刊虽无系统的科学数据政策，但在投稿指南中表明，支撑论文中研究结果的相关科学数据应附在正文中上传，指出了需要将研究过程中用到的材料比如图片和问卷等与正文一起上传。另外，期刊《心理科学》还指出若是研究过程中的材料还没有公开发表，则需将允许使用的证明邮寄给编辑部。

《经济管理》《工业技术经济》《中国电化教育》《世界经济》《中国工业经济》等期刊在评审过程中要求作者提供科学数据。期刊《经济管理》在文章审阅过程中由于部分需求可能会索取论文所用的科学数据，作者因为合理的原因无法共享数据时，应对获取这些数据的途径进行详细说明。论文刊发后，还会向作者索取与论文相关的原始数据，用于增强出版和在线发布。《工业技术经济》也表明，实行双向匿名专家审稿制度。作者需确保文中涉及的数据、程序及结果的真实性，收到录用通知的稿件需要提供所用数据、程序及完整结果，可作适当加工，以供学术监督。为了便于作者及时处理稿件，提高稿件处理效率，凡未通过编辑部初审、复审、外审及终审等的稿件，编辑部不再接受二次投稿，包括修改稿。《中国电化教育》《世界经济》《中国工业经济》要求提供文章中 Excel 绘制图中的原始数据与部分原始数据的处理过程，以供审稿过程中使用，《中国工业经济》额外指出涉及需要编程的需提供核心的程序代码。《金融研究》《财贸经济》《社会》《国际贸易问题》和《人口与经济》等期刊不要求作者数据共享，但需要标明数据来源。主要指出文章所有数据和引文都应注明资料来源，需要在文章中图标题下标明科研数据的准确来源，借鉴参考文献的引用数据也应给出相应的注明。只有《心理科学进展》期刊明确指出，不需要作者提供科学数据。另外，还有部分期刊对于是否需要提交科学数据、标注数据出处等标准尚未明确。

与国外学术期刊相比较而言，国内大多数的期刊目前都没有数据政策，虽然要求作者在提交文章的过程中，要对文章数据中的数据来源进行标注，对提交数据的真实性进行验证。但是在作者提交文章过程中对于文章数据的要求集中体现在标注数据来源、提交部分真实数据等方面，都是为了验证数据真实性、实验结果的可验证性和可复现性等目的，对提交文章后的数据管理与共享方面缺乏关注。

第九章　推进中国社会科学领域科学数据管理的建议

第一节　基于科研人员科学数据共享行为分析的建议

科研人员科学数据共享实践的推进不仅与作为科学数据生产者角色的科研人员关系密切，与其他利益相关者更是息息相关，促使科研人员共享其科学数据需要各方共同努力。建议各方利益相关者加强协作，从科研人员出发，以提高其科学数据共享积极性、推动科学数据共享态度转变为阶段性目标，以促进其科学数据共享行为、提高科学数据共享率、加速科研创新与社会发展为最终目标，助力营造人人共享的社会期望与科研氛围，创建共享、共赢的科学数据开放共享局面，循序渐进、统筹推进科学数据共享实践、推动科学事业发展。第四章通过问卷调查了解了我国科研人员科学数据共享实践现状，第五章明确了科研人员科学数据共享行为产生机理，基于这两章的研究结论，本书认为，推进我国社会科学领域的科学数据管理需要从以下几个方面着手。

一　提高科研人员科学数据共享的积极性

第四章的调查发现，有些受访的科研人员对科学数据共享不太了解，直观认为一旦共享科学数据便失去了数据著作权，泄露科学数据还会导致研究思路或成果被盗取。科研人员科学数据共享行为产生机理的研究表明，感知风险和感知努力负向影响共享态度，而科学数据共享态度可对科学数据共享行为产生直接或间接影响。因此，提高数据共享率的首要步骤便是改善与提高共享态度和认知水平，以便打消科研人员对共享数据的一些误解，降低其对科学数据共享风险的感知度。积极开展科学数据素养教育和相关服务，提升科研人员的自我效能感，辅以合理的激励政策，能够改善共享态度和对共享的评价，降低感知风险，提高科学数据共享认可度、积极性和可能性。

（一）打好科学数据共享行为产生的认知基础

提升数据共享认知是开展共享推动计划的基础。依据 NIT 理论，当科学数据共享意识、行动与期望在学术界形成一定社会压力与文化氛围时，便可对个体施加共享期望与认知压力，个体对该规范压力的感知可内化为自身的行为。科研人员科学数据共享行为产生机理的研究发现，主观规范对科学数据共享态度、意愿和行为均有正向作用，可通过共享态度间接影响共享意愿和共享行为，也可通过科学数据共享意愿促进科学数据共享行为。因此建议科学界加大力度推广与宣传科学数据共享的价值和益处，共同创造与培育科学数据共享文化环境和氛围，使科研工作者们对科学数据开放共享有更深入的了解，消除误解的同时向科研人员施加一定的科学数据共享社会期望与规范压力，进一步放大主观规范对科学数据共享行为产生的推动作用，无形中引导科研人员自觉共享科学数据。建议在此过程中更加注重医药科学、自然科学等学科领域。高校、科研院所、图书馆等机构可发挥引领作用，尤其高校是科研人员集聚之地，可以通过开展科学数据共享认知教育通识课程、认知培训讲座以及科学数据共享知识宣传周活动等，着重强调“开放为常态、不开放为例外”原则。或将科学数据共享纳入考核体系，制定相关政策与措施，促使科研人员主动了解科学数据共享相关知识与规定，充分普及科学数据共享价值与知识。

（二）积极开展科学数据素养教育与服务

科研人员科学数据共享行为的产生机理研究发现，自我效能对科学数据共享意愿有正向作用，提高科学数据共享意愿能够直接促进科学数据共享行为的产生。因此，为保证科学数据高质量、及时并规范地共享科学数据，允许其他科研人员重用科学数据以加速创新，作为科学数据产出与共享的主力军，科研人员必须具备较高水平的科学数据素养，掌握一定的科学数据组织、处理、管理和存储能力。然而现实情况中科研人员可能根本没有足够的时间来提升科学数据素养，因此可以考虑在机构、期刊出版商或团队内部配备科学数据处理和支持的专业人员，最重要的还是在科研新手时期加以培养。

在国家层面，可以借鉴欧盟开放科学培训项目（FOSTER 项目）开展我国的科学数据素养培训项目，承担资源发现、托管和科研素养培训工作，并提供线上、线下培训活动和课程、高质量培训资源等。在中观层面，作为支持科研人员终身学习和开展学术研究的公共服务机构，图书馆可在所有科学数据支持网络中充当组织者（Spider）角色①。面向不同的学科领域、针对不同的科学数据格式，图书馆可以基于科学数据生命周期，凭借其集成科学数据共享实体空间与服务设施资源、虚拟空间与资源、服务规范与学术文化的天然优势，为科研人员提供系统性、细粒度、有深度、有层次的科学数据素养教育培训，以及差异化、高效率、一站式的科学数据共享服务，帮助我国科研人员从整体上提升科学数据共享认知和数据素养，增强科研人员数据共享的自我效能感和积极性。具体到微观层面，高校等学术机构可依托其在数据素养教育中的主体角色定位，设置本科生、研究生阶段的共享科学数据的知识、科学数据安全、科学数据与元数据标准规范、科学数据管理工具以及相关政策法规等必修课程，针对不同学科制定特别教育课程或专项培训，以满足科学数据共享的长远利益。

（三）建立合理的科学数据共享激励政策体系

由第四章的调查结果可知，科研人员对科学数据共享利益和成本敏感，但目前的外在性利益却未得到满足。科研人员科学数据共享行为产生机理的研究结果表明，感知成本对科学数据共享态度有负向影响，感知利益对科学数据共享态度有正向作用，学科因素在感知利益和科学数据共享态度间发挥调节效应。因此，加大科学数据共享资金支持、设置合理共享经济补偿有利于提高科研人员科学数据共享积极性，改变他们对待科学数据共享的态度，从而推动科学数据共享实践。各方利益相关者应协商制定合理的科学数据共享激励方案与政策体系，并叠加精神激励，比如荣誉、积分等。这种激励要贯穿整个研究生命周期和科学数据生命周期，并考虑不同学科的特殊属性，特别是医药科学与自然科学学科领域。在研究起始阶段，科研资助机构可设置数据政策，对同意共享原始数据的研究项目给予额外资金激励。在科学数据收集、处理与分析

① Digital Science, Mark Hahnel, Leslie D. McIntosh, et al., "The state of open data 2020", December 1, 2020, https://digitalscience.figshare.com/articles/report/The_State_of_Open_Data_2020/13227875.

阶段，对科学数据处理标准、规范行为提供一定奖励。在科学数据存储与共享阶段，科学数据共享平台可根据科学数据的分类分级开放共享设置对应的分级补偿。在论文出版与科学数据共享阶段，期刊出版商可对自愿共享科学数据者提供适当的补偿与奖励。此外，学术机构可为科研人员的科学数据共享行为提供直接利益，比如提供晋升机会等，进而提高科学数据共享主动性。

此外，开放获取（Open Access，OA）模式有助于提高论文的被引率[①]，但调查发现，多数 OA 期刊通常需要作者支付文章处理费（Article-Processing Charge，APC），其中包括将科学数据集上传到科学数据共享平台的数据托管费（如 *Scientific Data*[②]），或保存到期刊自身数据管理平台的存储费用。对此一些医学研究生表示，OA 期刊较高的文章审稿费和处理费会让自己转向非 OA 期刊。所以，建议适当降低共享科学数据所花费的资金成本（特别是数据存储费用），由资助机构承担大部分或全部出版和处理费用，以活跃科研人员共享科学数据的积极性。

二 推动科研人员科学数据共享态度的转变

大数据时代背景下，大量信息通过网络快速、广泛地传播且容易被获取，科学数据共享与挖掘导致个人知识产权被侵犯，难以追溯取证，直接损害被侵权人的合法权益[③]。科研人员对科学数据共享行为的产生机理研究发现，感知风险对科学数据共享态度有负向作用，科学数据共享者对科学数据共享风险的担忧是科学数据共享的重要阻碍。科研人员对科学数据知识产权和自身合法权益的强烈保护意识启示我们，注重科学数据共享知识产权保护制度、维护科学数据共享者合法权益是推动科学数据共享态度转变的关键。

（一）加强科学数据知识产权的保护与管理

依据科研人员科学数据共享行为产生机理的研究结果，科研人员感知到的共享数据丧失知识产权等风险负向影响其共享态度，进而阻碍科学数据共享行为的产生。因此，建议利益相关者完善数据产权保护相关

---

① Tedersoo, Leho, Rainer Küngas, Ester Oras, et al., "Data sharing practices and data availability upon request differ across scientific disciplines", *Scientific Data*, Vol. 8, No. 1, 2021, pp. 1-11.

② Nature, "Scientific data", March 6, 2022, https://www.nature.com/sdata/.

③ 许燕、麻思蓓、郑彦宁等：《科学数据的法律属性与知识产权管理》，《科技管理研究》2020 年第 22 期。

法律法规，协商制定与完善科学数据知识产权保护制度，改善共享态度。具体实践中，可以根据研究项目资助方确定科学数据共享知识产权归属和科学数据使用权，明确规定共享实践中不同数据来源的产权归属主体，约定科研人员这一主体在数据共享中承担的权利、义务和责任。

除完善知识产权保护制度外，可以通过具体措施比如建立科学数据分类分级保护制度与控制机制、规范科学数据引用等方式来保护知识产权，实现共享科学数据和保护产权两者的平衡，有效缓解科学数据共享的“邻避”现象。

1. 建立科学数据分类分级保护制度与控制机制

《中华人民共和国数据安全法》提出国家建立数据分类分级保护制度。推动完善当前数据安全分类分级保护制度，能够确保数据共享者的知识产权。科学数据共享利益相关者可基于不同数据类型、应用方式等条件构建科学数据分类控制机制，设定科学数据密级，对保密科学数据共享范围、对象进行严格控制，对非保密科学数据鼓励共享。科学数据重用者使用时，可通过合法使用、法定许可或授权许可等方式合法获得科学数据应用权。

2. 规范科学数据的引用

规范的科学数据引用应该标注科学数据的作者、名称、传播时间、唯一标识符、创建机构、创建时间、传播机构、解析地址、版本等信息，其中唯一标识符通常采用数字对象标识符（Digital Object Identifier，DOI）等。科学数据引用格式可参考国家标准《信息技术科学数据引用》（GB/T 35294-2017）①。在此鼓励科研人员通过数据出版方式共享数据，通过同行评议后获得科学数据唯一标识符，便于他人在论文及其他研究成果中正式引用。常见的科学数据出版方式如将科学数据保存在数据共享平台以供独立出版、作为论文补充材料提交、以数据论文方式出版等②。目前国内已经出现一些数据期刊，如《中国科学数据》等。科学数据出版让科学数据的质量得到保障，科学数据知识产权更加清晰，有利于科学

① 全国信息技术标准化技术委员会：《信息技术科学数据引用》（GB/T 35294-2017），2017 年 12 月 29 日，http://c.gb688.cn/bzgk/gb/showGb? type=online&hcno=A495CA355BAF00D962AA8DD84C3B2C16，2022 年 3 月 6 日。

② 王丹丹：《数据论文：数据集独立出版与共享模式研究》，《情报资料工作》2016 年第 5 期。

数据重用者规范引用数据，能够更好维护科学数据共享者的知识产权。从增加引用率、提高知名度角度来看，此举还可作为一种共享科学数据的激励机制，能够在一定程度上提高科学数据共享率。第四章的调查发现，部分科研人员不了解科学数据出版，对数据论文也存在误解，因此提高科研人员科学数据出版意识与认知也是推进科学数据共享的必要工作。

（二）避免科学数据共享的“搭便车”行为

科学数据作为一种资源，一种新的重要生产要素[①]，能通过共享带来社会效益和经济效益，促进科学与社会发展，提升国家整体创新力。个体共享科学数据的力量是微弱的，当全部科学数据所有者都共享时，便能构建庞大的科学数据池，经过重用发挥科学数据资源的潜在价值，加速科学发现与科技创新，创造更大的效益。但在学术界或团队合作过程中不免出现科学数据共享“搭便车”现象，即科学数据共享者付出成本共享自己的原始数据，拒绝共享的科研人员却能够规避科学数据共享风险，不付出成本而访问这些数据（包括自己的数据），享受科学数据共享带来的好处与便利[②]。“搭便车”现象不利于科学数据共享的公平与健康，也损害了科学数据共享者的合法权益。此时，对于科学数据共享者，建议完善知识产权与合法权益维护政策措施，实行科学数据资产有偿共享，贯彻落实科学数据分类分级保护制度，避免打消共享积极性。对于“搭便车”者，应逐渐培养良好的科学数据共享文化氛围，强调科学数据共享、利益共享的重要性，改变投机取巧的错误观念。通过建立与完善合理、有效的科学数据共享激励机制，促使“搭便车”者主动共享自己的科学数据，让共享科学数据成为其博弈后的最优选择，从而更好地维护科学数据共享者的合法权益。

三　促进科学数据共享意愿向共享行为转化

（一）提高科学数据共享资源的规范性和可用性

科研人员科学数据共享行为产生机理的研究结果显示，感知科学数

---

① 中华人民共和国中央人民政府：《中共中央国务院关于构建更加完善的要素市场化配置体制机制的意见》，2020 年 3 月 30 日，http://www.gov.cn/zhengce/2020-04/09/content_5500622.htm，2022 年 3 月 6 日。

② Tedersoo, Leho, Rainer Küngas, Ester Oras, et al., “Data sharing practices and data availability upon request differ across scientific disciplines”, *Scientific Data*, Vol. 8, No. 1, 2021, pp. 1-11.

据共享相关资源的可用性能够直接促进科研人员科学数据共享行为的产生。第四章调查结果显示，“没有权威的科学数据共享平台”让共享科学数据更难。科学数据共享平台是数据出版的重要途径之一，所以统一、规范的科学数据共享平台和相关技术标准是促进科研人员的科学数据共享意愿向共享行为转化的必要条件。建议现有科学数据共享平台联合起来，借鉴国际优秀科学数据共享资源的建设经验，与其他机构密切合作，分别统一通用和学科专用科学数据共享平台相关技术与规范，着力创建用户友好的可操作界面，优化科学数据存取、备份、加密、分类分级管理、知识产权保护、共享与服务体验，设计面向不同学科的差异化科学数据管理与共享方案，方便用户快速、便捷地完成科学数据存储与共享等目的。

对于科学数据与元数据标准，建议参考科学数据结构和格式规范的良好实践①，分别统一与完善现有通用与学科专用的数据与元数据标准格式、规范，不因科学数据共享平台和地理位置而异，保证科学数据完整性、可用性、FAIR 化和永久访问，便于组织、管理、共享和重用数据，降低科研人员共享科学数据难度。

科学数据共享与重用密切相关，科学数据共享平台在其中发挥重要作用。从科学数据共享角度考虑，科学数据共享平台作为数据存储、共享环节的重要利益相关者，应当依据科学数据敏感度制定科学数据分类分级开放共享制度，考虑不同学科的特殊性，允许科学数据共享者在合理范围内设置科学数据访问时间和范围限制，保护人类受试者隐私和商业秘密数据等，打消科学数据共享者的疑虑。从科学数据重用角度考虑，不少学术机构、学科领域的科学数据共享平台仅对一小部分人开放，存在较强的内部壁垒，甚至同学科领域内的科研人员都无法访问这些平台，严重降低了科学数据的可用性，一定程度上造成了科学数据资源的浪费。因此，建议按照实际情况逐步实施科学数据分类分级（有偿）开放共享，对保障机构与共享者的合法权益，以及平衡科学数据共享和数据安全、产权问题具有重要意义。

（二）为科学数据共享提供全方位的制度保障

科研人员科学数据共享行为产生机理的研究发现，来自资助机构、

---

① Arregoitia, Luis Darcy Verde, Natalie Cooper, Guillermo D' Elía, “Good practices for sharing analysis-ready data in mammalogy and biodiversity research”, *Hystrix, the Italian Journal of Mammalogy*, Vol. 29, No. 2, 2018, pp. 155-161.

期刊出版商的科学数据共享政策压力均能促进科研人员科学数据共享行为的产生。问卷调查中，有受访者提议“期刊出版商应该强制科研人员提供基础数据并共享”，但也有受访者表示“强制性我就不同意（共享数据）”。有鉴于此，建议资助机构和期刊出版商结合实际制定科学数据共享政策，可从鼓励开放共享逐渐过渡到要求共享、强制共享，循序渐进引导科研人员开放共享科学数据，并设置合理的共享范围与时滞期，比如在科学数据生成和论文发表后立即发布数据，一定程度缓解作者对科学数据窃取的担忧和对强制共享科学数据的反感。

高效的科学数据共享离不开科学数据共享政策与制度体系的多层次、全方位保障。从政策、制度制定主体角度来看，国际与国家层面制定的宏观科学数据共享法律为共享科学数据提供方向与指南，资助机构可以据此制定中观层面的政策与制度，期刊出版商、学术机构与科学数据共享平台等制定微观层面的科学数据管理与共享政策，细化科学数据共享的具体要求，指导科研人员实际科学数据共享的具体操作。从研究生命周期与科学数据生命周期来看，研究项目伊始，科研人员需要遵循资助机构的科学数据共享政策来获得资助，从而为后续研究工作和科学数据产生提供可持续资金流；在科学数据管理与组织阶段，科研人员需要遵守科学数据共享平台相关政策、科学数据标准规范、元数据及其标准来保障数据的质量和可用性；在科学数据共享阶段，科研人员需要依靠科学数据共享激励制度、产权保护制度和分类分级保护制度来保障数据安全性、科学数据共享者的知识产权和合法权益；在科学数据出版和成果发表阶段，科研人员需要遵循科学数据共享平台、期刊出版商的科学数据共享政策来共享科学数据，以提高研究成果的可信度与可靠性。建议各利益相关者加强合作强度，共同建立与完善科学数据共享政策与制度体系，从而全方位保障科研人员的科学数据共享、重用流程的可持续进行，为科技创新注入源源不断的动力。

第二节　基于科学数据管理与服务实施关键问题分析的建议

第六章从国家和机构层面对科学数据管理和服务实施涉及的关键问

题进行了解析，基于分析的结果，本书认为可以从国家和机构两个层面提出建议。

一 推动中国科学数据管理的建议——国家层面

（一）重视科学数据管理战略规划制定

英国科学数据管理实践的最大特点就是全员参与，即英国的科学数据管理得到了科学共同体和科学数据管理所有利益相关群体的普遍认可和广泛参与。这一现象的形成，与英国历来高度重视战略规划的制定是密切相关的。在开放科学、开放科学数据领域亦是如此。英国发布了《开放科学数据协议》，并将《开放科学数据协议》作为英国开放科学数据战略规划制定的参考框架和依据，坚持问题导向，以现阶段开放科学数据发展面临的普遍共性问题为方向，根据英国开放科学数据管理现状，充分发挥国家和利益相关群体的优势与核心竞争力，进行未来发展路线和发展策略的全面规划，并在战略规划制定过程中坚持问责制和透明度。最终形成的战略规划以简明的纲领性文件的形式向大众公开。制定战略规划的最大益处在于，确保科学数据管理的发展方向是科学的、是合理的，确保了战略的具体实施是可执行的。开放科学数据是全球趋势，我国也应该深刻理解数据时代实现数据资源科学管理和有效利用的全球趋势，将制定开放科学数据战略规划提上日程，积极学习并广泛借鉴世界先进经验和最佳实践，在充分考虑我国国情的情况下，提出我国自己的发展路线图。

（二）利益相关群体开展全方位合作

科学数据管理是一个生态系统，在这个生态系统中存在着多个利益相关群体，科学数据管理的有效实施有赖于科学数据管理生态系统中这些利益相关群体的共同行动和相互协作。科学数据管理的发展状况是自上而下的推动和自下而上的行动共同作用的结果。科学数据管理生态系统中这些利益相关群体分布在数据创建、数据管理、数据共享和数据重用的各个环节中。他们一般是通过发布共同宣言或者倡议的形式，开展科学数据采集与汇交、科学数据保存、科学数据管理平台建设、科学数据引用标准规范、科学数据管理服务、科学数据出版、数据服务人员培训等方面的多维合作。构建利益相关群体网络全面开展深层次合作对科学数据管理的有效实施是至关重要的。对我国而言，我们应该对科学数据管理的核心利益相关者和潜在利益相关者进行认真识别，全面、系统地分析核心利益相关者和潜在利益相关者的诉求，发挥的作用和参与的期望，建立起利益相关群体的共同认知，加强利益相关群体的合作与互动。同时，我国也应该尽快出台类似《开放科研数据协议》这样的宏观架构性和理论指导纲领性文件，以此为载体，为利益相关群体搭建有效对话平台。

（三）加强开放科学数据关键问题研究

科学本身就是一个看似简单却又十分复杂的概念，作为社会趋势和科研人员未来研究背景的开放科学亦是如此。开放科学数据不是一个单一的事物，开放科学数据涉及多个要素与关键问题。我国开放科学数据不管是理论还是实践，与国外相比，均起步较晚，存在较大的差距。就理论研究而言，多集中在概念、理论和经验的介绍，就实践进展而言，也是处于起步状态，刚刚开始了科学数据管理平台的构建与运营。我国尚缺少关于开放科学数据的多角度的、全方位的分析，对开放科学数据关键问题更是缺乏系统梳理和深入研究。为此，未来应进一步加强对关键和棘手问题的深入研究，比如如何提升开放科学数据的价值，开放科学数据的价值如何衡量，如何在现有的学术评价体系中融入科学数据评价模块。如何处理敏感数据，如何充分考虑学科文化与机构要求，确保科学数据的质量和安全性？如何对科学数据实施分类分级管理，有效解决科学数据开放共享的激励问题？如何评价科学数据管理政策和科学数据管理服务的效用和效果？如何评价科学数据管理服务支持 FAIR 的程度（见附录 8）？如何确保科学数据管理的发展是可持续的等问题。总之，科学数据管理是大势所趋，但是任重而道远，必须充分认识科学数据管理的复杂性，做好充分的理论准备。

二　推动科学数据管理服务实施的建议——机构层面

服务动力、合作网络、服务能力和服务特色是机构实施科学数据管理服务的关键要素。

（一）服务动力营造

美国和英国都是先出台了国家层面的科学数据管理政策，然后是机构层面的科学数据管理政策。但是新加坡却不同，在国家层面新加坡一直没有发布科学数据管理政策，科研资助机构也没有，大学的科学数据管理活动和政策都走在了国家和科研资助机构的前面。在 2016 年 4 月，NTU 通过了大学自己的科学数据政策，其政策规定大学所有获资助的科研项目都必须提交 DMP，在 DMP 中描述项目所产生的科学数据将会如何实施管理、如何推动使用和如何开放共享的问题。每个新获得资助的科研项目启动时，项目负责人都必须通过 NTU 的科研信息管理系统提交项目的科学数据管理计划。NTU 的这一做法特别好，因为它的服务对象是科研项目，因此它将 DMP 服务嵌在了科研管理系统中（见图 9-1）。这样做的最大好处是 DMP 的所有数据都由大学掌握，为科学数据管理服务的改进提供了有效的数据支撑。

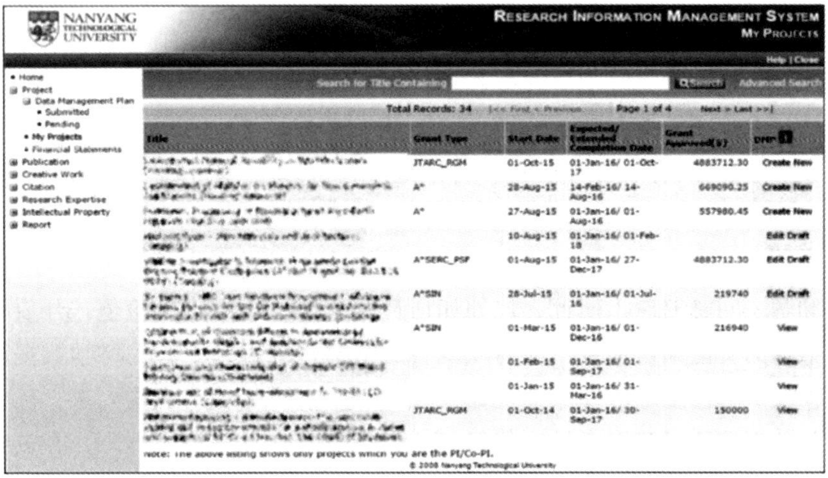

图 9-1　嵌入 NTU 科研信息管理系统的 DMP 模板

科研项目负责人需要对科研项目进行过程中产生的科学数据进行管理，负责在 NTU 科学信息管理系统上提交项目科学数据管理计划，同时当科研项目在开展过程中发生实质性的变化时，担负更新项目的科学数据管理计划并上传新版本的任务。NTU 的数据政策明确规定，所有获资助项目所产生的科学数据都必须在大学能够定位和进行控制的设施、设备或者网络虚拟空间中进行存储和保存，除非科研管理部门的负责人特别允许可以不进行存储和保存。就存储和保存的时间而言，NTU 数据政策的规定是在科研项目完成后或项目产生的成果出版后，所有与项目有关的科学数据必须保留至少 10 年的时间。所有与项目有关的科学数据中，那些与研究成果得出和进行验证密不可分的“最终数据”必须存放在 DR-NTU（Data）或可信赖的科学数据管理平台上。如果是存储与保存在了其他可信赖的科学数据管理平台上，那么项目负责人必须提供其科学数据的 URL 链接以及科学数据的获取方法。从 NTU 科学数据管理的实践来看，NTU 科学数据管理团队是将科研项目启动时的 DMP 支持服务和基于 DR-NTU（Data）的科学数据存储和保存服务作为大学科学数据管理服务推进的切入点和主要方向。NTU 的科学数据政策，在推动整个大学科学数据管理方面发挥了动力来源的作用。

（二）合作网络构建

图书馆虽然可以在研究机构科学数据管理服务的开展过程中发挥主导和引领的作用，但科学数据管理涉及问题的复杂性已经远远地超出了图书馆一个部门能够处理的范围，即使主导科学数据管理服务，图书馆也必须与机构内部的利益相关群体共同协作，合作开展数据管理，才能使科学数据管理服务能够顺利推进并可持续发展，但是需要注意的是，没有机构领导的支持和机构层面强有力的监管，多部门的协同合作也是不现实的。就 NTU 而言，为获得大学主要领导的支持，促进整个大学层面就最佳科学数据管理展开对话，NTU 图书馆设计了大学的科学数据管理框架，作为大学规划科学数据管理活动的理论指导。NTU 科学数据管理团队始终认为科学数据管理服务的规划与整体实施，都需要大学不同服务部门之间通过开展充分的合作来优化流程。为此，NTU 图书馆在获得大学高层管理者的支持后，开始与大学的信息技术部、科研诚信部、法律和秘书处以及科研管理部门等大学的重要管理部门展开密切合作，利用彼此的优势，整合并优化 RDM 服务流程。在 NTU RDM 服务开展的过程中，其合作的对象见图 9-2。此外，NTU 成立了科学数据管理指导委

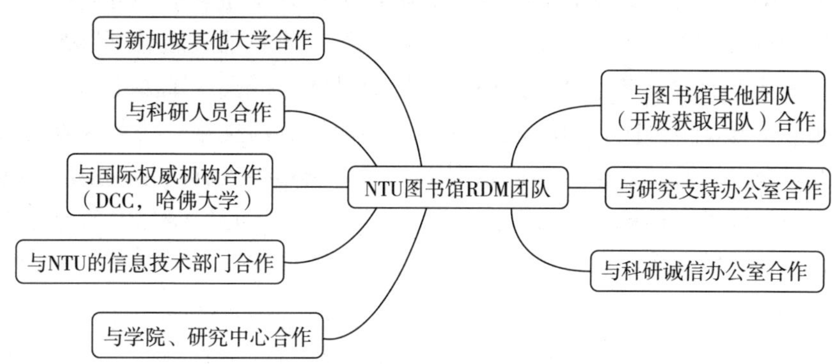

图 9-2　NTU RDM 服务开展过程中的合作对象

员会（Research Data Management Steering Committee）和NTU科学数据管理常务委员会，这两个委员会为NTU科学数据管理服务的发展、数据管理合作协调，以及解决科学数据管理和实施的具体问题提供了条件。

（三）服务能力建设

NTU图书馆设置了科学数据管理专项经费（这笔经费独立于NTU图书馆的其他预算，只能用于NTU的科学数据管理活动），利用专项经费支持科学数据管理团队成员开展各类在线技能培训和学习；支持数据馆员到海外和主要的国际组织和国际会议中参加数据管理有关的学术活动，开阔数据馆员的视野，确保馆员了解世界科学数据管理的最新动态和趋势。NTU RDM团队的负责人自2021年以来，被选为科学数据联盟（Research Data Alliance，RDA）图书馆科学数据兴趣组（Libraries for Research Data Interest Group）的联合主席之一。她还是COAR Asia Open Access社区的活跃成员。通过积极参与国际组织和实践社区，及时获取学习世界范围内RDM的最新知识、最佳实践，并交流分享实践经验。2020年12月，在COAR-Asia OA会议上，NTU RDM团队组织了“为科学数据管理服务建设图书馆能力”这一会议主题的讨论。研讨主要围绕三个话题展开，一是学术图书馆在科学数据管理和共享中可以发挥什么作用？二是图书馆员在承担科学数据服务的新角色时需要培养哪些能力？三是第一步会是什么样子？[①] 这种分享和交流，以及回头看的过程也让NTU RDM团队的服务能力，在推进服务开展的过程中不断得到提升。

（四）服务特色打造

NTU的科学数据管理服务规划与推进，一方面，紧跟国际最佳实践案例。NTU的科学数据管理团队一直关注英国数据监管中心等国际权威机构的研究与实践动态。确保NTU的科学数据管理能够遵循国际最佳实践，保证可持续发展。另一方面，NTU的科学数据管理服务也结合NTU的实际情况，尽可能打造自己的特色，形成独有的优势。比如在新加坡没有颁布国家科学数据政策的情况下，NTU颁布了大学自己的科学数据政策；设计了自己的DMP模板，并将其嵌入NTU的科研信息管理系统中，为科学数据管理服务的优化提供充分的数据支撑；NTU采用哈佛大

① Goh, Su Nee, “Information sharing session: Building library capabilities for research data management services”, November 20, 2020, https://blogs.ntu.edu.sg/ntulibrary/2020/11/20/coar_asiaoa_sharing_rdm_services/.

学的 Dataverse 软件，设计开发了 DR-NTU（Data），但是其科学数据的组织与存储，不是像哈佛大学一样，没有要求，而是按照 NTU 的组织架构设计了科学数据组织的架构，提出了科学数据提交的要求；NTU 科学数据管理团队与校内外多方利益相关群体，建立了全方位，多渠道的合作关系，从基本的、浅层表象合作，逐渐过渡到深层的、实质性的、相互依赖、成本共担、风险和利益均共享的合作。其科学数据管理服务的开展真正体现出了服务生态系统的概念，NTU 科学数据管理团队是把优化科学数据管理服务生态系统，作为服务推进的终极目标，在这一目标的指引下，不断拓展科学数据管理服务的内涵与外延，打造自身的服务特色。

第三节　基于社会科学领域科学数据管理平台研究的建议

一　社会科学领域科学数据管理平台的研究发现

第七章对国内外社会科学数据管理平台的总体状况进行了调查分析，与此同时选取国内外典型的社会科学领域的科学数据管理平台，从建设基础、平台功能、评估认证、合作交流等方面对平台建设内容进行了比较。研究发现当前我国已有一些高校建设了社会科学数据管理平台，在社会科学领域的科学数据管理和共享领域迈出了重要一步，但是研究发现：

建设基础方面，主要对社会科学数据管理平台的政策法规体系、资金支持、系统软件和人员配置进行了比较。就建设基础而言，国外自上而下地构筑了系统的政策体系，政府、资助机构都颁布了有关数据政策，鼓励或强制要求共享科学数据，各平台也都制定了覆盖数据生命周期的科学数据管理和共享政策。当前，我国已出台了国家层面的科学数据管理政策，但科研资助机构的科学数据管理政策缺失，尚未有科研资助机构发布科学数据管理和共享的相关政策或要求，科学数据管理平台数据政策不完善，部分平台尚未制定任何科学数据管理规范。国外社会科学数据管理平台资金来源广泛，多采用多种融资方式，除获得国家资助外，还通过服务收费、项目合作、社会组织和个人捐助等积累资金，国内社会科学领域的科学数据管理平台的建设主要依靠国家支持，资金来源渠道较为单一。当前，国内外社会科学领域的科学数据管理平台在开发平台系统时都采用了不同的方式，包括自主构建、开源软件二次开发和购买商业软件，越来越多的社会科学领域的科学数据管理平台基于开源软件来构建，且都配备了专门的技术人员和科学数据管理人员负责平台的构建和服务工作。

平台功能方面，主要对平台具备的科学数据管理功能和提供的科学数据管理服务内容进行了比较分析。就平台功能而言，国外绝大多数社会科学领域的科学数据管理平台都提供了全数据生命周期的科学数据管理功能，我国社会科学领域的科学数据管理平台普遍缺少科学数据管理计划功能，对科学数据质量审查重视不足，科学数据共享范围有限，获取限制较多，缺少对科学数据引用的要求。国外社会科学数据管理平台普遍提供了数据上传、浏览、检索和下载等基础服务，且提供了多种增值服务，国内部分平台的基础服务仍有缺失，增值服务使用效果不佳。

评估认证方面，主要对国内和国外社会科学数据管理平台的可信赖性认证情况进行了调查和对比。国外致力于构建可信赖的社会科学数据管理平台，确保安全长期保存科学数据，本书所调查的所有国外社会科学数据管理平台都获得了核心级别的 CoreTrustSeal 认证，许多平台还获得了其他标准的认证，但是目前，国内社会科学数据管理平台尚未获得任何可信赖认证。

在合作交流方面，国外社会科学领域的科学数据管理平台注重合作交流，在平台建设和服务过程中积极与国内外相关组织机构开展合作，影响力较大，国内社会科学领域的科学数据管理平台多为独立建设，缺乏与国内外相关机构的合作，国际活跃度不高。

二　中国社会科学领域科学数据管理平台存在的问题

（一）社会科学领域缺少全国性的综合的科学数据管理平台

第七章研究发现，国外许多国家都已建设了国家层面的综合性社会科学数据管理平台，如德国的 GESIS Data Archive、英国的 UKDA、芬兰的 FSD，或具有提供全国性服务的机构或联盟社会科学数据管理平台，如澳大利亚的 ADA、美国的 ICPSR 更是面向国际，对来自全球不同机构的社会科学领域的科学数据开展数据收集和数据管理活动。目前我国尚未有国家层面的社会科学领域的科学数据管理平台，也未形成能被广泛接受的具有影响力的社会科学领域的科学数据管理平台，提供全国性的服务，已有的社会科学领域的科学数据管理平台都属于机构平台，主要是为本机构的科研人员提供服务，服务范围有限，部分平台面向全国收集数据，但仅限于社会调查数据，科学数据收集不全面，大量社会科学领域的科学数据仍零散存储在各处，且各平台建设标准不一、互不相通，科研人员获取和重用科学数据较为困难。

（二）科学数据管理平台缺乏系统性的科学数据管理政策

欧美国家走在社会科学领域的科学数据管理和共享的前列，已经形成了全方位多层次的科学数据政策体系。政府部门、科研资助机构发布了多项科学数据政策，为社会科学领域科学数据管理平台的建设提供了支持，为社会科学领域的科学数据管理与共享提供了指导，各平台也都制定了有关数据收集、数据处理、数据保存、数据共享和数据安全等一系列的政策规范，为平台管理和共享社会科学领域的科学数据提供了具体行动指南。2001 年，科学数据共享工程被我国提上日程，项目实施以来我国陆续出台了一批法规政策，但是，与国外相比，国内社会科学领域的科学数据管理平台以及相应的政策标准数量较少、规模较小。在宏观层面，2018 年我国先后颁布了《国家科技资源共享服务平台管理办法》和《科学数据管理办法》两个文件，为科学数据管理平台建设和科学数据管理提供了指南。但在中观层面，我国的科研资助机构均未出台科学数据管理和共享的相关政策；在微观层面，仅有少数科学数据管理平台制定了相关政策，但多是针对社会科学数据管理的某一个或某几个环节，未能完全覆盖科学数据全生命周期。由此可以看出，我国的社会科学领域的科学数据管理政策体系在中观和微观层面出现了断层。

（三）科学数据管理平台缺乏持续性的资金支持

从国内外社会科学领域科学数据管理平台的建设来看，政府拨款和国家基金资助是重要的资金来源渠道，但国外社会科学领域科学数据管理平台都通过其他方式获取资金，如服务收费、社会基金会捐赠、私营机构捐助以及参与国际科研项目获得课题经费等，多渠道的资金投入使国外社会科学领域的科学数据管理平台有持续性的资金支持和更强的经济实力，能够更好地建设平台和开展服务。目前我国社会科学领域的科学数据管理平台的建设多是由国家财政支持，没有平台通过服务收费获取资金，也少有平台获得捐赠资金或其他社会组织机构的资助，资金来源渠道较为单一。国家的投入是有限的，且需要分配给不同的平台，仅依靠国家资助，科学数据管理平台将面临资金供给不足的问题，从而会影响平台的正常运行，导致平台建设停滞，无法使用。

（四）科学数据管理平台缺少全流程的服务功能

社会科学领域的数据管理平台应将为科研活动全过程提供服务作为服务的目标，从项目开始时科学数据管理计划的制定，到项目完成后发布与存储项目产生的科学数据，以建立良好的社会科学领域科学数据管理价值链，真正促进社会科学研究，实现科学数据价值的最大化。在科学数据管理功能方面，国外社会科学领域的科学数据管理平台功能全面，大多都覆盖科学数据的全生命周期，并对每一节点都做了详细的说明，使用户能够快速了解和使用平台；在服务内容方面，国外各平台普遍提供了科学数据上传、科学数据浏览、科学数据查询和科学数据下载服务，还提供了科学数据管理培训、科学数据分析、学习资源提供、科学数据关联等多种增值服务，提高了平台的可用性。国内社会科学领域的科学数据管理平台往往注重科学数据的收集和存储，普遍缺少 DMP 功能，平台的开放性不足，科学数据共享范围较小，多数平台没有科学数据引用说明；在服务内容上，有的平台不支持科学数据提交、有的平台不支持科学数据检索，科学数据访问和下载限制较多，科学数据获取困难，部分平台提供的增值服务无法使用。科学数据管理功能的缺失和科学数据管理服务内容的欠缺使得我国社会科学领域的科学数据管理平台的数据管理服务能力较弱，平台的利用率不高。

（五）科学数据管理平台缺少可信赖性评估认证

将科学数据存储在未获得可信赖认证的平台中将增加科学数据安全保存和长期使用的风险。欧美国家十分重视社会科学领域科学数据资源的持续积累和有效利用，因此，积极开展平台的可信赖性评估与认证工作。早在 20 世纪 90 年代，美国就发布了 TDR 的特征，21 世纪初，美国、德国、英国、荷兰等都相继推出了 TDR 评估标准与工具，其中荷兰的 DSA 是针对社会科学和人文科学领域科学数据管理平台的评估指南，目前已由 CoreTrustSeal 认证取代，得到了国际认可。此外，国外社会科学领域的科学数据管理平台还积极开展可信赖评估认证工作，所调查的平台普遍都获得了可信赖印章。当前我国尚无任何评估科学数据管理平台可信赖性的标准或工具，也没有社会科学领域的科学数据管理平台获得相关组织的可信赖性认证，对平台可信赖性的重视程度不足。

（六）科学数据管理平台缺乏广泛的合作交流

国外社会科学领域的科学数据管理平台非常重视合作，多是由不同类型的机构或是多个国家联合建设，并广泛与国内外的其他社会科学领域的科学数据管理平台、科学数据组织合作，丰富其科学数据馆藏，积极参与国际标准制定，响应国际倡议。各平台均提供了英文界面，便于全球用户使用，提高了平台的国际化水平。国内社会科学领域的科学数据管理平台以机构单独建设为主，比较注重机构内部的合作，多是由相关院系、数据调查中心或是校内各部门共同建设，缺少机构间的合作。已建成的平台多是收集和存储本机构的社会科学数据，平台之间互不关联，科学数据资源互不相通，缺少平台之间、平台与其他机构的合作。只有少数平台与国外平台进行了合作，但合作范围较小，合作项目较少。目前仅有北京大学开放科学数据平台提供了双语界面，其他平台都只提供了中文界面，不利于其他国家的用户使用。由此可以看出，我国社会科学领域的科学数据管理平台在建设中缺乏与国内、国际的协调和交流。

三　推动中国社会科学领域科学数据管理平台建设的建议

（一）构建全国性的综合社会科学领域的科学数据管理平台

随着开放科学数据运动的发展和学术交流的全球化，科学数据共享已不再局限于某一机构内，需要在全国乃至全球范围内共享。全国性的综合社会科学数据管理平台是面向国内所有科研人员服务，收集社会科学领域各学科科学数据的平台，能够最大限度地整合国内社会科学数据，实现数据的统一管理和访问。我国应建设整合的社会科学数据管理平台，打破数据孤岛现象，汇集不同来源的社会科学数据，增进数据交流和共享，加快社会科学研究，促进科研成果转化。可由政府部门牵头，联合高校和科研院所、技术公司等构建新的社会科学数据管理平台，也可对现有的建设较好的社会科学数据管理平台进行改进，使其提供全国性的服务。构建社会科学数据管理平台的目的是长期安全保存社会科学领域的科学数据，并使其在未来可用，因此，平台的可信赖性至关重要。在平台的设计和建设中应积极实践 TRUST 原则，遵循当前可信数字知识库的要求，构建可信的社会科学数据管理平台。此外，为增加平台与国外平台的互通和协调、我国社会科学数据和国外社会科学数据的互操作性，平台的建设还应积极实施 FAIR 原则，满足 FAIR 原则各个方面的要求，使平台不仅能承载 FAIR 化的数字对象，同时自身也是 FAIR 的。通过遵循最佳实践，打造能与国际接轨、符合国际社会科学数据管理流程并具有中国特色的社会科学数据管理平台。

（二）建构全方位多层次的科学数据管理政策体系

社会科学数据与经济、社会发展息息相关，一些调查数据还涉及个人隐私，所以，社会科学领域的科学数据的管理和共享更需要全面细致的政策。构建包含国家层面、科研资助机构层面、平台层面，并覆盖数据生命周期的社会科学领域的数据政策是有效促进社会科学领域科学数据管理和共享的保障。

在国家层面，我国已经发布了科学数据管理政策，对科学数据整个生命周期内的管理进行了说明并提出了要求。当前亟须建立和健全科研资助机构和平台层面的政策。科研资助机构是科学研究的重要利益相关者，是科研人员获得资金的重要来源，其科学数据政策对科研人员的科学数据管理和共享行为具有较大影响力。为更好地落实《科学数据管理办法》，我国科研资助机构可尽快出台数据管理政策，结合我国社会科学领域科学数据管理的特点，对社会科学数据的创建、汇交、处理、共享、使用和保护做出相关规定，并将提交数据管理计划作为申请项目资助的条件之一，促进社会科学领域科学数据管理平台的建设和社会科学领域科学数据的共享。平台直接面向科研人员提供具体服务，其政策规范是科研人员的具体行动指南。依据科学数据生命周期，平台应对科学数据管理计划制订、科学数据采集与评估、科学数据描述与组织、科学数据存储与长期保存、科学数据发布与共享、科学数据重用与保护等各个环节做出详细的说明和要求，使科研人员能够知晓科学数据将被如何处理和使用，保证科学数据管理的透明化。

（三）建立多渠道的资金投入机制用于科学数据管理平台建设

社会科学领域的科学数据管理平台的建设是一个动态过程，科学数据资源的管理、软件系统的开发和更新、硬件设备的维护以及人才的吸收都需要大量的资金投入。单一的资金来源难以维持平台的持续运行，平台的长久发展需要有可靠的资金支持。因此，社会科学领域的科学数据管理平台的建设不能只依赖国家资助，应积极寻求其他各方的支持，建立多渠道的资金投入机制。借鉴国外社会科学领域的科学数据管理平台的经验，我国社会科学领域的科学数据管理平台也可以从地方政府、所在机构争取资金；通过宣传推广，寻求社会组织、基金会、私营企业以及个人的捐赠获取资金；开展科研项目，获得项目基金；开发附加服务产品，提供收费服务；开放平台，提供会员资格，收取会员费等。通过从多种渠道获取资金，为平台建设和发展提供有力支持和保障。

（四）科学数据管理平台提供一体化深层次的服务功能

完善的科学数据管理功能和形式多样的科学数据管理服务有利于提高科研人员的科学数据管理效率，吸引用户使用，增强用户黏性。因此，我国社会科学领域的科学数据管理平台应积极完善平台功能，提供覆盖科学数据生命周期的一站式科学数据管理功能，主动开发满足用户需求的特色增值服务，深化平台服务层次，提升平台服务能力。在科学数据管理功能方面，首先，增设科学数据管理计划功能。可以借鉴和参考当前国外社会科学领域科学数据管理平台数据管理计划的内容要素，结合平台自身的情况，编制科学数据管理计划模板，也可以开发 DMP 工具用于支持科学数据管理计划的创建，类似于 DMPTool、DMPonline 等；其次，要求科学数据引用并规定科学数据引用格式，确保科学数据能够被追溯和再利用。当前国外社会科学领域的科学数据管理平台普遍要求科学数据引用中要包含作者、标题、发布者、版本、DOI 等元素。在服务内容方面，平台首先应满足用户共享和使用科学数据的基本需求，提供多种科学数据提交方式，减少科学数据访问限制，支持科学数据浏览、检索和下载；最后，平台还应提供在线咨询服务，及时解答用户使用平台中遇到的问题；提供科学数据管理培训服务，提高科研人员的科学数据管理能力；提供科学数据分析与可视化服务，促进用户对科学数据的使用。平台还可以开发其他形式的附加服务，如科学数据评价等，增强科研人员之间的互动交流，以满足平台自身需要和用户的个性化需求。

（五）科学数据管理平台开展平台可信赖评估认证工作

社会科学领域的科学数据管理平台是社会科学领域科学数据管理和共享的重要载体。可信赖认证对社会科学领域科学数据管理平台获取各利益相关方的信任至关重要。只有平台是值得信赖的，资助机构才会持续投入资金，科学数据生产者才会继续存放科学数据，科学数据使用者才会放心使用科学数据，平台才能永葆活力。评估和认证不仅能证明平台的可信赖性，而且能帮助平台及时查找自身存在的问题，按照行业标准改进工作流程，进而提高平台的规范化程度和可信度。我国应积极推动社会科学领域科学数据管理平台可信赖性认证工作的开展，提高平台的建设质量。一是可借鉴国外的经验，制定适合我国科学数据管理平台可信赖认证的标准和工具，为社会科学领域科学数据管理平台的认证提供依据；二是遵循国际标准开展认证工作，可从当前已建的社会科学科学数据管理平台中选择几个平台重点建设，给予资金、技术等支持，开展培训，帮助其获得 CoreTrustSeal 认证，然后逐步扩展，建设一批高质量的社会科学领域的科学数据管理平台。开展平台可信赖认证工作有助于提升我国社会科学领域科学数据管理平台的影响力，促进我国社会科学领域科学数据管理事业的国际化。

（六）科学数据管理平台积极与国内国际不同机构合作

广泛的交流合作有利于社会科学领域科学数据管理平台应对建设中的挑战和提升平台影响力。我国社会科学领域的科学数据管理平台在建设中应加强与国内外相关机构、社会科学数据管理平台、国际数据组织的合作与交流。首先，加强与政府机构、科研资助机构、科研机构、行业协会、社会基金组织、技术公司等的合作，以获取资金、技术等宝贵的资源，同时能够扩大科学数据来源，汇集外部的社会科学数据，丰富平台的数据馆藏；其次，加强与其他社会科学领域科学数据管理平台的交流，以学习借鉴国际科学数据管理的最佳实践，开发与国际接轨的工作流程，采用统一的技术标准和科学数据标准，实现与其他平台之间的互操作，引进高质量的社会科学数据资源，促进科学数据在更大范围内共享；最后，加强与国际科学数据组织的合作，如 RDA、国际数据委员会（CODATA）等，关注国际科学数据组织的动态，积极参与国际层面的社会科学领域科学数据共享实践以及科学数据开放共享项目。此外，平台还应建设好英文网站，吸引国际用户使用，促进科学数据资源的国际交换，提升平台的国际影响力。通过与国内外相关机构和国内外平台开展合作，共建国际化高水平的社会科学领域的科学数据管理平台，提升平台的服务能力。

第四节　基于社会科学领域学术期刊科学数据政策研究的建议

一　社会科学领域学术期刊的科学数据政策研究发现

第八章以社会科学领域学术期刊的科学数据政策为研究对象，首先选取国外三大著名期刊出版机构 Elsevier、Springer Nature、Wiley，查找其各自官网中的科学数据政策文本和指南，分析其宏观层面的政策框架；其次，选取国外社会科学领域代表学科期刊，对期刊的科学数据政策实践情况进行重点调研，调研的主要方式是查看期刊网站的作者/投稿指南后对其数据政策进行多个维度的分类、整理和分析，了解微观层面政策的具体制定与实施细节；最后，对比国内外期刊科学数据政策制定与实施情况差别，具体做法是对我国社会科学领域2020年最具国际影响力的80种学术期刊的数据政策制定情况进行了调研分析和统计。研究发现：

Springer Nature、Elsevier、Wiley三大出版商的科学数据政策具有很大的相似性，这种相似性体现在三个方面：一是政策都是多种类型、多种层次的，对共享数据要求程度的差异是政策划分的主要依据。这种通用框架下差异化的政策类型划分，既有助于对政策的理解，也有助于期刊个性化需求的满足；二是政策的内容几乎涵盖了整个数据出版的流程，从数据存储、数据评审、数据共享到数据引用，数据政策的内容也具有较高的相似性，比如有关存储数据的可信赖数据管理平台的选择，数据可用性声明等要求；三是《数据引用原则联合声明》是三大出版商都遵从的声明，三大出版商对数据引用都提出了新要求，对如何引用数据提供了示范案例。

选取国际最具影响力的同行评审期刊，从数据政策制定的依据、数据政策中数据的存储位置、开放协议对数据政策制定参考的影响、数据政策中数据可用性说明以及数据引用等多个方面调研分析，发现国外各学科各领域中已经有越来越多的学术期刊开始在其作者指南中明确提出了数据政策，且已经提出的数据政策均已比较完善。以2020年中国最具国际影响力学术期刊作为分析样本，根据期刊官网中与数据政策相关的信息分别对期刊数据政策的有无、数据政策的内容、数据政策的强制程度与数据政策的具体实施细节进行了详细的调研。结果显示，与根据期刊影响因子和排名选出的最具影响力的国际同行评审期刊样本相比，国内大多数的期刊目前都没有数据政策，但是已经意识到数据共享的重要性。国内对提交文章后的数据管理与共享方面缺乏关注，因此开始要求作者在提交文章的过程中，要对文章数据中的数据来源进行标注，对提交数据的真实性进行验证。

二 推动中国社会科学领域科学数据政策制定的建议

中国数据政策制定进程起步较晚且进度缓慢，应紧跟时代的步伐，借鉴国际经验和实践，从国家、科研资助机构和学术期刊三个层面针对性地制定符合我国国情的科学数据政策，以此来促进科学数据共享，提高科学数据的利用率。我国应尽快建立科学数据管理法律体系，建设公共科学数据管理平台，统一科学数据存储标准。科研资助机构应该推出科学数据管理计划的撰写模板并要求各项目课题组在上缴项目资助申请时提交数据管理计划。另外，还应出台出版物及数据引用相关管理办法和要求。学术期刊应该对国家和科研资助机构在科学数据管理与共享领域提出的相关政策和要求保持积极响应，讨论制定并推出科学数据政策框架，更好地为科研人员提供数据服务，并在实现数据管理与共享的过程中为研究人员提供指导、帮助和建议。

对每个利益相关者而言，都应在促进数据政策制定方面发挥其积极作用，加强与其他利益相关者和其他机构的沟通，将科学数据政策标准化并随时根据科研人员出现的问题和需求及时做出调整，共同促进最佳数据政策的制定；针对不同类型的科学数据，制定个性化的科学数据管理政策或要求，提供多种类型的政策模板和框架；在制定科学数据政策框架时要建立审查和同行评审机制，以实现最佳的数据访问和共享，解决科研人员在科学数据共享过程中面临的复杂问题；应根据学科分类和期刊质量等分级实施科学数据政策，努力使所制定的科学数据政策适用于所有期刊；应加强与科研人员和期刊编辑的沟通，落实配套的基础设施和支持服务，为科研人员共享和重用科学数据提供良好的支持，共同加快我国数据共享的进度，推进我国科学数据政策的进一步完善与实践。

（一）国家层面的建议

欧美等发达国家对社会科学领域科学数据的管理起步早，目前已经形成了相对成熟的社会科学领域的科学数据管理机制。英美从 2008 年便有了科学数据管理与共享的政策、法规来规范、引导和推动管理与共享科学数据的实践，目前已经取得了较为理想的成果。例如，英国政府自 2005 年开始实施生效《信息自由法案》，并通过《公民宪章》《开放政府》《信息公开法》等一系列法律法规来促进数据管理与共享；美国政府也颁布了《信息自由法》《开放政府指令》《数据共享实施指南》等法令来保障数据开放制度。

与国外相比，中国科学数据管理与共享相关政策制定起步较晚，在 2015 年通过了《关于促进大数据发展的行动纲要》，2018 年才颁布了

《科学数据管理办法》，体现了中国发挥数据资源的战略作用、加快建设数据强国的决心。但是国家层面关于科学数据管理与共享的相关政策还不够完善，已制定的相关条例法规大多集中在自然科学领域，针对社会科学领域数据的较少，且缺少相应的法律效力，限制了科学数据的广泛共享。因此我国相关政府部门应充分发挥我国的制度优势，尽快建立起我国科学数据管理与共享的法律体系，加强顶层设计和统筹协调，为科学数据的管理与共享建设提供宏观政策支持和指导，使科学数据共享做到有章可循、有法可依。

科学数据存档与管理平台的提供，是实现真正意义上科学数据共享和重用的先决条件，只有依托科学数据基础设施开展配套服务，才能真正促进科学数据政策的制定、完善和落实，达到开放科学数据、促进科学发展的最终目的。与国外相对完整的科学数据管理政策体系、历史悠久的科学数据管理服务平台以及众多的服务支持工具相比，目前我国的社会科学数据平台仅出现了北京大学开放科学数据平台、复旦大学社会科学数据平台等机构层面的平台，但国家层面还未出现社会科学数据管理平台，说明目前国家层面缺乏对科学数据的统筹管理。由于缺乏技术平台、数据基础设施和数据服务的支撑，我国大部分科研项目中的科学数据未被进行有效管理，处于高速流失状态。因此，在国家层面构建社会科学数据管理平台成为当下亟须解决的问题，政府应该在数据基础设施建设方面发挥主导作用，协同利益相关群体推动我国社会科学数据管理平台的建设与使用。通过社会科学领域国家层面科学数据管理平台的建设和应用，实现社会科学数据存储标准的统一，实现分散存储数据的集中与整合，提供社会科学数据的一站式检索，促进共享文化在社会科学领域的形成。此外，相关政策出台后，政府应督促科研资助机构尽快出台有关科学数据管理计划的相关要求和办法，建设相应的科学数据管理平台，并依托平台开展配套的科学数据管理服务。

（二）科研资助机构层面的建议

欧美等发达国家社会科学领域的科学数据的管理起步早，目前已经形成了相对成熟的社会科学领域的科学数据管理机制。科学数据来源广泛，既有来自高校社科调研项目的数据，也有来自政府部门、科研组织或国际权威机构的科学数据。科学数据的学科覆盖面也非常广泛，囊括社科各学科类别。既有综合性数据管理组织，如美国高校校际政治与社会研究联盟（Inter-University Consortium for Political and Social Research，ICPSR），英国国家数据档案中心（The UK Data Archive，UKDA），也有专门数据研究机构，如罗普民意研究中心（The Roper Center for Public Opinion Research，ROPER）。分析欧美等发达国家社会科学领域的科学数据管理的成功经验，可以发现其政策涉及宏观的国家层面和微观的机构或平台层面。宏观国家层面主要是总体规划、法律和政策等。微观层面则是围绕数据生命周期各个环节提出的具体规定和要求。

就社会科学领域而言，在国家层面，目前只有教育部提出了建设人文社科数据平台的指导性意见。在微观的机构层面，只有北京大学、复旦大学等少数研究型大学提出了社会科学数据管理的发展规划。而我国的科研资助机构和学术期刊出版机构均没有相应的政策和要求发布。鉴于此，我国科学数据管理的利益相关群体亟须完善宏观到微观的政策体系，可以借鉴英国的实践经验，做好利益相关群体职责和角色的划分。我国的利益相关群体应该针对不同学科的科学数据，制定个性化的科学数据管理政策或要求。尤其是全国哲学社会科学工作办公室，应该尽快出台科学数据管理的要求，先从数据管理计划入手，要求项目申报者在提交资助申请时，同时提交数据管理计划。建议同步推出科学数据管理计划的撰写模板，并选择自有数据比例较高的学科，进行测试和示范。

（三）学术期刊层面的建议

学术期刊出版机构作为科学数据产出的主要阵地有着广泛的影响范围，学术期刊的数据政策的实施导向和实施力度对作者科学数据共享的实际行为有着最为直接的影响，完善的科学数据政策能够有效增强作者对于科学数据的共享意识。目前对科学数据的管理与共享已经被诸多学术期刊视为学术期刊长期可持续发展的重要资源。对于学术期刊而言，实现科学数据的管理与共享可以有效打破信息壁垒，将学术论文与论文中的科学数据进行实时关联，不仅可以提高学术论文的质量、学术期刊的学术影响力，同时对国内外的学术交流也起到了积极的促进作用。

通过调研国外学术期刊数据政策实践情况发现，近几年国外越来越多的期刊已经开始将共享科学数据政策纳入作者指南，对科学数据的存储、管理、引用等具体要素有着详细的规定。与国外相比，我国才刚刚起步，还存在较大差距。虽然部分期刊对科学数据开放获取提供了一定的支持，但我国学术期刊在数据共享与管理方面整体上与国外还有较大差距。学术期刊作为科学数据主要承载主体以及科学数据共享与管理过程中最重要的推手，应充分发挥其作用，实现学术论文的发表与科学数据管理与共享的科学结合。为了更好地发挥学术期刊的作用，本书认为：

我国应跟紧国际步伐，针对国外学术期刊的数据政策研究表明，目前国外大多的学术期刊都拥有了相对完善的数据政策，对科学数据的管理与共享的具体实施有着详细的规定。因此，我国的学术期刊应该对国家在科学数据管理与共享领域提出的相关政策和要求保持积极响应的同时，关注并及时跟踪国际科学数据政策、出版政策的发展状态和变化，引进科学数据共享的成功经验以加快我国科学数据管理与共享发展的进度。另外，学术期刊应加强与国际的合作，可以借助国外一些成熟的数据中心，通过对科学数据的联合存缴，可以解决技术问题、减少重复链接和不必要的浪费，提升科学数据的管理品质，提升数据服务的质量和有效性。

面对全球科学数据政策制定和实施的大趋势，建议中国科协牵头召集利益相关群体，遵循国家数据管理相关法律法规和科研资助机构提出的科学数据管理政策和要求，协商制定并发布适用于我国学术期刊的数据政策标准框架。另外，由于学术期刊出版机构和期刊在制定和传播数据政策方面具有不同的优势，因此学术期刊应在中国科协的帮助、参考数据政策标准模板框架下，根据其各自的优势制定与期刊自身个性化需求相匹配的、有效的科学数据政策并及时推出，并对其进行持续完善以形成完整的科学数据政策生态体系。

目前科学数据的共享和开放存在不良的引用行为，这不仅难以对研究成果进行考证和追溯，也阻碍了发现、共享和再利用科学数据。针对科研人员对数据被盗用、数据质量得不到保证、数据共享无法科学体现学术水平等存在的顾虑问题，一方面学术期刊应制定规范的科学数据引用格式和明确的数据引用说明，将科学数据的质量作为学术论文质量的重要考核指标并对学术论文中的科学数据进行严格审查，建立科学有效的数据评价体系，将数据的共享作为我国科研成果评价体系中的一环，以此激励科研人员积极进行数据共享；另一方面，学术期刊应加强和作者的沟通，对科研人员的问题及时做出解释以消除顾虑，鼓励作者积极共享科学数据。

为了使科研人员能够科学快捷方便地完成科学数据共享，期刊应制定并给出明确的科学数据政策，应对共享过程中数据的提交方式、审查标准、存储方式及位置选择、引用规则和规范等给出足够清楚的说明。具体包括：(1) 学术期刊应在数据政策中明确表明并合理的描述，要求提交科学数据的动机并给出上传论文时必须提交的说明，以增强科研人员的科学数据共享意识，提高科研人员存缴数据的积极性与主动性。(2) 对科学数据的提交时间、提交格式、提交方式、科学数据的引用格式提供足够清晰的说明。(3) 告知科研人员应提交数据可用性声明，对科学数据是否可以共享、共享持续时间和共享方式进行说明。(4) 在科学数据存储方面，应根据科研人员的学科特点与科学数据类型，结合科研人员的科研环境，在科研人员选择数据管理平台进行科学数据存储时及时给出建议。(5) 告知科研人员应提交权益声明，说明以上所列的内容已征得项目负责人、论文第一作者、通讯作者等的同意，并将权益声明与学术论文一同提交，以此在数据公开之后对相关权益人进行保障。(6) 学术期刊在鼓励科研人员进行数据共享的同时，应格外注意隐私保护，当科学数据涉及隐私问题时，应根据实际情况对数据共享范围、数据可用性说明、数据存储和引用限制等进行合适的修改，以更好地促进科学数据共享工作。

第十章　中国社科基金项目科学数据管理与服务实施的建议

第一节　中国社科基金项目科学数据状况分析

全国哲学社会科学工作办公室，是中国国家级社会科学类科研项目的主要资助机构，获得其资助的国家社科基金项目是中国社会科学领域最高水平研究的标志。考虑到国家社科基金项目一般的研究周期是3—4年，而且论文的发表有一定的滞后性，因此，本章节选取的研究对象是2011年获得资助的23个学科共2883个国家社科基金项目所发表的7968篇CSSCI来源期刊论文。具体研究思路是：首先，通过文本分析对社会科学不同领域的数据来源、类型和特征进行提取；其次，在此基础上进一步抽取23个学科中数据最丰富的7个子学科，通过邮件邀请、导师联系以及滚雪球的方法，招募到39位访谈对象，通过半结构化访谈的方式，深入了解这些具有典型代表性的学科领域中科研人员的数据来源、类型、所有权和数据量、数据管理和利用行为、数据共享意愿以及科学数据管理的培训需求。分析思路见图10-1。

一　国家社科基金项目产生论文的数量分析

（一）概况介绍

2018年12月，项目团队在中国知网上检索由国家社科基金项目资助所产生的论文。具体检索方式是，选择高级检索功能，选择期刊，限定类别为CSSCI，在支持基金栏目下通过“项目名称”进行检索。对论文进行批量下载后，按照团队统一设定的标准对论文进行分类和归档。具体分三步：

社会科学科研数据
的使用与引用特征分析
第一部分
第二部分
文本分析
深度访谈
文本分析为下一步的深度访谈提供了背景材料
对项目论文内容进行分析
有数据
无数据
自有数据
他有数据
数据类型分析
数据类型分析
引用特征分析
通过文本分析的方法进行数据来源、类型和特征的提取，深入理解社科领域科研人员的数据管理实践与行为特征，选取特征明显的掌科作为澡度访谈对象
选取研究对象
了解各学科领域科研人员数据管理的行为和习惯
了解各学科领域科研人员科研数据管理的需求
了解各学科领域科研人员科研数据利用行为及数据共享意愿
通过半结构化访谈进一步了解具体各学科中的数据管理认识和意识以及需求，明确强国社会科掌领域科研人员对数据管理的认识和意识与最佳实践的差距。以为我国科研资助机构制定相应的政策、利益相关全体开展有效的服务提供参考。为做好科研数据管理服务规划和设计奠定基础

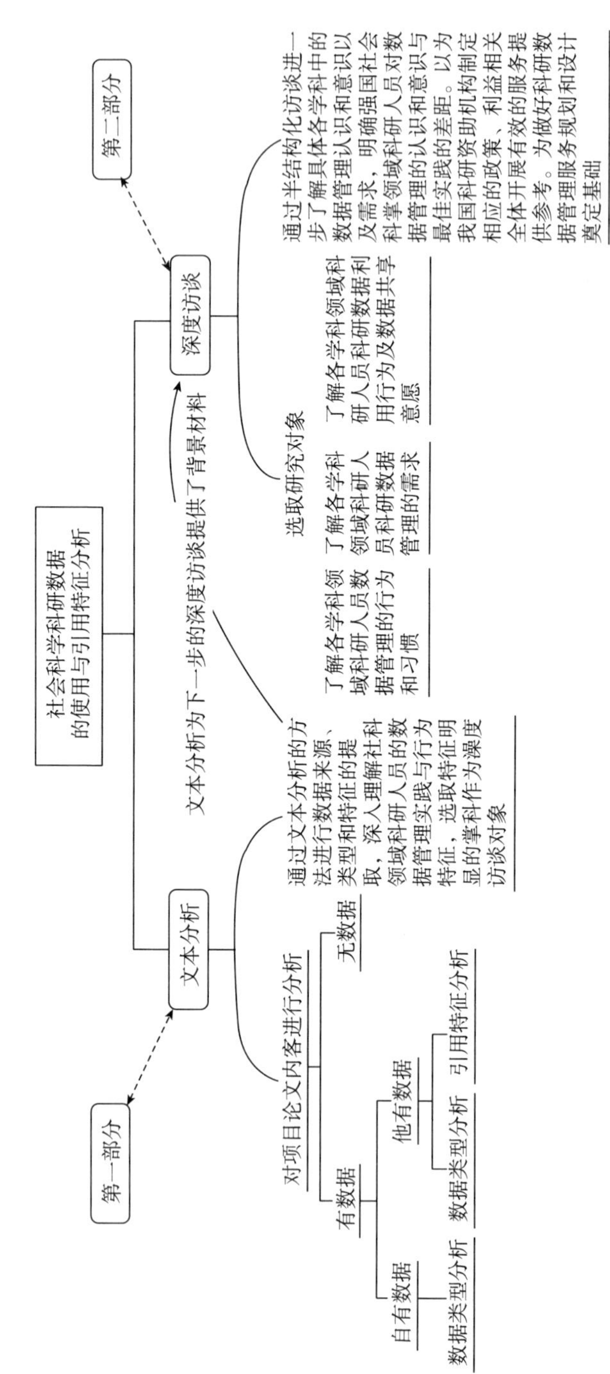

图 10-1　本章分析思路

第一步：设立学科总文件夹。

以“年度+学科名称”命名

第二步：在学科总文件夹下设立项目文件夹。

命名为

1. 项目名称

2. 项目名称

……

备注：

命名顺序与序号与国家社科基金文档中的顺序号一致。

若项目所产生论文数为 0，则标注论文数量为 0。不再另建文件夹。

第三步：利用 E-study 下载所有论文至本项目文件夹下的子文件夹“论文”中。

命名为

1. 论文名称

2. 论文名称

3. 论文名称

……

备注：

整理论文顺序是按照中国知网中的“发表时间+降序”

逐一阅读，分学科领域分别调查不同学科领域国家社科基金项目所产生论文的具体情况和论文中产生数据的情况（见表 10-1）。2011 年获得资助的 2883 项国家社科基金，涉及 23 个学科，共产生了 13113 篇论文，其中 7968 篇发表在 CSSCI 来源期刊上。发表在 CSSCI 来源期刊上这 7968 篇论文中，产生数据的论文占 64.4%，共 5132 篇。这在一定程度上说明，2011 年获得资助的国家社科基金产生的研究成果中绝大多数都涉及科学数据。因此无论是出于紧跟国际开放科学发展大趋势的考虑，还是为了确保我国国家社科基金项目的研究成果被更好地保存和利用，我国社会科学领域都应该尽快出台受资助科研项目所产生科学数据的管理办法。

（二）学科领域分析

对比分析不同学科领域的资助项目数、资助项目产生的论文总数以及发表在 CSSCI 来源期刊上的学术论文总数（见图 10-2）。由图 10-2 可见，资助项目数、资助项目产生论文总数以及发表在 CSSCI 来源期刊上的

表 10-1　2011 年国家社科基金项目产生论文情况与论文有无数据情况

序号	学科领域	资助项目数（项）	产生论文总数（篇）	CSSCI 论文数（篇）	有数据的 CSSCI 论文数（篇）
1	人口学	43	175	107	104
2	国际问题研究	71	215	137	119
3	应用经济学	272	1482	945	808
4	理论经济学	153	965	631	537
5	社会学	165	802	506	421
6	统计学	34	136	92	76
7	体育学	87	143	55	43
8	新闻学	90	453	248	190
9	民族问题研究	120	469	261	199
10	图书情报学	96	732	584	441
11	考古学	23	22	14	10
12	世界历史	48	145	104	72
13	管理学	240	1184	710	452
14	中国历史	156	544	357	224
15	法学	247	1245	811	500
16	党建・党史	60	284	143	84
17	语言学	198	759	442	250
18	政治学	115	797	466	248
19	外国文学	84	302	162	21
20	中国文学	226	952	559	119
21	宗教学	60	207	123	50
22	马克思主义・科学社会主义	122	1022	464	154
23	哲学	173	78	49	10
	合计	2883	13113	7968	5132

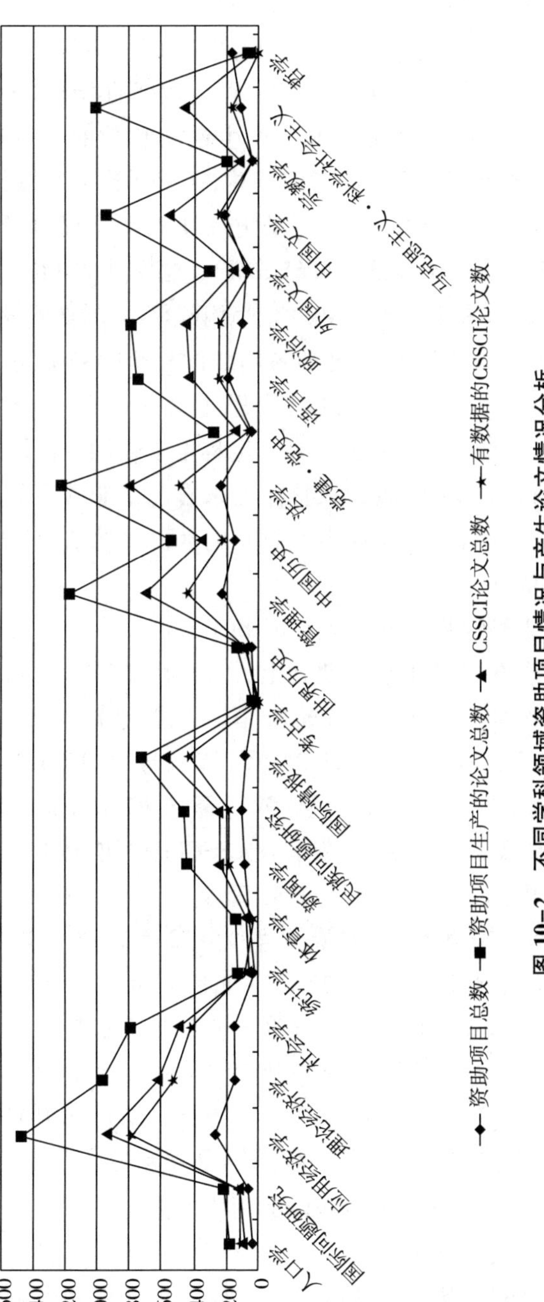

图 10-2　不同学科领域资助项目情况与产生论文情况分析

学术论文总数三条线展现出基本相同的趋势。因此，本章节最终选择了发表在 CSSCI 来源期刊上，且有数据的论文作为研究对象。

首先，项目团队对不同学科领域中，产生数据的 CSSCI 论文占 CSSCI 论文的比例，以及 CSSCI 论文占项目产生论文总数的比例进行了分析（见图 10-3）。由图 10-3 可见，23 个学科中，CSSCI 论文占比排名前十的学科依次是图书情报学（79.80%）、世界历史（71.72%）、统计学（67.65%）、中国历史（65.63%）、理论经济学（65.39%）、法学（65.14%）、国际问题研究（63.72%）、考古学（63.64%）、应用经济学（63.63%）、社会学（63.09%）。发表 CSSCI 论文占比排名倒数的三个学科则分别是，占比 38.46%的体育学，占比 45.4%的马克思主义·科学社会主义，占比 50.35%的党建·党史。这一分析结果一定程度上表明，由国家社科基金项目资助产生的科研成果的质量从整体上来看还是非常高的，分析这些成果产生科学数据的情况是有代表性意义的，得出的结论能够作为资助机构制定政策的依据。

其次，对产生科学数据的发表在 CSSCI 来源期刊上论文的情况进行了分析，发现发表在 CSSCI 来源期刊上，且产生了科学数据的论文，排名前十的学科依次是人口学（97.2%）、国际问题研究（86.86%）、理论经济学（85.1%）、社会学（83.2%）、统计学（82.61%）、体育学（78.18%）、新闻学（77.42%）、民族问题研究（76.25%）、图书情报学（75.20%）、考古学（71.43%）。发表在 CSSCI 来源期刊上，但产生的科学数据排名倒数的论文分别属于外国文学（12.96%）、中国文学（21.21%）、哲学（20.41%）、马克思主义·科学社会主义（33.62%）、宗教学（40.65%）、政治学（53.22%）。通过上述分析，得到的启示是：如果全国哲学社会科学工作办公室计划实施科学数据管理工作，建议先考虑一些试点学科，这些产生了科学数据且 CSSCI 论文占比排名前十的学科领域都可以作为第一批试点学科，后边对科学数据来源和科学数据类型的分析也基于此选择具体学科进行更深入分析。

二　有数据的 CSSCI 论文中科学数据的来源分析

目前国际上主要国家的政府部门、科研资助机构、科研机构等利益相关群体所提出的科学数据管理要求，主要对象是那些产生数据的科研项目，这些科学数据可能是由于研究的需要而由项目组通过访谈、直接观察、调查等方式亲自收集并经过加工处理后的数据，称为“自有数据”。

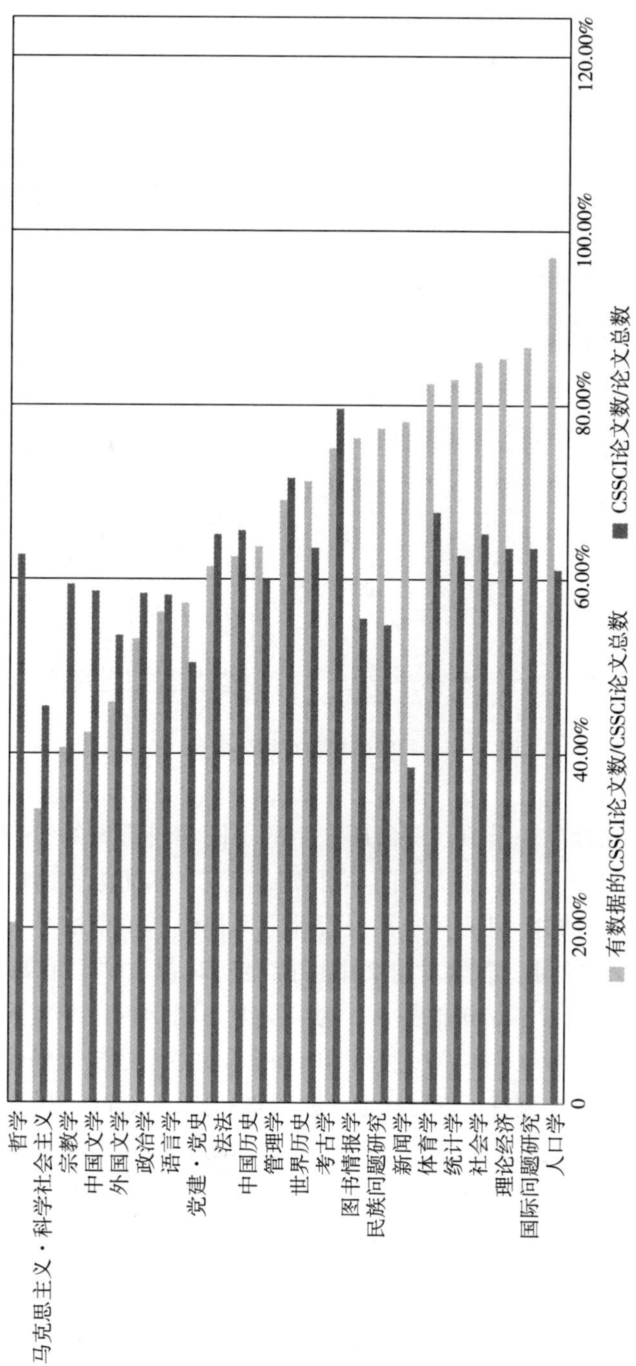

图 10-3　不同学科领域 CSSCI 论文数占比情况

在科研过程中，在他人的研究成果的基础上，继续实验和创新是一种常态。因此，有数据的 CSSCI 论文中的科学数据也可能是项目组使用或引用的非自有数据，称为“他有数据”。

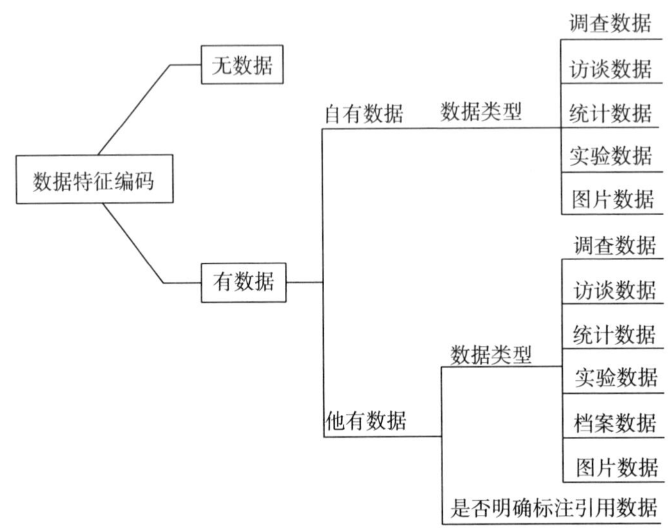

图 10-4 科学数据特征编码思路

分析由国家社科基金项目资助所产生的不同学科领域的 CSSCI 论文中科学数据的来源，可以知晓不同学科领域特点，从而为资助机构等利益相关群体制定面向学科的科学数据管理方案提供有价值的参考。但需要注意的问题是在同一篇学术论文中可能会同时包含“自有数据”和“他有数据”，这两者不是排他关系。为了提取不同学科科学数据的来源以及科学数据类型特征，本章按照图 10-4 所示的科学数据编码思路，来对数据来源和数据类型特征进行提取。按照该思路，在如图 10-5 所示的表格中填入每篇论文的编码。用“1”和“0”分别表示具备和不具备该数据特征。将所分析的论文文本的科学数据特征提取后汇总，填入“总计”。科学数据的特征汇总是基于图 10-5 的编码结果，按照图 10-6 进行的。

论文序号	有无数据		数据来源			自有数据M				他有数据H					
						数据类型				数据类型				是否明确标引用数据Y	
	无数据	有数据	自有	他有	自有&他有	调查数据	访谈数据	统计数据	实验数据	统计数据	实验数据	档案数据	图片数据	否	是
1	0	1	0	1	0	0	0	0	0	1	0	1	0	0	1
2	0	1	0	0	1	1	0	1	0	0	0	1	0	0	1
3	0	1	0	0	1	1	0	1	0	0	0	1	0	0	1
4	0	1	0	0	1	1	0	1	0	1	0	1	0	0	1
5	0	1	0	0	1	1	0	1	0	0	0	1	0	0	1
6	0	1	0	1	0	0	0	0	0	1	0	1	0	0	1
7	0	1	0	0	1	1	0	1	0	0	0	1	0	0	1
8	0	1	0	0	1	1	0	1	0	0	0	1	0	0	1

图 10-5　科学数据来源与科学数据类型编码

2011年XX学（XX项）		论文总数	CSSCI论文	有无数据		数据来源			自有数据M					他有数据H						
									数据类型					数据类型					是否明确标引用数据Y	
序号	项目名称			无数据	有数据	自有	他有	自有&他有	调查数据	访谈数据	统计数据	模拟数据	实验数据	调查数据	统计数据	实验数据	档案数据	图片数据	否	是
1	社会质量视角下的社会建设研究	20	15	1	14	1	5	10	11	0	11	0	0	0	5	0	13	0	0	13
2	社会变迁视角下当代中国农地制度发展与改革研究	9	7	0	7	0	5	2	1	1	0	0	0	2	1	0	6	0	1	6
3	东部地区涉及少数民族的群体性事件研究	1	1	0	1	0	0	1	1	1	0	0	0	1	1	0	0	0	0	1
4	社会冲突治理与新中国信访制度的演进研究	4	4	1	3	0	2	1	1	0	1	0	0	1	2	0	3	0	0	3
5	社会建设中的政府规制研究	3	3	1	2	0	1	1	1	1	0	0	01	0	2	0	1	0	0	2
6	当代青年网络政治参与	1	0	0	0	0	0	0	0	0	0	0	0	0	0	0	0	0	0	0

图 10-6　学科科学数据特征的归纳统计

（一）科学数据的来源情况分析

1. 概况揭示

在 CSSCI 来源期刊上发表的 5132 篇学术论文中，产生科学数据的论文中涉及“自有数据”的论文 942 篇，占论文总数的 18%，涉及“他有数据”的论文 2990 篇，占论文总数的 58%，同时包含“自有数据”和“他有数据”的论文共 1200 篇，占论文总数的 24%（见图 10-7、图 10-8）。分析表明，使用“他有数据”的论文占绝大部分，达到了 83%的比例，可见实现科学数据的共享、科学数据的重用是非常必要的。

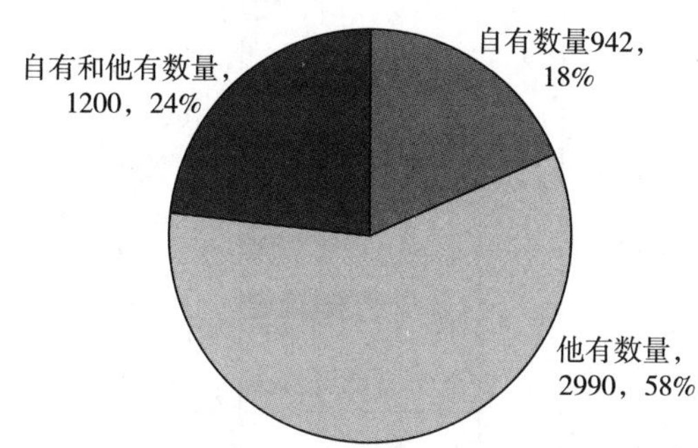

图 10-7 有科学数据的 CSSCI 来源期刊论文的数据来源分布

分析发现，就科学数据的创建方法而言，社会科学领域存在着共性，共有的创建方法包括问卷调查、资料的编纂或汇编、面对面的访谈、电话访谈、邮寄调查和档案研究等。与此同时，学科不同社会科学领域科学数据的创建方法也不同，比如汇编资料和档案研究是历史学、中国文学和外国文学科学数据创建的主要方法；测量法和观察法是体育学创建科学数据的主要方法；社会调查法和计算机辅助电话访谈等是人口学、统计学中科学数据创建的主要方法；面对面进行访谈、开展档案研究、进行资料的编纂或汇编等是政治学、社会学中科学数据创建的主要方法。

23 个学科中，7 个学科“自有数据”的占比超过 50%，它们依次是语言学（占 86.4%）、图书馆·情报与文献学（占 73.47%）、管理学（占 68.81%）、人口学（占 63.46%）、社会学（占 62.95%）、体育学（占 58.14%）、民族问题研究（占 55.78%）（见图 10-9）。因此，测试科学数据管理计划要求的可行性和适用性时，可以考虑将这 7 个学科作为

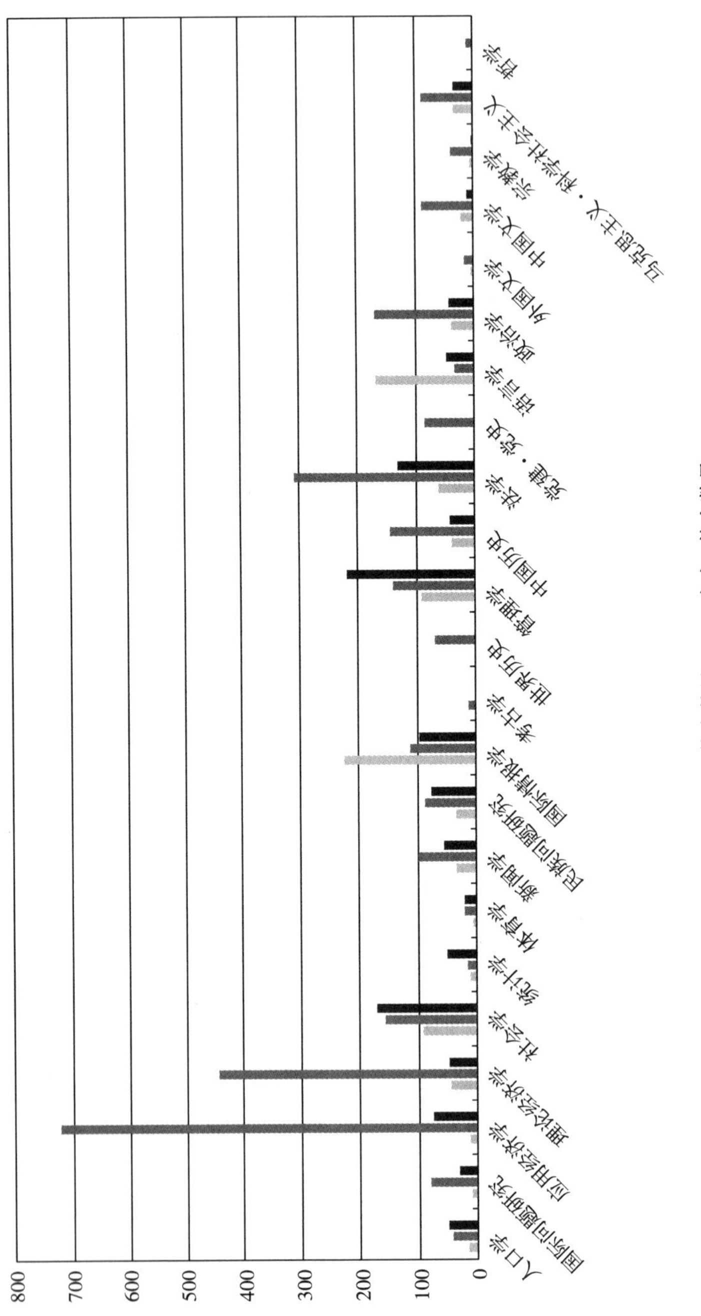

图 10-8 不同学科 CSSCI 论文的科学数据来源情况对比

重点的访谈领域。23 个学科中，“他有数据”占比低于 50%的学科只有语言学（占 32. 8%）和图书馆？情报与文献学（占 48. 53%）。23 个学科中，21 个学科“他有数据”的占比均超过了 75%（见图 10-10）。因此，分析科学数据引用特征时，可以随机选择不同学科领域做访谈。

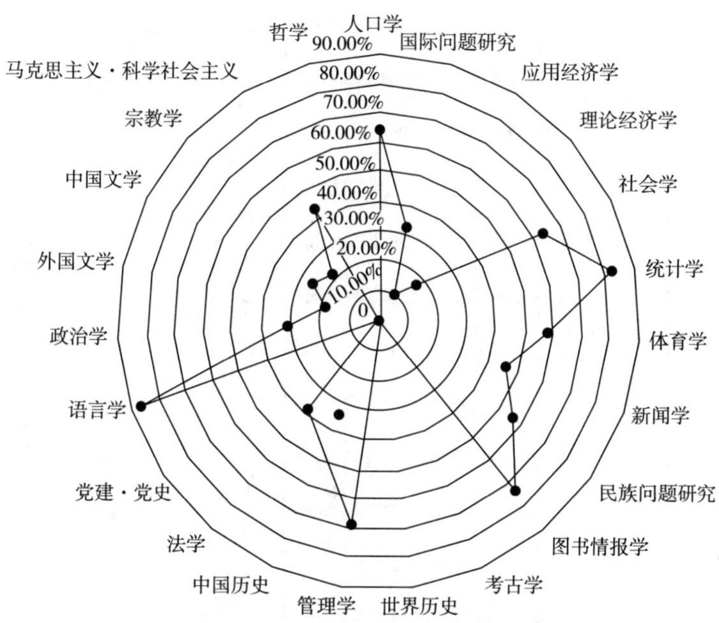

图 10-9　不同学科“自有数据”占比情况对比

2. 学科领域分析

科学数据的来源复杂多样，其管理形式也各不相同，不同类型的科学数据需要不同的方式进行管理，同时科研人员对科学数据管理的方式与科学数据来源又密切相关，因此调查数据来源对科学数据管理有着重要的意义。23 个学科中，7 个学科“自有数据”的占比超过了 50%，依次是语言学（占 86. 4%）、图书馆・情报与文献学（占 73. 53%）、管理学（占 68. 81%）、人口学（占 63. 46%）、社会学（占 62. 95%）、体育学（占 58. 14%）、民族问题研究（占 55. 78%）。鉴于此，采取半结构化访谈的方法对以上七个学科的科研人员进行深度访谈，通过滚雪球的方法寻找访谈对象，共招募到 39 名访谈对象。访谈提纲见附录 4。在实施访谈的过程中，根据受访者做出的不同回答，灵活选取相关问题进行深入询问。

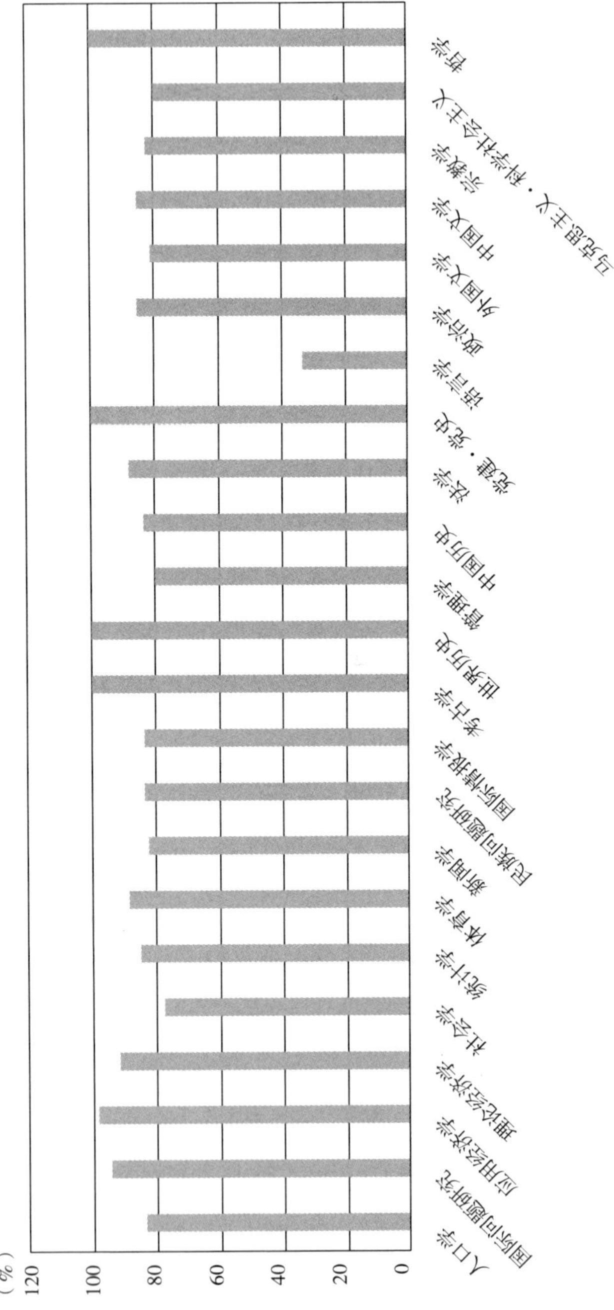

图 10-10　不同学科“他有数据”占比情况对比

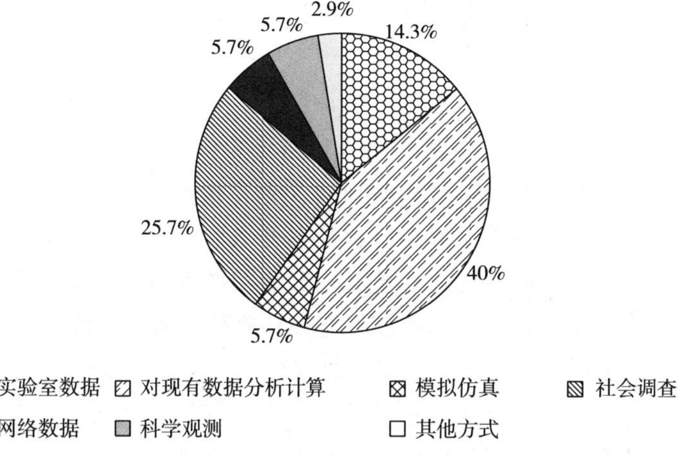

图 10-11　七个学科的科研人员的科学数据来源的访谈结果

访谈发现这七个学科中科研人员获取数据的方式分别为实验室实验、对现有数据分析计算、模拟仿真、社会调查、网络数据、科学观测、其他方式（见图 10-11）。访谈结果显示，在现有的数据获取方式中对现有数据分析计算、社会调查、访谈数据占比相对较多，分别为 40%、25.7%、11.4%，其中现有数据的分析计算是科学数据的主要来源（见图 10-12）。

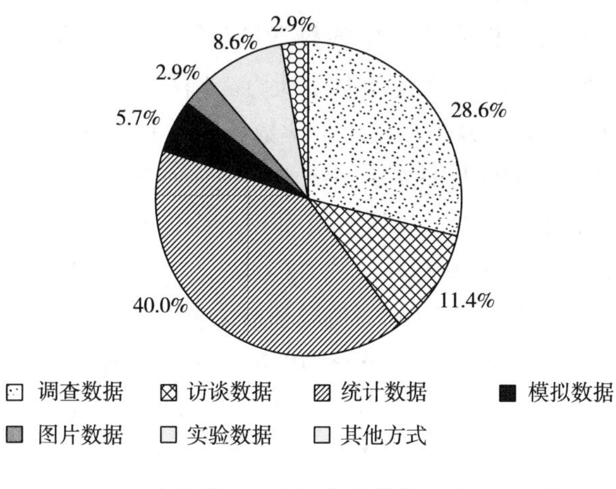

图 10-12　七个学科科研人员的科学数据类型的访谈结果

语言学、社会学、管理学、人口学、民族问题研究这几个学科中的科学数据主要产生于社会调查和对现有数据分析计算。其产生的科学数据类型有调查数据、访谈数据、统计数据、模拟数据、图片数据等。其中，39 名科研人员中，35 名科研人员均认为科学数据管理非常重要，但是同时也指出科学数据管理困难重重，存在很多问题，整理如下：不知如何进行科学数据归档、缺少科学数据开放和共享权责约定、不知如何进行相关的科学数据描述、科学数据安全问题以及科学数据存储空间缺乏等。28 名科研人员表示希望获得有关开放科学和科学数据管理的培训。期望得到的培训主要有以下几类：数据统计技巧、数据组织和管理方法、数据记录技巧、数据存储与备份技术、数据保护方法等。大部分数据持有人对科研整体环境、共享后科学数据是否会被滥用以及共享的科学数据是否是真实且可靠的存在担忧。因此，他们更偏向于将科研中产生的数据分享给直接合作者或熟悉且信任的项目组内成员等利益相关者。但 39 名科研人员中，绝大多数科研人员（30 名）都不愿意共享自己在研究过程中产生的科学数据，其主要原因为科学数据引用过程中版权界定模糊、科学数据公开可能会导致研究核心内容泄露、恶意使用或篡改等。

数据归属是科学数据存储过程中需要明确的重要因素，科学数据所有权模糊是造成科学数据产权纠纷的重要原因，明确科学数据所有权对科学数据共享、科学数据再利用、科学数据引用、科学数据标注等均具有重要意义。科研过程中所产生的科学数据一般归科研人员自己所有、归学校和机构所有、归所支持的基金所有、归项目组所有。访谈结果显示相当一部分科研人员并不清楚其科学数据的所有权（见图 10-13）。科研过程中科学数据量的大小决定了科学数据保存的方式和科学数据管理的难度，从访谈结果来看，科研人员每年产生的科学数据总量存在明显差距，但主要集中在 1—500Mb（占 48.6%）。35 位访谈对象都认为坚持科学数据备份非常重要，其中 22 位受访者有两份或多份备份，备份频率一般为每周一次或每周多次。光盘、U 盘和电脑仍是最主要的备份方式（共 26 人）。其中，语言学、图书·情报与文献学、管理学、人口学等学科的科研人员的备份方式更加可靠，备份时长更长，备份数量更多，备份频率更高。

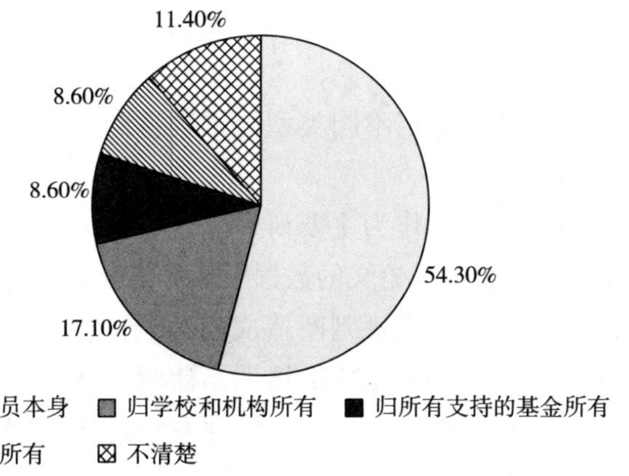

图 10-13　七个学科科研人员对数据归属的认知

由访谈可知，语言学、管理学、图书馆情报与文献学这几个学科的学者在进行科学研究的时候较少利用他人科学数据，而民族问题研究、体育学、社会学和人口学这几个学科的学者利用他人数据相对来说较为频繁。90%的科研人员表示在科研过程中会主动寻找并下载他人的数据，而获取他人数据主要是从其他机构的数据库获取、从商业数据库获取、从图书馆获取。访谈对象中引用他人数据较多的几个学科所遇到的问题最多的是获得他有数据的困难，包括作者不愿意提供原始数据；不知道在哪找；没有统一的科学数据管理平台；科学数据质量不高（不完整、不真实、不准确等）；获得途径狭窄、获得方式单一和获得时需要付出的成本较高等。

（二）他有数据的引用情况分析

1. 规范引用分析

在新的数据密集型科研范式下，科学数据和学术论文同样重要，与学术论文一样，科学数据的价值也需要通过正确引用得以体现。所谓科学数据的引用，具体是指作者在学术论文中以文中注明方式、作为参考文献方式，或者作为脚注等方式，标注出支持学术论文中证据和观点的，论文所使用到的科学数据的来源和出处。要使科学数据创建者和科学数据管理者的贡献得到认可，就必须规范科学数据引用。只有通过规范引用，才能够使基础的数据得到溯源，才能够推进验证科学研究的不断发展。只有通过规范引用，才能够实现科学数据影响力的跟踪和评价，才能够有效推进科学数据的共享和科学数据的传播。由于科学数据类型多样，科学数据本身也关系复杂，这就使得引用科学数据呈现出非常明显的多元化特征，如何界定不同类型科学数据的引用对象，目前还没有达成清晰且一致的共识。

本章将内容分析法作为主要研究方法，通过人工识别的方式，分析了 4157 篇“他有数据”论文的数据引用行为。在进行人工识别时，为了尽可能地减少识别人员主观判断造成的影响，在人工标引前，项目组团队成员对人工标引员开展了 3 次培训，让两个标引员分别对选取的样本材料进行标引，从标引结果来看，信度系数达到了 95%以上，这说明结果是可靠的、客观的。

分析完数据引用行为后，本章又进一步对科学数据的引用类型进行了划分。与学术论文的引用相类似，科学数据的引用通常也包括作者、标题、出版机构和时间、访问地址等元素；科学数据的引用通常可划分为有引用和无引用两种方式，规范引用还是不规范引用两种方式。如果进一步细分的话，则包括没有引用、部分引用和规范引用三种方式。划分的依据是学术论文中引用要素的完整程度。规范引用所包含引用元素的完整性最好，通常可以根据这些元素找到原始数据，常见的规范引用有参考文献引用和作为表后注引用两种方式。部分引用所包含引用元素的完整性次之，往往只列出了科学数据的部分信息，比如科学数据的创建者、科学数据创建者所属机构名称等，根据这些信息一般很难找到原始数据，只能判断科学数据大致的来源。如“由麦肯锡公司完成的一项研究推断……”这一表述中，虽然提供了科学数据发布机构的具体名称，但是仅靠这一点仍然无从获悉科学数据的详细出处。无引用是指直接罗列科学数据，完全不交代科学数据的来源。如“据统计……” “据调查……”和“各种研究表明……”等都是常见的无引用形式。就实际操作而言，是规范引用还是部分引用，实际上界限是不清楚的，不容易做出判断，鉴于此本章在判断科学数据的引用情况时，只统计了“有引用”和“无引用”两种情况。

上述分析表明，相当一部分社会科学领域的科研人员并没有意识到对于已经出版的科学数据需要进行引用，因此数据引用存在不规范现象，从分析的情况来看脚注、参考文献、正文中标出数据作者、数据生成时间和标题、图表下方、致谢、其他方式等是所分析的文献中科学数据引用最常出现的位置。分析也发现，科研人员在进行科学数据的二次分析时，通常也不标明数据引用。这可能是因为就引用对象和引用频次而言，不同学科之间存在较大差异，科研人员也没有如何引用科学数据的指南做参考。经数据处理及汇总，23 个学科领域数据引用的基本情况如图 10-14 所示。由图 10-14 可见，没有明确标注数据来源的 CSSCI 论文占比最高的五个学科依次是应用经济学（占 97.86%）、体育学（占 57.89%）、法学（占 51.71%）、考古学（占 50%）、图书馆·情报与文献学（占 40.19%）、宗教学（占 31.71%）、统计学（占 31.25%）。这说明科学数据引用的问题还较为严重，针对这种情况，建议学术期刊尽快建立科学数据引用规范或提出科学数据引用要求，作者也要重视这个问题，对引用科学数据进行类似参考文献的标注。为此，首先作者应该明确介绍科学数据的来源，出版商和杂志社等利益相关群体应建立完善的数据引用的格式、规范，并把这些格式、规范统一。其次，在科学评价中应该进一步发挥科学数据引用的作用，通过多方努力，共同推进科学数据的引用实践。

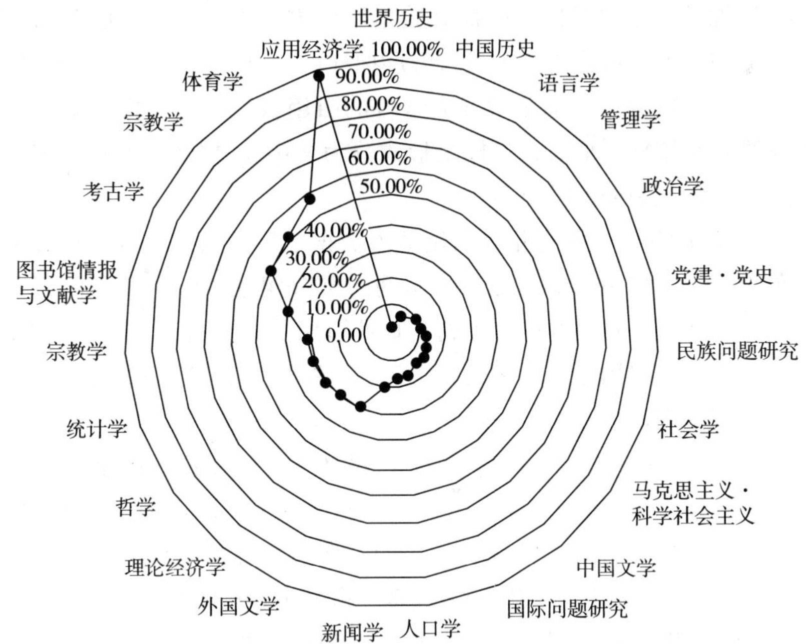

图 10-14　他有数据中未明确标注数据来源的论文占比情况学科对比

2. 标注偏好分析

对他有数据的引用情况进行分析还发现，科学数据引用在社会学领域还是比较普遍的，特别是人口学领域。但目前在社会科学领域，科学数据缺乏规范引用的统一标准，社会科学领域的科研人员对规范引用科学数据认识也不够，这就出现了不规范引用行为的频繁发生。就社会学研究而言，人口调查资料以及各种统计年鉴是科学数据的主要来源之一，但从调查的样本论文来看，不规范引用依然很多。引用相对比较规范的，一般是对已发表论文中数据的引用。社会学领域中学术论文的科学数据引用规范度还是所有调查学科中相对较高的。在科学数据来源方面，社会学领域学术论文涉及的科学数据以宏观数据居多，这一类数据的体系庞大，内容也非常完整，对于研究者个人或者研究团队而言，单凭自己的力量都难以独立搜集获取，因此他们在研究中更多的是引用已有数据。其中以《中国科技统计年鉴》《中国统计年鉴》《中国人口年鉴》等为代表的各种年鉴和以不同年份的全国人口普查资料、全国1%人口抽样调查等调查资料最常见的两种数据类型。

为了进一步了解科研人员在进行科学数据引用时的标注偏好，本章采用分层抽样的方法对样本中他有数据标注方式进行分析，以明确标注占比排名前五的学科作为样本进行分层抽样后，对抽取的200篇论文的引用情况进行二次分析。基于对五大学科的引用数据统计，根据学科主要的科学数据引用标注形式，将标注形式分为文中注/尾注、参考文献、文中说明、无标注说明四种类型。

· 文中注/尾注是指标记在引用他人数据之后的数字符号，一般位于文档的末尾，列出引文的出处等。由两个部分组成，包括引用标记和其对应的注释文本。对样本论文中的870处引用数据分析后发现，文中注/尾注是最常见的引用形式，使用文中注/尾注最多的学科是中国历史，占本学科的80.65%。

· 参考文献是在学术研究过程中，对某一著作或论文的整体的参考或借鉴。在样本论文统计中除文中注/尾注之外，以参考文献的形式标注引用他人数据也是科研人员较多使用的。在所抽样的统计中，语言学学科领域中参考文献标注形式使用的最多，占到本学科的58.97%。

· 文中说明是指当引用他人图片或图表时，在图片或图表的下方明确数据来源。相比于文中注/尾注和参考文献两种式，文中说明也经常被使用，使用后不再重复标注数据引用。

· 无标注说明是指学术论文中引用他人的数据时，没有在学术论文中说明数据的来源或者出处。政治学学科领域中的无标注说明的情况最为普遍，占比达到42.85%，建议该学科要想办法提升科研人员对数据规范引用的重视，以促进科学数据的重复利用。

世界历史、中国历史、政治学、语言学、社会学五大学科总共引用数据870条，以“文中注/尾注”形式引用的占比达到60.8%，以“参考文献”形式引用的占比达到24.6%，以“文中说明”形式引用的占比只有5.7%，还有8.4%的无标注说明数据来源。社会学、政治学、中国历史、世界历史学科领域中的科研人员在引用标注上更喜欢使用文中注/尾注的形式，语言学学科领域中的科研人员更喜欢使用参考文献形式。总的来说，科研人员在引用科学数据的方式上使用最多的是文中注/尾注，然后是参考文献，在对图表的引用上更喜欢使用文中说明的标注方式。但是，无标注引用数据的情况在这些学科中或多或少都有发生。

三　有数据的 CSSCI 论文中科学数据的类型分析

（一）科学数据类型界定

梳理科学数据的类型是进行科学数据管理的基础工作，不同的科学数据类型需要不同的管理方式。本书课题组成员在分析完数据来源后，对数据类型展开分析。由于每一项数据类型无统一的、可借鉴的标准，增加了本章的难度。为避免具有主观性的统计结果，以及不同学科数据类型的界定存在不一致性的情况。本章以2011年度国家社科基金项目中的各学科论文作为试运行样本，通过逐步分析确立了资料库并且设计了数据类型编码表。与此同时，为每一种数据类型的界定提供了具体示范案例，构建了CSSCI来源期刊论文数据类型资料库。在具体的统计实践中又不断地将分析过程中新发现的数据类型增加到资料库中并进一步优化完善其统计方法，最终产生了一个相对完整的资料库。所有的数据类型编码者均需要按照资料库统一的标准去提取数据类型，并进行归类和统计，以此确保统计结果的客观性和一致性。主要科学数据类型界定如下：

为了实现具体的经济、社会、文化、政治等目标，调查人员或科研人员通过实地全面调查或抽样调查、网络问卷在线调查、平台报道等方式获得的数据在本章中被界定为调查数据。“他有数据”中的调查数据是指通过他人所得的调查数据。当文中出现：据调查、据××平台报道、根据调查结果显示等显著文字，则都是他有数据中的调查数据。例如：（1）自有调查数据：通过前往内地调研的结果发现，目前大学生的社会公德教育主要来自四个方面；（2）在无锡第六区第七区的调查显示，被调查的 34 位乡镇长中，有 17 位明确地知道是放债的（50%）。他们的放债总额竟达 19100 元；（3）据 1932 年对无锡六个区乡镇长性质的一项调查，在 235 个乡镇长和副乡镇长中，大小地主占 78.3%，富农占 13.6%，中农仅占 8.1%而已。乡镇长每户平均有地 146.6 亩，有地 50 亩以上的户数占全乡镇长户数的 64.7%。

通过实地访谈或者使用他人论文中的访谈记录所得的数据在本章中被划归为访谈数据。例如：（1）在采用田野调查基础上获取资料，借助经验研究通过实地观察法和深度访谈法，以及政策咨询获取资料，从结构、制度、体制机制的视角进行分析，选取的调查对象是 G 县挖掘机行业由本地走向全国的成功事例。（2）在论文末端注明数据来源：本文中凡未注明出处之访谈、论据均来自笔者 2015 年 7 月、8 月在贵州的田野调查。如纳雍县勺窝乡陈姓农民所言：纳雍县政府杨先生指出了“穿青人”的身份政治问题：“如果国家承认穿青人是少数民族，按照现行有关规定，只要少数民族人口占当地总数的 30%以上，该县就可以申请设立少数民族自治县。”

统计数据是指科学研究中通过对现有数据或他人数据进行分析、统计、计算、再次加工等方式处理后所得的数据。例如：（1）据国家商务部台港澳司统计，截至 2013 年 7 月底，大陆累计批准台资项目 8.9 万项，实际利用台资金额 584.66 亿美元，如加上经第三地转投资，台商在大陆投资将近 1100 亿美元。2013 年，大陆与台湾贸易总额增加到 1972.8 亿美元，比 1987 年的 15.2 亿美元增加了 128 倍，年均增长率为 20.6%。（2）据笔者统计，在全国 31 个省（自治区、直辖市）人民政府法制信息网、公众信息网或人大网上，有法规、规章草案意见征求系统的有 29 个，占到总数的 93.5%。

档案数据包括政府、权威机构、媒体、公司、科研人员等组织机构或者个人所公开发布的数据以及那些已经发生了的或已经存在的既定事实的记载或者历史文献。例如：（1）2000 年以来我国进入快速城镇化阶段，我国地级以上城市市辖区建成面积平均增长 70.1%，但是市辖区人口增长只有30%，这表明土地的城镇化快于人口的城镇化。（2）2013年5月，中超原大连实德足球俱乐部赞比亚籍球员詹姆斯诉大连实德足球俱乐部欠发其5.5万美元薪酬一案由中国足协仲裁委员会开庭审理。

实验数据包括通过实验方法得到的所有数据。所谓自有实验数据是指科研人员基于实验方法产生或者得到的数据，项目组成员通过论文中涉及的一些关键词，如“实验得出”“测试结果显示”等帮助判断是否为实验数据。所谓他有实验数据是指CSSCI来源期刊论文中通过引用他人实验而出现的数据，这一类数据通常会涉及的关键词有“×××实验研究表明”“与×××实验的结果比较”等。

以图片形式呈现的支撑研究结论的数据是本项目界定的图片数据，图片数据包括的类型主要有古文字图片、模型图、实地考察文物的照片、关系示意图等。

商业数据库数据统计数据：归企业所有并且需要付费的统计数据；统计的商业数据库均在网页上看到归企业所有和付费标志。例如CV-Source数据库、CCER（色诺芬）、国际电信联盟数据、Wind数据库、中宏数据库、锐思数据库、国研网数据库、中经网数据库、国泰安数据库。其他统计数据如某某大学跟踪调查项目、世界银行WDI数据库、CEPIL（法国领先的世界经济研究和专业知识中心）、证券之星数据中心（门户网站，虽为企业所有，但网上均可获取）、同花顺数据库、中国专利局数据库、中国工业企业数据库等。

（二）自有数据类型分析

分析结果显示，在社会科学领域科学数据的类型具有多样性，除数值型数据外，还出现了档案数据、图片数据和汇编数据等，这在一定程度上也体现出社会科学领域研究的多样性。从科学数据的类型分析来看，不同学科之间也存在明显差异。文本数据、数值数据和图片数据是历史学中主要的数据类型；个体或微观层面数据、调查数据和数值数据是人口学、社会学中主要的数据来源；而调查数据、数值数据、汇编或宏观数据则是经济学和管理学中主要的数据类型。

除没有“自有数据”的4个学科——哲学、党建党史、世界历史、考古学外，其他19个学科均涉及“自有数据”。对这19个学科“自有数据”的类型进行统计分析，发现其主要包含6种类型的数据，按数据类型占比从高到低的排列，依次为统计数据（占 40%）、调查数据（占 27%）、实验数据（占 16%）、访谈数据（占 9%）、模拟数据（占 6%）、图片数据（占 2%）。如图 10-15 所示。对比访谈的结果，发现研究对象数据类型占比相似。

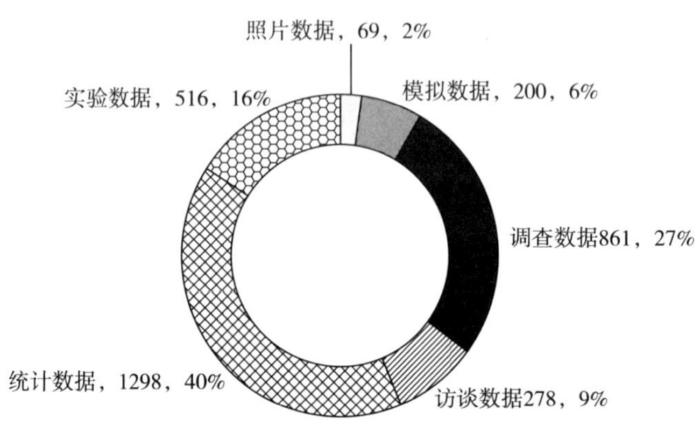

图 10-15　23 个学科所包含“自有数据”的类型分布状况

“自有数据”中，涉及调查数据排名前 5 的学科分别是社会学（209）、管理学（126）、图书馆·情报与文献学（93）、民族问题研究（83）、应用经济学（63）；涉及访谈数据排名前 5 的学科分别是社会学（100）、管理学（57）、民族问题研究（46）、人口学（12）、图书馆·情报与文献学（12）；涉及统计数据排名前 5 的学科分别是图书馆·情报与文献学（226）、法学（175）、社会学（161）、语言学（151）、管理学（99）；涉及实验数据排名前 5 的学科分别是管理学（273）、图书馆·情报与文献学（82）、统计学（43）、语言学（30）、国际问题研究（30）；涉及模拟数据排名前 4 的学科分别是图书馆·情报与文献学（59）、社会学（53）、人口学（29）、理论经济学（29）；语言学（41）、中国历史（26）则涉及的图片数据最多（见图 10-16）。其中，社会学的调查数据、访谈数据、统计数据、模拟数据均位居前列。

对 23 个学科中数据来源分析发现，“自有数据”占比超过 50%的 7 个学科分别是，语言学（占 86.4%）、图书馆·情报与文献学（占 73.53%）、管理学（占 68.81%）、人口学（占 63.46%）、社会学（占 62.95%）、体育

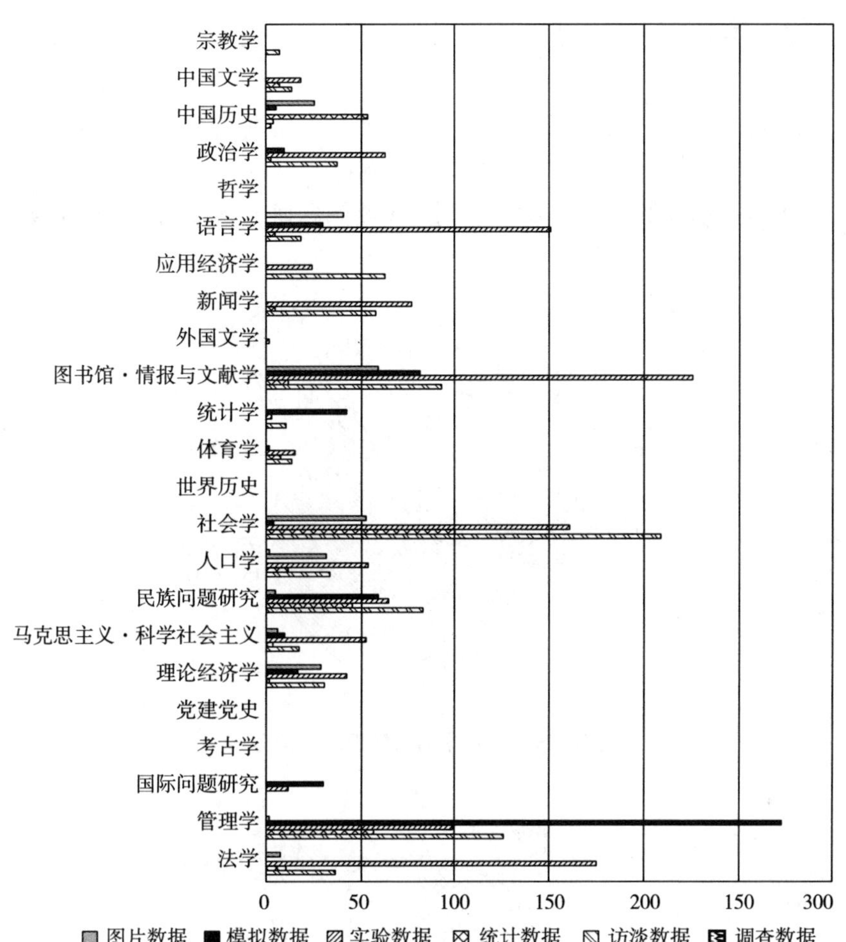

图 10-16　23 个学科涉及“自有数据”的类型分布情况对比

学（占 58.14%）、民族问题研究（占 55.78%）。因此本章进一步对这 7 个学科的科学数据类型展开进行分析（见图 10-17—图 10-23）。分析发现，统计数据是语言学和图书馆·情报与文献学中最多的“自有数据”类型，分别占比为 61%和 48%，这两个学科的科研人员经常使用 SPSS 或其他数据处理软件来对数据进行加工处理。而在管理学领域，占比最高的两类“自有数据”是实验数据（占 49%）和调查数据（占 23%），总占比达到了 72%。在人口学领域中，占比最高的三类“自有数据”分别是统计数据（占 40%）、调查数据（占 25%）和模拟数据（占 22%）。在社会学领域中，占比最高的三类“自有数据”分别是调查数据（占40%）、统计数据（占30%）和访谈数据（占19%）。在体育学领域中，占比最高的三类“自有数据”分别是统计数据（占40%）、调查数据（占35%）和访谈数据（占20%）。而调查数据（占39%）、统计数据（占30%）、访谈数据（占22%）则是民族问题研究领域的三种主要数据类型。

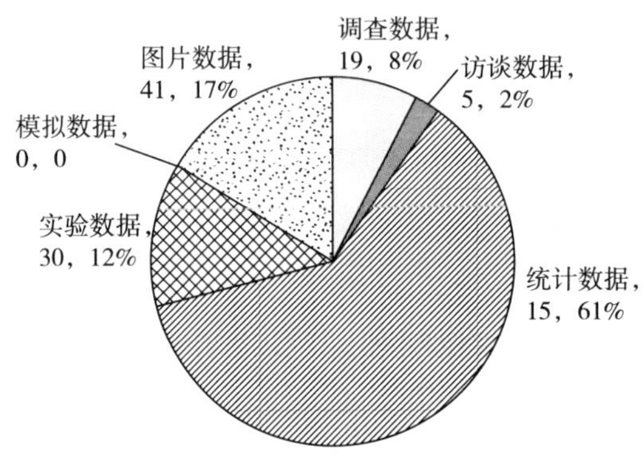

图 10-17　语言学自有数据的类型分布

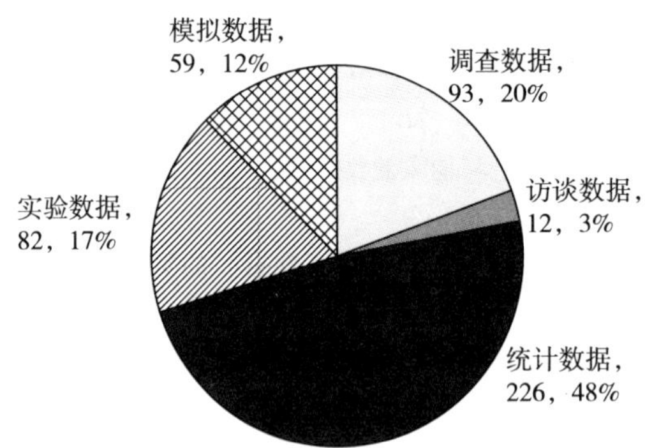

图 10-18　图书馆·情报与文献学自有数据的类型分布

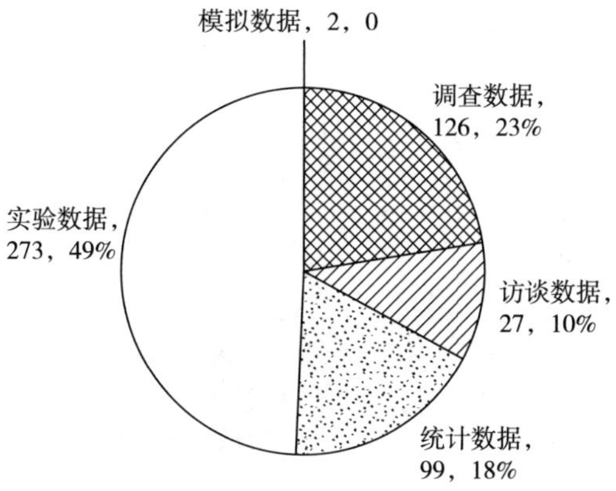

图 10-19　管理学自有数据的类型分布

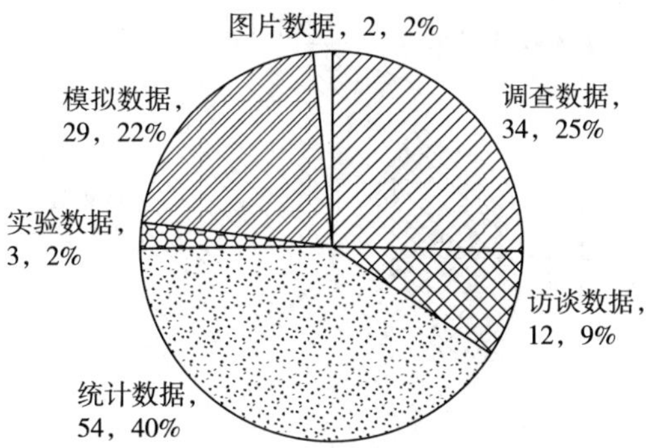

图 10-20　人口学自有数据的类型分布

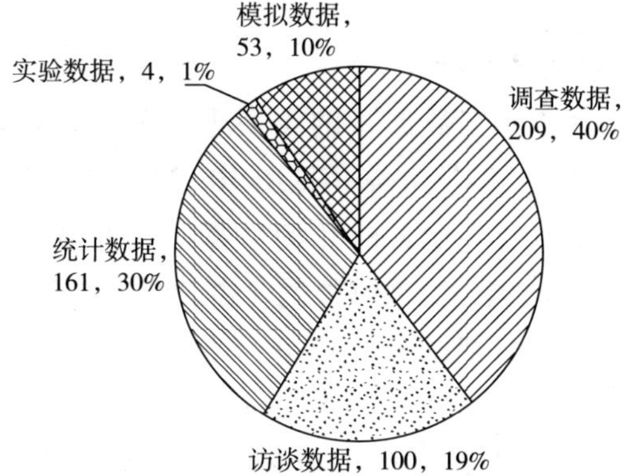

图 10-21　社会学自有数据的类型分布

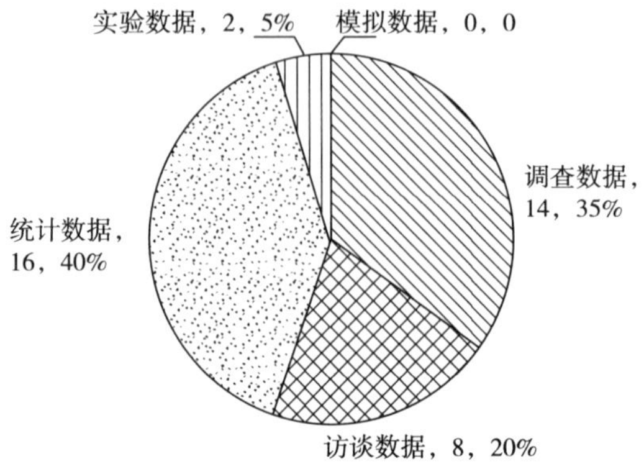

图 10-22 体育学自有数据的类型分布

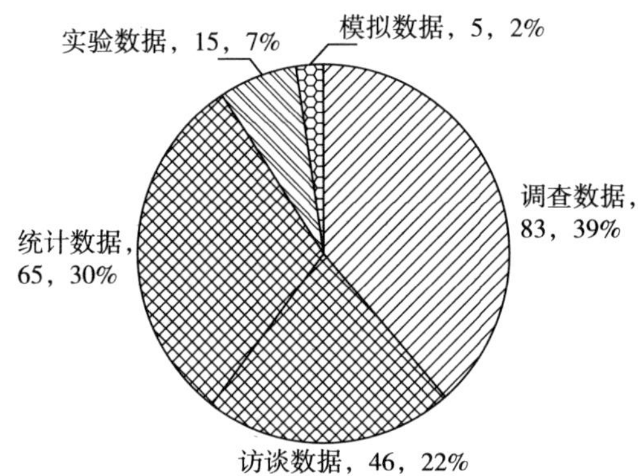

图 10-23 民族问题研究自有数据的类型分布

（三）他有数据类型分析

对 23 个学科中“他有数据”的类型进行分析，发现 23 个学科中“他有数据”的类型主要涉及 7 类（见图 10-24）。按照数据类型占比从高到低的顺序进行排列，排名前几的数据类型依次是统计数据（占 61%）、档案数据（占 29%）、调查数据（占 16%）、图片数据（占 2%）、实验数据（占 1%）。对于调查数据而言，涉及调查数据最多的 4 个学科依次是新闻学（155）、社会学（107）、人口学（20）、党建党史（19）；对于统计数据而言，涉及统计数据最多的 4 个学科依次是应用经济学（795）、理论经济学（477）、法学（310）、管理学（277）；对于实验数据而言，涉及实验数据最多的 4 个学科依次是统计学（10）、马克思主义·

科学社会主义（6）、语言学（3）、图书馆·情报与文献学（3）；对于档案数据而言，涉及档案数据最多的 4 个学科依次是法学（300）、政治学（170）、社会学（132）、民族问题研究（130）；对于图片数据而言，涉及图片数据最多的 4 个学科依次是图书馆·情报与文献学（18）、语言学（12）、中国历史（12）、宗教学（11）；此外，涉及商业数据库统计数据最多的学科是管理学（74）；考古学领域还有实地考古发掘数据这一特殊类型数据，本章将其划归为其他类（见图 10-25）。

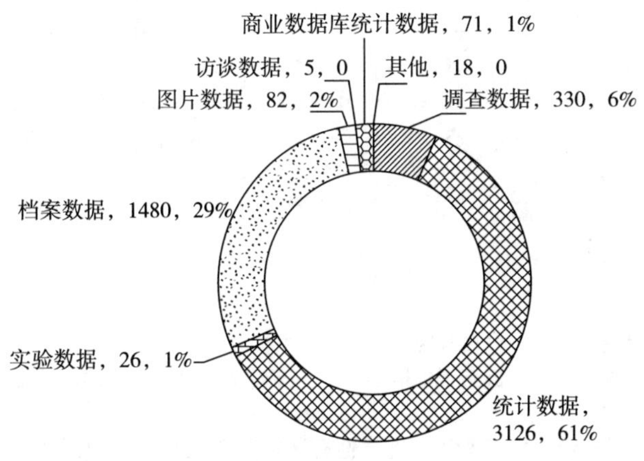

图 10-24　23 个学科“他有数据”的数据类型分布

对 23 个学科 CSSCI 来源期刊论文中只有“他有数据”的论文数量和对 23 个学科 CSSCI 来源期刊论文中同时包含“自有数据”和“他有数据”的论文数量进行了统计分析，结果见图 10-27。从图 10-26 可以看出，“他有数据”排名前七的学科领域依次是应用经济学（796）、理论经济学（492）、法学（439）、管理学（362）、社会学（327）、图书馆·情报与文献学（214）和政治学（211）。进一步对这 7 个学科中的“他有数据”类型进行分析。结果见图 10-27。

社会科学的数据类型丰富，数值型数据、文本资料、口述资料、图片、照片、录像都可以视为科研数据。拥有“他有数据”排名前 7 的学科中，均有统计数据这一类型的数据。应用经济学没有发现档案数据，理论经济学、法学、管理学、社会学、图书馆·情报与文献学、政治学均有档案数据，法学、政治学 CSSCI 来源期刊论文中的档案数据是最多的。商业数据库统计数据是管理学领域的特有数据类型。此外，应用和理论经济学中还有调查数据这一类型（见图 10-27）。

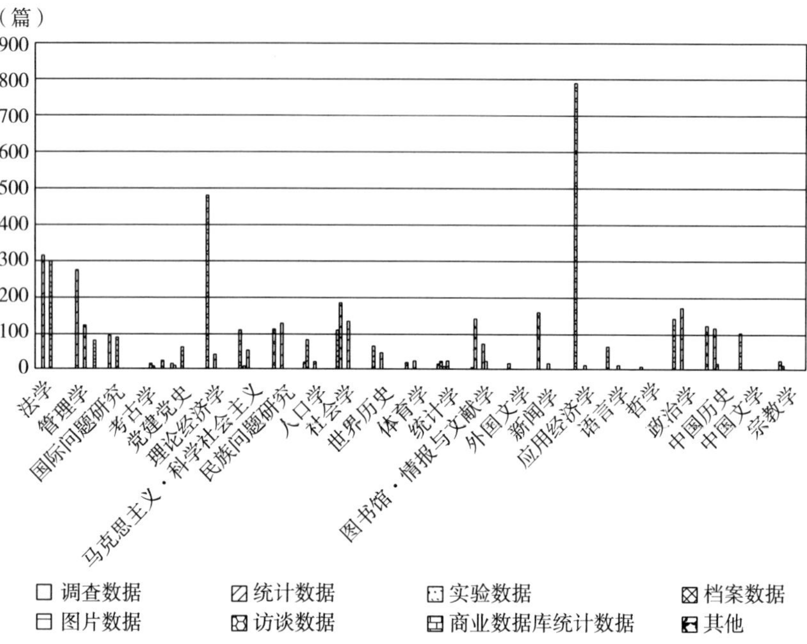

图 10-25　23 个学科“他有数据”类型分布情况对比

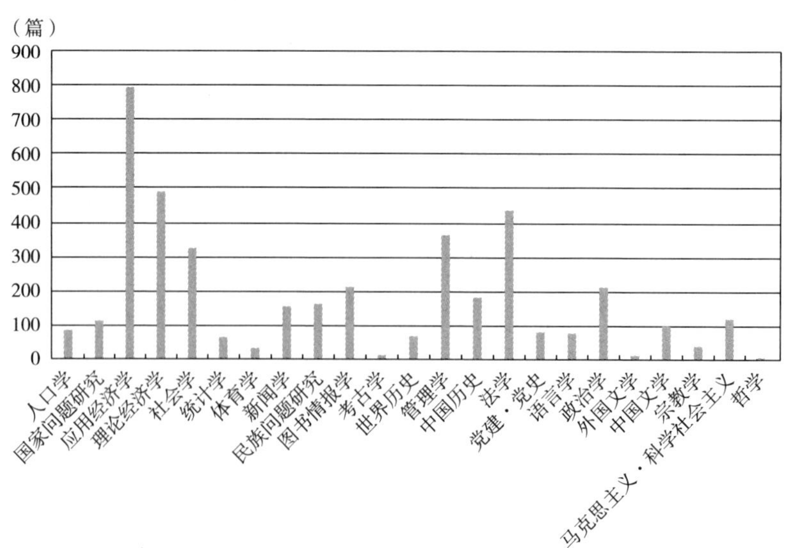

图 10-26　23 个学科“他有数据”的论文数量对比

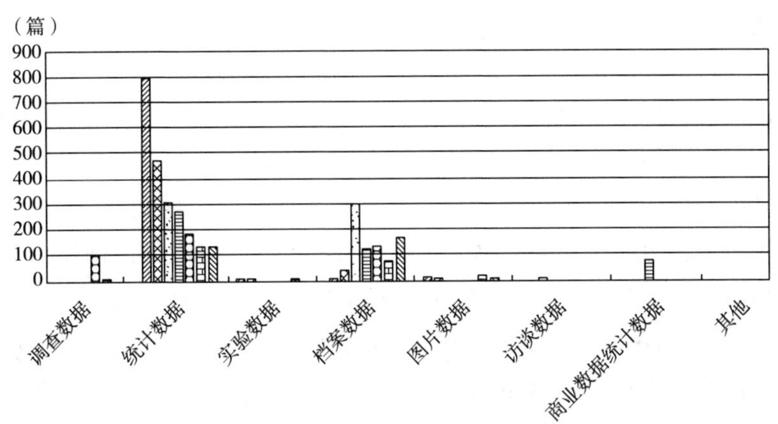

图 10-27　“他有数据”排名前七的学科数据类型分布情况

第二节　面向国家社科基金项目开展科学数据管理服务的建议

国家级科研项目对于基础性、关键性问题的解决具有良好的示范作用，面向国家社科基金项目开展科学数据管理与服务，是从国家层面推动科学数据管理基础设施建设，推动开放科学数据文化形成的有效途径。选取国家社科基金项目资助论文作为研究对象，对项目中已发表论文中的科学数据来源、类型和数量等特征进行调研、分类、整理与分析，得到我国社会科学领域数据产生与使用情况，结果表明在我国社会科学不同的学科领域中，产生科学数据的 CSSCI 论文占比很高。之后根据“自有数据”和“他有数据”对科学数据的来源情况进行了调研，结果显示在我国社会科学不同的学科领域中，“自有数据”和“他有数据”都占有很高比例，这在一定程度上说明我国社会科学领域科学数据数量总体是比较庞大的，但是科学数据的类型和格式复杂多样且分布分散，由于国内缺少相关科学数据管理与共享政策及其配套设施平台和服务，仅被用于单一学科门类，其价值并未得到完全的开发，绝大多数的科学数据均缺乏有效的组织和科学的管理，没有实现共享和重用，因此这些科学数据的价值没有得到充分的体现，因此亟须完善科学数据管理平台和服务来推动数据的科学管理①。

一 科学数据管理平台建设建议——服务基础设施

美国已经投入了大量人财物资源从国家层面对科学数据的持续积累与开放利用进行战略部署。美国社会科学数据保存联盟（Data-PASS）的观点是国家统计机构发布的数据、政府的统计数据、社会调查活动数据与探测历史、地理活动的数据等都属于社会科学数据资源的范畴。就数据类型而言，生产、业务等数字形式的结构化数据、html、asp、jsp 为表征的半结构化数据，音视频数据都是社会科学数据常有的数据类型。对于社会科学领域科学数据的管理，目前国内的意识和重视程度均不够，缺乏统一的标准，项目组或个体科研人员手中积存着许多有价值的数据，无法被再利用。了解我国社会科学领域科学数据的来源、类型和特征，结合国际最佳实践经验，推进社会科学领域的科学数据管理日益重要。这涉及应该由哪些利益相关群体承担数据管理的责任？应该制定怎样的政策保障体系，包括数据存储规范、版权保护及用户隐私保护等？应该开发什么样的数据管理平台以及采纳怎样的数据标准等复杂问题。其中，高水平数据存储和共享基础设施——数据管理平台及其服务能力是社会科学领域科学数据开放共享的顺利推进的关键依托。鉴于此，本部分围绕平台建设给出相关建议。

（一）科学数据管理平台建设依据与方法

数据政策是社会科学领域科学数据共享的推动因素，也是社会科学领域科学数据管理平台建设的驱动力。科研资助机构作为科学数据共享领域的主要利益相关者，其科学数据政策对科研人员共享科学数据和推动平台建设具有重要影响力。作为我国社会科学领域主要资助机构的全国哲学社会科学工作办公室应尽快出台数据管理和共享政策，要求科研人员在项目申请时提交 DMP，项目完成后提交和共享项目研究中产生的科学数据。政策内容可包括以下要点：（1）政策制定的目的和适用对象；（2）资助机构与受资助者的责任；（3）提交数据管理计划的要求和提供数据管理计划参考模板；（4）共享科学数据的类型、方式与期限；（5）数据描述的要求；（6）数据使用的限制和条件；（7）敏感数据的处理；（8）数

① 秦长江、吴思洁、王丹丹：《我国社科学术期刊科研数据状况分析——国家社会科学基金资助的 CSSCI 论文的调查》，《中国科技期刊研究》2022 年第 4 期。

据共享的支持和保障；(9) 道德与伦理。

为有效汇集资助项目产生的社会科学数据，建议全国哲学社会科学工作办公室牵头建设社会科学数据管理平台。当前，跨机构、跨系统、跨区域的科学研究要求在更大范围内共享社会科学数据，机构数据平台以及有限范围内的联盟平台越来越难以满足科研人员广泛利用数据的需求，也无法有效收集分散的数据。第七章的调查表明，当前许多国家都建设了国家级的社会科学领域的科学数据管理平台，从国家层面整合社会科学领域的科学数据。国家级的社会科学数据管理平台能够有效集成分散在各个科研院所、高校以及科研人员手中的数据，实现数据的统一管理，为科研人员提供统一的数据访问点，促进数据的发现和利用。因此，为避免平台重复建设，我国也应建设国家层面的综合性公共社会科学数据管理平台，打造我国对外呈现社会科学研究成果的窗口。综合性公共社会科学数据管理平台建设可以借鉴可参考可信赖科学数据管理平台的标准进行建设（见附录 7）。

中国社会科学院是我国社会科学研究的最高学术机构和综合研究中心。因此，国家社会科学数据管理平台的建设可由全国哲学社会科学工作办公室主导，依托中国社会科学院，以高校和科研院所为中心，面向国内所有科研人员服务，收集各类型的社会科学数据，为没有数据管理平台的机构提供数据管理支持，同时通过元数据收割集成现有机构平台中的社会科学数据，聚合全国范围内的社会科学数据，实现数据的长期保存和可持续访问。国家社会科学数据管理平台的工作机制如图 10-28 所示。

(二) 科学数据管理平台条款与功能设计

建议国家社会科学数据管理平台建设遵循开放科学的六项原则，即可持续性；透明度、审查、批判和可核查性；协作、参与和包容；平等的机会和获取；尊重、责任和问责；灵活性。但是国家社会科学数据管理平台的建设不应该是从零开始，而是要充分整合利用现有的资源，遵循国际标准。为保证平台的可信赖性，平台建设应遵循 TRUST 准则。首先，平台应制定详细的数据政策，包括《平台使用条款》《馆藏发展政策》《数据收集与选择政策》《元数据收割政策》《数据处理政策》《数据保存政策》《数据共享政策》《数据使用政策》《敏感数据处理政策》《隐私政策》等，并公开这些政策，使用户能够了解平台提供了哪些服务、服

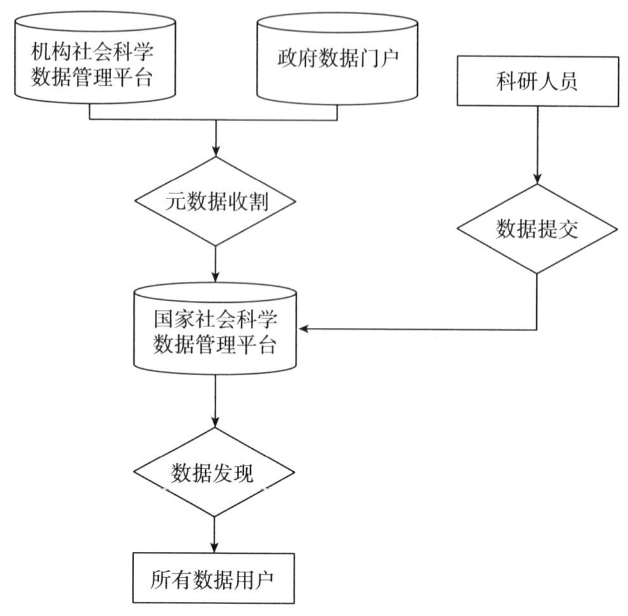

图 10-28 国家社会科学数据管理平台工作机理

务使用的条件与限制以及如何利用这些服务，保持平台的透明性。其次，平台要基于稳健的模型、可靠的技术和公认的标准建设。OAIS 模型由美国空间数据系统咨询委员会（The Consultative Committee for Space Data Systems，CCSDS）开发，是数字信息长期保存领域的经典参考模型，已被广泛应用于科学数据管理平台的建设中。因此，可基于 OAIS 参考模型设计平台的基本功能。Globus 是一个软件即服务（SaaS）的提供商，由芝加哥大学阿贡国家实验室开发，旨在为科学数据的安全管理提供技术服务。Globus 提供了 Globus Auth services、Globus File Transfer、Globus Publication、Globus Search and Discovery Services、Globus File Sharing 等多项服务，支持用户多重身份认证、群组管理、大型数据集传输、数据对象云存储、数据直接发布、数据搜索与发现等①②。Globus 为跨区域的数据共享、分布式的机构合作提供了解决方案，使科学数据管理和共享更

① Chard, Kyle, Steven Tuecke, Ian Foster, "Efficient and secure transfer, synchronization, and sharing of big data", *IEEE Cloud Computing*, Vol. 1, No. 3, 2015, pp. 46-55.

② 袁晓明 、王美琴：《基于微服务架构的 Globus 科研数据管理平台分析》，《数字图书馆论坛》2021 年第 12 期。

加安全、高效和容易。因此，可利用 Globus 实现具体的平台功能。DDI 是一项国际标准，利用 DDI 元数据标准描述社会科学领域的数据已得到学术界的认可，因此，可基于 DDI 元数据标准制订平台的元数据方案。此外，平台还应有化解资金不足风险的能力。平台除接受国家资助外，还可通过参与国际项目、寻求社会组织或个人捐助、开展数据分析、决策咨询等收费服务来获取资金，确保平台顺利建设和持续运行。

平台的服务功能应满足目标用户群体的数据管理需求和期望。首先，平台应为科研人员开展科学研究提供有力的支持，提供贯穿整个科研过程的数据管理服务，并在数据管理的各方面遵守 FAIR 原则。在项目启动时，提供制订数据管理计划的指导服务。平台应向科研人员说明 DMP 的重要性，并给出 DMP 框架或利用 DMPTool、DMPonline 等工具指导用户编制 DMP。在项目进行中，提供数据收集、描述、组织、存储服务。平台应通过多种途径收集数据，包括支持用户在线上传数据、通过邮件发送数据以及主动搜寻相关数据等，要明确所收集数据的类型、各类型数据的提交格式、数据获取的优先级，还要制订数据质量检查标准，对收集到的数据，进行严格的质量审查，保证数据的真实可靠。

平台可基于 DDI 元数据标准制定一个包含丰富元数据的模板，并支持元数据方案的扩展，确保数据得到详尽的描述，对接收的数据按主题或机构进行分类保存，并为存储到平台中的数据分配永久标识符，提高数据的可发现性。在科研后期，要支持数据发布、数据访问、数据分析、数据引用、数据保护。平台应以清晰且可访问的数据使用许可发布数据，并将数据与其原始出处进行关联，使数据能够可追溯和重复使用。根据数据的机密性，平台可采取分级的方式共享数据，要求数据引用，并给出引用元素，对数据的引用次数进行统计，为数据价值评估提供依据。对于不再可用的数据，平台也应保持其元数据可访问。平台要及时更新维护软硬件设备、不断监控数据状态、对数据进行异地备份、多重备份，保证存档数据的安全。

其次，为帮助用户更好地利用平台，平台还应提供离线或在线咨询服务、定期或不定期地开展用户社会科学研究素养教育和数据分析技能培训、为用户推荐学习资源、推送最新数据、提供数据定制服务以及专业咨询服务等。随着科研环境的变化，数据用户的需求和期望也会发生变化，平台要及时识别并迅速做出反应。

平台建成后要促进平台的使用，让平台“活”起来。首先，平台建设相关部门要积极宣传推广平台，向用户介绍平台的服务功能、利用平台管理和共享数据的好处，鼓励用户将数据上传到平台或使用平台中的数据；其次，高校、科研院所作为社会科学数据生产和消费的主体，应主动参与平台的建设，将本机构的数据平台与国家平台进行链接，或要求本机构的科研人员将生成的数据存储到国家平台中，积极响应国家和科研资助机构的政策要求；最后，平台要加强自身建设，提高影响力，吸引用户使用。平台可依据当前国际可信赖认证标准 CoreTrustSeal、Nestor-Seal DIN 31644、ISO 16363 评估自身的可信赖性，并及时改进不足，获得认证，取得用户和资助者的信任。平台还要积极参与亚洲以及全球范围内的科研项目，增强国际交流，加入国际数据组织，参与国际数据标准的制定，提高自身的知名度和影响力，同时提供双语界面，便于国内外用户使用平台。

二　科学数据管理服务开展建议——服务目标与内容

科研资助机构是资助科学研究的主要渠道，承担着所资助项目的管理责任，在科学数据成为重要资产的今天，如何在管理好项目的同时，把所资助的科研项目产生的科学数据收集好、管理好、利用好成为新的重要任务。

（一）科学数据管理服务需求调查

在对我国社科基金项目数据状况进行调研时，项目团队抽取 23 个学科中数据最丰富的 7 个子学科，通过邮件邀请、导师联系以及滚雪球的方法，招募到 39 位访谈对象，通过半结构化访谈的方式，深入了解这些具有典型代表性的学科领域中科研人员的数据来源、类型、所有权和数据量、数据管理和利用行为、数据共享意愿以及科研数据管理的培训需求。

对于科学数据服务的内容，访谈结果如图 10-29 所示。可见存储服务、数据开发服务和制定相应数据规范化管理方案是最受欢迎的服务类型。

综上，建议全国哲学社会科学工作办公室一方面要积极开展科学数据管理的宣传与推广活动，提升社会科学领域科研人员的数据管理意识；另一方面要多方协作，构建培训多层级的培训体系，有计划、分批次地开展培训和服务。比如对于数据丰富的学科，如语言学（占 86.4%）、图书馆·情报与文献学（占73.53%）、管理学（占68.81%）、人口学（占63.46%）、社会学（占62.95%）、体育学（占58.14%）、民族问题研究（占55.78%）这些学科领域，科研人员尊重数据，把数据当作研究的主要素材，与此同时科研人员的数据意识也比较强，对数据需求也更为迫切，获取数据和处理数据的能力更强。相比之下，马克思主义、哲学和文学这些学科研究方法仍较为传统，主要以文献研究为主，对数据使用的需求不是很迫切。因此，开展培训和服务，不建议全面铺开，应首先针对这些学科领域展开，在服务得到一定认可后，逐步向其他学科推广，以达到事半功倍的效果。

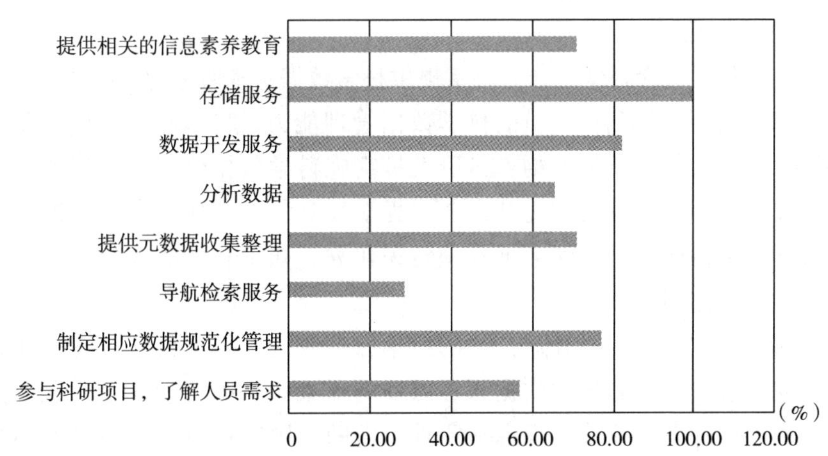

图10-29　七个学科科研人员希望获得的科学数据管理服务类型分布

（二）科学数据管理服务顶层设计

提高对科学数据管理的认识至关重要，并且可能需要在不同级别进行。作为资助机构，全国哲学社会科学工作办公室在社会科学领域的科学数据管理方面具有举足轻重的作用，可以考虑出台相关政策要求获得资助的科研人员提交其科学数据供公众未来的合理使用，应该积极制定社会科学数据管理政策，规范社会科学领域的科学数据管理，在宣传和提高社会科学领域的科研人员科学数据管理认知方面发挥引领作用，推进社会科学领域科学数据负责任的开放共享，确保公众能够获取数据集，推动相关研究成果的推广。

全国哲学社会科学工作办公室发布科学数据政策，明确科研人员、科研机构和资助者的责任和义务。要求项目负责人将项目相关的科学数据及出版物存储在社会科学数据管理平台中以便开放共享。同时，面向省级哲学社会科学工作办公室、科研机构、科研人员开发量身定制的材料，制作宣传材料，适时组织和举办活动，突出根据公认的行业最佳实践标准管理和共享科学数据的好处，帮助社会科学领域的科学数据管理利益相关群体提高对科学数据管理的认识。在明确利益相关方职责的基础上，依靠研究机构（项目负责人所在的机构）的力量对项目团队进行科学指导和规范管理，使项目团队能够按照政策要求提交其项目数据。全国哲学社会科学工作办公室开发的数据管理平台负责项目数据的存储、共享和再利用工作。

全国哲学社会科学工作办公室提供科学数据管理服务的目的就在于：

（1）提升我国科研人员的科学数据管理能力。科学数据管理对我国科研人员而言属于新生事物，科研人员实施科学数据管理的知识和技能均需要有计划、有策略地提升，全国哲学社会科学工作办公室应该在社会科学领域科研人员科学数据管理意识建立、知识和技能提升方面发挥重要的推动作用。

（2）帮助科研人员建立良好的科学数据管理习惯。科学数据管理意识建立得益于良好的科学数据管理习惯的形成。全国哲学社会科学工作办公室通过一系列政策、规定和要求，借助于国家社科基金项目管理的各个环节，不断培养科研人员定期整理数据、储存新增科学数据的习惯，能够发现适合项目本身的分类分级方法，对项目的科学数据进行有组织、有计划的管理，通过可信赖的科学数据管理平台实现数据的长期存储和开放共享。全国哲学社会科学工作办公室可以考虑与学术期刊合作，共同提出数据管理的要求和规定，多维度多层次实现科研人员数据管理习惯潜移默化的培养。

（3）实现国家社科基金项目数据的有效管理与开放共享。全国哲学社会科学工作办公室开发面向国家社科基金项目的科学数据管理平台，用于国家社科基金项目所产生科学数据的共享、保存、引用、探索和分析。面向国家社科基金项目的科学数据管理平台托管国家社科基金项目所产生数据。每个数据集都包含描述性元数据和数据文件（包括数据随附的文档和代码）。国家社科基金项目负责人可以使用该平台来存放、发布和存档他们的科研项目所产生的科学数据，以使他们的数据可被发现、可访问和可重复使用。面向国家社科基金项目的科学数据管理平台管理、存储、保存、提供由全国哲学社会科学工作办公室资助的科研项目所产生的社会科学各个子学科中生成的数字数据。面向国家社科基金项目的科学数据管理平台开发并提供管理、共享和重用国家社科基金项目所产生科学数据的指南，以促进负责任的数据共享，以支持开放科学和研究诚信。

科学数据管理按照数据生命周期包括科学数据的收集、科学数据的处理、科学数据的分析、科学数据的长期存储和科学数据的复用等。科研资助机构的科学数据管理服务应该贯穿于科学数据管理的整个生命周期。在科研项目启动阶段，科研资助机构的主要任务是推动 DMP 的制定、实施和考核；在科研项目进行过程中，应为项目所产生科学数据的汇交和存储提供条件，并从推动和实现科学数据共享的角度规划设计科学数据的汇交模式和汇交流程；在科研项目结束后，应启动科学数据的开放共享，并对科学数据进行有效维护，通过高效的共享机制，不断发掘所资助项目产生数据的价值，直至生命周期终结科学数据不再被使用。

（三）数据管理计划服务

科学数据管理计划被推广为确保良好数据管理的工具，也是使数据尽可能开放、提高收集数据的可重复性和可重用性以及避免数据丢失的第一步[①]。DMP 中包含如何在科研生命周期中管理科学数据以使数据共享成为工作流程的嵌入部分的计划。DMP 实际上是一份指导文件，其目的是帮助科研人员进行项目规划。DMP 有助于启发科研人员学习科学数据管理的最佳实践，还可以提高认识并改善科研人员记录数据的方式并提高研究的可重复性。

实施科学数据管理的第一步就是制定 DMP。数据管理计划是一种有组织的方式用来记录和计划科研项目数据管理意图和需求。越来越多的科研资助机构要求 DMP 与项目申报书一起提交，并在科研项目开展期间进行更新[②]。欧盟“地平线 2020 计划”（EU Horizon 2020）更新了欧盟的

---

① Michener, William K, “Ten simple rules for creating a good data management plan”, October 22, 2015, https: //www. ncbi. nlm. nih. gov/pmc/articles/PMC4619636/.

② European Research Council, “Guidelines on implementation of open access to scientific publications and research data”, April 21, 2017, http: //ec. europa. eu/research/participants/data/ref/h2020/other/hi/oa-pilot/h2020-hi-erc-oa-guide_ en. pdf.

科学数据政策，要求该计划资助的新项目必须创建 DMP[①]。美国国家科学基金会（NSF）规定申请其资助的所有项目在申请时都必须提交 DMP，在所提交的 DMP 中都必须清晰地阐述项目研究可能产生的科学数据和科学数据的元数据，必须清楚地说明项目所产生科学数据的格式、科学数据的内容标准、访问科学数据的权限和共享科学数据的计划。这些都会作为项目审查和评判的内容。美国国立卫生研究院也出台了类似的规定，但是要求却更高，体现在要求所资助项目产生的科学数据必须符合 FAIR 原则。响应科研资助机构的这一要求，越来越多的 DMP 模板和工具被开发出来，用于帮助科研人员撰写高质量的 DMP 文档。

有鉴于此，在国家社科基金项目申报阶段，全国哲学社会科学工作办公室也可以考虑要求项目负责人提交 DMP，并在获得资助后，科研项目进行过程中，对其 DMP 进行质量评价和跟踪评估。全国哲学社会科学工作办公室可以将 DMP 服务作为抓手，将 DMP 作为追责科学数据伦理问题、追溯科研项目数据责任的依据。与此同时，全国哲学社会科学工作办公室可以开发自己的 DMP 模板，为项目负责人组织有关如何编写和评估 DMP 的培训研讨会，提供有关数据类型、元数据格式和内容以及如何存储、备份和保护、访问、共享和再利用数据等内容的详细说明，可参考附录 5。此外，也可以提供一个供组织和研究人员编写、管理、共享和协作 DMP 的在线平台，类似 DMPTool。借助 DMP 模板和工具，项目团队可以方便、快捷和高效地撰写 DMP 文档，介绍如何收集、存储和共享其项目数据。

与科学数据政策和服务相配套，全国哲学社会科学工作办公室可以考虑汇编有关文件，为省级哲学社会科学规划办公室、高校等科研机构、项目负责人等利益相关群体提供特定材料，帮助利益相关群体时刻了解 RDM 最新消息，可参考附录 6。申报国家社科基金项目的负责人登录国家社科基金项目科学数据管理主页，可获得填写 RDM 计划的分步指导和帮助，以及全国哲学社会科学工作办公室的数据管理政策、数据收集和分析的方式等信息与知识。全国哲学社会科学工作办公室可以定期发布

---

① European Commission, "Guidelines on open access to scientific publications and research data in horizon 2020 ", August 25, 2016 , https: //itn-treatment. eu/wp-content/uploads/h2020_ guia_ open_ access. pdf.

不同形式的数据管理计划样例，不同学科领域的数据管理计划样本等供项目申报者参考使用。

通过提供数据管理计划服务，让国家社科基金项目的负责人在申报项目时就认真思考如何使他们的数据和元数据公平（可查找、可访问、可互操作、可重用），考虑其数据的规范管理、考虑与数据披露风险相关的问题，在项目团队内建立对项目数据管理的认识和共识，规避数据管理的后期问题。当科研人员在早期考虑他们在做什么时，他们可以为他们的数据做出明智的选择，从而让整个项目研究变得更好、更高效。

（四）数据收集、组织与存储服务

国家社科基金项目产生的数据是社会科学领域科学数据管理服务的对象，开展服务规划必须要考虑国家社科基金项目产生的数据特点。阶段性和持续性是科学数据产生最主要的两个特点。全国哲学社会科学工作办公室可以考虑设置灵活的数据收集机制，受资助的国家社科基金项目团队可以根据自身需要，随时进行项目所产生科学数据的汇交，如此提高科学数据的时效性，使项目所产生的科学数据能够被尽快共享，科学数据的价值能够得以体现。全国哲学社会科学工作办公室基于开发的科学数据管理平台，设置科学数据及其元数据的标准，明确科学数据格式及文件夹命名规则，通过确保数据文档的一致性和描述性，来实现科学数据的 FAIR 化。与此同时，基于平台的服务提供者也应该为项目团队的全过程提供支持服务，具体包括指导进行文件命名、指导数据版本和元数据的创建与选择，基于文件夹和标签等对项目团队科学数据文件的整理提供支持。基于平台的服务提供者设置按学科主题、作者等进行文件分类的规则，协助科研人员完成文件分类、元数据标引、元数据工具使用等，可以参考《欧洲科学基金科研数据管理国际协调实践指南》中提出的选择可信赖科学数据管理平台的标准制定我国社科基金项目科学数据管理策略。

在开展数据收集、组织与存储服务过程中，国家社科基金项目产生的数据安全与数据权属是服务规划应该考虑的重点，尤其是敏感数据的安全需求和版权归属，对此应该有明确的规定。也就是说，首先，在科学数据管理的整个过程中，服务提供者应该提供数据质量维护、确保数据安全、解决数据机密性、数据著作权、数据所有权和受访者隐私权等问题。全国哲学社会科学工作办公室的数据管理平台负责数据的选择与采集、数据的评估与鉴定，确保把符合收集范围的、有价值的、高质量的社会科学数据存储在平台中。其次，要对存储的数据进行监管，明确数据质量要求、对数据质量进行评估并确保数据安全。全国哲学社会科学工作办公室可以考虑在数据管理计划模板中对数据质量提出要求，当科研人员在平台上传其项目产生的科学数据时，平台要对数据进行评估和鉴定，将有价值的数据存储在平台中，并定期根据平台已确定的数据质量要求对数据进行审查和质量检查。平台要采取相应的手段和方式，确保所有个人识别信息和获取数据方式的安全性，防止未经授权而更改、破坏和泄露数据现象的发生。数据管理平台必须确保所有数据保持合适的保密等级，同时制订数据匿名方案，提出匿名化处理要求，做到确保数据集不能直接或者间接识别个体受访者。

我国科学数据管理平台的数量和质量远远滞后于我国科学研究的发展水平，科研人员在国际期刊发表论文的过程中，把论文中的数据也发表到国际数据管理平台中，这在一定程度上造成了数据的流失。因此，全国哲学社会科学工作办公室开发的数据管理平台可以和我国的社会科学期刊合作，通过期刊的数据政策要求科学家或作者将科学数据储存在数据平台中，并通过对数据进行描述或引用，与研究论文关联集成，从而实现数据开放获取。

但是，需要说明的是，国家社科基金项目数据多数是产生于项目研究的过程中的，鉴于此就必须要考虑介入科学数据产生过程收集科学数据这一重要问题。目前最为倡导的解决方案是构建虚拟研究环境来解决这一问题，所谓虚拟研究环境是指科研人员可以进行创建、编辑和构造等各种工作的虚拟环境，基于此环境，所有研究过程中的科学数据都能够相对容易地实现保存。更重要的是，基于虚拟研究环境所提供的自动化数据收集工具有助于大大减轻科研人员的时间花费，提升科研人员数据共享的意愿。

（五）数据发布与数据重用服务

科学数据的发布是指通过科学数据管理平台公开原始数据、算法、工具、工作流等，科学数据创建者可信可靠、丰富的科学数据文档、提供科学数据质量以及研究的严谨性等证明，以使数据可重用。科学数据重用是指采用新的科学数据分析方法来解决原始的问题，或者在原始数据基础上解决新问题的过程。为了实现科学数据的可重用，首先需要创建实现科学数据再利用的文化环境，解决科学数据重用过程中可能会遇到的数据版权、数据隐私、访问许可和敏感数据处理等具体问题。在确保科学数据的机密性和安全性，确保受访者隐私权不会受到侵犯，保障科学数据著作权和所有权的前提下，科学数据管理服务提供者提供科学数据的发布服务以及科学数据的访问和重用服务。

2016年正式发布的可发现、可访问、可互操作、可重用的FAIR数据原则，已经成为提高科学数据开放性、透明性和可重用性的准则。遵循FAIR数据原则、数据溯源质量与元数据完整性，是保障所发布的科学数据可重用的规范指南。可重用是FAIR数据原则的组成部分，全国哲学社会科学工作办公室开发的数据管理平台需遵循FAIR数据原则，来满足科学数据用户对科学数据及其元数据的个性化需求。全国哲学社会科学工作办公室应该提供服务，让社会科学领域的科研人员了解其科学数据管理平台持有哪些数据或在其他地方存档了哪些数据以及数据的位置。为此，可以提供科学数据注册系统，提供元数据创建服务，数据分级分类标准，敏感数据处理规范以及有关数据引用和许可的指导。

全国哲学社会科学工作办公室应承担起社会科学领域科学数据管理的引领和示范作用。具体体现在：面向国家社科基金项目的所有学科，提供覆盖科学数据整个生命周期不同阶段的科学数据管理技术与服务支持工作，包括DMP撰写、转化或者转录数据、加工数据、建立数据关联、数据发现系统设计、确定数据的元数据方案、数据的保存与长期存储、核验数据、数据FAIR化等。在此基础上，围绕高质量科学数据管理，设计并提供规范统一的数据质量管理机制与控制流程，支持实现原始科学数据集、收集整理加工后的科学数据、图片、视频、音频等格式的科学数据的出版，支持科学数据的发现、获取、理解和重用以及科学数据的引用。换句话说，就是通过技术方法和管理手段，使科学数据达到FAIR状态。全国哲学社会科学工作办公室应考虑构建国家级社会科学数据管理平台，基于平台实现国家社科基金项目数据的描述、呈缴、评审、出版、长期保存、科学引用、价值评价、共享重用、可视化分析与数据版本更新等。基于平台实现国家社科基金项目数据的导航、数据的上传和数据的下载，对数据实施分类分级管理，确保数据安全与隐私问题的妥善解决。这些都是服务于数据的最终再利用，最终使国家社科基金项目的成果达到更好的知识溢出效果。

总之，国家社科基金项目实施过程中所形成的科学数据是科技成果的重要组织部分，是支持国家的科技创新与科技发展的基础性、战略性资源，更是大数据时代最基本、最活跃科技资源。构建国家级社会科学数据管理平台成为我国当下较为急迫的工作之一，全国哲学社会科学工作办公室可以考虑设立科学数据管理项目专项资金，用于研究社会科学领域科学数据管理面临的一些重点技术问题，与此同时在国家社科基金项目中可以考虑设立一定比例的项目持续支持科学数据管理相关前沿领域的深入研究，所设立基金项目的支持领域应覆盖科学数据的整个生命周期，既要有不同学科领域科学数据的采集标准、科学数据的元数据规则、关联科学数据与研究论文的方法和技术等不同生命周期阶段的技术问题研究，也要有科学数据 FAIR 化等全球热点问题的研究。相关的科学数据管理服务也应该从无到有，从基础的、普遍性服务到高级的面向具体学科领域的差异化服务，分两步走依次展开。在基础阶段，主要是明确社会科学科学数据管理服务的内涵、了解国际最佳实践解决“是什么”的问题；在高级阶段，则应该聚焦于服务实践，解决“怎么办”的问题，具体包括制定科学数据管理政策、开展科学数据管理实践、推动社会科学领域科学数据管理平台建设、明确制约和刺激社会科学科学数据共享的因素、设计数据馆员科学数据管理能力提升路线、明确社会科学科学数据标准和规范等内容，通过实践探索，结合国际经验，设计符合我国实际需求的、彰显国家特色的社会科学科学数据管理服务体系与实施路线。需要注意的是，目前“FAIR 生态系统”的概念已经提出，FAIR 生态系统是由 FAIR 数字对象（可以代表数据、软件、协议或其他研究资源）以及服务和支撑基础设施组成的。数据服务是其中必不可少的组成部分，但关于如何“使服务公平”是刚刚提出的新的研究问题。我国社会科学领域的科学数据管理服务也应该把“使服务公平”作为服务发展的目标。

第十一章　研究结论与展望

大数据时代背景下，作为社会科学领域定量研究基础的社会科学数据规模激增且价值凸显，社会科学数据的收集、管理和共享问题受到了国内外政府、科研机构的高度重视。本书以服务为切入点，分科研人员科学数据共享行为研究、科学数据管理与服务实施关键问题研究、社会科学领域的科学数据管理平台研究、社会科学领域学术期刊的科学数据政策研究以及我国社会科学领域科学数据管理与服务对策建议五大模块对社会科学领域科学数据的管理问题进行了深入研究。得出如下结论。

第一节　研究结论

一　科研人员科学数据共享行为研究

科研人员科学数据共享行为研究部分，通过梳理相关研究和理论，设计了面向国内科研人员的科学数据共享现状调查问卷，主要分析了科研人员个人特征、科学数据共享实践特征和共享认知，并对科学数据共享现状进行讨论。调查发现，部分科研人员缺乏科学数据共享认知，且共享外在性利益也未得到满足，较高的共享态度和意愿却伴随着较低的科学数据共享率。科学数据共享者知识产权和合法权益保护是科研人员关注的重点。科学数据共享资源可用性不高在一定程度上制约着科研人员的科学数据共享行为。作为科学数据生产者的科研人员是科学数据共享的重要利益相关者之一。因此，综合上述分析，本部分以科研人员为研究对象，采用元分析与元分析结构方程模型方法探究科研人员产生科学数据共享行为的机理。首先，提出个体特征、共享成本、资源和制度等四方面研究假设，选取科学数据共享态度、意愿和行为作为结果变量，构建科学数据共享行为产生机理模型。其次，以科学数据共享行为相关一手研究统计数据为数据来源，遵循元分析方法流程对纳入数据进行主效应检验，并通过敏感性分析和出版偏倚分析对元分析研究结果质量进行检验。再次，使用元分析结构方程模型方法验证中介效应假设。最后，采用亚组分析方法对学科、国别因素进行调节效应检验。研究发现，共享态度和意愿是促进科研人员科学数据共享行为产生的关键路径，共享态度通过共享意愿对共享行为产生间接影响。主观规范对共享态度、意愿和行为均有正向作用，可通过共享态度正向作用于共享意愿，还可通过共享态度、意愿间接促进共享行为的产生。感知利益对共享态度有正向作用，感知风险与感知努力对共享态度产生负向作用。自我效能对数据共享意愿有正向作用。感知资源可用性、期刊压力和资助机构压力都能够直接促进科学数据共享行为的产生。学科在感知利益、主观规范与科学数据共享态度的关系中存在显著的调节效应，国别因素调节效应不明显。

二　科学数据管理与服务实施关键问题研究

本部分从科学数据管理开展的实践状况出发，从国家层面分析科学数据管理涉及的关键问题，从机构层面分析科学数据管理服务实施涉及的关键问题，为理解科学数据管理服务与整个科学数据管理生态系统中其他要素的关系，明确科学数据管理服务的目标奠定扎实基础。英国的科学数据管理在世界范围内都发挥着引领和示范作用，因此在国家层面，以英国科学数据管理实践作为研究对象，总结出科学数据管理面临的五大核心问题，即激励问题、领导问题、政策问题、服务问题和资金问题。在机构层面，选取了国外 6 所大学，总结其实施科学数据管理服务实施过程中遇到的共性关键问题，从机构层面揭示科学数据管理服务在整个机构科学数据管理生态系统中所发挥的作用。同时选取项目负责人访学期间全程参与科学数据管理服务规划与设计的新加坡南洋理工大学作为研究对象，采用案例分析法对其科学数据管理服务的发展过程和关键要素进行系统总结。明确了科学数据管理服务是由一系列内外部因素所决定的个性化解决方案，是一个循序渐进的动态过程；科学数据管理政策在前期起到导向、指引与资源配置作用，而科学数据管理基础设施，或者说科学数据管理平台则在中期和后期起到了基础支撑作用和服务依托作用。

三　社会科学领域的科学数据管理平台研究

社会科学数据管理平台是存储、管理和共享社会科学数据的重要载体。国外很早就开始开展社会科学数据管理与共享实践，建设了大量社会科学数据管理平台。近年来，随着科研人员对社会科学数据需求的日益强烈以及开放数据运动的不断发展，我国也建设了一批社会科学数据管理平台。但我国开展社会科学数据管理与共享服务较晚，社会科学数据管理平台的建设还处于起步探索阶段。本部分研究调查分析了国内外社会科学数据管理平台的总体建设现状，在此基础上，基于平台数据资源量、访问下载量、使用影响选取国外 9 个典型的社会科学数据管理平台和国内 7 个社会科学数据管理平台作为调查对象，从建设基础、平台功能、评估认证、合作交流四个方面进行比较，具体比较内容包括政策法规、资金来源、系统软件、人员配置、数据管理功能、数据服务功能、评估认证、合作交流。研究发现目前我国社会科学数据管理平台建设存在的问题包括：缺少全国性的综合社会科学数据管理平台、数据政策体系不完善、资金来源渠道单一、平台服务功能浅层化、缺少可信赖性认证、合作交流不足；针对存在的问题，提出了相应的对策建议，包括构建全国性的综合社会科学数据管理平台、建立多渠道的资金投入机制、建构全方位多层次的政策体系、提供一体化深层次的服务功能、开展平台可信赖评估认证工作、积极与国内国外不同机构合作；从平台建设动力、建设类型、建设主体、建设方式、应提供的服务功能以及如何促进平台使用等方面对我国社会科学数据管理平台的具体建设实践作了进一步分析。

四　社会科学领域学术期刊的科学数据政策研究

本部分主要研究了国外具有代表性的出版机构的科学数据政策框架、国外社会科学领域学术期刊科学数据政策实施细节调查、国内社会科学领域学术期刊数据政策实践情况调查。研究了国外著名出版集团先进的科学数据政策，选取有代表性的三大著名出版集团 Springer Nature、Elsevier、Wiley，对其数据政策文本、指南、数据政策标准框架进行调研。Springer Nature、Elsevier、Wiley 三大学术期刊出版机构的数据政策具有一定的趋同性，说明数据政策的制定是具有一定的普适性，值得我国借鉴。调研国内外情况，从期刊网站的作者/投稿指南出发，对这些有代表性期刊的数据政策进行了多个维度的分类，从政策制定情况、数据共享程度要求、数据存储位置及方式要求、数据的引用形式及数据的可用性声明要求等方面进行调研和分析，分析了国外优秀学术期刊数据政策要素框架以及数据实践过程中的实施细节。结果显示，国外社会科学领域的制定或采用数据政策的期刊数量较多，类型多样，有越来越多的机构去制定和完善数据政策。但我国拥有或采用数据政策的期刊数量很少，已有的少量数据政策与国际平均水平存在较大差距，数据政策非常不完善，大多数的期刊在作者提交文章过程中对于文章数据的要求集中体现在标注数据来源、提交部分真实数据等方面，都是为了验证数据真实性，对提交文章后的数据管理与共享方面缺乏关注。与国外相对完善的数据政策体系相比，我国社会科学领域在科研数据共享实践以及政策制定方面起步较晚，规模较小，存在较大差距。

五 我国社会科学领域科学数据管理与服务对策建议

本部分从宏观理论和微观实践两个层面展开提出对策建议，宏观理论层面主要是从推进我国社会科学领域科学数据管理的角度提出的，此部分不是仅仅就服务论服务，而是考虑整个社会科学领域科学数据管理生态系统构建的问题，基于科研人员科学数据共享行为、科学数据管理关键问题、社会科学领域科学数据管理平台、社会科学领域学术期刊科学数据政策的研究成果，从促进科学数据共享行为，构建科学数据管理与服务生态系统、建设我国社会科学领域科学数据管理平台、完善我国科学数据管理政策体系四个方面分别提出对策建议。微观层面主要是从推进我国社科基金项目科学数据管理与面向社科基金项目的科学数据管理开展服务的角度提出对策建议。选定 2011 年获得国家社科基金资助的 23 个学科的共计 2883 个项目，通过中国知网查找其所产生的、发表在 CSSCI 来源期刊上的论文共计 7968 篇，使用文本分析法对这些论文中的数据来源、数据类型和数据特征进行分析和提取；在此基础上进一步抽取 23 个学科中数据最丰富的 7 个子学科，通过邮件邀请、导师联系以及滚雪球的方法，招募到 39 位访谈对象，通过半结构化访谈的方式，深入了解这些具有典型代表性的学科领域中科研人员的数据来源、类型、所有权和数据量、数据管理和利用行为、数据共享意愿以及科研数据管理的培训需求。在此基础上，从平台建设和服务开展两方面提出面向我国社科基金项目开展科学数据管理服务的对策建议。

第二节　研究展望

科学数据管理是一个复杂的问题，由于认知、政策、技术的不断发展，科学数据管理的具体实践也在持续动态变化，科学数据管理问题是一个永久的课题，也是一项艰苦的工作，不可能在短期内得到有效解决，需要长期研究和建设。加上本课题组成员的能力和水平有限，因此，尽管竭尽全力，但仍然只是为今后这一方向的研究，提供了一个铺垫性的基础，还存在着一些不足，恳请各位专家批评和指正。

一　科研人员科学数据共享行为研究

科研人员科学数据共享行为研究部分，为科学数据共享利益相关者制定数据管理与共享相关政策和制度、改进数据共享服务、提升科研人员科学数据共享水平、推动数据开放与共享进程提供了参考依据。但研究还存在一些局限性。首先，调查问卷样本较少，虽然达到最低要求，但可能存在代表性和选择性偏误问题。样本越多越能反映实际问题，因此未来研究可收集更多横向和纵向数据，从多角度深入挖掘我国科研人员科学数据共享现状及存在问题。另外，也可通过科研人员之间互评等方式填写问卷，减少社会称许性反应对问卷质量和结果的影响。其次，由于纳入第一手研究数量限制，未将全部因素纳入模型进行研究，且部分参与合并的效应值数量较少，主效应与调节效应检验结果可能会存在一定偏差。下一步可增加纳入第一手研究的数量，丰富数据共享行为产生路径，获取更加客观的研究结论。可尝试将理论模型、调查方式、研究对象其他特征等作为调节变量，进一步探索潜在的异质性来源。另外，第五章仅讨论了简单中介模型，未来可以更深入地讨论并行多重中介模型、包含中介链的链式多重中介模型，或考虑有中介的调节模型以及有调节的中介模型，也可考虑将学科层面变量与个体层面变量共同纳入中介效应检验，探讨多层中介效应模型，增强中介效应的解释力，进一步探索科学数据共享行为产生机理及中介机制。

二　科学数据管理与服务实施关键问题研究

科学数据管理服务不是孤立存在的，研究服务问题，必须将其放在整个科学数据管理生态系统中去理解。有鉴于此，第六章研究的目的是揭示整个科学数据管理生态系统中的关键维度及其相互作用关系。为了揭示科学数据管理关键问题，第六章研究是选择在国家层面对英国的实践进行系统归纳和总结，分析现状，总结未来趋势。研究总结了激励问题、领导问题、政策问题、服务问题和资金问题这五大国家层面科学数据管理涉及的关键问题。从目前的研究和实践来看，基本可以囊括到这五大问题范畴内，可见我们对这五大问题的总结应该还是非常到位的。但是因为调研工作量巨大，有些资料属于内部资料，很难获取，因此在对五大问题进行具体分析的时候，深入性还不够。下一步我们打算以五大问题中的激励问题为切入点，展开深入研究。为了揭示科学数据管理服务实施的关键问题，第六章选取了国外6所研究型大学和新加坡南洋理工大学的案例做了深入分析，总结共性问题和个性特色。但是科学数据管理服务开展的主体不只研究型大学这一类，还包括出版机构、工具和平台提供者等群体。下一步我们打算对其他相关群体开展的服务也展开系统研究。

三　社会科学领域的科学数据管理平台研究

第七章研究的目的是通过对国内外社会科学数据管理平台的比较，发现差距，借鉴经验，提出我国社会科学数据管理平台的建设方案和路线。虽然选取了典型的社会科学数据管理平台进行调查和比较，也借鉴了已有的调查经验，但仍存在着一些不足之处：（1）调查的平台数量有限。当前国外已建成了大量社会科学数据管理平台，但由于篇幅和时间精力问题，第七章只选取几个较为典型的国外社会科学数据管理平台进行调查，未包含所有平台，一些建设较好的平台可能未被选择，且因为语言问题，在选取平台时，侧重于选择提供英文界面的平台，因此，调查结果可能不够全面。（2）调研方式较为单一。第七章研究主要通过网站调查和文献调研的方式获取数据，对于一些未公开的信息，无法获取，获取的资料有限，调查内容可能不够深入。社会科学数据管理平台的建设是一项长期且艰巨的、涉及大量人财物资源的任务，如果建设失败，将造成大量资源的浪费，因此，需要对社会科学管理平台建设中涉及的各个问题进行更加深入、细致、全面的研究和探讨。第七章仅对国内外社会科学数据管理平台建设的各个方面进行了比较，对具体内容并未作深入探讨。因此，在今后的研究中，可以增加调查平台的数量，继续跟踪国内外社会科学数据管理平台的建设进展和国际倡议，为我国社会科学数据管理平台的建设提供更多有益建议；细化研究内容，对社会科学数据管理平台建设中涉及的具体问题开展更细致的研究，增强相关策略和建议的实践性。

四　社会科学领域学术期刊的科学数据政策研究

第八章以网络调研和文本分析的方式对国外学术期刊出版集团科学数据政策进行了调研，了解到国外学术期刊出版集团科研数据政策制定的优秀经验，但由于各期刊和出版集团对于科学数据政策的管理各自为政，并未拥有一个统一的标准。在对所有科学数据政策的总结过程中还存在不足。在调研过程中主要选取了国外样本拥有数据量较多的六个学科，国内样本为 80 种中国最具国际影响力的人文社会科学类学术期刊，并未涵盖所有学科期刊，其结论是否能够推广至社会科学领域其他学科，需进行下一步更深入研究。主要从国家、资助机构以及期刊三个层面提出针对我国目前科学数据政策制定与完善过程中的对策建议。如果能够从其他层面也提出合适的建议，将会更进一步推进我国科学数据政策制定与完善的进程。国外科学数据管理的研究起步早，目前已经拥有相对完善的科学数据管理政策体系、科学数据管理服务平台以及众多的服务支持工具，我国对科学数据的管理和共享进行了积极的探索，但截至目前与国外相比仍有很大差距。未来可以进一步扩大研究的数据样本容量，对我国社会科学领域数据政策进行更深入的研究和完善。

五　我国社会科学领域科学数据管理与服务对策建议

第四章和第五章基于我国科研人员科学数据共享实践现状和科研人员科学数据共享行为产生机理的研究结果，提出我国应通过打好科学数据共享行为产生的认知基础、积极开展科学数据素养教育与服务、建立合理的科学数据共享激励政策体系三个方面的努力，提高我国科研人员共享科学数据的积极性；应该加强科学数据知识产权的保护与管理，避免科学数据共享的“搭便车”行为，推动科研人员科学数据共享态度的转变；应该通过提高科学数据共享资源的规范性和可用性，为科学数据共享提供全方位的制度保障，促进科学数据共享意愿向共享行为转化。从重视科学数据管理战略规划制定、利益相关群体开展全方位合作、加强开放科学数据关键问题研究三个方面提出了国家层面开展科学数据管理的建议；从数据管理服务的动力营造、数据管理合作网络构建、数据管理服务能力建设、数据管理服务特色打造四个方面提出了机构层面实施科学数据管理服务的建议；对我国社会科学数据管理平台建设，提出了构建全国性的综合社会科学领域的科学数据管理平台，建构全方位多层次的科学数据管理政策体系，建立多渠道的资金投入机制用于科学数据管理平台建设，提供一体化深层次的服务功能，开展平台可信赖评估认证工作，积极与国内国际异质机构合作 6 个方面的建议。从国家、科研资助机构和期刊三个层面提出推进我国社会科学领域科学数据管理政策制定的建议。最后对我国社科基金项目科学数据状况进行分析，提出了面向国家社科基金项目开展科学数据管理服务的建议。未来在服务开展具体实践以后，可以围绕服务的评价，尤其是服务支持科学数据 FAIR 的评价展开深入研究，为服务的优化提供对策建议。

参考文献

一 中文参考文献

1. 期刊文献

包秦雯、顾立平、张潇月：《开放科研数据的行为影响因素研究——以地球科学领域为例》，《情报理论与实践》2019年第5期。

毕达天、曹冉、杜小民：《人文社科科学数据共享意愿影响因素研究——基于同辈压力视角》，《情报资料工作》2020年第4期。

陈大庆：《国外高校数据管理服务实施框架体系研究》，《大学图书馆学报》2013年第6期。

陈全平：《学术期刊数据政策及相关研究》，《图书与情报》2015第5期。

陈晓勤：《科研数据共享困境与提升路径研究》，《科学管理研究》2019年第4期。

陈秀娟、吴鸣：《学科领域期刊科研数据发表政策剖析——以美国化学学会期刊为例》，《中国科技期刊研究》2015年第8期。

陈媛媛、柯平，《大学图书馆科研数据服务模型研究》，《情报理论与实践》2018年第5期。

陈媛媛、王朔桓：《科研人员数据共享的挑战》，《图书馆论坛》2020年第8期。

陈媛媛：《高校科研数据管理服务能力研究》，《情报杂志》2020年第6期。

崔涛、胡杨、李青：《荷兰代尔夫特理工大学科研数据管理实践及启示》，《情报杂志》2020年第7期。

傅天珍、陈妙贞：《我国学术期刊数据出版政策分析及建议》，《中国出版》2014年23期。

谷俊、许鑫：《人文社科数据共享模型的设计与实现——以联盟链技术为例》，《情报学报》2019年第4期。

何欢欢：《可信数字仓储的构建与认证》，《情报资料工作》2008年第6期。

胡卉、吴鸣、陈秀娟：《英美高校图书馆数据素养教育研究》，《图书与情报》2016年第1期。

黄国彬、屈亚杰、王舒：《UKDA和ICPSR社科数据发布平台数据管理功能剖析》，《图书情报工作》2017年第21期。

黄红华、张婧：《大学图书馆开展研究数据服务策略分析》，《图书馆理论与实践》2020年第4期。

黄鑫、邓仲华：《国外高校图书馆科学数据的元数据服务研究》，《图书与情报》2017年第2期。

蒋颖：《欧洲社会科学数据的服务与共享》，《国外社会科学》2008年第5期。

孔丽华、刁妍、张晓林：《数据出版的趋势、机制与挑战》，《中国科学基金》2019年第3期。

雷秋雨、马建玲：《学术期刊数据出版政策研究综述——以JCR中进化生物学领域期刊为例》，《图书馆理论与实践》2016年第1期。

李舸、柏永青、王卷乐等：《中美地球系统科学数据共享平台对比分析》，《中国科技资源导刊》2018年第2期。

李靖华、常晓然：《基于元分析的知识转移影响因素研究》，《科学学研究》2013年第3期。

李淑婷、张羽：《新西兰高校科研数据管理服务调查研究》，《数字图书馆论坛》2020年第6期。

刘澈、李桂华：《中外高校图书馆社科数据服务比较》，《图书馆论坛》2016年第6期。

刘峰、张晓林：《科学数据元数据标准述评及其通用化设计研究》，《现代图书情报技术》2015年第12期。

刘桂锋、濮静蓉、苏文成：《高校科研人员科研数据开放的影响因素与机理研究》，《图书馆学研究》2019年第22期。

刘莉、刘文云、刘建：《基于DEMATEL的科研数据共享关键影响因素识别与分析》，《图书馆学研究》2019年第18期。

刘莉、刘文云：《基于解释结构模型的科研数据共享影响因素分析》，

《情报科学》2020 年第 5 期。

刘晓慧、刘兹恒：《国外可信数字知识库标准与审计、认证工具研究》，《图书馆论坛》2018 年第 12 期。

刘晓霞、张新鹤：《我国学术期刊参与开放获取的调查研究》，《图书情报知识》2015 第 1 期。

刘尧、司莉：《美国高校政治与社会研究联盟（ICPSR）发展经验借鉴——基于 1995—2017 年年报的深度分析》，《国家图书馆学刊》2019 年第 123 期。

刘颖、王旋：《医学领域国际学术期刊数据出版政策分析》，《中国科技期刊研究》2017 年第 8 期。

罗鹏程、朱玲、崔海媛等：《基于 Dataverse 的北京大学开放研究数据平台建设》，《图书情报工作》2016 年第 3 期。

罗晓兰、李明：《国内期刊论文科学数据共享政策与投稿意愿研究》，《中国科技期刊研究》2017 年第 8 期。

马海群、邹纯龙：《结构功能视角下构建期刊数据政策评价体系》，《中国科技期刊研究》2017 年第 8 期。

马合、黄小平：《欧美科学数据政策概览及启示》，《图书与情报》2021 年第 4 期。

孟祥保、钱鹏：《高校社会科学数据管理的国际经验及其借鉴——以 UKDA 和 ICPSR 为例》，《情报资料工作》2013 年第 2 期。

孟祥保、钱鹏：《数据生命周期视角下人文社会科学数据特征研究》，《图书情报知识》2017 第 1 期。

彭建波：《北美人文社会科学数据管理实践及其启示》，《大学图书馆学报》2013 年第 6 期。

彭建波：《美国社会科学数据管理联盟（Data-PASS）的发展与借鉴》，《图书情报工作》2014 年第 10 期。

彭琳、韩燕丽：《我国科技期刊数据政策分析及启示——以中国科学院主办英文期刊为例》，《中国科技期刊研究》2019 年第 8 期。

彭媛媛、刘静羽、黄金霞：《国外出版机构开放数据政策研究》，《数字图书馆论坛》2017 年第 9 期。

浦燕妮、刘琪、耿骞：《通用型科学元数据标准研究》，《数字图书馆论坛》2016 年第 12 期。

秦小燕、初景利：《科学数据素养内涵结构研究》，《图书情报工作》2019 年第 18 期。

秦长江、吴思洁、王丹丹：《我国社科学术期刊科研数据状况分析——国家社会科学基金资助的 CSSCI 论文的调查》，《中国科技期刊研究》2022 年第 4 期。

任志洪、赵春晓、田凡等：《中国人心理健康素养干预效果的元分析》，《心理学报》2020 年第 4 期。

撒旭、王健、范智萱、刘建平、张贵兰：《数据期刊同行评议视角下科学数据质量评价指标识别》，《图书情报工作》2020 年第 17 期。

盛小平、王毅：《利益相关者在科学数据开放共享中的责任与作用——基于国际组织科学数据开放共享政策的分析》，《图书情报工作》2019 年第 17 期。

盛小平、吴红、胡冰洁：《科学数据开放共享障碍的实证研究》，《图书情报工作》2019 年第 17 期。

师荣华、刘细文：《基于数据生命周期的图书馆科学数据服务研究》，《图书情报工作》2011 年第 1 期。

孙九林：《科学数据资源与共享》，《中国基础科学》2003 年第 1 期。

孙俐丽、赵乃瑄：《基于元人种志的科学数据共享关键影响因素识别》，《情报理论与实践》2020 年第 3 期。

孙晓燕、李希彬、王文玫等：《面向科研人员的科学数据共享影响因素的调查分析——基于计划行为理论》，《图书馆学研究》2019 年第 5 期。

孙晓燕：《科学数据共享行为的理论模型构建及测度实证研究》，《情报学报》2016 年第 10 期。

覃丹：《英美社会科学数据管理与共享服务平台调查分析》，《图书情报工作》2014 年第 16 期。

涂志芳、刘兹恒：《国内外科学数据管理服务评价研究与实践进展》，《图书馆建设》2021 年第 2 期。

万莉、程慧平：《基于元分析结构方程模型的科学数据共享行为因素研究》，《情报理论与实践》2021 年第 7 期。

王丹丹、刘清华、葛力云：《Springer Nature 科研数据政策标准化工作实践及启示》，《图书情报工作》2020 年第 18 期。

王丹丹、任婧媛、吴思洁:《社会科学数据管理平台研究——德国的经验》,《现代情报》2020 年第 11 期。

王丹丹、吴思洁:《英国科研数据开放共享的关键问题思考》,《情报杂志》2020 年第 9 期。

王丹丹:《科学数据管理服务需求识别方法研究》,《大学图书馆学报》2018 年第 1 期。

王丹丹:《数据论文:数据集独立出版与共享模式研究》,《情报资料工作》2016 年第 5 期。

王丹丹:《新加坡南洋理工大学科研数据管理服务的实施与思考》,《大学图书馆学报》2019 年第 2 期。

王辉、Michael Witt、窦天芳:《普渡大学研究仓储及其支持的科学数据管理服务》,《现代图书情报技术》2015 年第 1 期。

王建亚、牛晓蓉、万莉:《基于元分析的在线学习用户使用行为研究》,《现代情报》2020 年第 1 期。

王明明、王卷乐、赵强等:《ICPSR 科学数据中心的建设经验与启示》,《中国科技资源导刊》2017 年第 6 期。

王拥军、俞国良:《Hunter-Schmidt 元分析范式:特征和应用》,《心理科学》2010 年第 2 期。

卫军朝、张春芳:《国内外科学数据管理平台比较研究》,《图书情报知识》2017 年第 179 期。

温忠麟、叶宝娟:《中介效应分析:方法和模型发展》,《心理科学进展》2014 年第 5 期。

温忠麟、张雷、侯杰泰等:《中介效应检验程序及其应用》,《心理学报》2004 年第 5 期。

吴丹、陈晶:《我国医学从业者科学数据共享行为调查研究》,《图书情报工作》2015 年第 18 期。

吴立宗、王亮绪、南卓铜、李红星:《科学数据出版现状及其体系框架》,《遥感技术与应用》2013 年第 3 期。

吴蓉、顾立平、刘晶晶:《国外学术期刊数据政策的调研与分析》,《图书情报工作》2015 年第 7 期。

吴思洁、曹钰蕾、王欢等:《欧盟开放科学培训实践及其启示》,《数字图书馆论坛》2019 年第 1 期。

夏义堃:《人文社会科学数据管理的现实困境与对策分析》,《情报科学》2020 年第 9 期。

项英、赖剑菲、丁宁:《高校图书馆科学数据管理服务实践探索——以武汉大学社会科学数据管理为例》, 《情报理论与实践》2013 年第 12 期。

许燕、麻思蓓、郑彦宁等:《科学数据的法律属性与知识产权管理》,《科技管理研究》2020 年第 22 期。

杨波、胡立耘:《用于社会科学信息组织的元数据标准——DDI》,《现代图书情报技术》2005 年第 8 期。

杨林、钱庆、吴思竹:《科学数据管理生命周期模型比较》,《中华医学图书情报杂志》2016 年第 11 期。

姚占雷、谷俊、许鑫:《全生命周期视域下人文社科研究数据管理平台的设计与实现》,《图书情报工作》2021 年第 7 期。

殷沈琴、张计龙、窦方:《欧洲科学数据监护的标准与实践——UK-DA 案例研究》,《图书馆杂志》2013 年第 6 期。

殷沈琴、张计龙、张莹等:《社会科学数据管理服务平台系统选型研究——以复旦大学社会科学数据平台为例》,《图书情报工作》2013 年第 19 期。

袁梦雪:《国内外健康医学科学数据管理平台对比分析》,《数字图书馆论坛》2020 年第 1 期。

袁晓明、王美琴:《基于微服务架构的 Globus 科研数据管理平台分析》,《数字图书馆论坛》2021 年第 12 期。

张海、刘蕾:《高校科研人员科研数据开放意愿的影响因素研究》,《新世纪图书馆》2020 年第 11 期。

张计龙、殷沈琴、张用等:《社会科学数据的共享与服务——以复旦大学社会科学数据共享平台为例》,《大学图书馆学报》2015 年第 1 期。

张晋朝:《我国高校科研人员科学数据共享意愿研究》,《情报理论与实践》2013 年第 10 期。

张静蓓、田野、吕俊生:《科学数据引用规范研究进展》,《图书与情报》2014 年第 5 期。

张丽丽、赖茂生:《2015 年科学研究数据共享现状调查》,《中国科学数据》(中英文网络版)2017 年第 3 期。

张丽萍、范雷、李炜：《以数据平台为支持系统整合社会调查数据资源》，《科研信息化技术与应用》2010 年第 2 期。

张旺、程慧平：《科学数据开放共享策略机制及优化路径研究》，《情报杂志》2020 年第 5 期。

章昌平、米加宁、黄欣卓：《超越数据洪流：第四研究范式下的社会科学研究数据基础设施》，《学海》2019 年第 3 期。

赵文义：《学术期刊大数据出版研究》，《出版发行研究》2016 年第 3 期。

郑琳：《科研人员数据共享意愿的影响因素研究——基于 Meta 分析方法》，《现代情报》2021 年第 4 期。

周姗姗、翁苏湘、毕强等：《科学数据共享中的邻避现象及应对研究》，《图书情报工作》2015 年第 17 期。

朱玲、聂华、崔海媛等：《北京大学开放研究数据平台建设：探索与实践》，《图书情报工作》2016 年第 4 期。

朱玲：《基于内容结构视图的研究数据元数据标准比较研究》，《大学图书馆学报》2019 年第 6 期。

2. 网络资料

北京大学图书馆等：《北京大学开放研究数据平台》，https：//opendata. pku. edu. cn/，2021 年 10 月 27 日。

复旦大学社会科学数据研究中心：《复旦大学社会科学数据平台》，https：//dvn. fudan. edu. cn/home/index. jsp，2021 年 10 月 25 日。

国家统计局、北京大学：《国家统计局-北京大学数据开放中心》，https：//nprdc. pku. edu. cn/zxgk/zxjj. htm，2021 年 10 月 27 日。

国务院办公厅：《关于印发科学数据管理办法的通知：国办发［2018］17 号》，2018 年 4 月 2 日，http：//www. gov. cn/zhengce/content/2018-04/02/content_5279272. htm，2022 年 3 月 6 日。

国务院办公厅：《科学数据管理办法》，2018 年 4 月 2 日，http：//www. gov. cn/zhengce/content/2018-04/02/content_5279272. htm，2021 年 11 月 17 日。

全国科技平台标准化技术委员会：《科技计划形成的科学数据汇交技术与管理规范：GB/T 39912-2021》，2021 年 3 月 9 日，http：//c. gb688. cn/bzgk/gb/showGb？type=online&hcno=E8381A5EB55C7CA16E1E5F555F

8F6D4E，2022 年 3 月 6 日。

全国信息技术标准化技术委员会：《信息技术科学数据引用：GB/T 35294-2017》，2017 年 12 月 29 日，http：//c. gb688. cn/bzgk/gb/showGb？type=online&hcno=A495CA355BAF00D962AA8DD84C3B2C16，2022 年 3 月 6 日。

中国科学文献计量评价研究中心、清华大学图书馆：《中国学术期刊国际引证年报（自然科学与工程技术）2020 年版》，《中国学术期刊（光盘版）》2020 年，http：//www. eval. cnki. net/News/ItemDetail？ID=3187cbac87814e6f812b4fbe28c2812f，2021 年 2 月 12 日。

中国人民大学中国调查与数据中心：《中国学术调查数据资料库》，http：//cnsda. ruc. edu. cn/，2021 年 10 月 25 日。

中华人民共和国科技部：《国家重点基础研究发展计划资源环境领域项目数据汇交暂行办法》，2008 年 3 月 18 日，http：//www. most. gov. cn/kjzc/gjkjzc/kjtjybz/201308/ P020130823579533591568. pdf.，2021 年 11 月 17 日。

中华人民共和国中央人民政府：《中共中央国务院关于构建更加完善的要素市场化配置体制机制的意见》，2020 年 3 月 30 日，http：//www. gov. cn/zhengce/2020-04/09/content_5500622. htm，2022 年 3 月 6 日。

3. 学位论文

刘嫣：《高校科学数据共享主要影响因素研究》，硕士学位论文，南京航空航天大学，2019 年。

吕欣：《高校图书馆社会科学数据管理与服务研究》，硕士学位论文，东北师范大学，2015 年。

濮静蓉：《高校科研数据开放机理研究》，硕士学位论文，江苏大学，2019 年。

王颢燃：《中英科研数据管理政策比较研究》，硕士学位论文，辽宁师范大学，2021 年。

余玲：《科研人员科学数据共享意愿的影响因素研究》，硕士学位论文，南华大学，2016 年。

赵希梅：《国内外科学数据管理平台比较研究》，硕士学位论文，西北大学，2018 年。

4. 著作

陈宇翔：《马克思主义与社会科学方法论》，湖南大学出版社 2012

年版。

侯杰泰、温忠麟、成子娟：《结构方程模型及其应用》，教育科学出版社 2004 年版。

5. 会议论文

王卫东：《我国社会科学数据管理的新阶段与新思路》，2016 年中国高校研究数据管理暨图书馆前沿技术论坛论文，上海，2016 年 5 月。

二 外文参考文献

1. 期刊文献

Akers, Katherine G. and Jennifer Doty, "Disciplinary differences in faculty research data management practices and perspectives", *International Journal of Digital Curation*, Vol. 8, No. 2, 2013.

Albert, Bandura, "Self-efficacy: Toward a unifying theory of behavioral change", *Psychological Review*, Vol. 84, No. 2, 1977.

Arregoitia, Luis Darcy Verde, Natalie Cooper, Guillermo D' Elía, "Good practices for sharing analysis-ready data in mammalogy and biodiversity research", *Hystrix, the Italian Journal of Mammalogy*, Vol. 29, No. 2, 2018.

Bloom, Theodora, Emma Ganley, Margaret Winker, "Data access for the open access literature: PLOS's data policy", *PLOS Medicine*, Vol. 11, No. 2, 2014.

Borgman, Christine L., Morgan F. Wofford, Milena S. Golshan, et al. "Collaborative qualitative research at scale: Reflections on 20 years of acquiring global data and making data global", *Journal of the Association for Information Science and Technology*, Vol. 72, No. 6, 2021.

Carlson, Jake and Marianne Stowell-Bracke, "Data management and sharing from the perspective of graduate students: An examination of culture and practice at the water quality field station", *Libraries and the Academy*, Vol. 13, No. 4, 2013.

Castle Clair, "Getting the central rdm message across: A case study of central versus discipline-specific research data services (rds) at the university of cambridge", *Libri*, Vol. 69, No. 2, 2019.

Chard, Kyle, Steven Tuecke, Ian Foster, "Efficient and secure transfer, synchronization, and sharing of big data", *IEEE Cloud Computing*, Vol. 1,

No. 3, 2015.

Chiware, Elisha RT and Deborah Anne Becker, "Research data management services in southern africa: A readiness survey of academic and research libraries", *African Journal Of Library Archives And Information Science*, Vol. 28, No. 1, 2018.

Cox, Andrew M., Kennan Mary Anne, Lyon Liz et al., "Developments in research data management in academic libraries: Towards an understanding of research data service maturity", *Journal of the Association for Information Science & Technology*, Vol. 68, No. 9, 2017.

Creamer, Andrew, "Current issues and approaches to curating student research data", *Bulletin of the Association for Information Science & Technology*, Vol. 41, No. 6, 2015.

Davis, Hilary M. and William M. Cross, "Using a data management plan review service as a training ground for librarians", *Journal of Librarianship & Scholarly Communication*, Vol. 3, No. 2, 2015.

Dron, Louis, Alison Dillman, Michael J Zoratti, et al., "Clinical trial data sharing for COVID-19-related research", *Journal of Medical Internet Research*, Vol. 23, No. 3, 2021.

Droβ, Patrick J., Fräβdorf Mathis, Kubaty Paul, et al, "Open data in den sozial- und wirtschaftswissenschaften: Das forschungsdatenrepositorium SowiDataNet", *EconStor Open Access Articles*, 2017.

Droβ, Patrick J., Monika Linne, "Sicheres und einfaches data sharing mit SowiDataNet: Dokumentieren veröffentlichen-nachnutzen", *Bibliotheksdienst*, Vol. 50, No. 7, 2016.

Eaker, Christopher, "Educating researchers for effective data management", *Bulletin of the Association for Information Science & Technology*, Vol. 40, No. 3, 2014.

Egger, Matthias, George Davey Smith, Martin Schneider, et al., "Bias in meta-analysis detected by a simple, graphical test", *BMJ*, Vol. 315, No. 7109, 1997.

Federer, Lisa M, Ya-Ling Lu, Douglas J. Joubert, et al., "Biomedical data sharing and reuse: Attitudes and practices of clinical and scientific research staff", *PLOS ONE*, Vol. 10, No. 6, 2015.

Funder, David C. and Daniel J. Ozer, "Evaluating effect size in psychological research: Sense and nonsense", *Advances in Methods and Practices in Psychological Science*, Vol. 2, No. 2, 2019.

Gherghina , Sergiu and Alexia Katsanidou, "Data availability in political science journals", *European Political Science*, Vol. 12, No. 3, 2013.

Giofrè, David, Geoff Cumming , Luca Fresc et al. , " The influence of journal submission guidelines on authors' reporting of statistics and use of open research practices", *PLOS ONE*, Vol. 12, No. 4, 2017.

Glass, V. Gene, "Primary, secondary, and meta-analysis of research", *Educational Researcher*, Vol. 5, No. 10, 1976.

Gómez, Nancy-Diana, Eva Méndez, Tony Hernández-Pérez, "Social sciences and humanities research data and metadata: A perspective from thematic data repositoriess", *El profesional de la información*, Vol. 25, No. 4, 2016.

Grant, Rebecca and Iain Hrynaszkiewicz, "The impact on authors and editors of introducing data availability statements at nature journals", *International Journal of Digital Curation*, Vol. 13, No. 1, 2018.

Hansson, Karin and Anna Dahlgren, "Open research data repositories: Practices, norms, and metadata for sharing images", *Journal of the Association for Information Science and Technology*, Vol. 73, No. 2, 2021.

Henderson, Margaret E. , and Teresa L. Knott, "Starting a research data management program based in a university library", *Medical Reference Services Quarterly*, Vol. 34, No. 1, 2015.

Higgins, Sarah, "The DCC curation lifecycle model", *International Journal of Digital Curation*, Vol. 3, No. 1, 2008.

Jak, Suzanne, Hongli Li, Laura Kolbe, et al. , "Meta-Analytic Structural Equation Modeling made easy: A tutorial and web application for one-stage MASEM", *Research synthesis methods*, Vol. 12, No. 5, 2021.

Jeng, Wei and Daqing He, "Surveying research data-sharing practices in US social sciences: A knowledge infrastructure - inspired conceptual framework", Online Information Review, Vol. ahead-of-print, No. ahead-of-print

(2022), https: //doi. org/10. 1108/OIR-03-2020-0079.

Jeng, Wei, Daqing He, Y Chi, "Social science data repositories in data deluge: A case study of ICPSR' s workflow and practices", *The Electronic Library*, Vol. 35, No. 4, 2017.

Kalkman, Shona, Johannes van Delden, Amitava Banerjee, et al., "Patients' and public views and attitudes towards the sharing of health data for research: A narrative review of the empirical evidence", *Journal of Medical Ethics*, Vol. 48, No. 1, 2022.

Karampela, Maria, Sofia Ouhbi, Minna Isomursu, "Connected health user willingness to share personal health data: Questionnaire study", *Journal of medical Internet research*, Vol. 21, No. 11, 2019.

Kaye, John, Rachel Bruce, Dom Fripp, "Establishing a shared research data service for UK universities", *Insights*, Vol. 30, No. 1, 2017.

Khan, Arshad, Thanassis Tiropanis, David Martin, "Exploiting semantic annotation of content with linked open data (LoD) to improve searching performance in web repositories of multi-disciplinary research data", 9*th Russian Summer School*, Vol. 573, 2016.

Kim, Jihyun, Elizabeth Yakel, Ixchel M. Faniel, "Exposing standardization and consistency issues in repository metadata requirements for data deposition", *College & Research Libraries*, Vol. 80, No. 6, 2019.

Kim, Youngseek and Jeffrey M. Stanton, "Behavioral intention formation in knowledge sharing: Examining the roles of extrinsic motivators, social-psychological forces, and organizational climate", *Journal of the Association for Information Science and Technology*, Vol. 64, No. 4, 2016.

Kim, Youngseek and Jeffrey M. Stanton, "Institutional and individual factors affecting scientists' data-sharing behaviors: A multilevel analysis", *Journal of the Association for Information Science and Technology*, Vol. 67, No. 4, 2016.

Kim, Youngseek and Melissa Adler, "Social scientists' data sharing behaviors: Investigating the roles of individual motivations, institutional pressures, and data repositories", *International Journal of Information Management*, Vol. 35, No. 4, 2015.

Kim, Youngseek and Ping Zhang, "Understanding data sharing behaviors of STEM researchers: The roles of attitudes, norms, and data repositories", *Library & Information Science Research*, Vol. 37, No. 3, 2015.

Kim, Youngseek and Seungahn Nah, "Cintegration of data reuse experience, attitudinal beliefs, social norms, and resource factors", *Online Information Review*, Vol. 42, No. 1, 2018.

Kim, Youngseek and Seungahn Nah, "Internet researchers' data sharing behaviors: An integration of data reuse experience, attitudinal beliefs, social norms, and resource factors", *Online Information Review*, Vol. 42, No. 1, 2018.

Kim, Youngseek and Sujin Kim, "Institutional, motivational, and resource factors influencing health scientists' data-sharing behaviours", *Journal of Scholarly Publishing*, Vol. 46, No. 4, 2015.

Kim Y., Zhang P., "Understanding data Sharing behaviors of stem researchers: The roles of attitudes, norms, and data repositories", Library & Informaton Science Research, 2015a, 37 (3): 189-200.

Kitchin, Rob, Sandra Collins, Dermot Frost, "Funding models for open access digital data repositories", *Online Information Review*, Vol. 39, No. 5, 2015.

Knight, Gareth, "Building a research data management service for the London School of Hygiene &Tropical Medicine", *Program: Electronic Library & Information Systems*, Vol. 49, No. 4, 2015.

Kwon, Ohbyung and Yixing Wen, "An empirical study of the factors affecting social network service use", *Computers in Human Behavior*, Vol. 26, No. 2, 2010.

Lin, Dawei, Jonathan Crabtree, Ingrid Dillo, et al., "The TRUST principles for digital repositories", *Scientific Data*, No. 7, 2020.

Linek, Stephanie B., Benedikt Fecher, Sascha Friesike, et al., "Data sharing as social dilemma: Influence of the researcher's personality", *PLOS ONE*, Vol. 12, No. 8, 2017.

Mason, Claire M., Paul J. Box, Shanae M. Burns, "Research data sharing in the Australian national science agency: Understanding the relative importance of organisational, disciplinary and domain-specific influences", *PLOS ONE*, Vol. 15, No. 8, 2020.

Mckinney, Bill, Peter A. Meyer, Mercè Crosas, et al, "Extension of research data repository system to support direct compute access to biomedical datasets: Enhancing dataverse to support large datasets", *Annals of the New York Academy of Sciences*, Vol. 1387, No. 1, 2017.

McLure, Merind, Allison V. Level, Catherine L. Cranston et al., "Data curation: A study of researcher practices and needs", *Portal: Libraries and the Academy*, Vol. 14, No. 2, 2014.

Naughton, Linda, and David Kernohan, "Making sense of journal research data policies", *Insights*, Vol. 29, No. 1, 2016.

Newton, Mark P., Christopher C. Miller, Marianne Stowell Bracke, "Librarian roles in institutional repository data set collecting: Outcomes of a research library task force", *Collection Management*, Vol. 36, No. 1, 2011.

Nicholas, David, Cherifab Boukacem-Zeghmouri, Abdullah Abrizah, et al., "Open science from the standpoint of the new wave of researchers: Views from the scholarly frontline", *Information Services and Use*, Vol. 39, No. 4, 2019.

Nicholls, Natsuko H., Sara M. Samuel, Leena N. Lalwani et al., "Resources to support faculty writing data management plans: Lessons learned from an engineering pilot", *International Journal of Digital Curation*, Vol. 9, No. 1, 2014.

Nick, Heather P., Kelsey Kehoe, Amanda Gammon, et al., "Researcher knowledge, attitudes, and communication practices for genomic data sharing", *Journal of Empirical Research on Human Research Ethics*, Vol. 16, No. 1-2, 2020.

Ogier, Andi, Monena Hall, Annette Bailey et al., "Data management inside the library: Assessing electronic resources data using the data asset framework methodology", *Journal of Electronic Resources Librarianship*, Vol. 26, No. 2, 2014.

Pearson, Karl, "Report on certain enteric fever inoculation statistics", *British Medical Journal*, Vol. 3, 1904.

Peer, Limor and Ann Green, "Building an open data repository for a specialized research community: Process, challenges and lessons", *International Journal of Digital Curation*, Vol. 7, No. 1, 2012.

Perrier, Laure, Erik Blondal, Heather MacDonald, et al., "The views, perspectives, and experiences of academic researchers with data sharing and reuse: A meta-synthesis", *PLOS ONE*, Vol. 15, No. 2, 2020.

Peterson, Robert A. and Steven P. Brown , "On the use of beta coefficients in meta - analysis", *Journal of Applied Psychology*, Vol. 90, No. 1, 2005.

Pitt, Mark A and Yun Tang, " What should be the data sharing policy of cognitive science?" Topics in Cognitive Science, Vol. 5, No. 1, 2013.

Pronk, Tessa E., "The time efficiency gain in sharing and reuse of research data", *Data Science Journal*, Vol. 18, No. 10, 2019.

Pronk, Tessa E., Paulien H. Wiersma1, Anne van Weerden, et al., "A game theoretic analysis of research data sharing", *PeerJ*, No. 3, 2015.

Raboin, Regina, Rebecca C. Reznik-Zellen, Dorothea Salo, "Forging new service paths: Institutional approaches to providing research data management services", *Journal of eScience Librarianship*, Vol. 1, No. 3, 2012.

Read, Kevin B., Koos Jessica, Mille Rebekah S., et al., " A model for initiating research data management services at academic libraries", *Journal of the Medical Library Association*, Vol. 107, No. 3, 2019.

Schmidt , Birgit, Birgit Gemeinholzer, Andrew Treloar, "Open data in global environmental research: The belmont forum' s open data survey", *PLOS ONE*, Vol. 11, No. 1, 2016.

Shen, Yi, and Virgil E. Varvel, "Developing data management services at the Johns Hopkins University", *Journal of Academic Librarianship*, Vol. 39, No. 6, 2013.

Shin, Young-Ran and Yeon-Kyoung Chung, "A study on the improvement plans of the humanities and social sciences research data archives in Korea", *Journal of Korean Society of Archives and Records Management*, Vol. 12, No. 3, 2012.

Stanley, Barbara and Stanley Michael, "Data sharing: The primary researcher' s perspective", *Law and Human Behavior*, Vol. 12, No. 2, 1988.

Stieglitz, Stefan, Konstantin Wilms, Milad Mirbabaie, et al., "When are researchers willing to share their data? –impacts of values and uncertainty on open data in academia", *PLOS ONE*, Vol. 15, No. 7, 2020.

Sturges, Paul, Bamkin Marianne , Anders Jane H. S et al., "Research data sharing: Developing a stakeholder - driven model for journal policies", *Journal of the Association for Information Science and Technology*, Vol. 66, No. 12, 2015.

Tedersoo, Leho, Rainer Küngas, Ester Oras, et al., "Data sharing practices and data availability upon request differ across scientific disciplines", *Scientific data*, Vol. 8, No. 1, 2021.

Tenopir, Carol, Suzie Allard, Kimberly Douglass, et al., "Data sharing by scientists: Practices and perceptions", *PLOS ONE*, Vol. 6, No. 6, 2011.

Unal, Yurdagul, Gobinda Chowdhury, Serap Kurbanoğlu, et al., "Research data management and data sharing behaviour of university researchers", *Information Research*, Vol. 24, No. 1, 2019.

Varvel Jr, Virgil E. and Yi Shen, "Data management consulting at the Johns Hopkins University", *New Review of Academic Librarianship*, Vol. 19, No. 3, 2013.

Vlaeminck, Sven, "Data management in scholarly journals and possible roles for libraries–some insights from edawax", *Liber Quarterly the Journal of European Research Libraries*, Vol. 23, No. 1, 2013.

Waithira, Naomi, Brian Mutinda, Phaik Yeong Cheah, "Data management and sharing policy: The first step towards promoting data sharing", *BMC Medicine*, Vol. 17, No. 1, 2019.

Warner, Guy C., Jesse M. Blum, Simon B. Jones, et al, "A social science data – fusion tool and the data management through e – social science (DAMES) infrastructure", *Philosophical Transactions of the Royal Society A: Mathematical, Physical & Engineering Sciences*, Vol. 368, No. 1925, 2010.

Weller, Travis and Amalia Monroe–Gulick , "Understanding methodological and disciplinary differences in the data practices of academic researchers", *Library Hi Tech*, Vol. 32, No. 3, 2014.

Wilkinson, Mark D. , Michel Dumontier, Ijsbrand Jan Aalbersberg, et al. , "The FAIR guiding principles for scientific data management and stewardship", *Scientific Data*, Vol. 3, No. 1, 2016.

Wirth, Felix Nikolaus, Thierry Meurers, Marco Johns, et al. , "Privacy-preserving data sharing infrastructures for medical research: Systematization and comparison", *BMC Medical Informatics and Decision Making*, Vol. 21, No. 1, 2021.

Witt, Michael, "Co-designing, co-developing, and co-implementing an institutional data repository service", *Journal of Library Administration*, Vol. 52, No. 2, 2012.

Wright, Sarah J. , Kozlowski, W. A. , Dietrich, Dianne et al. , "Using data curation profiles to design the datastar dataset registry", *D-Lib Magazine*, Vol. 19, No. 7/8, 2013.

Xia, Jingfeng, "Disciplinary repositories in the social sciences", *Aslib Proceedings*, Vol. 59, No. 6, 2007.

Yoon, Ayoung and Helen Tibbo, "Examination of data deposit practices in repositories with the OAIS model", *IASSIST Quarterly*, Vol. 35, No. 4, 2011.

Yoon, Ayoung and Teresa Schultz , "Research data management services in academic libraries in the US: A content analysis of libraries' websites", *College & Research Libraries*, Vol. 78, No. 7, 2017.

Zenk-Möltgen, Wolfgang and Greta Lepthien, "Data sharing in sociology journals", *Online Information Review*, Vol. 38, No. 6, 2014.

Zuiderwijk, Anneke, Rhythima Shinde, Wei Jeng, et al. , "What drives and inhibits researchers to share and use open research data? A systematic literature review to analyze factors influencing open research data adoption", *PLOS ONE*, Vol. 15, No. 9, 2020.

2. 网络资料

ADA, "About ADA", October 25, 2021, https://ada. edu. au/about-ada/.

ADS, "The history of the ADS", October 14, 2021, https://archaeologydataservice. ac. uk/about/background. xhtml.

Ajzen, Icek, "Theory of planned behavior with background factors", November 5, 2021, https: //people. umass. edu/aizen/tpb. background. html.

Allen, Robert and David Hartland, " FAIR in practice: Jisc report on the findable accessible interoperable and reuseable data principles", May 21, 2018, https: //www. jisc. ac. uk/reports/fair-in-practice.

Association of American Universities and Association of Public and Land-Grant Universities, "Public access working group report and recommendations", November 29, 2017, https: //www. aau. edu/sites/default/files/AAU-Files/Key-Issues/Intellectual-Property/Public-Open-Access/AAU-APLU-Public-Access-Working-Group-Report. pdf.

Beagrie, Neil and Catherine Pink, "Benefits from research data management in universities for industry and not-for-profit research partners", November 26, 2012, https: //purehost. bath. ac. uk/ws/portalfiles/portal/9273800/RDM_ Benefits_ v Final. pdf.

Bishop, Bradley, Gunderman Hannah, Davis Rowena et al. , "Data curation profiling to assess data management training needs and practices to inform a toolkit", January 27, 2020, https: //doaj. org/article/2aafd31f067b46079e7d0fc4bfefef86.

Block, William C. , Eric Chen, Jim Cordes et al. , "Meeting funders' data policies: Blueprint for a research data management service group (RDMSG) ", October 7, 2010, https: //ecommons. cornell. edu/bitstream/handle/1813/28570/RDMSG1007. pdf? sequence=2.

Carlson, Jake, "The data curation profiles toolkit: The profile template", November 29, 2010, https: //docs. lib. purdue. edu/cgi/viewcontent. cgi? article=1003&context=dcptoolkit.

Center for Open Science, "TOP guidelines", February 12, 2021, https: //osf. io/9f6gx/wiki/Guidelines/.

CentERdata, "DHS data access", October 25, 2021, https: //www. dhsdata. nl/site/users/login.

Cheng, Wei Yeow, and Tint Hla Hla HTOO, "Research data management and curation aspirations at NTU and SMU libraries", October 14, 2014, https: //ink. library. smu. edu. sg/cgi/viewcontent. cgi? article=1043&context=library_ research .

Coates, Heather L , Carlson J, R Clement et al. , " How are we measuring up? evaluating research data services in academic libraries", August 6, 2018, https: //jlsc-pub. org/articles/abstract/10. 7710/2162-3309. 2226/.

CoreTrustSeal, "History", December 1, 2021, https: //www. coretrustseal. org/about/history/.

Corti, Louise, Veerle Vanden, Eynden Libby, et al. , "Managing and sharing research data: Aguide to good practice", February 25, 2014, http: //www. sagepub. com/sites/default/files/upm-binaries/61019_ Corti_ _ Managing_ and_ sharing_ research_ data. pdf.

DANS, "About DANS", October 8, 2021, https: //dans. knaw. nl/en/about/services/services.

Data Citation Synthesis Group, Martone M. (ed.), "Joint declaration of data citation principles", May 23, 2014, https: //www. force11. org/datacitationprinciples.

Data - PASS, "About data - PASS", December 17, 2020, http: //www. data-pass. org/.

DDI, " DDI data lifecycle ", December 19, 2020, https: //ddialliance. org/training/why-use-ddi.

Elsevier, "FAIR data with mendeley data", February 12, 2021, https: //www. elsevier. com/solutions/mendeley-data-platform/fair.

Elsevier, " Fast facts about Elsevier", February 12, 2021, https: //www. elsevier. com/data/assets/pdffile/0005/1095953/Fast - Facts - 2020 - 12-04. pdf.

Elsevier, " Research data guidelines", February 12, 2021, https: //www. elsevier. com/authors/tools - and - resources/research - data/data - guidelines.

Elsevier, "Sharing research data ", February 12, 2021, https: //www. elsevier. com/authors/tools-and-resources/research-data.

Emory Libraries, "Emory libraries and technology, research data management : Faculty survey results", April 1, 2017, http: //guides. main. library. emory. edu/datamgmt/survey.

Engineering and Physical Sciences Research Council, "Service standards and policies/EPSRCpolicy framework on research data/ scope and benefits", March 31, 2022, https: //www. ukri. org/about-us/epsrc/our-policies-and-standards/policy-framework-on-research-data/scope-and-benefits/.

E-Science Institute, "About us", April 1, 2017, http: //escience. washington. edu/about-us/.

ESRC, "Publishing your research findings", March 31, 2022, https: // www. ukri. org/manage-your-award/publishing-your-research-findings/.

European Commission Directorate - General for Research & Innovation, "H2020 Programme: guidelines to the rules on open access to scientific publications and open access to research data in Horizon 2020 (Version 3. 2) ", March 21, 2017, https: //ec. europa. eu/research/participants/data/ref/h2020/grants_ manual/hi/oa_ pilot/h2020-hi-oa-pilot-guide_ en. pdf.

European Commission, "Guidelines on open access to scientific publications and research data in horizon 2020 ", August 25, 2016 , https: //itn-treatment. eu/wp-content/uploads/h2020_ guia_ open_ access. pdf.

European Research Council, "Guidelines on implementation of open access to scientific publications and research data", April 21, 2017, http: // ec. europa. eu/research/participants/data/ref/h2020/other/hi/oa - pilot/h2020-hi-erc-oa-guide_ en. pdf.

Faundeen, John, Thomas E. Burley, Jennifer A. Carlino, et al. , "The united states geological survey science data lifecycle model", September 1, 2013, https: //pubs. usgs. gov/of/2013/1265/pdf/of2013-1265. pdf.

FSD, "About", October 8, 2021, https: //www. fsd. tuni. fi/en/.

Goh, Su Nee, "Information sharing session: Building library capabilities for research data management services", November 20, 2020, https: // blogs. ntu. edu. sg/ntulibrary/2020/11/20/coar_ asiaoa _ sharing _ rdm _ services/.

Henry A. Murray Research Archive, "About", October 21, 2021, https: //www. sogou. com/link? url = hedJjaC291M5pHbSc9A0SPeiTlRdARXoHTpdi1WdKs6t5pUc3zy0dg.

Hrynaszkiewicz, Iain , "Availability of supporting data: Crediting transparency and enhancing the literature", Juiy 7, 2011, https: //blogs. biomedcentral. com/bmcblog/2011/07/07/availability-of-supporting-data-crediting-transparency-and-enhancing-the-literature.

IANUS , October 8, 2021, "Forschungsdatenzentrum", https: //ianus-fdz. de/.

ICPSR, "Guide to social science data preparation and archiving" , December 17, 2020, https: //www. icpsr. umich. edu/web/pages/deposit/guide/index. html.

ICPSR, "About", October 8, 2021, https: //www. icpsr. umich. edu/web/pages/about/.

IISH, "About", October 8, 2021, https: //iisg. amsterdam/en/about.

Imperial College, "Introduction to research data management", August 10, 2022, https: //www. imperial. ac. uk/research-and-innovation/support-for-staff/scholarly-communication/research-data-management/introduction-to-research-data-management/why-manage-data/.

Inroad, "Insights on research infrastructure roadmap processes, funding and business models", March 6, 2018, http: //inroad. eu/wp-content/uploads/2018/03/20180306_Policy_Brief_1. pdf.

Jubb, Michaels, "Embedding cultures and incentives to support open research", October 24, 2016, https: //figshare. com/articles/journal_contribution/Review_Embedding_cultures_and_incentives_to_support_open_research/4055514.

Lyon, Liz, Chris Rusbridge, Colin Neilson, et al. , "DCC SCARP: Disciplinary approaches to sharing, curation, reuse and preservation - final report", March 4, 2010, http: //www. dcc. ac. uk/sites/default/files/documents/scarp/SCARP-FinalReport-Final-SENT. pdf.

Mayernik, Matthew S. , G. Sayeed Choudhury, Tim DiLauro et al. , "The data conservancy instance: Infrastructure and organizational services for research data curation", D-Lib Magazine, Vol. 18 (2012), http: //www. dlib. org/dlib/september12/mayernik/09mayernik. html.

Michener, William K, "Ten simple rules for creating a good data management plan", October 22, 2015, https: //www. ncbi. nlm. nih. gov/pmc/articles/PMC4619636/.

Monash University, "Research data management: Staff, adjuncts and visitors procedures", November 1, 2017, http://www.policy.monash.edu/policy-bank/academic/research/research-data-management-procedures-staff-adjuncts-and-visitors.html.

Nanyang Technological University, "NTU research data policy", September 1, 2017, https://www.ntu.edu.sg/research/ntu-research-data-policy.

Nanyang Technological University, "NTU research integrity policy", Sepetember 1, 2017, http://research.ntu.edu.sg/rieo/RI/Pages/NTU-Research-Integrity-Policy.aspx.

National Medical Research Council, "Implementation of framework for research data governance and sharing", November 1, 2015, https://www.nmrc.gov.sg/docs/default-source/news-library/nov-2015-grant-call---framework-for-research-data-governance-and-sharing.pdf.

Nature, "Scientific data", March 6, 2022, https://www.nature.com/sdata/.

Nestor, "Catalogue of criteria for trusted digital repositories", December 1, 2021, https://files.dnb.de/nestor/materialien/nestor_mat_08-eng.pdf.

Norwegian Center for Research Data, "Nesstar", November 15, 2021, http://www.nesstar.com/about/about.htm.

NSF, "Today's data, tomorrow's discoveries", November 17, 2021, https://www.nsf.gov/pubs/2015/nsf15052/nsf15052.pdf.

NTU Library, "Cumulative usage statistics", November 9, 2020, https://blogs.ntu.edu.sg/ntulibrary/2020/11/09/dr-ntu-data-3rd-anniversary/.

NTU Library, "DR-NTU (Data) is certified as trusted data repository", February 14, 2022, https://blogs.ntu.edu.sg/ntulibrary/2022/02/14/dr-ntu-data-is-certified-as-trusted-data-repository/.

OCLC, "The realities of research data management", May 26, 2020, https://www.oclc.org/research/publications/2017/oclcresearch-research-data-management.html.

Odum Institute Data Archive, "About archive", October 20, 2021, https://odum.unc.edu/archive/#archive1.

OECD, "Strengthening the effectiveness and sustainability of international research infrastructures", December 8, 2017, http://dx.doi.org/10.1787/fa11a0e0-en.

Open Science Skills Working Group, "Providing researchers with the skills they need to practise open science", November 14, 2017, http://www.tara.tcd.ie/bitstream/handle/2262/89492/os_skills_wgreport_final.pdf? sequence=1.

Pennock, Maureen, "Digital curation: A life-cycle approach to managing and preserving usable digital information", January 1, 2007, https://www.researchgate.net/publication/228770335_Digital_curation_A_life-cycle_approach_to_managing_and_preserving_usable_digital_information.

Piwowar, H. and W. Chapman, "A review of journal policies for sharing research data", March 20, 2008, https://www.nature.com/articles/npre.2008.1700.1.

Pralle, Barbara, "Data curation services models: Johns Hopkins University", March, 2012, http://www.slideshare.net/asist_org/data-curation-models-jhu-barbara-pralle-rdap12.

Purdue University, "Data curation profiles directory", February 6, 2017, http://docs.lib.purdue.edu/dcp/.

QDR, "About QDR", October 14, 2021, https://qdr.syr.edu/about.

Queen's University, "CORA", October 25, 2021, https://www.queensu.ca/cora/about.

Queensland University of Technology, "Management of research data", August 10, 2022, https://libguides.ntu.edu.sg/rdm/definition.

re3data. Org, "Humanities and social sciences data repository", March 15, 2022, https://www.re3data.org/search? query=&subjects%5B%5D=1%20Humanities%20and%20Social%20Sciences.

re3data.org, "Disciplinary provision of research data repositories", September 30, 2019, https://www.re3data.org/metrics/subjects.

RfII, "Enhancing research data management: Performance through diversity: Recommendations regarding structures, processes, and financing for research data management in Germany", May 3, 2016, http://www.rfii.de/?wpdmdl=2075.

ROPER, “History of the roper center”, October 14, 2021, https: //ropercenter. cornell. edu/ about -center/history-roper-center.

Science Europe, “Guidance document: Presenting a framework for discipline-specific research data management”, January 18, 2018, https: //www. scienceeurope. org/wp-content/. . . /SE_ Guidance_ Document_ RDMPs. pdf.

Science, Digital, Mark Hahnel, Leslie D. McIntosh, et al. , “The state of open data 2020”, December 1, 2020, https: //digitalscience. figshare. com/ articles/report/The_ State_ of_ Open_ Data_ 2020/13227875.

Springer Nature, “Find your journal’ s data policy and services”, February 12, 2021, https: //www. springernature. com/gp/authors/research-data-policy/springer-nature-journals-data-policy-type/12327134.

Springer Nature, “Home to the world’ s most influential journals”, February 12, 2021, https: //www. springernature. com/gp/products/journals.

Springer Nature, “Research data policies”, February 12, 2021, https: //www. springernature. com/gp/authors/research-data-policy.

Springer Nature, “Research data policy types”, February 12, 2021, https: //www. springernature. com/gp/authors/research-data-policy/data-policy-types/12327096.

SSJDA, “About”, October 25, 2021, https: //csrda. iss. u-tokyo. ac. jp/english/infrastructure/.

Sturges, Paul, Bamkin Marianne, Anders Jane et al. , “Access to research data: Addressing the problem through journal data sharing policies”, June 2, 2014, https: //docs. lib. purdue. edu/cgi/viewcontent. cgi? article = 2012&context = iatul.

TDRP, “About”, October 18, 2021, https: //www. tdar. org/about/.

The Linguistic Data Consortium, “About”, October 14, 2021, https: // www. ldc. upenn. edu/about.

The White House Office of Science and Technology Policy, “Increasing access to the results of federally funded scientific”, February 13, 2018, https: //www. fda. gov/science-research/about-science-research-fda/public-access-results-fda-funded-scientific-research.

The White House Office of Science and Technology Policy, “Policy statements on data management for global change research", November 15, 2021, https: //digital. library. unt. edu/ark: /67531/metadc11862.

UCLA library, "Data archive & collections", October 25, 2021, https: //www. library. ucla. edu/location/data-science-center/data-archive-collections.

UKDA, "About", October 9, 2021, http: //www. data-archive. ac. uk/home.

University of Leicester, "Glossary for research data management (RDM) ", September 6, 2016, https: //staffblogs. le. ac. uk/researcharchiving/2016/09/06/glossary-for-rdm/.

University of Melbourne, "Management of research data and records policy", June 9, 2022, https: //policy. unimelb. edu. au/MPF1242.

University of Oxford, "What is RDM?" August 10, 2022, https: //researchdata. ox. ac. uk/home/introduction-to-rdm/.

University of Queensland, "What is research data management? " August 10, 2022, https: //web. library. uq. edu. au/library - services/services - researchers/manage-research-data.

Van den Eynden, Veerle and Libby Bishop, "Incentives and motivations for sharing research data, a researcher' s perspective", December 1, 2014, https: //knowledge-exchange. info/projects/project/research-data/sowing-the-seed.

Van den Eynden, Veerle, Gareth Knight, Anca Vlad, et al. , "Survey of Wellcome researchers and their attitudes to open research", October 31, 2016, http: //repository. essex. ac. uk/24866/.

Van den Eynden, Veerle, Gareth Knight, and Anca Vlad, "Open research: practices, experiences, barriers and opportunities", February 7, 2018, https: //reshare. ukdataservice. ac. uk/852494/.

Wiley, "Find the right journal to publish your research", February 12, 2021, https: //authorservices. wiley. com/author-resources/Journal-Authors/open-access/author-compliance-tool. html.

Wiley, "Sharing and citing your research data", February 12, 2021, https: //authorservices. wiley. com/author-resources/Journal-Authors/open-access/data-sharing-citation/index. html.

Wiley, "Wiley' s data availability statement", February 12, 2021, https: //authorservices. wiley. com/author-resources/Journal-Authors/open-access/data-sharing-citation/data-sharing-policy. html.

Wiley, "Wiley' s data sharing policies", February 12, 2021, https: // authorservices. wiley. com/author-resources/Journal-Authors/open-access/data-sharing-citation/data-sharing-policy. html.

Working Group on Open Science and Innovation, "ERAC SWG OSI' s assessment of the Amsterdam call for action", February 22, 2018, http: // www. data. consilium. europa. eu/doc/document/ST-1202-2018-INIT/en/pdf.

Working Group on Rewards under Open Science, "Evaluation of research careers fully acknowledging open science practices: Rewards, incentives and/or recognition for researchers practicing open science", November 14, 2017, https: //orbi. uliege. be/bitstream/2268/215460/1/os_ rewards_ wgreport_ final. pdf.

Yale University Library, "Research data management: Overview", August 10, 2022, https: //guides. library. yale. edu/datamanagement.

3. 专著

Albert, Bandura, Freeman W. H, Lightsey Richard, *Self-efficacy: The exercise of control*, New York: W. H. Freeman and Company, 1997.

Cooper, Harris, *Research synthesis and meta-analysis: A step-by-step approach*, 5th ed. , SAGE Publications, Inc. , 2017.

Fishbein, Martin, and Icek Ajzen, *Belief, Attitude, intention, and behavior: An introduction to theory and research*, Addison-Wesley Publishing Company, 1975.

Fisher, Aylmer Ronald, *Statistical methods for research workers*, 5th ed. , Springer-Verlag New York, Inc. , 1934.

Rothstein, Hannah R. , Alexander J. Sutton, Michael Borenstein, *Publication bias in meta-analysis*, Chichester: John Wiley & Sons, Ltd, 2005.

Schmidt, Frank L. and John E. Hunter, *Methods of meta-analysis: Correcting error and bias in research findings*. 3rd ed, SAGE Publications, Inc. , 2015.

Scott, W. Richard, *Institutions and organizations: Ideas, interests and identities*, 4th ed. SAGE Publications, Inc. 2014.

4. 编著

Ajzen, Icek, Martin Fishbein, Sophie Lohmann, eds., *The influence of attitudes on behavior*, New York: Routledge, 2019.

Jagdish, Arora, Pallab Pradhan, Patel Yatrik eds., *ICSSR data service: A national initiative for sharing of social science research data in open access*, Singapore: Data Science Landscape, 2018.

Pryor, Graham, Sarah Jones, Angus Whyte, eds., *Delivering research data management services: Fundamentals of good practice*, London: Facet Publishing, 2014, p. 115.

5. 会议论文

Amos, Howard, Maude Frances, Tom Ruthven, "Rsquared: Researching the researchers: A study into how the researchers at the University of New South Wales use and share research data", paper delivered to 31st Annual IATUL Conference, sponsored by IATUL, Forney Hall (FRNY), June 21, 2010.

Bauer, Raymond A., "Consumer behavior as risk taking: Dynamic marketing for a changing world", proceedings of the 43rd National Conference of the American Marketing Association, sponsored by the American Marketing Association, Chicago, June 15-17, 1960.

Samuel, Sara M., Paul F. Grochowski, Leena N Lalwani et al., "Analyzing data management plans: Where librarians can make a difference", 2015 ASEE Annual Conference & Exposition, sponsored by American Society for Engineering Education, Seattle, Washington, June 14-17, 2015.

6. 文集中的文章

Pierantoni, G., D. Frost, K. Cassidy, et al., "The digital repository of ireland", *International Workshop on Science Gateways*, IEEE, 2015.

Ajzen, Icek, "From intentions to actions: A theory of planned behavior", in Julius Kuhl and Jürgen Beckmann, eds., *Action Control*, Springer-Verlag, Inc., 1985.

7. 学位论文

Davis, Fred D., A technology acceptance model for empirically testing new end-user information systems: Theory and results, Ph. D. dissertation, MIT, 1985.

附录1　科研人员科学数据共享现状调查问卷

尊敬的女士/先生：

您好，非常感谢您参与本次的问卷调查！本调查旨在了解科研人员科学数据共享实践现状，以期为相关机构制定数据共享政策提供决策依据。问卷共三部分，包括科学数据共享经历、科学数据共享认知及共享意愿、个人基本信息。问卷匿名填写，收集的所有数据将仅用于学术研究，并严格遵守保密原则，绝不会泄露您的任何个人信息。您的回答对我们的研究非常重要，请您仔细阅读，选择最符合您真实感受和情况的选项。衷心感谢您的支持与合作！

完成本问卷需要3—7分钟时间。再次感谢您的配合！

注：在自然科学、农业科学、医药科学、工程与技术科学以及人文与社会科学等领域中科学数据是指科研人员在从事基础科学研究、应用科学研究以及实验开发过程中，通过检验检测方式、调查考察方式或者观测监测等方式在科学研究过程中取得的、产生的或者说创造的各种数据，包括原始的数据和衍生的数据。一般包括中英文及数字字符、数值型数据、图像、音频、视频、软件及代码、模型等多种类型。科学数据共享行为指通过包括但不限于互联网、会议、数据共享平台、数据论文、个人通信等途径向社会或他人公开提供支撑其研究工作的科学数据，以便其他科研人员重用的行为。

第一部分：科学数据共享经历

1. 您目前从事的研究所属学科门类为：[单选题]

○A　自然科学　　○B　农业科学

○C　医药科学　　○D　工程与技术科学

○E　人文与社会科学

2. 您目前所从事研究的学科交叉性程度为：[单选题]

○无交叉 ○弱 ○一般 ○强 ○非常强

3. 您在日常工作中是否以科学研究为主？[单选题]

○是 ○否

4. 您目前所从事的研究对数据的依赖性程度为：[单选题]

○非常低 ○低 ○一般 ○高 ○非常高

5. 在您的研究中所使用的数据一般来源于 [单选题]

○自己产生的数据 ○他人数据

○两者都有 ○其他（请说明）__________

6. 您产生或获取科学数据的方式及频率为：[矩阵单选题]

	从未	很少	偶尔	经常	每次
（1）通过自己的研究产生数据（如考察、调查、实验）	○	○	○	○	○
（2）通过数据共享平台获取（如气象科学数据共享中心）	○	○	○	○	○
（3）通过数据论文数据集获取（如《中国科学数据》期刊论文）	○	○	○	○	○
（4）通过论文的补充材料获取（如与稿件分开提交的补充数据）	○	○	○	○	○
（5）通过公共网络空间获取（如个人主页、论坛）	○	○	○	○	○
（6）通过个人通信方式请求他人提供数据（如电子邮件）	○	○	○	○	○

7. 您是否有过共享科学数据的经历？[单选题]

○是 ○否（请跳至第11题）

8. 您一般在什么时候共享自己研究中的科学数据？[多选题]

□研究项目进行中 □项目结束时

□论文投稿时 □论文或成果公开发表时

□论文发表若干年后 □其他（请说明）__________

9. 您一般在哪些范围内共享科学数据？[多选题]

□研究团队内部共享 □科研合作者共享

□同行/熟人之间共享 □完全开放共享

□其他（请说明）__________

10. 您共享科学数据的方式及频率为：[矩阵单选题]

	从未	很少	偶尔	经常	每次
(1) 通过数据共享平台共享（如气象科学数据共享中心）	○	○	○	○	○
(2) 通过发表数据论文共享（如《中国科学数据》期刊论文）	○	○	○	○	○
(3) 作为论文的补充材料提供（如与稿件分开提交的补充数据）	○	○	○	○	○
(4) 通过上传到公共网络空间共享（如个人主页、论坛）	○	○	○	○	○
(5) 通过个人通信方式对共享请求做出回应并提供数据（如电子邮件）	○	○	○	○	○

第二部分：科学数据共享认知及共享意愿

该部分题目选项中的1—5分别代表非常不同意、不同意、一般、同意、非常同意，请您就自身的真实感受和情况指出您在多大程度上同意下列陈述。

11. 对于共享科学数据，您认为：[矩阵单选题]

	从未	很少	偶尔	经常	每次
(1) 是有价值、有意义的	○	○	○	○	○
(2) 是未来学术趋势	○	○	○	○	○

12. 对于共享科学数据，您：[矩阵单选题]

	从未	很少	偶尔	经常	每次
(1) 愿意无条件共享科学数据，为其他科研人员的研究工作提供帮助与便利	○	○	○	○	○
(2) 愿意无条件共享科学数据，以提高科学研究的效率与质量	○	○	○	○	○
(3) 愿意无条件共享科学数据，以支持开放式科学研究	○	○	○	○	○

13. 您认为共享科学数据能够：[矩阵单选题]

	从未	很少	偶尔	经常	每次
(1) 增强论文的可靠性和可信度	○	○	○	○	○
(2) 加速科研成果的出版	○	○	○	○	○
(3) 提高学术声誉、知名度或认可度，如更高的引用率或合著率	○	○	○	○	○
(4) 获得更多的学术合作机会	○	○	○	○	○
(5) 获得一定的金钱报酬或物质奖励	○	○	○	○	○
(6) 获得更多的职业晋升机会	○	○	○	○	○

14. 您担心共享科学数据可能会：[矩阵单选题]

	从未	很少	偶尔	经常	每次
(1) 丧失数据著作权、使用权	○	○	○	○	○
(2) 导致数据被误解、误用、错用、恶意使用或篡改，而得出错误的结论	○	○	○	○	○
(3) 泄露研究核心数据或研究思路，论文被复制或抄袭而失去优先发表机会	○	○	○	○	○
(4) 泄露关于人类受试者的隐私和敏感数据	○	○	○	○	○
(5) 担心自己的科学数据（存在质量、规范等问题）被发现错误或得出不利于自己的结论	○	○	○	○	○

15. 您认为共享科学数据：[矩阵单选题]

	从未	很少	偶尔	经常	每次
(1) 会占用您太多时间	○	○	○	○	○
(2) 需要您投入大量精力	○	○	○	○	○
(3) 会花费您太多资金	○	○	○	○	○

16. 对于科学数据共享，您：[矩阵单选题]

	从未	很少	偶尔	经常	每次
(1) 能够辨别哪些科研数据可以开放共享	○	○	○	○	○
(2) 具备共享科学数据的条件，如专业知识、技能和资源	○	○	○	○	○
(3) 有能力借助工具、平台等共享科学数据	○	○	○	○	○
(4) 有信心通过共享科学数据帮助领域内科研人员解决问题	○	○	○	○	○
(5) 有信心通过共享科学数据促进研究领域的科研进展	○	○	○	○	○

17. 在您的学科领域内，关于平台与数据标准：[矩阵单选题]

	从未	很少	偶尔	经常	每次
(1) 科研人员可以方便地访问数据共享平台	○	○	○	○	○
(2) 数据共享平台可供科研人员上传、共享数据	○	○	○	○	○
(3) 科研人员拥有共享其数据所需的合适的数据共享平台	○	○	○	○	○
(4) 有统一的数据标准规范供科研人员共享数据	○	○	○	○	○

18. 在您的学科领域内，下面哪些看法（情况）是普遍被认可（存在）的：[矩阵单选题]

	从未	很少	偶尔	经常	每次
(1) 科学数据应该是开放共享的，默认情况下是可以访问的（只有涉及隐私、保密或知识产权问题时，才应该对数据访问加以限制）	○	○	○	○	○
(2) 倡导科学数据共享理念	○	○	○	○	○
(3) 具有共享科学数据的传统	○	○	○	○	○
(4) 共享科学数据的氛围促使您参与其中	○	○	○	○	○

第三部分：受访者基本信息

19. 您的性别：[单选题]

○男　　　　　○女

20.　您的年龄段：[单选题]

○25岁以下　　○25—35　　○36—45

○46—55　　○56—65　　○65岁以上

21. 目前您的最高学历为：[单选题]

○本科　　　　○研究生（硕士）

○研究生（博士）　　○其他（请说明）__________

22. 您当前所在机构：[单选题]

○高校　　　○科研院所　　　○政府部门

○企业　　　○其他（请说明）__________

23. 您的职称为：[单选题]

○正高级（教授、研究员、教授级高工等）

○副高级（副教授、副研究员、高工等）

○中级职称（讲师、助研、工程师等）

○初级职称（助教、实习研究员、助工等）

○在读硕士/博士研究生

○其他（请说明）____________________

24. 对于当前科学数据共享实践，您有什么看法、意见或建议？（请说明）[填空题]

____

附录2　总方差解释表

成分	初始特征值			提取载荷平方和			旋转载荷平方和		
	总计	方差百分比	累积%	总计	方差百分比	累积%	总计	方差百分比	累积%
1	8. 872	23. 980	23. 980	8. 872	23. 980	23. 980	3. 723	10. 063	10. 063
2	4. 375	11. 826	35. 805	4. 375	11. 826	35. 805	3. 583	9. 685	19. 748
3	3. 444	9. 309	45. 114	3. 444	9. 309	45. 114	3. 548	9. 588	29. 336
4	2. 767	7. 478	52. 592	2. 767	7. 478	52. 592	3. 488	9. 428	38. 764
5	2. 491	6. 732	59. 324	2. 491	6. 732	59. 324	3. 242	8. 762	47. 526
6	2. 115	5. 715	65. 039	2. 115	5. 715	65. 039	2. 936	7. 936	55. 462
7	1. 665	4. 501	69. 540	1. 665	4. 501	69. 540	2. 789	7. 538	63. 000
8	1. 511	4. 085	73. 625	1. 511	4. 085	73. 625	2. 601	7. 029	70. 028
9	1. 305	3. 526	77. 151	1. 305	3. 526	77. 151	1. 852	5. 004	75. 033
10	1. 022	2. 763	79. 914	1. 022	2. 763	79. 914	1. 806	4. 881	79. 914
11	0. 817	2. 208	82. 122						
12	0. 711	1. 922	84. 044						
13	0. 651	1. 759	85. 803						
14	0. 558	1. 508	87. 310						
15	0. 512	1. 383	88. 693						
16	0. 438	1. 184	89. 877						
17	0. 416	1. 125	91. 002						
18	0. 364	0. 985	91. 987						
19	0. 325	0. 878	92. 865						
20	0. 314	0. 849	93. 714						
21	0. 264	0. 713	94. 426						

续表

成分	初始特征值			提取载荷平方和			旋转载荷平方和		
	总计	方差百分比	累积%	总计	方差百分比	累积%	总计	方差百分比	累积%
22	0. 255	0. 689	95. 116						
23	0. 229	0. 618	95. 734						
24	0. 219	0. 592	96. 325						
25	0. 191	0. 517	96. 843						
26	0. 174	0. 471	97. 314						
27	0. 155	0. 419	97. 733						
28	0. 140	0. 379	98. 112						
29	0. 139	0. 377	98. 488						
30	0. 113	0. 306	98. 794						
31	0. 099	0. 268	99. 062						
32	0. 096	0. 260	99. 322						
33	0. 085	0. 231	99. 553						
34	0. 060	0. 162	99. 715						
35	0. 047	0. 126	99. 841						
36	0. 036	0. 096	99. 938						
37	0. 023	0. 062	100. 000						

注：提取方法为主成分分析法。

附录 3　旋转后的因子载荷结果、FL

成分	1	2	3	4	5	6	7	8	9	10	FL
	DSB	PRA	SE	DSCA	PR	DSI	PIB	PE	PEB	ADS	
数据共享行为 1	0. 823	0. 235	0. 196	0. 002	−0. 160	0. 006	0. 096	−0. 031	0. 044	0. 054	0. 868***
数据共享行为 2	0. 841	0. 114	0. 055	−0. 092	−0. 022	−0. 064	0. 068	0. 015	−0. 135	0. 052	0. 789***
数据共享行为 3	0. 873	−0. 003	0. 170	0. 035	−0. 050	0. 022	−0. 097	−0. 052	−0. 035	0. 045	0. 841***
数据共享行为 4	0. 790	0. 171	0. 066	0. 089	−0. 228	0. 078	−0. 092	−0. 070	0. 011	0. 079	0. 822***
数据共享行为 5	0. 806	−0. 054	0. 033	0. 152	−0. 058	0. 078	0. 058	−0. 101	0. 024	−0. 078	0. 719***
数据共享态度 1	0. 025	0. 118	0. 051	0. 021	−0. 032	0. 009	0. 254	−0. 115	0. 035	0. 876	/
数据共享态度 2	0. 102	−0. 031	−0. 060	0. 069	0. 047	0. 220	0. 187	−0. 066	−0. 010	0. 883	/
数据共享意愿 1	0. 092	0. 100	0. 061	0. 272	−0. 018	0. 892	0. 180	−0. 071	0. 035	0. 099	0. 941***

续表

成分	1	2	3	4	5	6	7	8	9	10	FL
	DSB	PRA	SE	DSCA	PR	DSI	PIB	PE	PEB	ADS	
数据共享意愿 2	0. 020	0. 145	0. 090	0. 249	0. 038	0. 916	0. 148	−0. 054	0. 052	0. 085	0. 995***
数据共享意愿 3	0. 001	0. 169	0. 098	0. 176	−0. 004	0. 902	0. 174	−0. 080	0. 105	0. 070	0. 948***
感知利益 1	−0. 024	0. 034	0. 183	0. 161	0. 012	0. 085	0. 739	−0. 084	0. 022	0. 304	0. 764***
感知利益 2	−0. 095	0. 108	0. 045	0. 013	−0. 028	0. 199	0. 782	−0. 109	0. 164	0. 115	0. 776***
感知利益 3	0. 118	0. 206	0. 102	0. 038	0. 000	0. 036	0. 802	−0. 136	0. 244	0. 086	0. 808***
感知利益 4	0. 046	0. 070	0. 246	0. 160	0. 138	0. 230	0. 710	0. 114	0. 031	0. 053	0. 668***
感知利益 5	−0. 093	0. 018	0. 052	0. 068	0. 074	0. 046	0. 200	0. 101	0. 863	0. 002	/
感知利益 6	−0. 005	−0. 074	0. 029	−0. 047	0. 004	0. 095	0. 154	0. 048	0. 881	0. 012	/
感知风险 1	−0. 090	0. 077	0. 028	−0. 046	0. 787	−0. 003	0. 067	0. 074	0. 055	−0. 093	0. 719***
感知风险 2	−0. 139	−0. 041	−0. 035	0. 123	0. 819	0. 048	−0. 054	0. 024	−0. 014	−0. 060	0. 748***
感知风险 3	−0. 140	0. 087	0. 018	−0. 129	0. 785	−0. 048	0. 002	0. 061	−0. 194	0. 106	0. 769***
感知风险 4	−0. 101	0. 036	−0. 089	−0. 055	0. 843	−0. 023	0. 109	0. 152	0. 019	−0. 030	0. 852***
感知风险 5	0. 031	0. 041	−0. 128	−0. 105	0. 614	0. 044	−0. 040	−0. 016	0. 284	0. 139	0. 527***
感知努力 1	−0. 074	0. 013	0. 010	−0. 050	0. 001	−0. 068	−0. 084	0. 909	0. 004	−0. 019	0. 868***
感知努力 2	−0. 104	0. 112	0. 010	−0. 056	0. 089	−0. 087	−0. 035	0. 912	0. 012	−0. 043	0. 929***
感知努力 3	−0. 031	−0. 116	0. 007	0. 006	0. 216	−0. 014	−0. 067	0. 859	0. 144	−0. 128	0. 809***

续表

成分	1	2	3	4	5	6	7	8	9	10	FL
	DSB	PRA	SE	DSCA	PR	DSI	PIB	PE	PEB	ADS	
自我效能 1	0. 135	0. 168	0. 636	0. 336	−0. 023	−0. 063	0. 157	0. 171	0. 016	−0. 099	0. 685***
自我效能 2	0. 188	0. 240	0. 772	0. 108	−0. 132	−0. 013	0. 078	0. 056	0. 031	−0. 027	0. 829***
自我效能 3	0. 127	0. 264	0. 851	0. 109	−0. 085	0. 009	0. 047	−0. 009	−0. 005	0. 028	0. 928***
自我效能 4	−0. 028	0. 191	0. 836	−0. 074	0. 005	0. 108	0. 168	−0. 021	0. 087	0. 018	0. 748***
自我效能 5	0. 160	0. 020	0. 781	0. 123	0. 004	0. 212	0. 114	−0. 108	−0. 032	0. 056	0. 688***
感知资源可用性 1	0. 083	0. 853	0. 253	0. 228	−0. 017	0. 044	0. 065	0. 063	−0. 014	0. 051	0. 882***
感知资源可用性 2	0. 072	0. 858	0. 198	0. 264	0. 071	0. 126	0. 156	0. 015	−0. 031	0. 071	0. 925***
感知资源可用性 3	0. 151	0. 855	0. 216	0. 203	0. 104	0. 222	0. 113	−0. 019	−0. 042	−0. 020	0. 947***
感知资源可用性 4	0. 172	0. 798	0. 244	0. 288	0. 125	0. 094	0. 109	−0. 033	0. 003	0. 023	0. 906***
数据共享文化氛围 1	−0. 009	0. 184	0. 044	0. 864	−0. 062	0. 248	0. 087	−0. 045	−0. 075	0. 001	0. 891***
数据共享文化氛围 2	0. 052	0. 228	0. 179	0. 858	−0. 117	0. 210	0. 063	−0. 058	−0. 056	0. 109	0. 942***
数据共享文化氛围 3	0. 055	0. 379	0. 105	0. 734	−0. 063	0. 166	0. 162	−0. 031	0. 198	−0. 029	0. 804***
数据共享文化氛围 4	0. 086	0. 215	0. 141	0. 858	−0. 006	0. 148	0. 055	−0. 018	0. 008	0. 041	0. 882***

附录4　访谈提纲

一　您的性别是

1. 男　　2. 女

二　您的年龄是

1.　25岁以下　　2.　26—35岁

3.　36—45岁　　4.　46—55岁

5.　56—60岁　　6.　60岁以上

三　您的学科领域是？

1.　政法哲思　　2.　经济管理

3.　历史考古　　4.　民族宗教

5.　语言、文学　　6.　新闻、国际

7.　其他__________

四　请问您的科研数据主要是从哪里产生的

1.　实验室实验　　2.　对现有数据分析计算

3.　模拟仿真　　4.　社会调查

5.　网络数据　　6.　科学观测

7.　其他__________

五　请问您的科研数据类型是

1.　调查数据　　2.　访谈数据

3.　统计数据　　4.　模拟数据

5.　图片数据　　6.　实验数据

7.　其他数据__________

六　您认为在研究生产生的科研数据归属是

1.　归研究人员本身　　2.　归学校和机构所有

3.　归所支持的基金所有　　4.　归项目组所有

5.　不清楚

七　请问您每年科研活动产生的数据量是多少

1. 1Mb 以下　　2. 1—500Mb

3. 1—500G　　4. 500G—1T

5. 1T 以上

八　您认为科研数据管理是否重要

1. 非常重要　　2. 一般重要

3. 有利于科研　　4. 没有必要

九　作为研究人员，您处理研究中产生的科研数据的方法是什么

1. 不保存，用完直接删除　　2. 放在原始文件夹，不作处理

3. 研究人员自己保存　　4. 项目组集中保存

5. 提交给图书馆　　6. 提交给科研管理部门

7. 提交给期刊或出版社　　8. 第三方保存

9. 其他＿＿＿＿＿

十　作为研究人员，您在研究中所产生的原始数据大概能保存多久

1. 从不保存　　2. 半年以内

3. 半年到一年　　4. 1—3 年

5. 4—6 年　　6. 6 年以上

7. 永久保存

十一　作为研究人员，您利用他人科研数据行为的频率是什么

1. 非常频繁　　2. 频繁　　3. 一般

4. 偶尔　　5. 从不利用

十二　作为研究人员，您一般是从哪里获取科研数据的呢

1. 网上搜索数据获取　　2. 从其他机构的知识库获取

3. 从商业数据库获取　　4. 从图书馆获取

5. 同行提供　　6. 其他＿＿＿＿＿

十三　作为研究人员，您在获取科研数据时遇到困难的频次是

1. 非常频繁　　2. 频繁

3. 一般　　4. 偶尔

十四　您在获取科研数据时碰到的通常是哪些方面的困难

1. 作者不愿意提供原始数据

2. 不知道在哪找

3. 没有统一的数据管理平台

4. 数据质量不高（不完整、不真实、不准确等）
5. 检索工具功能不强
6. 没有明确的版权说明，不敢用
7. 其他__________

十五　您认为开放数据有哪些好处

1. 增加论文的可信度和关注度
2. 提高论文的被引次数
3. 提高您在同行中的知名度
4. 引用共享数据可节省实验成本
5. 其他__________

十六　您认为开放数据有哪些弊端

1. 浪费时间、浪费精力　　2. 成本较高
3. 会泄露研究核心内容　　4. 会被篡改或恶意使用
5. 其他__________

十七　您是否同意共享自己的科研数据

1. 愿意无偿共享　　2. 愿意有偿共享
3. 不愿意共享　　4. 不能共享
5. 其他__________

十八　作为研究人员，是什么促使您愿意分享自己的科研数据的

1. 同事，领导或同行朋友的建议或行为
2. 知名专家的建议或行为
3. 科研合作者的建议或行为
4. 学术界的宣传和倡导
5. 所在单位有数据共享的激励政策
6. 课题资金支持机构对数据共享的要求强烈程度
7. 期刊杂志社优先出版进行数据共享的论文
8. 所在单位或学科相关协会建有科研数据共享平台
9. 其他__________

十九　您是否同意由管理机构（如图书馆）保存自己的科研数据

1. 非常同意　　2. 比较同意
3. 无所谓　　4. 不太同意
5. 非常不同意

二十　在进行数据共享时，您认为研究时产生的数据可以被哪些人群访问

1. 只有数据创建者可用　　2. 项目组内部访问
3. 本学科、本领域访问　　4. 机构内访问
5. 出版商可访问　　6. 其他__________

二十一　作为科研人员，您过去向他人提供过自己的科研数据吗

1. 曾经无偿提供　　2. 其他研究人员无此需求
3. 曾经有偿提供　　4. 曾有人索取，但拒绝
5. 其他__________

二十二　作为科研人员，您在科研数据管理过程中遇到了哪些困难

1. 不知如何进行数据归档
2. 缺少数据开放和共享权责约定
3. 不知如何进行相关的数据描述
4. 数据安全问题
5. 数据存储空间缺乏
6. 其他__________

二十三　您希望得到哪些关于科研数据管理的帮助

1. 建立数据共享计划　　2. 开展科研数据管理计划（DMP）
3. 数据统计技巧　　4. 数据检索技术
5. 数据保存技术　　6. 元数据描述
7. 数据组织与管理培训　　8. 数据的知识产权
9. 数据保护　　10. 数据记录技巧
11. 更大的文件存储空间　　12. 其他__________

二十四　您曾经接受过科研数据管理的培训吗？若有，是关于哪方面的

1. 数据统计技巧　　2. 数据收集技巧
3. 数据组织和管理　　4. 数据记录技巧
5. 数据存储技术　　6. 知识产权
7. 数据保护　　8. 基于领域数据的研究方法
9. 备份策略　　10. 其他__________

二十五　作为科研人员，您希望图书馆提供哪些科研数据管理服务

1. 参与科研项目，了解人员需求

2. 制定相应数据规范化管理
3. 导航检索服务
4. 提供元数据收集整理
5. 分析数据
6. 数据开发服务
7. 存储服务
8. 提供相关的信息素养教育
9. 其他__________

二十六　作为科研人员，您期望科研数据管理平台具有哪些功能

1. 数据再开发，重利用
2. 发布和共享数据、权限管理
3. 数据浏览、检索、下载
4. 管理和长期保存研究项目中产生的数据产品
5. 数据的导入、格式转换、数据检索
6. 为数据管理提供帮助或咨询
7. 其他__________

附录5 科学数据管理计划核心要素

《欧洲科学基金科研数据管理国际协调实践指南》中提出的数据管理计划的核心要求为组织和社区提供了制定科研数据管理策略的通用基础。这些应被视为最低要求，相关机构可以根据所涉及的社区或组织的需求补充更具体的要求。

科研资助机构可以数据管理计划的核心要求为基础，建立自己的科学数据管理计划模板，并使用科学数据管理计划评价指标来评阅 DMP。面向科研人员的指南为科研人员在整个科研生命周期中起草和更新 DMP 以及管理其数据提供了支持。它还为旨在支持其科研人员的研究组织提供了其他信息。数据管理计划核心要素列出了 DMP 中应涵盖的六个主题，每个主题都有几个指导性问题。这些有关建立 DMP 的主题和问题构成了每个科研资助机构和科研人员撰写有价值的 DMP 时应遵循的核心要求。所有六个核心要求都需要在 DMP 中解决，但是可以根据特定需求和组织重点来更改核心需求的顺序。

表1　　DMP 核心要素

主题	问题
1. 描述和收集数据或重复使用现有数据	1a 收集或产生新数据和/或将重复使用现有数据采用什么方式和方法? 1b 将收集或产生什么种类、格式和数量的数据
2. 文档和数据质量	2a 数据的收集方法和组织方式是啥，和数据一起的元数据和数据文档有哪些? 2b 如何控制数据的质量
3. 存储和备份数据	3a 研究中存储、备份数据和元数据用什么方式和方法? 3b 研究中数据安全性和敏感数据保护措施如何

续表

主题	问题
4. 法律和道德要求，行为准则	4a 处理个人数据时，如何确保遵从个人数据和数据安全法规的方式方法？ 4b 数据的知识产权和所有权？适用的法律法规？ 4c 是否遵守道德行为准则
5. 共享和长期保存数据	5a 共享数据的时间和方式？共享或设置时滞期可能受到的限制？ 5b 保存数据的选择标准，数据会长期保存在哪里（例如，数据平台或档案库）？ 5c 需要采用什么方法或软件工具才能访问和使用数据？ 5d 每个数据集唯一且持久的标识符的获取方式是什么（例如 DOI）
6. 数据管理职责和资源	6a 负责数据管理的角色、职务、所属机构等（例如数据管理员）是什么？ 6b 专用于数据管理并确保遵从 FAIR 的具体资源（时间和资金）有哪些

附录6　面向科研人员的详细指导和解释

欧洲科学基金会（Science Europe）和荷兰科学研究组织（Netherlands Organisation for Scientific Research，NWO）于2018年1月发起了一项倡议，即通过为数据管理计划（DMP）制定一套核心要求，明确用于选择可信赖存储库的标准来支持协调欧洲科研资助机构组织之间的科研数据管理规则，实现整个欧洲政策和要求的统一。2019年1月欧洲科学基金会正式发布了《欧洲科学基金科研数据管理国际协调实践指南》，2021年1月欧洲科学基金会发布了该指南的扩展版。

2019年1月第一版指南部分，包含“将核心要素转换为DMP模板”和“指导选择可信任知识库”两部分。2021年1月扩展版指南，则是将指南细分为“面向科研人员的指南”和“面向评审专家的指南”两部分，其中“面向科研人员的指南”仍然包含“将核心要素转换为DMP模板”和“指导选择可信任知识库”两块内容，与2019年1月第一版的指南部分完全一致；“面向评审专家的指南”为新增部分，它提供了一些标准来帮助评审专家评估DMP中提供的信息是否足以确保研究团队将按期望管理数据。

DMP核心要素应被视为最低标准，从而可以根据特定领域的需求或国家或地方法规灵活地制定其他准则。该部分通过15个问题涵盖良好数据管理的六个核心要求。此部分，针对15个问题提供了详细的指导和解释。目的是确保涵盖科研数据管理的所有相关方面，以为科研人员撰写DMP提供指导和帮助。

表 1　　　　面向科研人员的详细指导和解释

6 个要素	15 个问题	详细指导和解释
一般信息	管理信息	提供信息，例如申请人名称、项目编号、资助计划、DMP 版本
1. 描述和收集数据或重复使用现有数据	1a	·阐述将使用什么方法或软件收集数据或者产生新的数据 ·说明重用现有数据存在的各种限制（如果有的话） ·解释数据来源的记录方式 ·简要说明是否考虑过重用现有的科学数据，以及最终没有使用的原因
	1b	·详细描述数据类型，如数字（数据库、电子表格）、文本（文档）、音频、视频、混合媒体、图像等 ·详细描述数据格式（用于存储的数据编码方式），如 pdf，xls，doc，txt 或 rdf 等 ·合理使用某些格式，如开放格式、数据平台接受标准、社区内的广泛使用的软件或设备 ·优先考虑有助于共享和长期重复使用数据开放格式和标准格式（很多平台都列出了此类“首选格式”列表） ·数据量规模［可以用所需的存储空间（字节）和/或对象、文件、行和列的数量表示］
2. 文档和数据质量	2a	·指出将提供的元数据 ·说明元数据标准（例如 DDI、TEI、EML、MARC、CMDI） ·在合适的情形下使用社区元数据标准。说明如何组织数据，如命名约定，版本控制方法和文件夹结构等 ·便于数据重用的其他文档。包括有关数据收集方法，分析和程序信息，变量定义，度量单位等信息 ·说明如何获取这些信息以及这些信息记录的位置（例如，在包含每个项目链接，“自述”文本文件、文件头、代码书或电子实验笔记本中）
	2b	·解释数据质量控制方式。包括校准、重复采样或测量、标准化数据捕获，数据输入验证、数据同行评审或具有受控词汇的表示之类的过程
3. 存储备份数据	3a	·阐述数据存储和备份方式方法，执行备份的频率。建议数据至少在两个单独的位置存储 ·优先选择具有自动备份功能的托管数据库存储，如由家庭、机构 IT 支持服务提供的存储库。不建议在笔记本电脑上、独立硬盘或 U 盘上存储数据
	3b	·说明发生事故后恢复数据的方式方法 ·说明访问数据的权限，存在合作伙伴时控制数据访问的方式方法 ·存在敏感数据（个人数据、政治敏感信息或商业秘密）时保护数据的方式。阐述主要风险以及管理风险的手段 ·说明机构数据保护政策已经到位的机构

续表

6个要素	15个问题	详细指导和解释
4. 法律和道德要求，行为准则	4a	· 处理个人数据时，遵从数据保护法律（例如GDPR）： ▶保存和/或共享个人数据获得知情同意 ▶个人数据匿名化处理（匿名数据不再被视为个人数据） ▶个人数据假名化（与匿名化的区别在于，假名化是可逆的） ▶加密，这被视为假名的一种特殊情况（加密密钥必须与数据分开存储，如由可信赖的第三方机构存储） ▶说明是否有针对授权个人数据用户的托管访问程序
	4b	· 说明数据的所有者，说明谁有权控制访问权限： ▶解释访问数据的条件？数据是公开访问，还是限制访问？是否使用数据访问和重用许可 ▶合作协议中是否涵盖权利问题，多伙伴项目和多个数据所有者如何控制对数据的访问 ▶知识产权（例如数据库指令、特殊权利）是否受影响。如果有，如何处理 ▶重用第三方数据是否存在限制
	4c	· 考虑道德问题是否会影响数据存储和传输的方式，谁可以看到或使用它们以及保留多长时间。表现出对这些方面和相应计划的意识 · 遵守国家和国际行为守则和机构道德准则，检查在研究中收集数据是否需要由道德委员会进行道德审查
5. 共享和长期保存数据	5a	· 发现和共享数据的方式方法（如将数据存放在可信赖的数据平台中，在目录中建立索引，使用安全数据服务，直接处理数据请求或使用其他机制） · 概述数据保存计划，并提供有关数据保留时间的信息 · 说明何时提供数据。说明是否要求独占使用数据，如需要说明原因（发表、保护知识产权或申请专利）以及独占使用时间。说明是推迟还是限制数据共享 · 指出谁能够使用数据。如有必要限制对某些社区的访问或应用数据共享协议，说明如何以及为什么，说明采取哪些措施来克服或最小化限制
	5b	· 说明出于合同、法律或法规而必须保留或销毁的数据 · 说明保留数据的标准。描述要长期保存的数据 · 阐述数据可预见的研究用途（和/或用户） · 说明数据存放位置。如没有提议建立数据平台，在DMP中说明可以有效管理数据。证明已检查了平台策略和过程（包括元数据标准和涉及的成本）

续表

6 个要素	15 个问题	详细指导和解释
一般信息	管理信息	提供信息，例如申请人名称、项目编号、资助计划、DMP 版本
5. 共享和长期保存数据	5c	·说明潜在用户是否需要特定工具来访问和重用数据。说明访问数据所需软件的可持续性 ·说明是通过直接处理的平台请求数据共享，还是通过其他机制？
	5d	·说明重用数据的其他情况。应用持久性标识符（PID）可以可靠、有效地定位和引用数据 ·说明是否使用数据的 PID。可信赖数据平台一般会提供一个持久标识符
6. 数据管理职责和资源	6a	·概述数据管理活动的角色和职责，如数据捕获、元数据生产、数据质量、存储和备份、数据归档和共享等。尽可能指明具体负责人 ·协作项目需要说明合作伙伴数据管理职责如何协调 ·说明谁负责 DMP，DMP 如何审查和修订 ·考虑定期更新 DMP
	6b	·说明共享/保存数据的资源 ·说明提供数据所需的资源，包括存储成本、硬件、员工时间、数据准备以数据存储的成本和平台费用 ·说明平台存储花费，以及如何支付这些费用

附录7　可信赖科学数据管理平台的标准

《欧洲科学基金科研数据管理国际协调实践指南》中提出的选择可信赖科学数据管理平台的标准为组织和社区提供了制定科学数据管理策略的通用基础。这些应被视为最低要求，相关机构可以根据所涉及的社区或组织的需求补充更具体的要求。指南中列出的标准列表由一些最低标准组成，这些最低标准按四个主要主题进行组织，所有可信赖的科学数据管理平台都应满足这些最低标准。标准之间没有先后顺序。

表1　　可信赖数据管理平台的标准

4个标准	15个具体指标	详细指导和解释
标准1	1a	·确保PID包含在相应的元数据中
	1b	·为所保存的数据分配PID（例如DOI，URN，ARK），即使数据存储位置发生了变化，也可以找到、引用和检索相应的数据和元数据
	1c	·明确指定存储在平台中的数据版本，并通过永久审核跟踪进行记录，能追溯出处
标准2	2a	·以易访问的语言提供数据和元数据，确保数据互操作和重用。数据和元数据使用标准词汇表和格式描述，允许计算机系统进行搜索，自动组合，并将元数据与数据文件区分开
	2b	·提供PID和科学关系描述，可以在元数据信息中声明到其他相关或关联信息的链接。一种特定类型的信息是有关科研人员的详细信息，永久研究ID，如ORCID、ISNI、DAI
	2c	·长期保存元数据，即使由于隐私限制、法律义务或其他保护措施没有或不再有相应的科学数据，元数据也始终可检索 ·通过元数据可以找到由于不良的研究实践或不当行为而撤回的数据，并将其保存起来，以便检查研究记录
	2d	·遵循社区标准或数据处理最佳做法。特定领域的平台可能具有上传数据和元数据的社区标准

续表

4 个标准	15 个具体指标	详细指导和解释
标准 2	2e	·允许机器检索元数据的方式来构造元数据中包含的信息，如通过提供一个包含要完成字段的表单
标准 3	3a	·有明确的可重用数据条款。通常包含在元数据中
	3b	·元数据包含有关数据来源的详细信息，包括如何生成和处理数据，在什么情况下可以重用数据以及数据的可靠性
	3c	·允许使用开放标准化协议（非专有通信协议）检索数据或元数据
	3d	·允许以结构化的方式引用许可证信息，明确使用条件
	3e	·提供对人和机器进行身份验证和授权的方法，允许设置用户（或组）特定的访问权限，以解决机密性问题和其他受限制的数据
标准 4	4a	·数据和元数据长期保存，可持续获取
	4b	·数据和元数据有保存策略，该策略详细说明平台的任务和范围，管理和资金的可持续性，外包合作伙伴和保存时间范围 ·制订可公开获取的应急计划，并确保在平台的整个生命周期外保存数据和元数据

附录 8　科学数据管理服务的 FAIR 评价

根据 FAIR 原则，分析每项服务如何服务于它所作用的数字对象，即回答问题："从增加它所作用的数字对象 FAIR 的意义上说，这项服务如何'实现 FAIR'?"将每个服务的分析分为四个表（可查找、可访问、可互操作和可重用），并且对每一项 FAIR 原则，将与该原则相关的服务功能映射到四种模式之一："启用""尊重""减少"或"不适用"。

B2FIND 是一个元数据聚合器。它从社区和平台收集元数据并集成不同类型的元数据。它提供了一个图形用户界面和一个 API 来呈现元数据，并允许跨元数据语料库进行分面搜索。

表 1　B2FIND 数据服务的 FAIR 评价

B2FIND/Findable				
FAIR：Findable	减少	尊重	启用	评论
F1（元）数据被分配了一个全球唯一且永久持久的标识符		F1		B2FIND 依靠收集的存储库将 PID 附加到其记录并将其作为元数据的一部分公开。如果提供的元数据包含 PID，则 B2FIND 表示此 PID，并使用它将收集到的元数据链接到存储库中的原始数据对象
F2 数据用丰富的元数据描述			F2	B2FIND 依赖于收集的存储库提供的元数据。B2FIND 不会进一步丰富元数据。 使用引用元数据增强 F2
F3（元）数据在可搜索资源中注册或索引			F3	通过在 B2FIND 上，（元）数据被注册和索引，并且可以通过搜索找到
F4 元数据指定数据标识符			F4	在当前的数据基础架构环境中，B2FIND 担任元数据注册表和索引器的位置。它通过良好的搜索界面扩展了存储库服务

续表

B2FIND/Accessible				
FAIR：Accessible	减少	尊重	启用	评论
A1（元）数据可通过其标识符使用标准化通信协议进行检索		A1		如果存储库在其元数据记录中提及 PID，则 B2FIND 使用该标识符链接回原始数据对象，从而满足 A1（另请参见 F2/F3）。 B2FIND 依赖于可访问的元数据
A1.1 协议是开放的、免费的和普遍可实施的			A1.1	B2FIND 依赖于 REST API，使用 OAI-PMH（一种开放标准）
A1.2 该协议允许在必要时进行身份验证和授权程序			A1.2	API 允许上传身份验证 https：//github.com/EUDAT-Training/B2FIND-Training/blob/master/uploading.py
A2 元数据是可访问的，即使数据不再可用			A2	一旦 B2FIND 收获，即从存储库复制元数据，该服务可能会独立于存储库是否删除包含所有元数据的原始数据对象来保留元数据。从这个意义上说，B2FIND 在数据基础架构中为 A2 服务。但是，是否保留元数据以及保留多长时间取决于 SLA 和同意收集的存储库与服务 B2FIND 之间的单一协议
B2FIND/Interoperable				
FAIR：Interoperable	减少	尊重	启用	评论
I1（元）数据使用正式的、可访问的、共享的和广泛适用的语言来表示知识			I1	元数据可以通过图形用户界面或 API 进行探索。响应格式为 JSON
I2（元）数据使用遵循 FAIR 原则的词汇表			I2	B2FIND 将收集到的元数据映射到都柏林核心、OAI-PMH 等。在收获后，B2FIND 检查元数据的有效性并评估它是否符合上述标准。B2FIND 通常通过将来自不同存储库的元数据映射到相同的标准和搜索方面来提高它们的互操作性
I3.（元）数据包括对其他（元）数据的合格引用			I3	如果元数据标准中存在 PID 形式的引用，B2FIND 将生成到资源的直接链接

续表

B2FIND/Re-usable				
FAIR：Re-usable	减少	尊重	启用	评论
R1. 元（数据）用多个准确和相关的属性进行了丰富的描述		R1		仅当存储库提供它们或它们遵守 I2 中提到的标准时
R1. 1.（元）数据以清晰且可访问的数据使用许可证发布		R1. 1		仅当存储库提供许可或使用权限时
R1. 2.（元）数据与其出处相关联			R1. 2	B2FIND 跟踪元数据的出处
R1. 3.（元）数据符合与领域相关的社区标准		R1. 3		它取决于存储库和元数据条目。如果条目在 B2FIND 摄取之前，它们可以满足社区标准

服务总结

B2FIND[21] 是一个元数据聚合器。该服务从不同的社区存储库中收集元数据并对其进行协调，以便用户和服务可以搜索组合的元数据。B2 FIND 提供丰富的多面图形搜索界面和一个 HTTP REST API，已在 Python 中实现，用于 EUDAT 的 B2FIND Training[22]。

URL：

http：//b2find. eudat. eu/

EOSC：

https：//marketplace. eosc-portal. eu/services/b2find

用户 该服务针对两种类型的用户组： · 可以提供元数据并通过 B2FIND 服务与其他元数据集成的科学社区 · 可以利用该服务同时在不同社区搜索有趣研究数据的科学家	服务 · 利用跨元数据搜索科学家的工具，收集元数据并协调社区 · 显示 DO 的相关元数据并提供元数据出处的链接 目标数字对象 · 元数据条目 例子 · B2FIND 条目（KONTROL 1984[23]） · OAI-PMH 数据集的元数据[24]
目的 B2FIND 是一个元数据聚合器。它从社区和存储库收集元数据并集成不同类型的元数据。它提供了图形用户界面和用于呈现元数据并允许跨元数据语料库进行分面搜索的 API	

续表

采用 到目前为止，B2FIND 托管了从 22 个社区收集的 824566 个元数据条目。我们无法从文档中确定有多少用户使用 B2FIND	文档 EUDAT 提供了有关如何使用 B2FIND 服务的指南以及用于收集和映射元数据的详细指南

FAIR 支持映射														
F1	F2	F3	F4	A1	A1. 1	A1. 2	A2	I1	I2	I3	R1	R1. 1	R1. 2	R1. 3

· 启用（绿色颜色编码）：该服务积极帮助实现这一特定的 FAIR 原则——例如通过添加元数据或启用可发现性；

· 尊重（蓝色）：服务不主动启用这个特定的 FAIR 原则，也不干涉它——可以说是尊重“FAIR-in-FAIR-out”原则；

· 减少（红色）：服务实际上使数据不那么公平——至少对于特定原则，例如通过在元数

据或 PID 作用于数字对象时分离它；

· N/A（不清楚或不适用；白色）：这个特定的 FAIR 原则与服务无关，或者没有足够的信息来确定 FAIR 原则是否适用。

后　　记

《社会科学科研数据的管理服务研究》这本专著受国家社科基金项目和河南省高等学校哲学社会科学创新团队支持计划“大学图书馆服务变革与创新”资助，是项目团队历时四年才完成的研究成果。全书共十一章，我的硕士研究生刘清华、任静媛分别参与了第四、五章和第七章的部分研究和撰写工作，国家社科基金项目团队成员马骏和吴思洁分别参与了第六章和第八章的撰写工作。本人指导的第八届“挑战杯”全国大学生课外学术科技作品竞赛参赛团队的成员马皓童、冯全利、王欢、葛力云、王悦、肖慈慧、暴文聪参与了第十章的数据调研以及整理和分析工作。我的博士生解世程、硕士生刘亚宁、董金金、徐雪静、杨彤菲和武金格同学参与了整个书稿的校对和修订工作。

整本专著数据调研工作量很大，有很多原创性工作，创新点也非常的突出。全书内容涉及科学数据管理行为、科学数据管理政策、科学数据管理平台和科学数据管理服务四个模块。科研人员科学数据管理行为研究部分，为科学数据共享利益相关者制定数据管理与共享相关政策和制度、改进数据共享服务、提升科研人员科学数据共享水平、推动数据开放与共享进程提供了参考依据。科学数据管理与服务实施关键问题研究部分，总结了激励问题、领导问题、政策问题、服务问题和资金问题这五大国家层面科学数据管理涉及的关键问题，阐释了科学数据管理生态系统。社会科学领域的科学数据管理平台研究和社会科学领域学术期刊的科学数据政策研究部分为我国社会科学数据管理平台的建设方案和路线以及相关机构实施政策规划提供了较好的实践参考。对国家社科基金资助项目产生科学数据的情况进行的抽样分析和设计的面向国家社科基金项目的科学数据管理服务方案，为我国推进社会科学领域的科学数据管理实践，制定科学数据政策与提供科学数据管理服务奠定了坚实基础。

但是科学数据管理是一个复杂的问题，由于认知、政策、技术的不断发展，科学数据管理的具体实践也在持续动态变化，科学数据管理问题是一个永久的课题，也是一项艰苦的工作，不可能在短期内得到有效解决，需要长期研究和建设。加上课题组成员的能力和水平有限，因此，尽管竭尽全力，但仍然只是为今后这一方向的研究，提供了一个铺垫性的基础，还存在着一些不足，恳请各位专家和同行批评和指正。

王丹丹

2022 年 8 月 15 日